적천수 강의

滴天髓講義
적천수 강의

CHŎKCHŎNSOO, the Classic of Myungri

낭월 ★ 박주현

1

동학사

책머리에

낭월이 명리 공부를 하면서 최상의 경전(經典)으로 삼은 책이 『적천수(滴天髓)』이다. 낭월에게는 책이라기보다는 차라리 '스승'이라고 말해도 좋을 것이다. 과거완료가 아닌 현재진행형으로 표현하고 있는 것도 아직 이 책에서 더 배워야 할 부분이 남아 있기 때문이다.

그 동안 명리학을 마음 모아 연구해 오면서 아직도 뭔가 공부할 자료가 남아 있다면 벗님은 어떻게 하실 참인가? 두말할 나위도 없이 누구에겐가 그것을 설명해 주고 함께 나누고 싶은 것이 공부하는 사람의 심경이 아니겠는가? 그러한 마음에서 낭월은 비록 짧은 안목이지만, 그래도 혹시나 벗님의 명리 공부에 약간의 나눔이 될 수 있을까 하는 마음에서 붓대를 세워 본 것이다.

이미 시중에는 이와 연관된 서적들이 꽤 많이 나와 있다. 어떤 것은 번역서이고 어떤 것은 강의서인데, 낭월이 다시 여기에 한 권을 보태려는 것은 욕심일 것이다. 그러나 번역서만으로 공부하기에는 너무 난해하다. 또, 강의서들의 대대수는 기대에 미치지 못한다는 점이 낭월의 마음에 강한 의욕을 불어넣어 주었다.

그 동안 낭월이 『적천수』를 읽으면서 특별히 느낀 부분—올바로 내용을 파악하지 못하여 그냥 지나칠 뻔한 요긴한 내용—들을 밑줄을 그어 가며 학습하는 자세로 강의해 보기로 나섰다. 어느 지혜로운 선배가 이런 모습을 보시면 얼마나 우습게 여기실지 적이 걱정이 앞선다. 그러나 한편, '낭월다운 열정이 뭔가 해내고 말거야!' 하는 또 다른 선배의 격려도 환청(幻聽)으로 들으면서 큰 용기를 가져 본다.

이 책이 비록 많은 생각을 담아 내지 못하고 짧은 지혜로 행해짐으로써 눈밝은 선배들의 꾸지람이 뒤따르더라도 일단 중단없이 나아가고 싶다. 왜냐하면 솔직히 낭월의 안목에도 미치지 못하는 숱한 벗님들이 바른 길을 찾지 못하고 이리저리 방황하는 경우가 무수히 많을 것이기 때문이다. 그래서 최선을 다해서 유백온(劉伯溫), 임철초(任鐵樵) 두 분 선생의 뜻을 바르게 해석해 볼 요량이다. 다만 두 분 선생의 의도는 바르게 파악했지만, 낭월의 어쭙잖은 생각으로는 수긍하기 어려운 경우도 있다. 이런 경우에는 별도로 토를 달아 낭월의 소견임을 밝히도록 하겠다. 이렇게 하는 이유는, 혹 필자의 소견으로는 납득이 되지 않았지만, 훗날 더욱 지혜로운 이가 낭월의 강의가 변변치 못했음을 아시고 올바르게 연구하도록 하기 위함이다.

'술이부작(述而不作)'이라는 말이 있다. 지혜로운 사람의 글에 대해서 해설을 할 수는 있지만, 스스로 (잘났다고) 책을 짓지는 않는다는 뜻이다. 등골에 땀이 송골송골 돋는 글쓰기의 경계렷다. 최고의 겸손이고, 자기 낮춤이 아닌가! 낭월은 이 글귀를 보면서 항상 부끄러움을 느낀다. 그런데도 이미 스스로 책을 짓고 떠버리가 되어 버렸으니 말이다. 그래도 이제나마 철이 들어서(?) 그야말로 멋진 『적천수』를 낭월의 목소리로 감히 강의를 하게 되다니 내심 즐겁기만 하다.

『적천수징의』를 모두 강의하려고 보니 한 권으로 담기에는 너무 버거워서 세 권 정도로 나누어 엮기로 했다. 너무 늘어벌렸다고 탓하실 벗님도 있을 법하다. 하지만 공부를 하시는 과정에서 맥을 바로 짚지 못하고 엉뚱하게 시간을 낭비하는 경우를 생각하면 세 권은 결코 많은 것이 아니다.

다만 중간중간에 서낙오 선생의 추가 설명이 오히려 『적천수』의 본의(本意)를 이해하는 데 장애가 될 수 있다는 생각이 들었다. 마찬가지로, 지금 낭월이 길게 늘어놓은 강의도 후에 다른 어떤 벗님에게 같은 평가를 받을지도 모른다는 생각을 하니 자못 두렵기도 하다. 그러나 여기까지 생각이 미치는 벗님이라면 아마도 중국판 『적천수징의』를 읽으실 정도의 실력이라고 믿고 낭월의 이 강의는 보지 않아도 좋겠다는 말씀을 드리고 싶다.

이 『적천수강의(滴天髓講義)』를 의지해서 자평명리학을 공부하시는 수준 높은 벗님들에게 좋은 지침서가 되었으면 좋겠다. 하지만 아직 초보 단계의 벗님들에게는 내용이 상당히 어렵게 느껴질지도 모른다.

스스로 사주에서 용신을 찾고 대운을 살피는 정도의 실력이 되지 못한다고 생각하신다면 이 책을 보기 전에 먼저 기초적인 원리를 충분히 익히시기를 권한다. 그리고 『알기 쉬운 음양오행』이나 『알기 쉬운 천간지지』를 다시 살펴서 명리학의 토대를 확실히 다지신 연후에 이 책과 인연을 맺어도 늦지 않을 것이다. 괜히 어려운 내용을 붙잡고 씨름하다 보면 공부 자체가 재미 없어질 뿐만 아니라, 발전도 그만큼 늦어진다는 말씀을 드린다. 이 말씀을 통해 이 책의 내용과 수준을 가늠해 주시기 바란다.

　모쪼록 벗님이 음양오행에 대한 깊은 이치를 관조하는 데 다소나마 도움이 되었으면 더 이상 바랄 것이 없겠다. 이제 천천히 강의를 시작하기로 하고 이만 들어가는 말에 갈음한다.

庚辰年 立春之節에
계룡산 甘露寺에서 朗月 두손 모음

일러두기

1 이 『적천수강의』에 이용된 주된 자료는 유백온(劉伯溫) 선생이 지은 『적천수(滴天髓)』이다. 그리고 이 『적천수』를 탁월한 안목으로 해석한 임철초(任鐵樵) 선생의 강의 『적천수징의(滴天髓徵義)』를 바탕으로 삼았다.

2 보조 자료로는 『적천수천미(滴天髓闡微)』를 활용했다. 『징의』에 나오지 않은 내용이라고 생각되거나 서낙오(徐樂吾) 선생의 추가 말씀이라고 판단되는 것을 확인하는 용도로 주로 이용했다.

3 『적천수징의』에 증주(增註)한 분이 서낙오 선생인데, 선생의 설명 부분 중 더러 필요 없는 부분도 발견된다. 그러한 대목 중 이해하는 데 도움이 되지 않을 것 같은 부분은 삭제하고 싶었지만, 그래도 공부하실 벗님들을 생각해 그대로 두었다. 그러므로 서낙오 선생의 삽입이라고 제시한 부분은 참고로 살펴보는 정도에서 그쳐도 좋을 것이다.

4 『적천수』의 원문(原文)은 맨 앞에 싣고 한글로 음을 달았으며, 【滴天髓】라고 표시하였다. 『적천수징의』 원문도 이어서 싣고, 【滴天髓徵義】로 제시하였으며, 역시 한글로 음을 달아서 바로 읽을 수 있도록 했다. 또, 번역은 『적천수원문』은 ◐표를 사용하고, 『적천수징의』는 ➡표를 각각 사용하여 제시하였다.

실제로 공부만을 위해서라면 한글의 음, 즉 토(吐)는 달지 않는 것이 더 유익하지만 벗님들의 한자 공부에 대한 환경을 잘 알고 있는 터라 한자 공부를 강요하지 않을 생각에서 음을 달았다. 그러니까 공부하는 입장에서 잘 헤아려 보다 효과적으로 깊이 이해할 수 있도록 노력하기 바란다. 실은 더 읽기 편하라고 한자 바로 아래에 매 행마다 한글로 음을 달아 둘까 했으나, 그렇게 할 경우에는 그나마도 한자가 눈에 들어오지 않을 것이 뻔해서 이 정도로만 해두었다. 가능하면 원문을 살펴서 해독하는 노력을 하시기 바란다. 수고한 만큼 곧 충분히 보상받는다는 말씀을 드리고 싶다.

5 【徐樂吾 增註】로 표시가 되어 있는 것은, 철초 선생의 설명에 낙오 선생이 추가로 부연 설명하신 곳이다. 이것도 구분할 필요가 있을 것으로 생각되어 눈에 띄는 대로 표시를 하여 누구의 의견인지를 살펴보도록 하였고, 그 번역은 ➡표를 사용하였다. 기본적으로는 없어도 되는 이야기라고 생각할 수도 있겠으나, 또한 참고를 한다면 해로울 것이 없을 것이므로 거추장스럽다고는 생각하지 않았으면 한다.

6 【강의】라고 되어 있는 부분은 낭월이 생각하고 있는 점에 대한 개인적인 의견이다. 원문의 내용에 따라서 추가로 설명이 필요한 부분은 길게 설명할 것이고, 중복된 부분은 간략히 할 것이며, 또한 이 시대의 현실적인 상황과 논리적인 측면에서 일부 적합하지 않은 이론은 사견(私見)을 추가하도록 하겠다. 실제 사주의 해석에 해당하는 부분에서는 별로 언급하지 않아도 되는 내용들이 보이는데, 그러한 부분에서

는 별도의 설명을 생략한 곳도 있음을 알아주기 바란다. 쓸데없이 중언부언할 필요가 없다고 생각되는 부분에서는 그냥 넘어갈 생각이기 때문이다.

7 사업을 해서 돈을 번 사람의 경우에 '수만금(數萬金)'이라고 한 표현은 요즘의 수개념으로 볼 때 '수억(數億)' 정도로 상향해서 표현했다. 이 점도 참고하시기 바란다.

8 사주 명식은 『징의』에 나오는 원문에 속하지만 별도로【滴天髓徵義】라는 표시는 하지 않았다. 혼동이 없으시리라고 생각은 되지만 그래도 혹시나 해서 일러둔다.

9 차례는 책의 편집이 약간 부자연스럽다고 봐서, 원문의 형식은 그대로 두고 강의에서는 별도로 수정하였다.

10 당연한 이야기지만, 사주 명식에서 연주는 맨 오른쪽에 위치한다. 年月日時의 표시를 생략했기 때문에 혹시 혼동스러울지 몰라 언급을 해둔다. 고전에서는 모두 이렇게 하고 있다.

11 내용 중에서 '殺'이라는 말이 나오는데, 이것은 신살과 구분해서 편관의 별명으로 사용되고 있다는 점을 참고해서 혼란이 없으시기 바란다.

차례 1권

차례 3권

강의를 시작하기에 앞서

먼저 책머리에서 한말씀 밝혀 드리고자 한다. 이 강의를 진행함에 있어서 임철초 선생의 『적천수징의(滴天髓徵義)』를 바탕으로 삼았지만, 해석은 낭월의 주관이라는 점이다. 그러므로 내용에 대해서 유백온 선생이나 임철초 선생의 의견을 완전히 이해했다고 말씀드리기는 어렵다. 아직 부족하다. 그러나 낭월의 '이만큼'의 성과를 가지고라도 강의를 시작하는 것은 명리 공부를 하시는 벗님들이 언제까지나 『적천수』의 주변을 배회하도록 두고 볼 수 없다는 충정에서 말미암은 것이라는 점을 헤아려 주시기 바란다.

아울러 더욱 죄송스러운 것은, 이 내용 가운데 낭월의 부족한 머리로는 해석이 되지 않는 부분에 대해서는 과감하게 뜯어고치려고 작정하고 있다는 점이다. 무슨 말인가 하면 『적천수징의』에도 수정되어야 할 부분이 많이 있음을 느꼈다는 점이다. 그러나 몹시 염려스러운 것은, 낭월이 미처 그러한 부분까지 살피지 못하여 업그레이드가 되지 못하고 오히려 디그레이드가 되면 어떻게 하나 하는 점이다. 혹 이렇게 낭월의 변변치 못한 식견 때문에 원래의 심오한 뜻이 천박하게 해석되었을지도 모른다고 미리 생각하시고 냉철하게 살펴 주시기 바란다. 고의는 아니지만 혹 실수를 했다면 두 분 선생께 무릎꿇고 사죄드리고 싶다. 이 점 벗님들도 헤아려 주시고, 내용에서 오히려 낭월이 천박하게 해석한 대목을 발견하시면 원문을 참조해서 과감히 수정하시라는 말씀도 곁들인다. 그래야 마음이 편하겠기 때문이다. 각설하고……

그럼 본격적인 강의에 들어가기 앞서, 우선 고매하신 두 분 선생의 말씀을 공부하는 마당이므로 이분들이 어떤 환경에서 살다가 가셨는지 대강이나마 알아 두는 것이 앞으로 전개되는 『적천수강의』를 이해하는 데 도움이 될 것이다. 그래서 비록 사전에 실려 있는 정도의 간략한 내용이나마 정리해서 싣는다.

1. 『적천수』 저자 유백온 선생에 대해서

• 이름 : 유기(劉基)
• 생몰 : 1311 ~ 1375

중국 元나라 말기에서 明나라 초기의 유학자이자 정치가이다. 자는 백온(伯溫), 시호는 문성공(文成公)이며, 청전(靑田) 출생이다. 천문과 병법에 정통했으며, 명나라 태조를 도와 중원을 얻고 성의백(誠意伯)이 되었다.

이상이 사전에 실린 내용의 전부이다. 그렇다면 지금으로부터 688년 전에 태어나, 624년 전에 돌아가신 것이 된다. 우리 나라 역사로 보면 이성계가 1392년에 조선을 세울 무렵, 곧 고려의 말기가 되겠다. 선생에 대한 기록은 별로 알려진 바가 없어서 이 정도로 그친다.

그런데 유백온 선생은 『기문둔갑비급대전』이라는 긴 이름의 책을 지은 것으로 더 유명하다. 그리고 소강절 선생이 지었다는 '황극책수조수(皇極策數祖數)'를 기록했다고 하는 대목에서도 유백온 선생의 이름이 등장한다.

유백온 선생은 당시 명태조인 주원장(朱元璋)을 도와 제갈공명처럼 기문둔갑을 운용했을 가능성도 있다. 기문둔갑은 원래 그렇게 활용했을 때 진가를 발휘하는 것이기 때문에 능히 그런 짐작을 해 볼 수 있는 것이다.

그런데 이렇듯 기문둔갑에 정통한 유백온 선생이 어째서 명리학과 연관된 『적천수』를 지으신 것인지에 대해서는 얼른 납득이 되지 않는다. 왜냐하면 보통 기문둔갑을 하게 되면 개인적인 운명에 대해서는 별로 관심을 갖지 않는 것이 보통이기 때문이다. 항상 천하의 일을 논하다가 개인적인 길흉화복에 대해서 언급하게 된 것은 다소 외도를 하신 것으로 봐도 될 듯싶다.

한편, 다시 생각해 보면 『적천수』는 말년에 작성하지 않았을까 하는 생각을 해 보게 된다. 처음에는 부귀공명에 뜻을 두고 밖으로만 달렸을 가능성이 많다고 생각되기 때문이다. 그리고 젊은 사람의 손으로 이렇게 치밀하고 은밀하면서 심오하고 함축성이 강한 『적천수』를 쓰기는 극히 어렵지 않을까 하는 생각이 든다. 그렇다면 결국 말년에 이르러 그것이 가능했을 것이라는 이야기이다. 또, 젊어서 공부한 다음에 주원장을 도와 천하를 통일시킨 시기가 1368년이고, 그때 나이는 57세이다. 그리고 그 후 약 7년 후에 돌아가신 것으로 되어 있다. 그렇다면 어느 세월에 한가롭게 이런 명리서를 지었겠느냐는 의문이 남는다.

혹 어쩌면 다른 사람이 지어서 가탁(假託)했을 수도 있다고 생각해 본다. 기문학자가 명리서를 지었다고 보는 것보다는 오히려 다른 명리학자가 심오한 의미를 넣어서 명리서를 지은 후, 자신의 이름을 감추고 책의 내용에 권위를 더하기 위해 유백온 선생의 이름을 빌렸을지도 모른다는 생각이다. 왜냐하면 한 나라를 통일시키고 건국한다는 것이 그렇게 한가한 일이 아닐진대, 어느 겨를에 이러한 명저를 지었겠느냐는 생각을 하다 보니 문득 이런 의문도 가져 보게 된다.

한편, 사실 그대로 유백온 선생이 지은 것으로 받아들였을 경우에는 일단 천하를 통일시킨 다음 천천히 세월을 보내면서 개인적인 삶에 대해 연구하다가 천하의 명저인 『적천수』를 남겼을 가능성에 대해서 생각을 해 보게 된다. 그렇다면 『적천수』를 짓게 된 동기는 무엇이었는가 하는 의문이 남는다. 왜냐하면 모든 행위와 결과에는 동기가 있게 마련이어서 실제로 그만한 동기를 찾지 못한다면 '결과' 그 자체에 대하여 의문을 갖게 되는 것과 같은 이치라고 하겠다.

1) 저술 동기 ① : 왕의 시야에서 벗어나기 위해서……

천하를 통일시키고 나니 다시 통일시킬 곳이 없어졌다. 그러니 심심하게 되고, 왕을 도와서 할 일도 없다. 게다가 자칫하면 왕으로부터 의심을 사기가 십상이다. 오죽하면 '토사구팽(兔死狗烹)'이라는 고사가 나왔겠는가. 이는 바로 천하를 얻은 왕이 충신을 죽여 버리는 것과도 다를 것이 없기 때문이다. 그러니까 말년의 유백온 선생은 왕을 떠나 전원에서 조용하게 책이나 보면서 유유히 세월을 보냈을 가능성이 매우 높다고 하겠다.

2) 저술 동기 ② : 문득 인생무상을 체득하고……

천하를 얻기 위해 그 많은 시간을 말안장에서 헤매었지만, 결과적으로 얻은 것은 무수히 많은 원혼들과 전장에서 지아비를 잃은 젊은 과부들, 그리고 왕의 의심에 찬 눈초리, 또 어느새 늙어 버린 자신의 모습…….

이런 것을 보면서 심리적으로 착잡하지 않을 수가 없었을 것이다. 그래서 자신의 운명에 대해서 관심을 기울이기 시작했고, 밖으로 달리면서 관심을 갖던 기문둔갑과는 달리 구체적인 개인의 운세가 크게 클로즈업되어 다가왔을 것이다. 그래서 자신의 운명도 결국은 벗어나지 못하고 흘러간다는 생각이 들면서 국가적인 경영에서 개인적인 관심사로 방향을 전환했을 가능성도 상당히 많다.

이렇게 해서 점차로 명리학에 대해서 연구하게 되었고, 그 결과로 얻어진 것이 『적천수』라고 이해해 볼 수도 있겠다. 인간이란 원래 젊어서는 공명을 좇고 늙어서는 자신을 돌아다본다는 말을 생각해 보면 이런 유추가 크게 틀리지는 않을 것이다.

3) 유백온 선생의 명식

기왕지사 『적천수』는 사주를 공부하는 책이므로, 저자의 사주를 잠깐 살펴보고 넘어가는 것도 의미가 있을 것이다. 이 사주는 중국 명인들의 사주를 모아 놓은 사주첩에 있는 것을 옮긴 것이다. 워낙 유명인이다 보니 자료가 전해진 것으로 보인다.

壬	乙	乙	辛
午	卯	未	亥

71	61	51	41	31	21	11	01
丁	戊	己	庚	辛	壬	癸	甲
亥	子	丑	寅	卯	辰	巳	午

이 명식을 보면 未月의 乙卯일주이다. 壬水와 亥水가 있어서 수분을 공급하고, 卯木과 未土는 뿌리가 되니 상당히 신왕한 사주라고 하겠다. 그래서 年干의 偏官을 용신으로 삼아야 할지, 時支의 食神을 용신으로 삼아야 할지에 대해서 고민하게 되는데, 일단 金水木으로 흐름이 있는 것으로 봐서 무력한 편관보다는 유력한 식신을 쓰는 것이 좋아 보인다.

그런데 식신은 있으나 財星과 연결되지 않으므로 아쉬운 구조가 아닌가 싶기도 하다. 그래서 한편으로는 年干의 辛金을 용신으로 삼을 수도 있겠는데, 이 金은 더욱 무력해서 아쉬운 대로 時支의 午火를 용신으로 삼게 된 것으로 보고 싶다.

중요한 것은 남방운으로 시작해서 초운에 발하게 되고, 중운도 동방의 목운으로서 힘을 발하게 되는 것이 자랑이라고 하겠다. 金이 용신이었더라면 동방의 운에서 순탄하게 진행하기가 어렵지 않았겠느냐는 생각을 해 보게 된다.

용신이야 어떻게 되었든간에 일단 주체성은 대단했을 것으로 생각된다. 乙卯일주의 특성, 그야말로 2대 주체성에 들어간다고 보아야 할 정도로 강한 성품이라고 하겠다. 더구나 時干에 있는 印星은 직관력도 강하게 발휘했을 것이다. 『적천수』는 상당한 부분에서 직관력을 발휘한 흔적을 찾을 수 있다. 간결하게 정리하는 성분은 직관력이라고 할 수가 있겠기 때문이다. 만약에 財星이 강했다면 좀더 긴 이야기를 쓰게 되었을 것이다.

이 정도로 사주 소개를 마친다. 개인적으로 관심이 있으신 벗님은 더욱 살펴보시기 바라면서……

4) 위작(僞作)의 가능성 제기

이러한 의심을 해 보는 것은 『적천수』의 원문에 '원주(原註)'라고 하는 주가 붙어 있기 때문이다. 상식적으로 생각해 본다면 자신이 책을 쓰고 다시 주를 단다는 것이 어색하게 느껴지는데, 그렇게 된 이면에는 혹 자신의 글이 아닌 다른 사람의 글을 자신이 적으면서 주를 넣었을 수도 있지 않겠느냐는 생각이 든다. 또, 이러한 의심을 하는 배경에는 진소암(陳素庵) 선생의 『적천수집요(滴天髓輯要)』의 언급이 있다.

『적천수』는 어느 사주팔자를 아는 사람이 지었는데, 유백온 선생의 이름을 빌렸을 가능성이 있다. 그 책의 간지에 대한 뜻을 보면 음양의 변화에 통하고 격국에 구애받지 않으며 신살도 사용하지 않는다. 다만 생극제화(生剋制化)의 이치만을 추구하여 그 깊이가 더욱 정밀하다. 그래서 매우 미세하게 깊이 관찰하였는데, 실로 명리학의 핵심을 전했다고 할 만하다. 역학 책 중에서도 단연 뛰어나다고 해야 하겠다. 그야말로 예로부터 전해지고 있는 세속적인 잡다한 자평학의 아류들을 일거에 쓸어 버리는 내용이기 때문이다. 혹은 너무 깊고 심오해서 황당해 보이기까지 한다. 그래서 팔자간지를 모르고서는 (접근하기가) 어렵다고 본다. 공부하는 사람은 이 책을 얻어서 오랫동안 상세히 공부한다면 명리의 이치를 확연하게 깨달을 수가 있을 것이다. 이미 이치를 알고 해석을 한다면 어찌 하나를 갖고 설명을 해도 완전하지 않겠는가? 경험을 해 보고 쓴 글이기에 더욱 그럴 것이다.

이러한 언급을 통해 생각해 볼 수 있는 것은 후세 사람이 책을 짓고 유백온 선생의 이름을 빌려서 출판했을 것이라고 유추해 보는 것인데, 이는 매우 예리한 지적이라고 할 만하다. 물론, 누가 지었는지는 그리 중요한 것이 아닐 수도 있다. 중요한 것은 명리의 이치를 바로 전달하는 것이기 때문이다. 다만 『적천수』가 유백온 선생의 글이 아닐 수도 있지만, 그 내용은 참으로 심오하다고 해야 하겠고, 유백온 선생의 시대에는 이렇게 격국론을 부정하고 신살도 불용하며, 오로지 생극제화로만 사주를 감정하는 탁월한 이론이 발생하기 어려웠다는 시대적인 상황을 고려한다면 일고의 가치는 있다고 봐야 하겠기에 여기에서 언급하는 것이다.

어쩌면 『적천수』의 원저자도 『난강망(欄江網)』을 지은 것으로 알려진 여춘태(余春台) 선생처럼 무명 인사인지도 모른다. 그래서 대단히 놀라운 이론을 전개하면서도 자신의 이름이 거론됨으로써 혹 홀대를 받게 될지도 모른다는 생각을 했을 것이다. 그래서 그야말로 명성이 쟁쟁한 유백온이라는 이름을 빌림으로써 대단한 관심을 끌게 되었을 것이라고 생각하는 것은 너무나 당연하다. 그리고 자신의 이름에 별로 신경 쓰지 않을 정도의 탈속한 도인이라는 점은 이미 내용 곳곳에서 발견되고 있다. 그렇다면 충분히 그렇게 할 가능성이 있겠는데, 그렇다면 소강절이라고 하지 않고 유백온이라고 한 것은 무엇 때문일까?

아직은 이러한 문제가 명확하게 밝혀지지 않고 있지만, 이러한 내용이 역사적으로 특별한 의미를 갖고 있는 것은 아니라고 생각되기 때문에 그냥 유백온 선생이 지은 책으로 알고 있으면 그만이다. 또, 명리 공부를 하는 대다수의 벗님들은 유백온 선생을 존경한다기보다는 『적천수』를 존경하는 것이다. 그러니까 저자가 누구인지는 그리 중요한 문제가 아닐 수 있다. 다만 시대에 대해서는 고려를 해 봐야 하겠다.

또, 강희황제 시절에 천경당(千頃堂)에서 발행한 것으로 전해지는 『명리수지적천수(命理須知滴天髓)』라는 책에서는 지은이가 경도(京圖)이고 주해를 한 사람이 유기(劉基), 즉 유백온으로 되어 있다. 그렇다면 원래 지은이가 경도라는 말인가? 물론, 경도라는 사람은 다른 문헌에서는 나타나지 않으므로 자신이 지었다고 말하지도 않을 것이고, 또 후대에 출판하는 사람이 경도라는 이름은 유명하지 않다고 판단하여 이 이름을 삭제하고 유백온만 남겨 두었을 가능성에 대해서도 한 번쯤은 생각해 봐야겠다는 생각도 든다.

다시 정리한다면, 책의 내용에 전개되는 이론으로 보아서는 유백온 선생 이후에 지어진 책일 가능성이 많고, 유백온 선생이 개입되었다는 상황으로 보아서는 이미 누군가가 지어 놓은 책에 유백온 선생이 주해를 첨가해서 발행한 것으로도 생각할 수 있다는 것이다. 가능성이야 항상 있는 것이니까 이 정도로 언급하고 줄인다. 각자 후일에 관련 자료를 보고서 확인하시기 바란다.

2. 『적천수징의』 저자 임철초 선생에 대해서

유감스럽게도 임철초 선생은 생몰 연대가 언제인지, 언제 무엇을 했는지 전혀 알려진 바가 없고, 오로지 『적천수』의 주석을 달았다는 것만이 명리가들 세계에 전해질 뿐이다.

다만 『적천수징의』에 선생의 명조를 밝혀 놓았으므로 사주를 살펴보자.

壬	丙	戊	癸
辰	午	午	巳
庚 辛 壬 癸		甲 乙 丙 丁	
戌 亥 子 丑		寅 卯 辰 巳	

이 사주를 보면 철초 선생이 어떤 성품을 지녔는지 짐작할 수 있다. 일단 丙午일주의 강력한 화력이 있었을 것이다. 그래서 한번 분개하면 상당히 달아오르는 성품의 소유자였을 것으로 생각해도 크게 무리가 아닐 것이다. 또한, 午月의 丙午일주라면 더욱 대단한 성품이다. 전혀 굽힐 줄 모르는 성격일 뿐만 아니라 月干의 식신이 있는 것으로 보아 상당히 깊이 연구할 수 있는 성품으로 볼 수 있다. 비록 달아 있기는 하지만 時干의 壬水가 적셔 주는 것을 받으면서 열심히 파고들었을 것이며, 궁리에 몰두하다 보면 밥때가 되었는지 잠을 자야 하는지에 대해서도 까맣게 잊어버렸을 것으로 보인다.

丙午일주를 보면 웬만하면 스스로 포기를 할 만도 한데, 너무 강해서 끝장을 보려고 했을는지도 모르겠다.

다음은 본인의 사주에 대한 풀이를 참고해 보도록 하겠다. 『적천수천미』에 나온 해석이 더욱 상세하므로 그 쪽을 인용한다.

징그럽게 더운 한여름에 태어났다. 巳火는 남방의 불이니 癸水는 이미 절지에 임한 꼴이어서 무력하기 짝이 없다. 한 잔의 물로 가득 실린 짚의 수레에 붙은 불을 어찌 끈단 말인가. 더구나 癸水가 戊土와 합을 해서 化火가 되어 버리는 꼴이니 그렇지 않아도 더운 사주에 더욱 불길을 보태고 있다. 時干에 있는 壬水를 도와 주어야 할 癸水가 도와 주기는커녕 도리어 불길을 보탬으로써 편관(偏官)을 힘들게 하는구나. 더구나 양인이 미쳐 발광을 하니 巳中의 庚金인들 어찌 水를 생조하겠는가.

壬水가 비록 辰土에 통근을 했다고는 하지만 한마디로 金의 도움도 없는 상황에서 운까지 40여 년을 木火運으로 달리고 있는 꼴이라 겁인(劫刃)만 날뛰고 있으니 위로 부친의 뜻을 받들기가 불가능했던 것이다. 아버지는 상당하셨건만 자식이 변변치 못하였으니 어찌하랴. 그리고 그렇게 수고로이 모아 놓았던 논밭과 하던 업을 전혀 지키지 못했고, 골육과 육친들이 모두 그림의 떡이더라.

반평생 동안 뭔가 일을 해 보려고 애를 썼지만 모두 물거품이 되어 버리고 말았다. 卯運이 되면서 壬水가 절지에 해당하니 겁재들이 오히려 더욱 날뛰게 되어 골육에게 큰 변고가 있었고, 그 이후로 가세가 급속도로 기울어져서 재산을 탕진하게 되었던 것이다.

당시에는 명리학을 배우지 않았을 시절이었기 때문에 팔자를 연구하는 사람에게 자신의 운명을 부탁하였던바 '이 사주는 합관유살격(合官留殺格)이라 아주 좋은 사주를 타고나서 부귀공명을 내 맘대로 이루게 되고 출세를 하게 될 것이다' 라는 말을 듣고 좋아하기도 했지만, 결국에는 털끝만큼도 들어맞은 것이 없었다. 그러니 어찌 통탄하지 않을 수가 있으랴!

또, 자신의 성격이 치우치고 옹졸해서 성실한 것은 좋아하고 허망한 것이라든지 아첨을 하는 것은 싫어했는데, 거기다가 오만하기도 하고, 친구들과 어울리기도 좋아해서 항상 어려운 지경에 처하기는 잘해도 뜻대로 되는 것은 없더라. 그래도 꿋꿋하게 살았던 것은 우리 할아버지와 아버지의 지극하신 가르침에 의해서였다. 감히 그들의 가르침을 저버릴 수가 없었기 때문이라고 해야 옳을 것이다.

부모님이 돌아가시고 가세가 기울어 버리자 그때서야 비로소 명리학에 마음을 모아서 연구를 하게 되었고, 그것을 호구지책을 삼았던 것이다. 6尺(약 180센티미터)의 사나이 대장부로 태어나서 어찌 멀리 훗날을 도모하는 생각이 없었겠는가만, 결국은 이렇게 웃음거리가 되어 버리고만 셈이다. 스스로 명운을 생각해 볼 적에, 운이 맞아 주지 않으면 되는 일이 하나도 없다고 본다. 무슨 일을 하든지 도움이 되는 것이 없다는 것을 깨닫게 되었으니 직접 살아 보고 나서야 알게 되었더라.

결국 수레바퀴의 패인 자국 속에 들어앉은 물고기가 한 모금의 물을 그리워하듯이, 그렇게 마르는 땅을 한탄하고 시간이 촉박함을 곤궁하게 여겼지만, 어쩌겠는가. 이 사주에 도움이 되지 않는 운을 타고났으니 말이다. 그냥 천명에 따르는 수밖에······.

어떨까? 벗님은 이러한 철초 선생의 자기 사주에 대한 해석의 기분이 느껴지시는지? 낭월이 약간 각색을 했다. 나중에 「관살」편에서 실제로 있는 그대로의 원문도 올릴 것이므로 그때 다시 살펴보면 느끼시겠지만, 낭월이 결코 호들갑스럽게 부풀린 것이라고만은 하지 않을 것이다. 자신의 사주를 해석하는 것에서 알 수 있듯 자신으로서는 내놓을 만한 것이 아무것도 없었던 모양이다. 그러니까 사전에 등장하기도 어려웠을 것이다.

　그러다 보니 어느 시대에 살았는지에 대해서는 더욱 알 길이 없지만, 그래도 확실한 것은 유백온 선생보다는 늦을 것이라는 점이다. 또, 『적천수징의』에 등장하는 500여 개의 사주를 보면 대충 명나라 말기에서 청나라 초기의 사람이라고 한다. 그렇다면 청나라 중기쯤이라고 해도 될지 모르겠다. 특히 건륭황제의 사주가 등장하는 것을 보면 그 후세 사람이라고 하는 것을 알 수 있겠다. 건륭황제는 1711년부터 1799년까지 살았던 것으로 기록되어 있다. 그런데 황제가 살았을 당시에는 감히 사주를 언급하지 못했을 것이다. 따라서, 그 후인 1800년대가 될 가능성이 높다. 그렇다면 지금부터 대략 200여 년전 무렵에 살았던 것으로 보면 크게 무리는 없을 것으로 보인다. 종의명(鍾義明) 선생이 조사한 바에 따르면 1848년경이라고 하니까 낭월의 생각이 크게 벗어나지 않은 것으로 보인다. 한국 역사로 따진다면 조선 중기라고 볼 수 있다. 그리고 좀더 구체적으로 따져 볼 단서가 아주 없는 것도 아니다.

　건륭황제가 辛卯생이고 철초 선생은 癸巳생이므로 나이로 봐서는 2살 차이가 난다. 그렇다면 같은 시대의 인물인지도 모르겠다. 그런데 건륭황제가 88년을 살았다고 한다면 그렇게 늙은 나이에 이 책을 썼다고 보는 것은 무리가 따른다. 그보다는 다음 시대로 보는 것이 오히려 편안할지도 모르겠다. 그러면 1773년경으로, 62년 후가 되는 셈이다. 아무래도 이 무렵에 출생했을 것으로 보는 것이 무난하겠다. 그렇게 되면 지금부터 약 230년 전이 되는 셈이다. 이것은 유백온 선생으로부터 따지면 약 460여 년이 지난 다음이다.

　혹 벗님 중에는 이렇게 자세하게 따져 보는 것이 무슨 의미가 있겠느냐고 생각하는 사람이 있을지도 모른다. 그러나 낭월의 생각으로는 시대적인 상황도 이렇게 글이 나오는 데에 어떤 영향을 미칠 수 있을 것이라는 생각이 든다. 그러니까 비록 낭월은 잘 모르지만, 혹시 후학 가운데 이러한 상황을 살핌으로써 어떤 힌트라도 얻을 수 있을 것이라는 생각이 들어서 언급한 것이다.

3. 『적천수징의』를 편집한 서낙오 선생에 대해서

『적천수징의』에서 '징의'라는 말을 붙여 주신 분은 서낙오 선생이다. 그래서 한자리 차지하실 자격을 부여받으셨으므로 서낙오 선생에 대해서 언급하지 않을 수 없다. 만약 이 강의가 『적천수천미』의 강의라고 한다면 서낙오 선생 대신 원수산 선생에 대해서 설명하는 것이 옳듯이 말이다.

낙오 선생은 호가 東海이다. 그러니까 동해 선생이라고 해도 되겠다. 출생 연대는 청나라 光緒 12년 3월 3일 申時로 나와 있어 서기로는 1886년 4월 6일(양력)이 된다. 그렇다면 지금부터 약 100여 년 전에 태어나신 셈이다. 이 당시에는 상당히 많은 명리학자들의 활발한 연구로 인해서 명리학의 전성기라고 해도 좋을 정도로 명리학이 발전하였던 시기이다. 여기저기 묻혀 있는 보석들이 학자들의 노력으로 세상에 빛을 보게 되었는데, 『적천수』도 그 중 하나에 속하는 보물이다.

그럼 먼저 명식을 감상하도록 하자.

```
丙    丙    壬    丙
申    申    辰    戌
80  70  60  50  40  30  20  10
庚    己    戊    丁    丙    乙    甲    癸
子    亥    戌    酉    申    未    午    巳
```

〔낙오 선생 자신이 해석한 자신의 사주〕 天干에 丙이 셋이 있고 모
두 戊土에 통근을 했다. 그래서 약한 가운데에 왕하게 되었다. 3월은 火
기운이 생을 받으니까 반드시 壬水와 甲木이 투출되어야 한다. 대개 병
화는 태양의 불이라고 하며, 水의 극을 두려워하니까 윤택하게 해야 하
나, 임수가 투출되지 않으면 도리어 멍청이가 되어 천하게 된다. 그리고
반드시 현재의 지위를 얻지도 못했을 것이라고 하면서, 다만 살을 용하
되 제하는 것은 불가하다고 말하는데, 壬水는 申金에 통근을 하고 또 辰
申이 서로 합을 하기도 하니 하나뿐인 살이 상당히 강하다. 병화는 申金
에 임해서 절지가 되는데, 비록 戊土에 통근을 하고 천간에 비견의 도움
을 얻었지만 임수의 적수가 되지 못하는 것은 확실하다. 반드시 인성을
용해서 수의 기운을 화해야 한다고 봐야 하겠다. 사주에 甲乙의 木이 보
이지 않으니 이는 젊어서도 크게 쓰이기는 어려울 뿐만 아니라, 늙어서
도 무능하다고 봐야 하겠다. 그리고 몇 살이나 살 것인가를 생각해 보면
戊土운의 조열함으로 인해서 수명도 이쯤에서 멈추지 않을까 싶다. 그러
니까 61세에 죽지 않으면 63세나 64세까지는 가능할지도 모르겠다.

이렇게 자신의 사주를 해석한 것을 보면서 참 용신이 암장된 사주
의 주인공으로서 씁쓰레하게 느꼈을지도 모른다는 생각을 해 본다.

여하튼 낙오 선생의 사주를 보면 식상은 멀고 편재는 가깝다. 그로 인해서인지 스스로 글을 쓰기도 했지만 평주를 내는 것이 더 많았던 것 같다. 저서를 보면『고금명인명감』이라는 명식 모음집이 있고, 여기에 자신의 사주를 상세히 풀어 놓았다고 한다. 또,『자평일득』,『자평수언』등의 책이 있다. 그리고 평주로는『궁통보감평주』,『자평진전평주』등이 있는데, 낭월이 모르는 책도 있을 것이다. 많은 저술 활동을 한 것으로 기록되어 있는데 평주에 관심을 보인 것은 혹 사주의 편재가 작용한 것이 아닐까 싶은 생각이 든다. 편재로 재편집을 하고 편관으로 남의 편의를 위해서 정리한다는 것이 가능하겠다는 생각을 해 볼 수 있다.

『적천수징의』의 중간중간에 삽입된 설명은 실은 군살에 가까운 내용이 없지 않지만 읽는 사람을 위해서 노력하신 것은 높이 평가할 만하다. 한편으로『적천수보주』라는,『적천수』에 대한 자신의 견해를 밝힌 평주를 저술하기도 했는데, 낭월명리학당에서 강의 교재로 활용하려다가 오히려 혼란스러울 것 같아 포기한 적이 있다. 설명이 조리 정연하지 못하다는 생각 때문이었다. 그러니까 편집은 했지만 논리성은 좀 떨어진다고 보면 어떨까 싶다. 물론 낭월의 짧은 생각이 그렇다는 것이므로 벗님들은 참고에 그치시면 되겠다.

이 강의 내용 중에서도 확실하게 서낙오 선생의 추가 말씀이라고 볼 수 있는 내용은 그렇게 표시를 하도록 하겠다. 그리고『자평수언』을 봐도 편집하신 느낌은 들지만 저술이라는 생각은 들지 않아서 역시 편재의 특징이라는 생각을 해 봤다. 물론, 이렇게 정리를 한『적천수징의』가『적천수천미』에 비해 질서 정연한 것은 당연한 일이고, 그래서『징의』를 강의하려고 마음먹은 동기가 되었으므로 나름대로

의 장점이 있다고 보면 될 듯싶다. 여하튼 벗님들은 이제 이렇게 서낙오 선생과도 인연이 닿은 셈이다.

이 정도로『적천수』와 연관된 선생들에 대해서 살필 수 있는 한도 내에서는 상세하게 정리해 보았다. 벗님들 가운데 낭월의 사주에 대해서는 왜 설명하지 않느냐고 하신다면『왕초보 사주학』「연구편」에 이미 진술해 놓았다는 것을 상기해 드린다. 앞으로 공부를 해 나가면서도 계속해서 이분들에 대해서 많은 생각을 하게 될 것이다. 그것도 중요하다고 본다. 그리고 두 분 선생의 역작의 가르침을 배우는 마당에서 이 정도의 이해는 하고 들어가는 것이 예의라고 생각해 보기도 한다. 그럼 이 정도로 줄인다.

4.『적천수』관련 책과 저자들

- 임철초(任鐵樵) 선생의『적천수징의(滴天髓徵義)』
- 진소암(陳素庵) 선생의『적천수집요(滴天髓輯要)』
- 반자단(潘子端 : 일명 花堤館主) 선생의『적천수신주(滴天髓新註)』
- 원수산(袁樹珊) 선생의『적천수천미(滴天髓闡微)』
- 예문지(藝文志)의『삼명기담적천수(三命奇談滴天髓)』
- 천경당(千頃堂) 발행『명리수지적천수(命理須知滴天髓)』
- 아부태산(阿附泰山) 선생의『적천수상해(滴天髓詳解)』
- 서낙오(徐樂吾) 선생의『적천수보주(滴天髓補註)』
- 곽홍면(霍紅棉) 선생의『명리음양오행과학적천수(命理陰陽五行科學滴天髓)』(1975, 홍콩판)
- 종의명(鍾義明) 선생의『현대파역적천수(現代破譯滴天髓)』

이 외에도 많은 책이 있을 수 있다. 이렇게 소개해 놓는 것은 혹 벗님께서 나중에라도 다시 관련 서적을 참고하고 싶으실 적에 도움이 되라는 의미이다. 물론 모두 대만에서 발행된 것들이라고 보면 되겠다. 그런데 이렇게 많은『적천수』관련 서적들이 있지만 그 중에서도『적천수징의』를 쓴 임철초 선생의 견해를 완전히 이해한다면 다른 책은 모두 이해를 한 것과 다름이 없다고 생각한다. 따라서, 이 강의에서는 이 책을 위주로 공부하게 된다는 것을 알아 주시기 바란다. 그러니까 구태여 다른 책을 구하려고 고생하지 않아도 되겠다는 말이기도 하다. 그러니까『적천수』에 대해서 가장 깊이 이해를 하고 있는 분은 임철초 선생이고 다음이 서낙오 선생이라고 하겠다. 다른 분들의 책도 많지만 이 두 분의 글을 뛰어넘기는 어렵다고 보는 것이 종의명 선생의 의견인데, 낭월도 이에 동의한다.

제 1부 적천수 원문

通神頌

欲識三元萬法宗　先觀帝載與神功
坤元合德機緘通　五氣偏全定吉凶
戴天履地人爲貴　順則吉兮凶則悖
要與人間開聾聵　順逆之機須理會
理承氣行豈有常　進兮退兮宜抑揚
配合干支仔細詳　定人禍福與災祥

第一篇　論天干

五陽皆陽丙爲最. 五陰皆陰癸爲至.
五陽從氣不從勢. 五陰從勢無情義.

甲木參天. 脫胎要火. 春不容金. 秋不容土.
火熾乘龍. 水蕩騎虎. 地潤天和. 植立千古.

乙木雖柔. 刲羊解牛. 懷丁抱丙. 跨鳳乘猴.
虛濕之地. 騎馬亦憂. 藤蘿繫甲. 可春可秋.

丙火猛烈. 欺霜侮雪. 能煅庚金. 逢辛反怯.
土衆成慈. 水猖顯節. 虎馬犬鄕. 甲來成滅.

丁火柔中. 內性昭融. 抱乙而孝. 合壬而忠.
旺而不烈. 衰而不窮. 如有嫡母. 可秋可冬.

戊土固重. 旣中且正. 靜翁動闢. 萬物司命.
水潤物生. 火燥物病. 如在艮坤. 怕冲宜靜.

己土卑濕. 中正蓄藏. 不愁木盛. 不畏水狂.
火少火晦. 金多金光. 若要物旺. 宜助宜幫.

庚金帶煞. 剛健爲最. 得水而淸. 得火而銳.
土潤則生. 土乾則脆. 能嬴甲兄. 輸於乙妹.

辛金軟弱. 溫潤而淸. 畏土之疊. 樂水之盈.
能扶社稷. 能救生靈. 熱則喜母. 寒則喜丁.

壬水通河. 能洩金氣. 剛中之德. 周流不滯.
通根透癸. 冲天奔地. 化則有情. 從則相濟.

癸水至弱. 達於天津. 得龍而運. 功化斯神.
不愁火土. 不論庚辛. 合戊見火. 化象斯眞.

論地支

陽支動且强. 速達顯災祥. 陰支靜且專. 否泰每經年.
天戰猶自可. 地戰急如火. 合有宜不宜. 合多不爲奇.

生方怕動庫宜開. 敗地逢冲仔細推.
支神只以冲爲重. 刑與穿兮動不動.
暗冲暗會尤爲喜. 我冲彼冲皆冲起.
旺者冲衰衰者拔. 衰神冲旺旺神發.

干支總論

陰陽順逆之說. 洛書流行之用. 其理信有之也. 其法
不可執一. 故天地純遂而精粹者昌. 天地乖悖而混亂
者亡. 不論有根無根. 俱要天覆地載. 天全一氣. 不可
使地德莫之載. 地全三物. 不可使天道莫之容. 陽乘
陽位陽氣昌. 最要行程安頓. 陰乘陰位陰氣盛 還須道
路光亨. 地生天者, 天衰怕冲. 天合地者, 地旺宜靜.
甲申戊寅, 眞爲殺印相生. 庚寅癸丑, 也坐兩神興旺.
上下貴乎情和. 左右貴乎氣協. 始其所始. 終其所終.
福壽富貴. 永乎無窮.

第二篇　形象格局

一．形象

兩氣合而成象. 象不可破也. 五氣聚而成形. 形不可

害也. 獨象喜行化地. 而化神要昌. 全象喜行財地. 而
財神要旺. 形全者宜損其有餘. 形缺者宜補其不足.

二. 方局

方是方兮局是局. 方要得方莫混局.
局混方兮有純疵. 行運喜南還喜北.
若然方局一齊來. 須是干頭無反覆.
成方干透一元神. 生地庫地皆非福.
成局干透一官星. 左邊右邊空碌碌.

三. 八格

財官印綬分偏正. 兼論食傷八格定.
影響遙繫旣爲虛. 雜氣財官不可拘.
官煞相混須細論. 煞有可混不可混.
傷官見官最難辨. 官有可見不可見.

四. 從化

從得眞者只論從. 從神又有吉和凶.
化得眞者只論化. 化神還有幾般話.
眞從之象有幾人. 假從亦可發其身.
假化之人亦多貴. 異姓孤兒能出類.

五． 順局

一出門來只見兒． 吾兒成氣構門閭．
從兒不管身強弱． 只要吾兒又遇兒．
君賴臣生理最微． 兒能生母洩天機．
母慈滅子關頭異． 夫健何爲又怕妻．
　君不可抗也． 貴乎損上以益下． 臣不可過也． 貴乎損下以益上． 知慈母恤孤之道． 始有瓜瓞無疆之慶． 知孝子奉親之方． 始克諧大順之風．

體用精神

　道有體用． 不可一端論也． 要在扶之抑之得其宜． 人有精神． 不可以一偏求也． 要在損之益之得其中． 月令提綱之府． 譬之宅也． 人元爲用事之神． 宅之定向也． 不可以不卜． 生時歸宿之地． 譬之墓也． 人元爲用事之神． 墓之穴方也． 不可以不辨． 能知衰旺之眞機 其於三命之奧 思過半矣 旣識中和之正理 而於五行之妙 有能全焉

一． 源流

何處起根源． 流到何方住． 機括此中求． 知來亦知去．

二. 通關

關內有織女. 關外有牛郎. 此關若通也. 相邀入洞房.

三. 淸濁

一淸到底有精神. 管取生平富貴眞.
澄濁求淸淸得去. 時來寒谷亦回春.
滿盤濁氣令人苦. 一局淸枯也孤人.
半濁半淸猶是可. 多成多敗度晨昏.

四. 眞假

令上尋眞聚得眞. 假神休要亂眞神.
眞神得用生平貴. 用假終爲碌碌人.
眞假參差難辨論. 不明不暗受遭迍.
提綱不與眞神照. 暗處尋眞也有眞.

五. 恩怨

兩意情通中有媒. 雖然遙立意尋追.
有情却被人離間. 怨起恩中死不灰.

六. 閑神

一二閑神用去麼. 不用何妨莫動他.
半局閑神任閑着. 要緊之場自作家.

七. 羈絆

出門要向天涯游. 何事裙釵恣意留.
不管白雲與明月. 任君策馬朝天闕.

四柱總論

天道有寒暖. 發育萬物. 人道得之. 不可過也.
地道有燥濕. 生成品彙. 人道得之. 不可偏也.
德勝才者. 局全君子之風. 才勝德者. 用顯多能之
象. 局中顯奮發之機者. 神舒意暢. 象內多沉埋之氣
者. 心鬱志灰. 吉神太露. 起爭奪之風. 凶物深藏. 成
養虎之患. 震兌主仁義之眞機. 勢不兩立, 而有相成
者存. 坎離宰天地之中氣. 成不獨成, 而有相持者在.
強衆而敵寡者. 勢在去其寡. 強寡而敵衆者. 勢在成
乎衆. 剛柔不一也. 不可制者. 引其性情而已矣. 順逆
不齊也. 不可逆者. 順其氣勢而已矣.
休咎係乎運. 尤係乎歲. 戰冲視其孰降. 和好視其孰

切. 何爲戰. 何爲冲. 何謂和. 何謂好.
造化起於元. 亦止於貞. 再造貞元之會. 胚胎嗣續之機.

第三篇　徵驗

一. 六親

夫妻姻緣宿世來. 喜神有意傍天財.
子女根枝一世傳. 喜神看與殺相連.
父母或隆與或替. 歲月所關果非細.
弟兄誰廢與誰興. 提用財神看重輕.

二. 富貴貧賤吉凶壽夭

何知其人富. 財氣通門戶.
何知其人貴. 官星有理會.
何知其人貧. 財神反不眞.
何知其人賤. 官星還不見.
何知其人吉. 喜神爲輔弼.
何知其人凶. 忌神輾轉攻.
何知其人壽. 性定元氣厚.
何知其人夭. 氣濁神枯了.

三. 性情

五氣不戾. 性正情和. 濁亂偏枯. 性乖情逆. 火烈而
性燥者. 遇金水之激. 水奔而性柔者. 全金木之神. 木
奔南而軟怯. 金見水以流通. 最拗者西水還南. 至剛
者東火轉北 順生之機. 遇擊神而抗. 逆生之序. 見閑
神而狂. 陽明遇金, 鬱而多煩. 陰濁藏火, 包而多滯.
陽刃局, 戰則逞威. 弱則怕事. 傷官格, 清則謙和. 濁
則剛猛. 用神多者, 情性不常. 時支枯者, 虎頭蛇尾.

四. 疾病

五行和者. 一世無災. 血氣亂者. 生平多疾. 忌神入
五臟而病凶. 客神游六經而災小. 木不受水者, 血病.
土不受火者, 氣傷. 金水傷官, 寒則冷嗽. 熱則痰火.
火土印綬, 熱則風痰, 燥則皮痒. 論痰多木火. 生毒鬱
火金. 金水枯傷而腎經虛. 水木相勝而脾胃泄.

五. 出身

巍巍科第邁等倫. 一個元機暗裏存.
清得盡時黃榜客. 雖存濁氣亦中式.
秀才不是塵凡子. 清氣還嫌官不起.
異路功名莫說輕. 日干得氣遇財星.

六. 地位

臺閣勳名百世傳. 天然淸氣發機權.
兵權獬豸幷冠客. 刀殺神淸氣勢恢.
分藩司牧財官和. 格局淸純神氣特.
便是諸司幷首領. 也從淸濁分形影.

第四篇　婦孺

一. 女命章

論婦論子要安詳. 氣靜平和婦道章.
三奇二德虛好語. 咸池驛馬半推詳.

二. 小兒章

論財論煞論精神. 四柱和平易養成.
氣勢攸長無蹙喪. 關星雖有不傷身.

부언 설명

　이 원문의 배열은 『적천수징의』를 기준으로 했다. 이렇게 한 이유는 『적천수징의』에서는 다른 배열로 되어 있기 때문이다. 내용을 상세하게 살펴보면 『징의』에서 취하고 있는 배열이 오히려 질서가 있다는 생각이 들어서 이 책을 기준으로 삼은 것이다. 다만 원문의 내용 중에서 몇 자는 바꿨다. 그 이유는 『천미』에 나타나 있는 원문이 이해에 더 도움을 줄 것 같아서였다. 그리고 이러한 사정에 대해서는 해당 항목에서 다시 설명을 드리도록 하겠다.

　그렇다면 이렇게 원문의 배열이나 글자가 서로 다른 이유는 무엇일까? 거기에는 다음과 같은 사연이 있다. 『적천수징의』를 편집하신 서낙오 선생이 책의 맨 뒤에다가 발문(跋文)으로 적으신 것을 일부분만 인용하도록 하겠다.

　…… 내가 陰陽 학문을 열심히 연구하는 것을 보신 집안의 아저씨뻘 되시는 분이 기뻐하시면서 말씀하시기를

"선친께서 이 방면의 연구를 하던 자료들이 있는데, 내가 공부를 하지 않으므로 어떻게 할까 하고 벽장에 넣어 둔 것이 있는데, 지금 자네를 보니 문득 임자를 만난 것이라고 생각이 되네. 그러니까 살펴보고 쓸 만한 것이 있거든 사용하도록 하게."

하였다.

그래서 나는 반가운 마음으로 따라가서 벽장에 들어 있는 내용을 살펴보게 되었는데, 상당히 많은 자료가 있었다. 그 중 이미 묶음줄이 떨어져 나가고 이리저리 흩어져서 더러는 없어지고, 또 더러는 쥐나 벌레들이 갉아먹은 것도 적지 않았다. 그런 자료 중에는 매우 중요한 가치가 있을 것으로 보이는 내용도 있어서 흩어진 자료들을 찾아 정리하고 손상이 된 부분은 복구를 했지만, 그 책을 누가 지었는지는 전혀 알 수가 없었다. 그러다가 일전에 사명은행에 있는 손형보 군이 『적천수천미』를 인쇄했다는 이야기를 듣고 구해 보니, 과연 내가 정리한 것과 내용이 대동소이한지라 비로소 원저자가 유백온이며, 강의자는 임철초라는 것을 알게 되어 너무 기뻤다.

다만 목록이나 일부 배열에서 차이가 있었고, 부분적으로 약간 다른 점이 있기도 했다. 그래서 비교를 하면서 수정해서 보관하고 있었는데, 친구가 이를 보고 여러 차례 출판하라고 권유를 하여······.

이와 같은 내용이 보인다. 그러니까 아마도 내용에서 빠진 것으로 생각되거나 무슨 글씨인가 있는 것이 분명한데, 쥐가 갉아먹어서 알 수가 없는 경우에는 짐작으로 적당한 글자를 채워 넣었을 가능성이 있다. 그 결과로 약간의 오차가 있지만 내용에서는 큰 차이가 없다.

그래서 낭월도 기본적인 자료는 『징의』를 취하고 서로 오차가 나는 부분에 대해서는 본론에서 의견을 제시하겠다. 물론, 『징의』에 있는 글자를 『천미』에 있는 글자로 바꿔서 더욱 뜻이 명확해진 것은 바꿨다. 그러니까 이미 『징의』를 보고 계신 벗님께서는 이러한 점을 참고하면서 살펴보시면 더욱 이해가 쉬울 것으로 본다.

원문에서 서로 다른 점에 대해서 의문이 있을 수도 있겠다는 생각이 들어서 부연 설명을 드렸다.

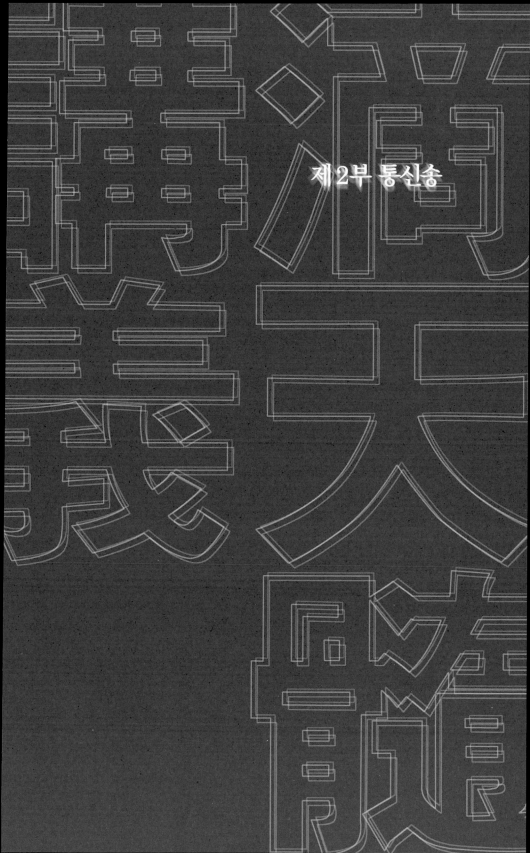

제 2부 통신송

제1장 천지(天地)

欲識三元萬法宗. 先觀帝載與神功.
욕 식 삼 원 만 법 종. 선 관 제 재 여 신 공.

坤元合德機緘通. 五氣偏全定吉凶.
곤 원 합 덕 기 함 통. 오 기 편 전 정 길 흉.

◐ 삼원이 만법의 근본이라고 하는 이치를 알고자 한다면, 먼저 제재
와 신공에 대해서 관찰을 해 보라. 땅의 덕이 신비로운 영역에서 이
치와 통하고, 그로 말미암아 다섯 가지 기운의 흐름을 관찰하면 비
로소 길하고 흉하게 되는 자연의 이치를 알게 될 테니.

【滴天髓徵義】

三元者, 天元, 地元, 人元也. 干爲天元, 支爲地元, 支中所藏爲
人元. 陰陽本乎太極, 曰帝載. 五行播於四時, 曰神功. 孔子說卦

於震出曰帝. 於妙萬物曰神. 蓋非此不足以狀其用而形其妙也. 受賦於天謂之命. 易象大哉乾元. 萬物資始. 至哉坤元. 萬物資生. 生者形之始. 人之秉氣受形. 與天地合其德. 機緘相通. 所秉五行之氣有偏全. 故萬物之命有吉凶.

삼원자, 천원, 지원, 인원야. 간위천원, 지위지원, 지중소장위인원. 음양본호태극, 왈제재. 오행파어사시, 왈신공. 공자설괘어진출왈제. 어묘만물왈신. 개비차부족이장기용이형기묘야. 수부어천위지명. 역단대재건원. 만물자시. 지재곤원. 만물자생. 생자형지시. 인지병기수형. 여천지합기덕. 기함상통. 소병오행지기유편전. 고만물지명유길흉.

➡ 삼원(三元)이라는 것은 천원, 지원, 인원이다. 그러니까 천간은 천원이 되고, 지지는 지원이 되며, 지지에 들어 있는 지장간은 인원이 되는 것이다. 음양은 본래 태극을 말하는 것인데, 태극을 일러서 제재(帝載)라고 하는 것이며, 오행이 사계절에서 파생되면서 발생하는 것을 신공(神功)이라고 부른다. 공자님이 설괘전에서 말씀하시기를 저 진괘(震卦)에서 나온 것을 일러서 '제(帝)'라고 하고, 만물이 오묘하게 발생하는 것을 일러서 '신(神)'이라고 하니, 대개 만물의 생김새의 오묘함을 이야기하기에 부족하지 않다고 보겠다.

하늘로부터 천성을 부여받았으니 역단에 말하기를 '크도다, 하늘이여. 만물이 여기에서 시작되는구나. 지극하도다, 땅이여. 만물이 비로소 생명을 부여받는구나.' 하니 생한다는 것은 형상의 시작이라, 사람도 기를 얻어서 비로소 형상을 이루게 되는 것이라, 이것은 天地와 더불어 그 덕에 부합된다고 하겠다. 그렇게 하여 기밀이 서로 통하니 오행의 기에는 치우치고 올바름이 있어서 그 이유로 만물의 운명에도 길하고 흉함이 있는 것이다.

【 강의 】

이 앞에서는 감히 끼여들어서 어쩌고 저쩌고를 할 자리가 없다. 여기에 와서야 비로소 낭월의 어쭙잖은 소견(所見)을 말씀드리게 된다. 그리고 가능하면 앞부분의 원문과 『징의』에 속하는 한자에 대해서도 스스로 책을 찾고 자전을 뒤져 한자의 의미를 이해하시고, 낭월의 강의는 참고 정도로 보는 것이 가장 현명한 공부 방법이 될 것으로 본다. 그런데 대다수의 벗님들은 앞의 글은 한번 쓰윽 훑어보고 넘기신 다음에 낭월이가 떠드는 '여기부터 뭐라고 하는가……' 하고 관심을 기울일 것이다. 부디 그렇게 하시지 말기를 다시 당부드린다. 『적천수징의』는 이해만 하는 것으로 끝내기에는 너무나 아까운, 깊고도 심오한 이치가 담겨 있기 때문이다. 실은 이렇게 늘어벌리는 것도 철초 선생이 원하시는 바가 아닐지도 모르겠다. 오히려 너무 설명이 장황해서 정작 『적천수』의 본래 의미를 흐리게 할 가능성이 있다.

이러한 염려를 하게 되는 것은 아부태산 선생의 『적천수상해(滴天髓詳解)』 때문이다. 그 책을 보면서 과연 이것이 『적천수』를 위한 것인지 아니면 아부태산 선생을 위한 것인지에 대해서 상당히 의구심이 들었다. 왜냐하면 그 책에는 아부태산의 이야기만 보이고 『적천수』는 보이지 않는 것처럼 느껴졌기 때문이다. 그래서 낭월의 이 이야기도 어쩌면 그러한 느낌이 들지도 모르겠다는 염려가 되어 이렇게 서두에서 주의 말씀을 드리는 것이다. 낭월의 희망은 철초 선생의 뜻이 보다 명확하게 드러나도록 도와 드리는 것으로 그 목적을 다하고 싶다. 스스로 자신의 이야기를 너무 큰소리치지 않아야겠다는 생각을 미리 하게 되는 것도 나름대로 그러한 소감 때문이다. 이러한 의미를 잘 헤아려 가능하면 본래의 의미를 올바르게 파악하면서 낭월의 소견을 참고로 삼는다면 원래의 의미가 그대로 전달될 것으로 믿는다.

이제 낭월이 몇 마디 추가로 도움 말씀을 드리려고 한다. 처음에 『적천수』를 보면서 느낀 것은 '찝찝하게 오행의 원리를 설명하는 책이라면서 앞에다가 무슨 「통신송(通神頌)」을 넣었느냐'고 투덜거렸던 기억이 난다. '통신송'이라는 말은 얼른 생각하면 귀신과 대화를 나누는 노래라고 하는 느낌이 들었기 때문이다. 그리고 나중에 그 의미를 생각하고서는 비로소 유백온 선생의 의중을 약간이나마 느낄 수 있었다.

'통신송'이라고 하는 말은 '진리로 통하는 노래'라는 정도로 해석이 가능하다. 『적천수』의 맨 앞부분에 이렇게 노래가 하나 들어 있는 것은 어찌 생각해 보면 백온 선생의 여유로움 같기도 하다. 그리고 고법에도 원래 시를 한 수 적어서 본래의 의미를 전하려고 하는 형식도 있으므로 이러한 기준으로도 좋은 시도라는 생각이 든다. 그러니까 이 통신송에 대한 의미를 바로 파악해 버린다면 그 나머지는 볼 필요가 없다고 해도 좋지 않을까 싶다. 그야말로 이심전심으로 파악해 버리는 경지가 될 것이니까 말이다.

그러나 이러한 것을 한눈에 파악해 버리는 정도라고 한다면 구태여 낭월의 강의실을 찾지 않았을 것이다. 그러니까 벗님은 (무시를 해서가 아니라) 아직은 더 공부를 해야 할 단계라고 전제를 해도 되지 않을까 싶다. 여하튼 이렇게 어떤 희망을 갖고 「통신송」에 대한 의미를 파악해 보도록 하자. 그러다 보면 여기에서 그 의미를 깨닫게 될는지도 모른다.

이 구절에 나오는 의미는 상당히 어려운 말이라고 생각된다. 왜냐하면 요즘은 잘 사용하지 않는 용어이기 때문이다. 더구나 명리학에서는 사용하지 않는 용어이다 보니 더욱 생소하게 느껴질 것이다. 삼원(三元)에 대해서는 철초 선생의 의견을 보아도 충분히 짐작이 된다. 天干과 地支와 支藏干이 三元이라고 한다면 너무 단순한 의미이기 때문이다. 그리고 오행의 이치와 명리학의 원리가 그렇게 단순하다는 점에서 더욱 놀랍다는 생각이 든다.

자연의 법칙이 실로 온갖 방법들과 공식들로 헝클어져 있다면 너무나 복잡해서 낭월과 같이 머리가 둔한 사람은 십만 리를 도망가고 싶을 뿐이다. 그리고 처음에는 당연히 그렇게 오행의 이치가 복잡하다고 생각했던 것도 사실이다. 그래서 많은 명리학도들이 중간에 포기해 버리게 되는 원인을 제공했다고 해도 과언이 아닐 것으로 본다.

그러나 좀더 시간이 흐른 지금에 와서 생각해 보니 참으로 간단하고 명료한 것이 또한 오행의 이치라고 하는 것을 어렴풋하게나마 깨닫게 되면서 더욱 바빠지는 마음을 금할 수가 없다. 왜냐하면 이렇게 간단하다는 것을 하루 빨리 많은 강호(江湖)의 연구인들에게 알려서 누구나 중간에 포기하지 않고 무사히 명리산(命理山)의 정상에 오르도록 해야겠다는 가당찮은 생각이 솟아났기 때문이다.

그래서 시작한 것이 '왕초보 시리즈'라고 한다면, 이를 좀더 가다듬어서 정리한 것이 '알기 쉬운 시리즈'가 될 것이다. 이제 이러한 분야에서 정리를 하고 나서 비로소 손을 대야겠다고 생각되는 것이

이『적천수』에 대한 의미를 보다 알기 쉽게 접하게 해 보자는 욕심인 셈이다. 아마도 모든 일에는 이렇듯 어떤 흐름이 있지 않나 싶은 생각이 든다.

바로 이 三元에 대한 이치를 알고자 하는 것이 우리 명리학도의 최대 목적이지만 이것만 알면 추가로 알아야 할 것이 뭐가 있으랴 싶기도 하다.

이「통신송」이 점차로 좋아지는 것도 이렇게 간결한 가운데 그 핵심이 되는 내용들을 모두 포함하고 있기 때문이다. 이는 불교에서 불타의 가르침을 가장 간단하게 설명한 것이 무엇이냐고 하면 바로 『반야심경(般若心經)』인 것처럼 낭월은 이「통신송」을 음미한다.

三元의 참소식을 바로 알려면, 제재(帝載)와 신공(神功)을 알아야 한다. 여기에서 제재는 본래 陰陽이라고 했으니까 그대로 음양으로 보면 되겠다. 그리고 신공은 五行이 일년을 흐르는 것이라고 했으니 오행이라고 할 수 있다.

그러면 이를 다시 정리해 보자.

陰陽과 五行을 알면, 天干과 地支와 支藏干을 알게 된다.

이렇게 말하면 되겠다. 공자님의 십익(十翼)[1]에 나오는「설괘전(說卦傳)」[2]이니 하는 것은 생략하자. 초반부터 한문에 약한 벗님들을 기죽일 필요가 없기 때문이다. 그리고 실은 낭월도 이 분야에 대해서는 상세하게 알지 못한다. 자세히 알지 못하는 부분에 대해서

---

1) 공자님이 주역에 대해서 도움이 되도록 설명하신 열 가지의 종류를 말한다.
2) 십익(十翼) 중에「설괘전(說卦傳)」이 있는데, 내용은 팔괘의 성질과 변화 작용에 대해서 설명한 글이다.

중언부언하는 것보다는 오히려 덮어두는 것이 더 현명할 것이라는 생각을 하게 된다. 혹 그 의미를 알고자 한다면 『주역(周易)』을 보시면 될 것이라고 하는 안내 말씀을 남기면 충분할 것이다.

다만 임철초 선생도 주역을 읽으시고, 또 「설괘전」 정도는 보셨다는 의미 정도로 이해하는 것이 좋겠다. 그렇다면 음양과 오행은 어떻게 알아야 하느냐고 질문을 하신다면 졸저(拙著)인 『알기 쉬운 음양오행』을 보시라고 권할 수밖에 없겠다. 그렇지만 한편으로는 책으로 설명되는 것보다 자연에서의 음양오행을 자신의 눈으로 보고 마음으로 느끼라고 하는 의미임을 강조해야 하겠다.

다음으로 곤원(坤元), 즉 땅의 원리에 대해서 언급이 되었다. 신비로운 기밀을 간직한 곳으로 통한다는 의미 정도로 보면 되지 않을까 싶다. 그렇다면 지지는 간단하지 않다는 의미를 이미 여기에서도 포함하고 있는 모양이다.

그 속에서 다섯 가지의 기운이 치우침과 완전하게 되어서 길흉이 정해진다는 것인데, 이렇듯 오행의 치우침과 완전한 구조를 음미하는 것이 명리학을 연구하는 공부인 것이다. 음양오행의 이치 외에 다른 것은 대입시킬 필요가 없고, 또 대입시키는 자체가 이치에서 크게 벗어난 것이다.

음양과 오행이 서로 어떻게 배합되어 있는가를 잘 살피는 것이 명리의 이치에 통하는 지름길이라며 이러한 원리를 궁리하고 대입시키다 보면 어느덧 자신도 그 오행의 바다에서 편안하게 헤엄치며 놀고 있다는 생각을 하게 될 것이다. 그렇지 못하다면 이미 오행 공부는 '물 건너간 소식'이다. 헛 공부 그만두고 일찌감치 책을 덮는 것이 더 유익할지도 모른다. 이렇게 간절하게 첫 구절에서 핵심을 짚어 준다는 생각을 하게 된 것도 명리학에 발을 들여놓은 지 수 년이 지난 다음에야 가능했으니, 참으로 진리에 대한 탐구가 그렇게 간단한 문제만은 아닌 모양이다.

오기(五氣)의 치우침이나 완전한 것에 의해서 길흉이 정해진다는 말은 무슨 의미일까? 물론, 사주팔자의 길흉은 그대로 정해진 것이라는 이야기가 된다. 다른 책에서는 定吉凶이 論吉凶으로 되어 있는 것도 있으나 定吉凶이 더 분명한 것으로 생각되어 그대로 둔다.

길흉이 정해져 있어야 그것을 읽을 수가 있다. 정해지지 않은 길흉은 읽을 수도 없는 것이 당연한 것이라고 생각해 보면, 이미 정해진 길흉의 원리만 잘 공부하면 얼마든지 그 속에 들어 있는 이치, 또는 길흉화복을 알아 낼 수가 있다고 이해하면 되겠다.

여하튼 이렇게 해서 첫번째 글귀에 대한 의미를 해석해 보았다.

제2장 인도(人道)

【滴天髓】

> 戴天履地人爲貴. 順則吉兮凶則悖.
> 대 천 리 지 인 위 귀. 순 즉 길 혜 흉 즉 패.
> 要與人間開聾瞶. 順悖之機須理會.
> 요 여 인 간 개 농 외. 순 패 지 기 수 리 회.

◑ 하늘을 이고 있으며 땅을 밟고 있는 것 중에서 사람이 가장 귀하나, 순리에 따르면 길하고 순리를 따르지 못하고 일그러지게 되면 흉하게 되더라. 그러니까 중요한 것은 사람이 귀가 어둡고 눈이 먼 것을 열어야 비로소 순역(올바름과 일그러짐)의 참된 기미를 바로 깨닫게 되는 것이다.

【滴天髓徵義】

八字貴乎天干地支, 順而不悖. 如天干氣弱. 地支生之. 地支神

衰. 天干輔之. 皆爲有情而順者, 吉. 如天干衰弱. 地支抑之. 地
支氣弱. 天干剋之. 皆爲無情而悖者則凶也. 人之八字. 最要四柱
流通. 五行生化. 大忌四柱缺陷. 五行偏枯. 子平之法. 全在察其
衰旺. 究其順悖. 審其進退. 論其喜忌. 是謂理會. 至於奇格, 異
局, 神煞, 納音, 諸名目. 乃好事者之妄造. 不合五行正理. 未可
盡信. 若據此以論休咎. 必致以正爲謬. 以是爲非. 訛以傳訛. 遂
使吉凶之理. 昏昧難明矣.

팔자귀호천간지지, 순이불패. 여천간기약. 지지생지. 지지신
쇠. 천간보지. 개위유정이순자, 길. 여천간쇠약. 지지억지. 지
지기약. 천간극지. 개위무정이패자즉흉야. 인지팔자. 최요사주
유통. 오행생화. 대기사주결함. 오행편고. 자평지법. 전재찰기
쇠왕. 구기순패. 심기진퇴. 논기희기. 시위리회. 지어기격, 이
국, 신살, 납음, 제명목. 내호사자지망조. 불합오행정리. 미가
진신. 약거차이론휴구. 필치이정위류. 이시위비. 와이전와. 수
사길흉지리. 혼매난명의.

➡팔자가 귀하려면 天干地支가 순리를 따르고 일그러지지 않아야
한다. 천간의 기운이 허약하면 지지에서 도와 주면 되고, 지지의 기
운이 허약하면 천간에서 도와 주면 된다. 이렇게 되면 오행의 기운
이 좋은 것이라고 말한다. 그런데 반대로 천간의 기운이 허약한데
지지에서는 도리어 극제를 하려 하고, 지지의 기운이 쇠약한데 천간
에서는 극을 한다면 이러한 것은 무정한 것이라고 하니 흉하게 되는
것이다.

사람의 八字는 가장 중요한 것이 유통(流通)이다. 五行이 生하고
化하여 서로 막힘이 없어야 하는데, 결함이 발생하고 오행이 치우치

거나 메마른 것을 가장 꺼리는 것이다.

子平의 원리는 다른 것이 없다네.
그 시들거나 왕성함의 기운을 살피고,
순조로움과 일그러짐을 연구하며,
나아가고 물러감을 파악하고,
그 用神과 忌神을 살피는 것이니,
이를 일러서 '이치를 안다' 고 한다네.
기이한 이론들과 온갖 얄궂은 격에 집착하고,
색다른 국이나 각종 신살들……
나아가서는 근거 없는 납음오행까지……
온갖 허망한 이름들의 부류들은,
일을 좋아하는 친구들이 만든 말장난일 뿐,

五行의 올바른 이치에는 부합되지 않으니,
모두 다 믿을 수도 없는 이야기들인데,
이것을 근거로 인생의 길흉을 논하니,
올바른 이치를 틀렸다고 부정하게 되고,
틀린 헛소리는 올바르다고 주장을 하며……
이것이 또 전해지고 전해지며 뒤범벅이 되는구나,
그러니 길흉의 이치가 어찌 맞을꼬
혼미하기만 하여 밝히기가 어려울밖에.

【 강의 】

이렇게 시처럼 풀이를 해 보았다. 사람이 삼라만상 중에서 가장 귀한 것은 오행을 갖추고 있기 때문이라는 말이 있지만 내심으로는 절대로 그렇지 않다는 생각을 갖고 있다. 왜냐하면 사람도 오행의 기운을 제대로 받지 못하고 태어난 사람이 더욱 많다는 생각을 하게 되면서부터이다. 과연 그렇지 않다고 누가 자신 있게 말을 하겠는가 말이다. 그러므로 하늘을 이고 땅을 딛고 있는 것 중에서 사람이 가장 귀하다는 말은 눈이 어두운 초보자는 속일 수가 있어도 지혜로운 수행자는 속이지 못하게 될 것이 너무도 뻔해서 요즘은 그러한 말을 사용하는 것에 대해 자제하고 있다.

따른(順)즉 길하다는 말은 아마도 오행의 이치를 따르고 있는 사주를 타고난 사람은 길하게 된다는 것, 즉 원하는 바가 모두 잘 이루어진다는 말일 것이다. 그리고 오행의 이치에 일그러지게 되어 있는 사주를 타고난 사람은 하는 일마다 흉하게 작용할 것이라는 의미일 것이다.

인간의 눈이 멀고 귀가 어두운 것이 문제라고 하는 말씀이 있어서 앞의 말을 결정하는 것으로 보아야 하겠다. 과연 백온 선생다운 말씀이다. 인간이 스스로 눈이 멀고 귀가 먹어서 대자연이 본래의 이치를 보여 주어도 스스로 보지를 못한다.

그리고는 감히 무엄하게도 '천지자연의 기밀을 누설하면 안 된다. 돈이나 한짐 싸들고 오면 너만 살짝 일러 주마.' 라는 식의 비법 장사꾼이 되어서 혹세무민을 하고 있으니 자신도 속고 남도 속이는 참으로 가련한 인생이 되어 가는 선배가 많다고 한다.

그리고 눈이 멀고 귀가 어두운 사람에게 올바른 길을 일러 주는 방법으로서 바로 이 음양오행의 이치를 권장하는 의미가 매우 크다고 할 수 있다. 비록 몇 마디 되지 않는 통신송이지만 그 속에는 이렇듯 의미심장한 뜻이 들어 있다. 본래의 뜻은 이 정도로 이해하도록 하고, 이제 철초 선생이 생각하신 말씀에 귀를 기울여 보도록 하자.

철초 선생도 참 대단하신 분이다. 벌써 천지간에 사람이 가장 귀하다는 말에 대해서는 본래의 뜻이 아니라고 생각하셔서인지 언급도 하지 않고 있다. 주제를 모르는 낭월 같은 사람만이 이렇게 사소한 것에 대해서 가타부타 말이 많은 모양이다. 그래도 어쩔 수가 없다. 생긴 대로 노는 것이 세상 만물이 아니던가.

그 중에서도 귀한 팔자는 자연의 이치에 부합하는 것이고 서로 보호하여 길하게 되는 것으로 본다는 말이 실은 중요한 것이며, 벗님들도 이 의미에 대해서 동조해 주시리라고 믿는다. 낭월도 이 말이 자평의 원리에 대한 핵심을 짚은 것이라고 생각되어 속이 시원한 느낌을 많이 받았던 기억이 새롭다. 이렇게 간단한 말에서 의미를 깨달아 버린다면 여타의 다른 의미에 소중한 자신의 시간을 투자할 필요가 없다고 해도 과언이 아닐 정도이다. 그야말로 오도송(悟道頌)[3]과도 같은 느낌이다.

낭월이 본래의 뜻을 상하지 않는 범위에서 약간 각색하여 노래처럼 풀이를 해 보았다. 낭월의 책을 보신 벗님은 신살 등에 대해서 확실하게 부정하고 있는 글을 떠올리실 것이다. 그리고 어떤 벗님은 낭월이 어떻게 감당하려고 겁도 없이 기이한 격국(格局)과 신살(神

---

3) 佛家에서 참선을 하거나 명상을 통해서 어떤 큰 깨달음이 있을 경우에 그 경지를 말로 하기에도 너무 벅차서 노래를 한 곡 부르게 되는데, 그 노래를 '오도송'이라고 한다.

殺) 등에 대해서 부정하고 있느냐고 염려해 주셨다. 그렇게 확신을 가질 수가 있었던 것은 바로 이러한 철초 선생의 확신이 있었기 때문이다.

그렇지 않았다면 낭월인들 무슨 근거로 그렇게 확신을 가질 수가 있었겠는가. 지금 생각해 보면 이『적천수』를 만나지 않았더라면 아마도 오행의 언저리도 만져 보지 못한 채 지금껏 안개 속을 헤매고 있을 것이라고 생각된다.

물론 때로는 철초 선생의 강경한 어조로 인해 어쩌면 상당히 고려해야 할 부분들을 포기하고 있는 것은 아닐까 하는 생각도 많이 했었다. 그래서 숱한 임상 자료를 보면서도 항상 이렇게 진리를 놓치지 않으려고 주의를 기울였지만, 철초 선생이 옳았다는 결론을 내리는 것이 거의 전부였다. 그러다 보니까 나중에는 아예 격국이나 신살 등에 대해서는 고려하지도 않게 되고, 지금 이 순간까지도 전혀 흔들림 없이 자신의 주장을 할 수 있게 되었다고 본다.

이렇게 자평의 이치에 대한 핵심을 이미 500여 년 전에『적천수』로써 명확하게 공표했음에도 불구하고, 무엇 때문에 아직까지도 이러한 자평학의 미신들이 여전히 살아서 꿈틀대고 있는 것일까? 여기에 대한 의문은 다음 몇 가지로 요약할 수가 있었다.

奇格, 異局, 神殺, 納音 등이 아직도 존재하는 이유

1) 초창기의 논리가 다듬어지지 않았다

이미 자평의 명리학이 정리되기 이전에도 사주를 보는 방법은 많이 있었고, 그 방법들도 서로 보완하면서 발전했을 것이라고 누구나

쉽게 생각할 수 있을 것이다. 그리고 다른 논리가 발전되면서 묵은 논리의 불합리한 점은 자연스럽게 도태되었을 것인데, 유감스럽게도 그러한 것을 과감하게 버리지 못한 채 그대로 묶어서 어정쩡하게 따라왔을 것이라는 생각이 든다. 이런 과정 속에서 잘못된 논리가 계속적으로 계승되었을 것이다. 물론, 개중에는 깨어 있는 학자가 정리하려고 시도하기도 했지만, 어찌 생각해 보면 제대로 들어맞기도 하는 격국 신살들이라는 것 같기도 해서 과감하게 정리하지 못했던 것이 아닌가 생각되기도 한다.

이러한 일이 발생하게 된 까닭은 우선 자평을 통해서 道를 살피려는 생각을 하지 않았던 것이라고 보고 싶다. 그냥 대충대충 어떤 일이 언제 이뤄질 것인가 말 것인가에 대한 질문에 대해서 얼렁뚱땅 생각하다 보니 그 결론이 이치에 맞는지의 여부에 대해서는 생각할 겨를도 없었고, 그럴 필요도 느끼지 않았다. 남들도 그렇게 말하는데 혼자만 특별하게 엉뚱한 소리를 해서 이단자로 몰릴 필요는 없다고 생각을 했던 것은 아닐까 싶다.

2) 보급의 어려움

낭월은 부디 이러한 이유이기를 바라는 일말의 생각도 있다. 명색이 오행을 연구하는 선배님들이 그 정도도 몰랐겠느냐는 생각이 들기 때문이다. 그러나 예전에는 책을 만들기도 어려웠고, 어렵게 만들어진 책이 전해지기도 여간 어려운 일이 아니었다. 그리고 학문적으로 올바른 대접도 받지 못하던 시절도 있었을 것이라는 생각을 해 보면 그냥 가전심수로 전달되면서 많은 시간을 극소수의 사람들을 통해서만 전해지는 과정을 밟았을 가능성이 짙다. 그러다 보니 아무리 올바른 이치가 있다고 하더라도 미처 접할 기회를 얻지 못하여

그냥 구태의연한 사고 방식으로 감명할 수밖에 없었을 것이라는 생 ·
각이 든다.

3) 호구지책을 위한 계획적인 음모 가능성

이러한 이유는 아니기를 바라는 마음은 간절하지만, 현실적인 측
면에서 전혀 도외시할 수는 없어서 생각해 보았다. 그 이유는 이러
한 신살들을 버리면 돈이 되지 않는다는 것이다. 놀랍게도 이러한
이야기는 현재 일선에서 영업을 하고 있는 프로 선배들 중에서도 나
오고 있다는 현실을 감안해 볼 적에 충분히 그럴 만한 이유가 된다
고 보겠다. 그렇다면 참으로 슬픈 일이다. 먹고살아야 한다는 큰 명
제 앞에서는 달리 뭐라고 할 말이 없지만, 이렇게도 불합리한 이론
들을 부여잡고 목구멍에 풀칠을 해야 했던 선배님들의 가련한 인생
에 동정표를 던져야 하겠다.

아무리 그렇다고는 해도 참된 이치를 숨긴 채 거짓 이야기를 하며
살았다면 동정표는 얻을지 몰라도 하늘의 벌은 면하지 못하였을 것
이다. 하늘은 그렇게 너그럽지 않다고 생각되어서이다. 돈을 위해 자
신의 체면을 파는 것도 망신스럽다고 보아야 하겠다. 요즘 온갖 비리
로 얼룩진 정치인들과 공무원들이 속속 구속되는 것을 보면서 그 정
도의 욕은 해 주고 있다. '더러운 놈'이라고 말이다. 그러나 그들은
진리를 밥과 바꾸지는 않았다고 할지도 모르겠다. '자평학자'라는
분들의 눈가림은 진리를 왜곡시킬 위험이 너무 크다는 생각이 든다.

그런데 자평학에서 아직도 이러한 찌꺼기들이 걸러지지 않고 모두
한 웅덩이에서 범벅이 되어 있는 것을 과연 어떻게 해석해야 할 것
인가? 진리를 왜곡시켰다면, 그것도 밥벌이를 위해 고의로 그랬다
면 이것은 하늘이 진노할 일이라고 해야 하지 않을까 싶은 생각이

든다. 천기누설이라는 명분 아래 비싼 값으로 거래되는, 소위 '비법'이라고 말하는 것들은 모두 이러한 갈퀴들이다. 돈벌이에 엄청 큰 도움(?)이 되는 사기술법이 비법이 되는 것이다. 그렇지 않고서야 누가 떼돈을 들여서 그 비법을 사겠는가 생각을 해 보면 참으로 간단한 이치이다. 부디 이러한 이유로 자평명리학의 오류들이 없어지지 못한 것이 아니기를 빌어 본다.

이렇게 철초 선생이 「통신송」을 설명하는 자리에서 확실하게 못을 박은 이유는 과연 무엇일까? 그 당시에도 아마 이러한 사기꾼들이 상당히 많았던 것은 아니었을까? 그래서 스스로라도 바로잡아 보려고 이렇게 사자후를 하신 것은 아닐까?

당시에 철초 선생이 느낀 감정이 요즘 나름대로 생각이 있는 명리학자의 쓸쓸한 기분과는 어떤 차이가 있을까?

이런저런 생각을 하면서 낭월도 참으로 답답한 생각이 든다. 벗님께서는 부디 엉뚱한 길을 방황하지 말고, 올바른 자평의 지름길로 접어들었으면 한다. 그리고 그러한 길로의 안내에 이 강의가 도움이 될 수 있을 것이라고 감히 자부해 본다. 어떤 명리서는 이름이 '지름길'이라고 하는 뜻이 붙어 있는 것도 있지만 내용을 보면, 참다운 지름길이 아닌 것처럼 보이기도 하다. 왜냐하면 철초 선생이 그렇게도 걱정하신 내용들이 그대로 버젓이 행세를 하고 있기 때문이다. 이름만 지름길이어서는 아무런 소용이 없다. 중요한 것은 이름이야 아무렇든 실제로 지름길이 되어야 하는 것이다. 우리의 목적은 다른 것이 아니다. 오행의 참된 이치를 하루빨리 깨닫는 것이다. 그리고 지름길 중에서도 진정한 지름길은 이 『적천수』가 으뜸이라고 확실하게 말씀드릴 수 있다. 이 글을 읽게 되신 벗님은 참으로 좋은 인연이다.

제3장 이기(理氣)

理承氣行豈有常. 進兮退兮宜抑揚.
이 승 기 행 기 유 상. 진 혜 퇴 혜 의 억 양.

⏩이치를 타고서 기운이 흐르니 어찌 항상함이 있겠는가? 나아가고
물러남에 의해서 도와 주기도 하고 눌러 주기도 하는 것을…….

【滴天髓徵義】

進退之機. 不可不知. 非長生爲旺. 死絶爲衰. 必當審明理氣之
進退. 庶得衰旺之眞機. 凡五行旺相休囚. 隨四季而定. 乃天然之
程序. 將來者進. 是謂相. 進而當令. 是謂旺. 功成者退, 是謂休.
退而無氣, 是謂囚. 須辨其旺相休囚, 以知其進退之機. 日主喜神
宜旺相. 不宜休囚. 凶殺忌神宜休囚. 不宜旺相. 然相勝於旺. 旺
則極盛之物. 其退反速. 相則方長之氣. 其進無涯也. 休甚於囚.

囚則旣極之勢. 必將漸生. 休則方退之氣. 未能遽復也. 此理氣進
退之正論. 爰擧兩造爲例.

진퇴지기. 불가부지. 비장생위왕. 사절위쇠. 필당심명리기지
진퇴. 서득쇠왕지진기. 범오행왕상휴수. 수사계이정. 내천연지
정서. 장래자진. 시위상. 진이당령. 시위왕. 공성자퇴, 시위휴.
퇴이무기, 시위수. 수변기왕상휴수, 이지기진퇴지기. 일주희신
의왕상. 불의휴수. 흉산기신의휴수. 불의왕상. 연상승어왕. 왕
즉극성지물. 기퇴반속. 상즉방장지기. 기진무애야. 휴심어수.
수즉기극지세. 필장점생. 휴즉방퇴지기. 미능거복야. 차리기진
퇴지정론. 원거양조위례.

➡️ 진퇴의 기틀은 알지 않으면 안 된다. 그런데 장생이나 녹왕을 旺
이라고 하고, 사절을 衰라고 하는 것이 아니다. 반드시 잘 알아야 할
것은 이기의 진퇴를 살펴야 한다는 것이다. 그것도 아주 깊이 살펴
야 한다는 이야기이다. 그렇게만 되면 비로소 쇠왕(衰旺)의 참된 기
미를 얻었다고 해도 될 것이다.

대저, 오행의 旺相休囚는 사계절에 따라서 정해지는 것이니 이것
은 자연적으로 질서가 일정하게 정해져 있는 것이기도 하다. 그러니
까 앞으로 올 성분은 相이라고 하고, 그 성분이 도달했으면 당령(當
令)이라고도 하니 이 때에는 旺이라고 하게 된다. 또, 공을 이루고는
물러가는 것이니 休가 되고, 물러가서는 氣가 없으니 이것을 일러
囚라고 하게 된다. 그러니 모름지기 그 旺相休囚만 제대로 가려 낸
다면 진퇴의 기틀을 바로 안다고 할 것이다.

日主의 희용신은 旺相에 해당해야 좋고, 休囚가 되면 나쁜 것은 두
말을 할 것도 없다. 또, 반대로 기구신이라면 오히려 休囚가 되어야

좋고, 왕상이 되면 나쁜 것도 당연한 이야기이다. 그리고 좀더 구체적으로 생각을 해 본다면 旺보다는 相이 더 좋다고 하겠으니, 왕은 이미 극에 달해 있는 상황이므로 머지않아 쇠하게 될 시간이 그만큼 빨리 다가온다고 하겠는데, 相은 이제 바야흐로 팽창하기 시작하는 시기에 해당하기 때문에 나아가는 길에 장애가 없기 때문이다. 또, 같은 의미로 休가 囚보다 더 약하다고 할 수가 있는 것이니, 囚는 극에 달해서 이제 머지않아 다시 생으로 돌아가게 되지만 休는 이제 막 왕에서 물러났으므로 바로 돌아서기는 불가능하기 때문이다. 이러한 이치가 바로 진퇴에 대한 바른 설명이라고 하겠다.

【강의】

책에는 이승기혜(理承氣兮)로 되어 있는데, 이 혜(兮)는 행(行)으로 바꾸는 것이 더 분명하게 느껴진다. 行은 『적천수천미』에 나와 있는 글자이다.

진혜퇴혜의억양은 '나아가기도 하고 물러나기도 하니 때에 따라서 누르기도 하고 돋워 주기도 한다.'는 정도면 되겠다.

'이치를 타고 기가 흐른다.'라는 말은 너무 간결하면서도 핵심을 짚고 있는 이야기이다. 이렇게 간결하게 의미를 전달하는 것을 보면 음양오행에 대한 백온 선생의 이해가 얼마나 대단한 것인지를 짐작하고도 남는다. 여기에서 문득 생각나는 이야기가 있다. 우리 나라에도 대단한 성리학자들이 있었다. 율곡 선생과 퇴계 선생 등이 바로 그들이다. 一元論과 二元論의 대립으로 많은 토론이 전개되었던 것은 조선 시대에 얻어진 가장 큰 철학적인 발전이라고도 하는데, 그 말이 무슨 의미인지 아시는 벗님도 많겠지만 다시 한 번 생각을 해 보도록 하자.

이기(理氣)의 구조에 대해서 어떻게 인식하고 받아들이느냐는 문제가 당시로서는 무척이나 골치 아픈 문제였던 모양이다. 어찌 생각해 보면 '닭이 먼저냐 계란이 먼저냐' 하는 논쟁처럼 결말이 나지 않는 토론 같기도 하다. 일원이라는 말은 이와 기는 서로 하나라는 주장이고, 이원이라는 것은 둘이라는 주장이다. 그러니까 일원론은 '理=氣'라는 생각인 데 반해서, 이원론은 '理+氣'가 되는 것이다. 율곡 선생이 일원론에 관심을 보였다고 한다면, 퇴계 선생은 이원론을 좋아했다고 전하기도 하는데 어느 것이 올바른지는 잘 모르겠다.

그런데 『적천수』에 그 부분에 대한 언급이 있어서 반가웠다. 『적천수』의 의미에서는 이에서 기가 나온다는 것으로 보는 것이다. 그리고 나아가서는 기에서도 이가 나온다고 확대 해석할 수도 있는 것이다. 무슨 말씀이냐 하면,

理에서 氣가 나오고
氣에는 언제나 理가 존재한다.
이 둘은 어느 것이 선후가 되는 것이 아니고
그렇게 不可不離로 나눌 수도 합칠 수도 없는 상태이다.
이것이 理氣이다.

이렇게 군소리를 해 보고 싶기도 하다. 그래도 역시 백온 선생의 간결한 말씀의 산뜻한 맛에는 비교될 수가 없다. '理承氣行……' 너무 멋진 말이다. 불교식으로 한다면 다음과 같이 할 수도 있겠다.

理氣不二

　理와 氣는 둘이 아니다. 즉 이가 작용을 하면 기가 되고, 기가 고요
하면 이가 되는 것이다. 이렇게 선후를 구분하기 어렵다고도 생각된
다. 그런데 이렇게 어려운 이야기보다는 아무래도 하근기의 낭월이
로서는 보다 형이하학적(形而下學的)으로 설명을 해야 뭔가 이해를
도왔다는 기분이 든다. 참 어쩔 수가 없는 모양이다. 이런 식으로 부
연 설명을 해 본다.
　가령 나무가 있다고 하자. 그 나무를 통해서 木을 이해하는 것이
보통 공부를 하는 방법이다. 그 이유는 나무에서 木을 느끼는 것이
흙이나 돌에서 木을 느끼는 것에 비해 훨씬 용이하기 때문이다. 그
런데 그 의미를 잘못 이해하여 나무를 木이라고만 알고 있는 경우에
는 참으로 답답하다. 木이 응고하면 質이 되어 군불도 때고 소풍을
가서 불놀이도 하는 나무가 된다. 그러다가 이것이 다시 분해가 되
어서 허공 속을 떠돌게 되면 木의 기가 되어 생동감으로 나타나게
된다. 그래서 불을 피워 놓으면 그 자리에는 생동감이 활기차게 약
동하게 되는 것이다. 그 의미를 木이 기화되어서 그렇다고 보고 싶
다. 그리고 그 바탕에는 언제나 움직이지 않는 木의 理가 있다. 理는
나무로 있을 적에나 기운으로 있을 적에나 씨앗으로 있을 적에나 언
제든지 그대로 그 속에 내재되어 있는 것이다. 그리고 아무런 각본
이 없는 것처럼 보이는 나무 한 그루에도 이 천연의 법칙인 木의 理
가 작용을 해서 그렇게 자라나고 열매를 거두는 것이다. 이로 미루
어 보건대, 이는 모든 기 속에 그대로 포함되어 있고, 기도 또한 이
속에 그대로 포함되어 있어서 마치 인간과 영혼을 둘로 나눌 수가
없는 것처럼 그렇게 엉켜 있는 상태를 말한다. 理氣에 대해서는 이

정도로 끝맺는다.

　이치가 기를 타고 흐르니 어찌 항상할 수가 있겠느냐?
　나아가고 물러나는 것에서 누르고 돋워 줌이 있나니!

　理氣에 대한 설명을 한다고 했지만, 그것이 전부는 아니다. 이렇게 두 마디의 말로 요약이 되어 있지만 그 내용은 모든 의미를 포함하고 있다고 해도 과언이 아니다. 즉, 理氣의 법칙에 의해서 항상 변화를 하고 있는 자연의 흐름을 이야기하고 있는 것이라고 이해하면 되겠다. 그래서 進退를 생각하고 또 抑揚을 생각해야 하는 것이고, 이러한 것이 변화에 통하는 것〔通變〕이 아닐까 싶다. 흔히 통변이라는 말을 말장난 정도로 생각하고 있는 벗님도 있는 것 같다. 그러나 실은 이렇게 의미심장한 의미가 들어 있는 것이다. 변화에 통해야 남에게 설명해도 이치에 부합되어 납득할 수 있는 것이 당연하다. 이렇게 해야 올바른 통변이 될 것으로 생각된다.

누르고 돋워 줌은 그대로 抑扶法이다

　어느 선배는 명리학을 연구하는 데 억부가 전부가 아니라고 하는 말씀을 하셨다. 물론 당연한 얘기다. 그런데 과연 억부의 비중은 얼마나 될까? 낭월의 짧은 소견으로 판단하기에는 억부에서 명리의 오묘함을 모두 터득하지 못한다면 다른 이야기는 논할 필요가 없을 것이라고 생각한다. 그 정도로 억부의 이치는 중요하다고 생각된다. 그래서 보통 확실한 것을 좋아하시는 벗님들에게는 85퍼센트가 억부의 논리에 부합된다고 말하기도 하지만, 실은 거의 모든 상황에

억부의 이론이 개입되지 않는 것이 없다고 보는 것이 더욱 타당할 것이다.

즉, 그 말은 억부가 기본이라는 이야기이다. 모든 일이 다 그렇듯이 변화에 통하기 위해서는 기본을 알지 못하고서는 불가능하다. 우리는 기본을 정석(定石)이라는 말로 대신한다. 정석은 원래 바둑 용어라고 생각되는데, 요즘은 보편적으로 많이 사용하므로 큰 문제가 없을 것이다. 확실하게 고정되어 있는 돌이라는 의미가 아닐까? 그 정석이 바로 자평명리에서는 억부법이라고 보는 것이다. 그러니까 정석의 원리를 잘 헤아리지 않고서 변화에만 관심이 가는 것은 사상누각(砂上樓閣)과도 같아서 결실을 기대하기 어렵지 않을까 싶은 생각이 든다.

이렇게 『적천수』의 서두인 「통신송」에서 주장하는 이야기가 바로 억양(抑揚)이다. 눌러야 할 경우에는 눌러 주고 돋워 줘야 할 경우에는 돋워 줘야 한다는 간단한 이야기가 들어 있는 것을 보면서 참으로 중요한 핵심을 잘도 짚고 계신다는 생각을 하게 된다. 부디 벗님은 억부를 소홀히 생각하는 마음을 갖지 말라고 당부하고 싶다.

철초 선생은 진퇴(進退)에 대해서 설명하고 싶으셨던 것 같다. 이 기론보다는 진퇴론이 더 매력적이셨는지도 모르겠다. 그래서 이기론은 모른 체하시고 진퇴에 대해 언급하신 모양이다. 이 말의 의미도 역시 심장하다. 왜냐하면 장생이나 녹왕이나 사절이라는 말은 그 출처가 바로 십이운성(十二運星)이기 때문이다. 여기에서 사용하는 용어를 정면으로 부정하고 있는 셈이다. 십이운성이 무의미하다고 하는 이유를 납득하실 수 있을 것이다. 이렇게 명확하게 '있다'와 '없다'를 구분하는 것은 아마도 뜨뜻미지근해 가지고는 도무지 마음이 편하지 않은 철초 선생의 천성일 것이라고 생각해 본다. 철초 선생의 사주는 丙午일주이다. 그렇다면 병오의 확고하고도 직선적인 성품이 애매모호한 분야에서는 정면으로 부정을 하고도 남겠다는 생각을 할 수가 있겠다.

오행의 이치를 잘 살피지 않으면 쇠왕의 기틀을 알았다고 하기 어렵겠다는 생각이다. 그렇다면 오행의 이치는 결국 다른 것이 아니라 계절에 따라 나타나는 旺相休囚死에 대한 의미를 바로 파악하는 게 중요하다는 점을 이해해야 한다.

여기에 다른 것이 끼여들어 연구하는 학자들만 혼란스럽게 만들어서는 곤란하다는 생각을 하셨을 법하다. 그래서 『적천수』를 바탕으로 삼아 자신이 하고 싶은 여러 가지 이야기들을 유감 없이 거론하고 있는 것으로 여겨진다.

이렇듯 理氣의 진기를 바로 파악하는 방법에 대해서 설명하고 있는 것은 왕상휴수사에 대한 이치만 바로 파악하면 되는 것으로서 지극히 간결하다. 그러고 보면 벗님은 이미 이러한 이치를 파악하고 계신 셈이기도 하다. 『왕초보 사주학』을 보셨다면 왕상휴수사에 대해서는 충분히 이해가 되었을 것이기 때문이다. 이러한 기틀을 바로 알지 못하고 괜히 다른 이야기를 하는 것은 시간 낭비이고, 혼란의 연속일 뿐이다. 그리고 십이운성으로 왕쇠를 이해하는 것은 말도 되지 않는다는 사실을 여기에서 분명히 보았다. 그럼에도 그러한 이야기가 계속되고 있는 까닭은 무엇일까? 물론, 스스로 버리지 않고 사용하는 것을 강제로 어떻게 할 수는 없지만, 오행의 참된 기틀을 읽을 수 있는 기회를 놓치고 있는 것은 아닌가 싶어서 심히 답답하고 안타까운 마음이 든다. 아마도 당시의 철초 선생의 마음도 이러지 않으셨을까 싶다.

진퇴의 기틀을 보는 방법은 현재의 자연적인 상황에 너무 집착하지 말고 그 내부에 흐르고 있는 핵심적인 흐름을 잘 읽어야 한다는 정도만 파악하면 될 것이다. 간단히 말하면, '보름달보다 초승달이 더욱 좋은 암시가 있다.' 는 이야기와 통한다고 하겠다. 백제가 망할 무렵에 그러한 꿈을 꾸었다고 하는 이야기가 전한다. 백제는 보름달이고 신라는 초승달이었다는 이야기를 모두 알고 계실 것이다. 이 정도로 줄이고 사주를 보자. 진퇴의 기틀에 대한 설명용으로 인용한 사주가 두 개 등장한다.

壬	甲	庚	丁
申	辰	戌	亥

壬	癸	甲	乙	丙	丁	戊	己
寅	卯	辰	巳	午	未	申	酉

　甲木休囚已極. 庚金祿旺剋之. 一點丁火. 難以相敵. 加之兩財生煞. 似乎煞重身輕. 不知九月甲木進氣. 壬水貼身相生. 不傷丁火. 丁火雖弱. 通根身庫. 戌乃燥土. 火之本根. 辰乃濕土. 木之餘氣. 天干一生一制. 地支又遇長生. 四柱生化有情. 五行不爭不妒. 至丁運科甲聯登. 用火敵煞明矣. 雖久任京官. 而宦資豊厚. 皆因一路南方運也.

　갑목휴수이극. 경금녹왕극지. 일점정화. 난이상적. 가지양재생살. 사호살중신경. 부지구월갑목진기. 임수첩신상생. 불상정화. 정화수약. 통근신고. 술내조토. 화지본근. 진내습토. 목지여기. 천간일생일제. 지지우우장생. 사주생화유정. 오행부쟁불투. 지정운과갑연등. 용화적살명의. 수구임경관. 이환자풍후.
개인일로남방운야.

➡ 甲木은 허약함이 극에 달했는데, 庚金은 녹왕[比劫]을 깔고 공격
을 하니, 약한 丁火는 경금을 제어하는 것이 불가능해 보인다. 더욱
이 두 개의 財星이 살을 생하기조차 하니 살중신경(殺重身輕)의 구
조라고 하겠다. 즉, 살은 강하고 일주는 약하다는 의미이다.

그런데 모르겠는가? 戌月은 甲木이 進氣에 해당하고 壬水가 바짝
붙어서 생조를 해 주고 있다는 사실, 그로 인해서 오히려 丁火를 극
하지 않으니 정화가 비록 약하기는 하지만 신고(身庫)인 戌土에 뿌
리를 내리고 있는 상황에서 술토도 또한 조토로서 화의 뿌리를 잡아
줄 수가 있는 것이다. 또, 辰土는 습토인데 목의 여기도 해당하니 역
시 뿌리가 된다. 이런 상황이므로 천간에서는 하나는 생조해 주고
또 하나는 극제를 해 주는데, 지지에서는 또 亥水를 만나 生이 됨으
로써 사주의 흐름이 생화하고 유정해서 다툼도 질투도 없는 것이다.

丁火운이 되자 과거급제하고 벼슬이 계속 올라가니 정화를 용신으
로 삼아 관살을 제하는 것이 분명하다고 하겠다. 비록 오랫동안 경
관(벼슬이름)에 임명되었으나 (그래도) 벼슬길이 넉넉했던 것은 모
두 운이 남방을 달렸던 때문이다.

【강의】

이제 실제로 사주를 예로 들면서 설명이 진행된다. 참고로 언젠가
일없이 『적천수징의』에 나오는 사주가 모두 몇 개인가를 세어 봤더
니 512개의 명조였다. 그 중에서 한 개만 중복되어 있고, 모두 다른

사주이다. 그렇다면 이 책을 한 번 보는 것만으로도 이미 500여 개의 사주에 대해서 공부하는 셈이기도 하다. 그러나 내용 중에서는 가끔 전혀 납득이 되지 않는 사주도 있을 것이다. 낭월이 생각해 봐도 왜 그렇게 설명했는지 이해가 되지 않는 몇몇 사주들이 보인다. 그러나 일단 원문대로 설명을 하고 이견이 있는 부분은 토를 달아 낭월의 사견을 제시하도록 하겠다. 이 사주도 바로 그 이해가 어려운 사주에 속하는 것이다.

이해가 어렵다고 하는 것은, 여기에서 '戌月이 甲木의 進氣'라고 하는 것은 다소 강제적인 의미가 포함되는 느낌이다. 亥月이 되어야 올바른 진기가 되는데, 아직은 좀 이른 감이 있지 않느냐는 생각이 든다. 그러나 또 모를 일이기는 하다. 낭월은 아직 안목이 부족해서 술월에서 갑목이 생조를 받고 있는 것까지는 보이지 않는데, 철초 선생 정도의 안목이라면 술월에서 생조를 받고 있는 것이 보일는지도 모를 일이기 때문이다. 다만 낭월의 생각으로는 다소 강경한 어조로 이야기를 하다 보니 그렇게 나온 것으로 여겨진다. 여하튼 이 사주는 정화를 용신으로 삼았다고 하는데, 남방의 운에서 그렇게 잘 되었다고 한다면 틀림이 없을 것이다.

다소 약해 보이기는 하지만, 술월의 갑목이라고 한다면 이 정도의 물이 있는 이상 추가로는 필요하지 않겠다는 생각이 들기도 한다. 그렇다면 금을 쓸 수가 있느냐는 생각도 해 보겠는데, 사주에 금이 너무 강해 마음이 상관으로 흘렀던 것으로 생각이 된다. 그래서 상관제살격(傷官制殺格)이 된 셈이다. 또한, 용신인 정화가 月支에 통근을 하고서 잘 버텼다고 하겠다. 큰 무리가 없어 보이는 설명이기는 하지만 신약해 보이는 것은 사실이다. 그리고 이렇게 사주가 경우에 따라서는 이해가 되지 않는 것도 더러 있다는 점도 이야기해야 하겠다. 이러한 사주를 대하고 가져야 할 생각은 '그렇게도 볼 수가 있겠구나……' 하는 정도로 가볍게 생각하는 것이 중요하리라고 본다. 지나치게 하나의 사주에 집착을 하다 보면 책을 보기 싫어질 가능성도 있겠기 때문이다. 앞으로도 이러한 사주가 가끔 등장하는데 참고하기 바란다.

그리고 또 한 가지 고려해 봐야 할 것은 조후에 대한 용신이 아니겠느냐는 생각을 헤 보게 된다. 중국은 땅이 넓다. 그러니까 그 넓은 땅의 추운 지역이라고 한다면 벌써 눈이 내릴지도 모를 일이다. 장춘만 해도 우리 나라에서는 생각하기 어려울 정도로 기온 차이가 심하다고 하므로, 혹 술월에 갑목이 수분은 이 정도면 되었다고 보고 조후로 정화가 채용되었을 가능성도 있다고 보아야 하겠다. 그러한 것을 철초 선생이 넘겨짚고 진기라고 하지만 실상은 조후용신의 의미를 부여하는 것이 다소 합리적인 이해가 아닌가 싶은 생각도 든다. 그러나 성미가 급하신 분의 주장이므로 이 정도만 이해를 해도 되리라고 본다.

壬	甲	庚	乙
申	戌	辰	亥

壬	癸	甲	乙	丙	丁	戊	己
申	酉	戌	亥	子	丑	寅	卯

此與前造大同小異. 以俗論之. 甲以乙妹妻庚. 凶爲吉兆. 貪合忘冲. 較之前造更佳. 何彼則翰苑. 此則寒衿. 不知乙庚合而化金. 反助其暴. 彼則甲辰. 辰乃濕土. 能生木. 此則甲戌. 戌爲燥土. 彼

則申辰拱化. 此則申戌生煞. 彼則甲木進氣而庚金退. 此則庚金進氣而甲木退. 推此兩造. 天淵之隔. 進退之機. 不可不知也.

차여전조대동소이. 이속론지. 갑이을매처경. 흉위길조. 탐합망충. 교지전조갱가. 하피즉한원. 차즉한금. 부지을경합이화금. 반조기폭. 피즉갑진. 진내습토. 능생목. 차즉갑술. 술위조토. 피즉신진공화. 차즉신술생살. 피즉갑목진기이경금퇴. 차즉경금진기 이갑목퇴. 추차양조. 천연지격. 진퇴지기. 불가부지야.

➡️이 사주도 앞의 사주와 대동소이해 보인다. 흔히 세간에서 말을 하기는 '甲木은 乙木으로써 庚金의 처로 삼으니 흉이 길로 변하는 조짐이다. 더구나 또 합을 탐해서 충을 잊는 것도 있으므로 앞의 사주보다도 더 좋아 보인다.'고 할 것 같다. 그런데 어떻게 저 사람은 한원의 벼슬을 했는데, 이 사람은 추운 선비에 불과했을까? 이 경우에는 을경합이 되면 오히려 금으로 화해 버리게 되니 결국 도리어 그 난폭함을 도와 주는 꼴이 되어 버리지 않는가 말이다. 앞의 사주는 甲辰일주여서 辰土는 습기가 있으므로 뿌리를 내릴 수가 있었는데, 이 사주는 甲戌이니 申金과 戌土가 도리어 금의 뿌리만 되고 있는 형상이다. 또, 저 사람은 목이 진기이고 금은 퇴기에 해당했는데, 이 사람은 금이 진기이고 목은 퇴기라는 것을 몰라서 그렇게 말한 것(不知)이다. 이 두 사람의 사주를 볼 적에 하늘과 땅 정도의 차이가 있다. 그러므로 진퇴의 기틀을 몰라서는 안 되는 것이다.

【강의】

이번 사주는 앞의 사주와 서로 비교를 해 보려고 제시한 것으로 보인다. 그러니까 앞에는 戌月 甲木이고 이번에는 辰月 甲木이다. 특히 '속론지(俗論之)'라는 말이 나오면 대체로 당시에 일반 명리학자들이 이야기를 했다는 것을 언급하고 있는 것이다. 그리고 당시로서도 자신의 생각으로 봐서는 동의할 수가 없어 다른 학자들이 본 것을 부정하고 철초 선생의 생각이 더 이치적으로 타당하다는 것으로 보아야 하겠다. 그래서 '속론지'라고 하는 말이 나오게 되면 일단 뒤에 철초 선생의 연구 결과가 나타나 있다는 것으로 보면 된다. 여기에서도 보통 명리학자들이 하는 말을 보면 탐합망충에 기신은 을경합으로 묶어 놓고 있으므로 좋은 사주라고 말하겠다는 것이다. 다음에 본론이 나오게 된다.

不知라고 하는 글은 '잘 모르고 있다', 또는 '모르겠는가?' 정도의 의미이다. 충분히 납득이 되므로 추가 설명을 하지 않아도 되겠다. 여기에서 거듭 강조를 하고 있는 이야기는 바로 '진퇴지기(進退之機)'이다. 이것을 굉장히 중요한 것으로 보고 그에 대한 사주까지 언급하면서 이해를 잘 해야 한다는 말씀을 하셨는데, 성격이 급한 학생들은 이러한 이야기는 그냥 펄럭펄럭 넘기고 만다. 그렇게 하다가는 언제까지나 자신의 안목으로 사주를 읽기보다는 남의 시각으로 바라다보게만 된다. 기왕에 큰마음을 일으켜서 『적천수』까지 공부하기로 작정했다면 건성으로 보지 말고 보다 구체적으로 핵심을 이해하도록 노력해야 하겠다. 적어도 수도를 하는 마음으로 陰陽五行과 天干地支를 궁리한다면 의외로 많은 힌트가 그 속에 있다는 것을 알아 낼 수가 있을 것이다. 철초 선생도 이러한 것을 원한 것으로 이해된다.

그런데 여기에서도 진월에 이미 金의 진기라고 하는 말은 지나치게 앞질러 간다는 생각이 든다. 아마도 철초 선생의 안목으로는 그렇게 보이실지 몰라도 낭월의 안목으로는 여전히 화의 진기라고 생각되는데, 이것은 아무래도 안목의 차이가 아닌가 싶다. 그리고 중요한 것 한 가지는 을경이 화금(化金)했다는 말이다. 이미 乙木이 亥水에 통근하고 있으므로 합으로 묶여 있는 것은 사실이지만 그렇다고 해서 을목이 경금을 따라서 화금이 되었다는 것은 또한 넌센스이다. 그렇다면 운을 한번 살펴보도록 하자. 세분화시켜 대입해 보면 철초 선생의 주장보다는 현실적으로 운의 작용이 도움이 되지 못했을 것이라는 생각을 해 볼 수도 있겠다. 낭월은 용신이 水의 인성에 있다는 생각을 하고 관찰해 볼 요량이다. 벗님의 시각으로 말이 되는지 살펴보았으면 한다.

작은 반발이라고 해 놓고……

이 사주에 대해서 신약용인격으로 水가 용신이라고 전제할 경우 대운의 해석이 어떻게 되는지를 한번 생각해 보도록 하자.

壬	甲	庚	乙
申	戌	辰	亥

壬	癸	甲	乙	丙	丁	戊	己
申	酉	戌	亥	子	丑	寅	卯

1 운(己卯) : 흉하다. 己卯의 경우 기토는 사주의 임수를 극하니

용신이 억압당하고 卯木은 일간을 도울 겁재이지만 원국에서 수에 해당하는 해수를 오히려 합해서 도움이 되지 않는다.

2운(戊寅) : 흉하다. 기묘의 경우와 대동소이하다.

3운(丁丑) : 흉하다. 용신 임수를 정화가 합해 버리니 작용이 중지되어 버린다. 글을 읽었다고 해도 이 무렵에서는 취직이 되어야 하는데, 용신이 묶여 버렸으니 무슨 취직이 되겠느냐고 봐야 하겠고, 다시 丑土도 역시 재운이어서 공부를 활용하기에는 용신이 부담을 많이 받게 된다.

4운(丙子) : 다소 호전된다. 병화는 임수가 어떻게 제어를 하고 자수는 다시 신자진이 되어서 수세가 발생하므로 약간 좋은 방향으로 진행이 된다고 보겠다.

5운(乙亥) : 부담이다. 을목이 와서 도와 준다고 하지만 경금과 합이 되어 수분만 나눠 먹는 꼴이고, 해수는 술토의 극을 받아 생각보다 큰 도움이 되지 못하고 오히려 부담이 될 뿐이다. 갈등이 발생하는 운이라고 보겠다.

6운(甲戌) : 재미없다. 갑목도 인성을 나눠 먹는 셈이고 다시 경금에게 터지고 있는 것도 고려해서 본다면 전혀 도움이 되지 않는다. 戌土가 나쁜 것이야 더 말할 필요가 없다고 하겠다.

이 정도의 상황으로 환갑이 넘어간다면 별로 대단할 것도 없겠다. 그래서 낭월이 이 사주를 본다면 인성을 용신으로 하고 목마른 갑목의 갈증을 달래야 한다고 생각되는 것이다. 그러니까 경금을 용신으로 놓고 설명해도 말이 된다고는 하겠지만 인성을 용신으로 해서도 말이 되지 않는다고 하기 어려운 상황이라면 인성으로 용신을 삼고 보겠다.

여하튼 진기에 대해서 생각을 하다 보니 스스로 그 의미에 취하셔서 붓이 마구 휘갈겨졌으리라는 생각이 들고, 그래서 진월에 경금이 진기라고 하는 논리를 전개하시는 것으로도 생각된다. 그리고 뒤쪽으로 가면서는 이렇게 다소 억지를 쓰는 듯한 설명은 보이지 않는다. 그래서 생각인데, 이 대목을 쓰실 적에는 고량주라도 한잔 드시고 딸따름한 취기가 감돌지 않았을까 싶은 생각이 든다. 물론 이미 낭월은 철초 선생에게 반했기 때문에 이렇게 다소 억지성 논리를 주장하는 것조차도 멋있다고 생각하고 있다. 어떤 분은 꼴불견이라고 핀잔을 주실지 모르지만……. 그래도 좋다. 멋진 사나이라고 느껴지기 때문이다.

제4장 배합(配合)

配合干支仔細詳. 定人禍福與災祥.
배 합 간 지 자 세 상. 정 인 화 복 여 재 상.

❂ 간지의 배합을 자세히 살피면 사람의 화복과 재난과 좋은 일을 정
확하게 알 수가 있느니라.

【滴天髓徵義】

此闕謬之要領也. 禍福災祥. 必須詳推干支配合. 與衰旺喜忌
之理. 不可將四柱干支置之勿論. 專從奇格神殺妄譚. 以致吉凶
無驗. 命中至理. 只存用神. 不拘財官印綬比劫食傷梟殺. 皆可爲
用. 勿以名之美者爲佳. 惡者爲憎. 果能審日主之衰旺. 用神之喜
忌. 當抑則抑. 當扶則扶. 所謂去留舒配. 則運途否泰. 顯然明白.
禍福災祥. 無不驗矣.

차벽류지요령야. 화복재상. 필수상추간지배합. 여쇠왕희기지리. 불가장사주간지치지물론. 전종기격신살망담. 이치길흉무험. 명중지리. 지존용신. 불구재관인수비겁식상효살. 개가위용. 물이명지미자위가. 오자위증. 과능심일주지쇠왕. 용신지희기. 당억즉억. 당부즉부. 소위거류서배. 즉운도부태. 현연명백. 화복재상. 무불험의.

➡️이것이 바로 '잘못된 것을 바로잡는 요령'이다. 재앙과 복록을 알기 위해서는 반드시 干支의 배합을 상세하게 살펴야 하는 것이다. 그리고 더불어서 쇠하고 왕하는 왕상휴수사의 법칙과 희용신과 기구신의 원리까지도 상세하게 살펴야 할 것이다. 사주의 干支를 내버려 두고 논하는 것은 말도 되지 않는 소리이다.

오로지 기이한 格局과 神殺을 응용하는 것은 참으로 허망한 이야기일 뿐이다. 이렇게 사주를 봐 가지고는 하나도 맞을 까닭이 없는 것이다. 팔자 가운데에서 지극한 이치는 다만 用神에만 둔다. 용신을 떠나서는 다른 아무것도 생각할 수가 없는 것이기 때문이다. 그리고 용신을 정함에 있어서 재성이나 관성 또는 인성이라고 해서 좋은 용신이라고 할 수도 없는 것이고, 비겁이나 식상 또는 편인이나 편관이라고 해서 나쁜 용신이라고 하는 것도 아니다. 이러한 것에 집착할 것이 전혀 없다는 이야기이다. 오로지 사주에서 필요로 한다면 아무리 이름이 나쁘더라도 그대로 용신이 가능하다는 것이다. 이름에 집착해서 이름이 좋으면 좋은 사주라고 하고, 이름이 나쁘면 버린 사주라고 해서는 안 되는 것이다.

과연 능히 日主의 쇠하고 왕한 것을 살피고, 용신이 좋아하고 꺼리는 것을 살펴서 눌러 줄 것은 마땅히 눌러 주고 돋워 줄 것은 당연히 돋워 주면 소위 말하는 '둘 것은 두고 보낼 것은 보내고, 서로 적절하게 짝을 지었다(去留舒配).' 는 말이 되는 것이다. 여기에다가 운수의 좋고 나쁨을 대입시킨다면 뚜렷하고 명백하게 길흉화복이 나타나게 되는 것이니 맞지 않을 수 없는 것이다.

【강의】

干支의 배합을 자세히 살펴야 한다는 말에 관심을 기울일 필요가 있다. 이 부분에 대해서 철초 선생이 이미 상세히 살피셨기 때문에 낭월은 그냥 넘어가기로 한다. 철초 선생의 기분이 여전히 약간은 상기된 듯한 느낌이 계속 든다. 앞에서도 그러한 느낌이 드는데, 여기에서도 그 기분이 여전히 유지되고 있음을 느낄 수 있다. 살펴보도록 하자. 원문에서 나타나 있는 '간지의 배합을 자세히 살펴라' 는 말에 대해서 의견을 말씀하고 계신 것이다. 잘못된 것을 바로잡으려는 말씀이라는 것을 언급하고 계신 것이다.

역시 간지의 배합을 연구하고 대입하여 인간의 길흉화복을 살펴야 하는 것은 당연한데 이것이 오행의 법이고 자평의 원리이기 때문이다. 이것에 모든 이치가 다 들어 있다고 해도 과언이 아니라는 이야기를 하고 계신 것인데, 실제로 낭월이 연구를 해 봐도 「陰陽五行의 生剋制化」로써 읽지 못할 것은 없다고 해도 과언이 아니라고 믿는다. 물론, 음양오행의 원리로 답이 나오지 않는다면 이것은 이미 자평명리의 영역을 벗어나 있는 것이라고 해야 할 것이다.

가령 내일 집이 팔리겠느냐는 질문에 대한 답을 얻기 위해 자평명리를 운용한다면 대운과 용신을 대입시켜야 하겠지만 그것만으로는 부족하다. 그래서 점을 활용하게 되는데, 이것은 또 다른 이야기이다. 그런데 오로지 사주팔자만 가지고 내일 집이 팔리게 될 것인지를 알려고 한다면 여기서부터 억지가 나타나게 될 가능성이 매우 많은 것이다. 자평명리는 그러한 영역이 아니라고 하는 점을 분명히 이해하는 것이 좋겠다.

자평명리는 돋보기, 점단(占斷)은 현미경

현미경과 돋보기는 분명히 그 생긴 모양도 다르고 하는 일도 다르다. 점을 쳐서 단편적인 결과에 대한 해답을 얻어 내는 것이 현미경이라고 한다면 자평명리는 돋보기이다. 멀리 있는 인생살이를 바짝 끌어당겨서 살펴보는 것으로는 그만이다. 그런데 현미경의 역할은 어렵다. 극히 부분적인 일에 대해서도 자평명리로 답을 찾으려고 한다면 여기서 억지가 발생하는 것이다. 각자의 학문이 갖는 특성에 대해서 먼저 파악을 한 다음에 운용하는 것이 혼란을 줄일 수 있지 않을까 싶기도 하다.

그리고 용신의 중요성에 대해서 언급이 되고 있다. 즉, 사주에서 용신을 빼고 다른 것으로 논하는 것은 아무런 의미가 없다는 이야기이다. 철초 선생의 사상이 그대로 녹아 있는 이야기로서, 가장 현실적이다. 격국이야 아무래도 좋다고 하겠다. 중요한 것은 용신이 무엇이냐는 것이고, 그 용신이 언제 활동을 하는가에 대해서 관심을 모아 자신의 운을 맞히느냐는 것이다. 왜냐하면 인간의 길흉사는 모두 용신과 기신의 관계에서 벌어지는 일이기 때문이다.

이런 관점에서 본다면 『적천수징의』는 이미 그 성향이 뚜렷하다고 봐도 좋겠다.

格局이나 神煞이나 十二運星 등에 대해서는 고려하지 않겠다는 것이다. 오로지 용신을 위주로 해서 길흉화복을 살펴야 한다는 것으로 일관하겠다는 이야기가 되는 것이다. 이 부분에 대해서는 낭월도 전적으로 동감이다.

어정쩡한 것을 싫어하는 丙午일주 철초 선생의 확실한 결론이라고 할 수도 있겠다.

오로지 이렇게 공부를 해야 한다는 단호한 가르침이 그 속에 담겨 있음을 느낄 적에는 온 몸에 신열(身熱)을 느꼈다. 이렇게도 절실하게 오행의 참된 이치를 터득하라고 일러주시는 말씀은 아무나 할 수 있는 것은 아니라는 생각이 들었다.

벌써 옛날이 되어 버렸지만, 丁卯년(1987년)에 공주의 어느 토굴에 처자식을 데려다 놓고서는 오로지 『적천수』에 모든 것을 건 채 읽고 쓰고 궁리하면서 보낸 일년은 참으로 신나고 즐거웠다. 오행이 이렇게도 심오한 것이라는 것을 느끼면서 살아가는 하루하루였기 때문이다. 운으로 봐서는 용신이 활동을 하기 어려운 흉운이었다. 비록 생활비가 없어서 그 절의 할머니가 주시는 약간의 용돈으로 필기구를 사다가 쓰는 처지였지만, 고맙게도 아내는 항상 우는 아이를 들쳐업고는 공부가 잘 되도록 산으로 나물을 뜯으러 가곤 했다. 그렇게 오랜 시간을 오행 공부에 정진하다 보니 마침내 철초 선생의 마음이 약간씩 전해지는 것을 느꼈다. 그리고 한참 뒤에는 유백온 선생의 마음까지도 읽을 수가 있었다.

그리고 『적천수징의』를 만날 수 있도록 인연이 되어 주신 백민(白民) 선생에게 항상 고마운 마음을 갖게 되었다. 오행의 이치를 더욱 깊이 알기 위해서는 『적천수』를 보아야 한다는 말씀이 이렇게도 심오한 이치를 접하게 된 인연이었으니 이 얼마나 고마운 일인가.

인연은 비록 사소한 것이라도 그 의미는 중요하다. 더구나 벗님들이 지금 이 시간에 『적천수징의』 강의본을 들고 계실 정도라면 아마도 틀림없이 어떤 형태로든지 사부가 계실 것으로 본다. 그리고 결과는 당연히 좋은 인연이 될 가능성이 많다고 하겠다. 왜냐하면 낭월의 짧은 생각으로는 이 책을 잡은 이상 이제 오행의 이치에 대해서는 방황을 하지 않아도 되지 않을까 싶은 생각에서이다. 오만한 생각인지는 모르겠지만, 이 책의 이치를 접하고서도 답이 나오지 않는다면 더 이상 어떻게 해 볼 방법이 없다고 해야 하지 않을까 싶다. 그만큼 좋은 인연이 될 것으로 믿는다.

오행의 올바른 이치를 접하고 자연의 흐름을 파악하면서 살아간다면 그 자체로 도인이 아닐까 싶다. 『적천수』도 별것이 아니라고 하시는 선배들을 대할 때면 왠지 씁쓰레한 기분이 든다. 과연 얼마만큼 마음을 모아 연구를 하고 읽었는지 여쭙고 싶은 생각이 불쑥 치밀어 오르지만 그대로 덮어두기로 하겠다. 인연이 없다면 어쩔 수 없다는 부처님의 말씀이 생각나서이다. 다만 이렇게 인연이 있는 벗님들만은 그 인연을 소중히 하시기 바란다. 앞으로 이 책을 읽어 가면서 낭월의 이야기가 조금도 과장된 것이 아니라는 점을 충분히 느끼실 것이다.

또 다른 사주의 예문을 보도록 하겠다.

壬	庚	戊	甲
午	申	辰	子

丙	乙	甲	癸	壬	辛	庚	己
子	亥	戌	酉	申	未	午	巳

此造以俗論之. 干透三奇之美. 支逢拱貴之榮. 且又會局不沖.
官星得用. 主名利雙全. 然庚申生於季春. 水本休囚. 原可用官.
嫌其支會水局. 則坎增其勢. 而離失其威. 官星必傷. 不足爲用.
欲以强衆敵寡而用壬水. 更嫌三奇透戊. 根深奪食. 亦難作用. 甲
木之財. 本可借用. 疏土衛水. 洩傷生官. 似乎有情不知甲木退
氣. 戊土當權. 難以疏通. 縱用甲木. 亦是假神. 不過庸碌之人.
況運走西南. 甲木休囚之地. 雖有祖業. 一敗而盡. 且不免刑妻剋
子. 孤苦不堪. 以三奇拱貴等格論命. 而不看用神者. 皆虛謬耳.

　차조이속론지. 간투삼기지미. 지봉공귀지영. 차우회국불충.
관성득용. 주명리쌍전. 연경신생어계춘. 수본휴수. 원가용관.
혐기지회수국. 즉감증기세. 이리실기위. 관성필상. 부족위용.
욕이강중적과이용임수. 갱혐삼기투무. 근심탈식. 역난작용. 갑
목지재. 본가차용. 소토위수. 설상생관. 사호유정부지갑목퇴
기. 무토당권. 난이소통. 종용갑목. 역시가신. 불과용록지인.
황운주서남. 갑목휴수지지. 수유조업. 일패이진. 차불면형처극
자. 고고불감. 이삼기공귀등격론명. 이불간용신자. 개허류이.

➦이 사주를 보통 말하기는, '천간에 삼기가 투출되어 아름답고, 지
지에는 天乙貴人이 공협되어서 영화를 누릴 수 있으며, 또 申子辰으
로 수국이 형성되어 있는 데다가 충도 만나지 않았으니 官星을 용신
으로 삼게 되어 이 사주의 주인공은 부귀를 함께 얻을 수가 있다.'고
할 것이다.

　그러나 庚申일주가 辰月에 나서 물이 본래 허약해지는 계절이니
원래는 官星을 용신으로 삼을 수가 있겠는데, 싫어하는 것은 지지에
水局이 되어 있다는 것이다. 그래서 관성이 왕성해지는 水의 세력에

눌려서 화의 세력이 이미 약해지고 있는 것이다. 그래서 관성은 반드시 손상을 받으니 용신으로 삼기에 부족한 꼴이 되었다.

식상은 많고 관살이 약하니 약한 관살을 버리고(强衆敵寡), 강한 식상을 용신으로 삼으면 어떨까 생각해 보자. 그렇게 놓고 다시 생각해 보면 소위 말하는 삼기의 길격에 해당한다는 戊土가 천간에 나온 것이 또한 사주를 망치는 꼴이 되어 버렸다. 이미 뿌리가 깊은 무토가 다시 식상을 극하게 되니 용신이 되기 어려운 까닭이다.

이제는 마지막으로 남은 甲木에 대해서 생각해 보도록 하자. 원래는 빌려 온 용신이지만 그대로 사용이 가능하다. 이유는 토를 뚫어 주고 물을 보호하기 때문이다. 또 傷官의 기운을 설해 주고 官을 생해 주기도 하므로 유정한 것처럼 보이기도 한다.

그러나 갑목은 이미 전성기를 지나서 퇴기가 되어 버렸다. 그리고 무토가 권력을 잡았으니 이렇게 왕한 토를 퇴기의 목이 제어하기는 불가능하다. 비록 용신으로 甲木을 쓰기는 해야 하겠지만, 또한 가용신이라서 별볼일 없는 사람에 불과하다.

하물며 운세도 西南으로 달리니 甲木은 더욱 허약해지는 꼴이어서 비록 조상으로부터 물려받은 유산은 있었지만, 한번 깨어지니까 모두 없어져 버리고 또 처자식을 극하게 되는 것도 면하지 못했으며, 외롭고 고통스러움은 이루 말할 수가 없었다. 이런 상황인데도 삼기격(三奇格)이니 공귀격(拱貴格)니 해서 크게 귀할 것이라고 운명을 논하면서도 용신을 살피는 것에 소홀히 한다면 모두 헛된 오류를 범할 뿐이다.

【강의】

天乙貴人은 하나의 신살이고 길신으로서 최상급이라고 한다. 그리고 삼귀격이라고 하는 것도 최상의 행운을 갖고 있는 격이 되므로 좋은 것이 겹쳐 있으니 얼마나 좋겠느냐는 말을 하던 당시의 일반 명리학자들에게 따지고 싶으셨던가 보다. 이렇게 말씀하시는 것은 천을귀인이라고 하는 일등 신살이 공협[4]으로 끼여 있거나 말거나, 또는 천간에 삼기라고 하는 좋다는 글자가 있거나 말거나 간에 용신이 중요한데, 관성으로 용신을 삼으려고 하니까 이렇게 주변의 상황이 불량해서 어렵다는 것이다. 즉, 이미 신왕하다는 것을 전제하고 용신을 찾아보는 것이다. 앞에서 말했듯이 용신이 중요할 뿐이지 그 나머지 신살이나 삼기는 모두 소용이 없다는 이야기를 하고 싶으신 것이다.

천을귀인의 경우 육임학(六壬學)[5]에서는 언제나 첫번째로 활용이 되는 신살이지만 이것도 육임에서의 해법일 뿐이다. 육임에서 아무리 중요하다고 해도 명리에서 발을 붙일 자리는 없다고 봐야 옳겠는데, 명리학도 공부를 하고 육임도 응용을 하다 보니 이렇게 여기저기서 끼여든 신살들이 서로 주인 행세를 하려고 자리다툼을 하는 꼴이 되어 버린 모양이다. 이러한 것을 다시 걸러 내는 데에도 많은 시

---

4) 공협(拱夾)은 地支에 끼여 있어 보이지 않는 것을 의미하는 용어이다. 예를 든다면 子寅이 나란히 지지에 있다면 그 사이에 있는 丑이 공협되었다고 보는 것이다. 이 글자가 천을귀인이라고 하는 살에 해당하면 공귀라고 하는 것이다. 천을귀인이 하도 귀하다 보니 그렇게 끼여 있기라도 했으면 하는 염원이 만들어 낸 것이 아닌가 싶다.

5) 육임은 점을 치는 학문으로서 육효와 더불어 대단한 위력이 있는 것으로 알려져 있으나, 그 점을 배우기 위해서는 신에게 기도를 해야 한다고 하는 것으로 보아서 영감(靈感)도 필요한 듯싶다.

간이 소요될 것이다.

원래 三奇의 의미는 기문둔갑에서 나온 말이다. 세 가지의 기이함이라고 하는 말인데, 그 능력이 대단하다고 해서 붙여진 것 같다. 글자는 乙丙丁이 해당한다.

이 글자가 원래는 삼기인데, 어떤 경로를 통해서인지는 몰라도 명리학으로 들어와서 본래의 의미와는 전혀 상관이 없는 재관인 또는 식재관, 또는 재식인으로 의미가 확대되었다.

그렇거나 말거나 실제로 奇작용을 한다면 아무 말 없이 그대로 사용할 것이다. 그런데 문제는 이렇게 이름만 좋은 것을 골라서 좋은 의미를 부여했지만 실은 아무런 작용도 못할 뿐더러 나쁜 역할을 맡으면 그대로 凶한 일을 하게 되므로 전혀 고려할 필요가 없다는 것이 철초 선생의 뜻이다.

여하튼 갑목을 용신으로 삼아야 하겠다는 의미이다. 여기에서 假用神이라는 말이 등장하는데, 가용신에 대해서는 좀더 설명이 필요하다. 가용신의 반대는 眞用神이다. 진용신은 용신이 월령을 얻었다는 이야기가 된다. 그러니까 당령을 했으므로 상당히 강하다는 말을 하게 되는데, 이와 반대되는 의미로서 가용신은 무력하다는 의미로 쓰인다.

그러니까 용신이 무력하여 별볼일 없는 사람이라는 이야기이다. 특히 중요한 것은 운도 서북으로 흘렀다는 점이다. 만약에 운이나마 북동으로 흘렀다면 상당히 발하게 될 수도 있는 의미가 포함되어 있기 때문에 관찰을 해야 하겠다. 다시 말하면 신살은 인생에 아무런 도움이 되지 않는다는 반론의 자료로 등장하게 된 사주라고 보면 되겠다.

壬	乙	己	丙
午	丑	亥	子

丁	丙	乙	甲	癸	壬	辛	庚
未	午	巳	辰	卯	寅	丑	子

此造初看一無可取. 天干壬丙一剋. 地支子午遙冲. 且寒木喜陽. 正遇水勢泛濫. 火氣剋絶. 似乎名利無成. 然細推之. 三水二土二火. 水勢雖旺. 喜無金生. 火本休囚. 幸有土衛. 謂兒能救母. 況天干壬水生乙木. 丙火生己土. 各立門戶. 相生有情. 必無爭剋之意. 地支雖北方. 然喜己土元神透出. 通根祿旺. 互相庇護. 其勢足以止水衛火. 正謂有病得藥. 且一陽後萬物懷胎. 木火進氣. 以傷官秀氣爲用. 中年運走東南. 用神生旺. 必是甲第中人. 交寅, 火生木旺. 連登甲榜. 入翰苑. 青雲直上. 由此兩造觀之. 配合干支之理. 其可忽乎.

차조초간일무가취. 천간임병일극. 지지자오요충. 차한목희양. 정우수세범람. 화기극절. 사호명리무성. 연세추지. 삼수이토이화. 수세수왕. 희무금생. 화본휴수. 행유토위. 위아능구모. 황천간임수생을목. 병화생기토. 각립문호. 상생유정. 필무쟁극지의. 지지수북방. 연희기토원신투출. 통근녹왕. 호상비호. 기세족이지수위화. 정위유병득약. 차일양후만물회태. 목화진기. 이상관수기위용. 중년운주동남. 용신생왕. 필시갑제중인. 교인, 화생목왕. 연등갑방. 입한원. 청운직상. 유차양조관지. 배합간지지리. 기가홀호.

➔이 사주는 처음 쓰윽 보면 하나도 용신으로 삼을 수가 없을 것처럼 보인다. 왜냐하면, 천간의 壬丙은 극이 되어 있고, 지지는 子午가 서로 쳐다보고 요충이 되어 있다. 또, 겨울 나무는 불을 좋아하는데, 바로 수의 세력이 범람하는 것을 만나기조차 했다. 그러므로 화의 기운은 이미 끊긴 지 오래이다. 그래서 명예고 재물이고 아무것도 이뤄질 수가 없을 것처럼 보인다. 그러나 자세히 살펴보면 水가 셋이고, 土가 둘이며 火도 둘이다. 水의 세력이 왕한 것은 사실이지만, 반가운 것은 金이 없다는 것이다. 그리고 火는 휴수가 되어 있기는 하지만, 다행히도 土가 보호를 해 주고 있다. 이러한 구조를 '아능구모(兒能救母)', 즉 아이가 어머니를 구한다고 이른다.

하물며 천간의 壬水는 乙木을 생하고 丙火는 己土를 생하니 각각 자신의 문호를 세운 모습이다. 서로 상생이 되어 유정하기까지 하니 반드시 쟁극의 뜻이 없다고 보아야 하겠다. 地支가 비록 북방이기는 하지만, 기토의 원신이 투출되어 있는 것이 반갑다. 또한, 녹왕에 통근이 되어 있으니 서로 보호해 줘서 그 세력이 족히 물을 멈추고 불을 보호할 만하다고 보겠는데, 이것이 바로 '유병득약(有病得藥)'이라고 하는 것이다. 또, 一陽 이후가 되면 만물이 잉태하는 것이니 木火의 진기에 해당하며, 傷官이 수기를 설하면서 용신이 되는 것이다.

중년에 운이 동남방으로 달리면서 용신이 생왕을 만나게 되므로 반드시 주변 사람들보다 뛰어나게 되어 인정을 받았고, 寅운에는 인목이 화목을 생조해서 연속적으로 수석 진급을 했다. 그래서 한원으로 들어갔으며 자신의 꿈이 그대로 상승되었으니 이 두 사주를 보면서 간지배합의 이치를 어찌 소홀히 하겠느냐 말이다.

【 강의 】

설명의 의도는 이해가 되는데, 앞부분의 일부는 과장된 설명이 나타나 있다. 역시 丙午일주의 특성이라고 하면 그만이겠지만, 상당히 상기된 억양으로 자신의 주장을 하고 있다. 예를 든다면 壬水가 이렇게 멀리 떨어져 있음에도 丙火를 극한다고 언급한 점이나 子水가 이렇게 멀리 떨어져서 무슨 충이 되겠느냐고 해야 할 것 같은데, 요 충이라고 하니 아마도 당시에 주변에서는 이 사주를 놓고서 그렇게 평을 했던 모양이지만 지금 상당히 상기된 것으로 봐도 좋겠다.

그런데 아무리 좋게 봐 줘도 물의 세력이 범람하는 것은 사실이다. 그리고 己土나 丙火가 약한 것도 사실이다. 그런데도 최종적으로 가장 큰 억지는 '一陽이 생했다' 는 부분이다. 일양이 생하기 위해서는 적어도 冬至가 지나야 한다. 즉, 子月이 되어야 가능한 이야기를 아직 亥月임에도 불구하고 하고 계신 것은 다소 강경한 어조로 이야기를 하시다 보니 오버액션이 된 듯하다. 그래서 낭월이 느끼기에 다소 상기된 상태에서 글을 쓰신 것이 아닌가 여겨진다.

벗님도 그러한 기분을 느껴 보셨으면 좋겠다. 그래서 용신은 상관을 쓴다는 결론이다. 상관은 이렇게 복잡한 설명을 하지 않더라도 얼마든지 가능한 성분이다. 즉, 한목향양(寒木向陽)의 구조, 다시 말해서 겨울 나무는 무조건 불이 필요한 것이 자연의 법칙이기 때문에 구태여 길게 설명할 필요가 없을 것이다. 그리고 용신이 약하다는 것도 한마디 언급을 하는 것이 좋을 것으로 보이지만 철초 선생은 끝까지 일사천리로 아무런 문제가 없다고 떼(?)를 쓰고 계신다. 어찌 생각을 해 보면 귀엽다는 기분도 든다. 천진난만한 느낌 말이다.

그런데 실은 운의 흐름이 너무 좋았던 셈이다. 그렇지 않았다면 전혀 아무것도 하지 못했을 가능성이 있었는데 말이다. 다행히도 운이 좋아서 그나마 한림으로 들어가서 학자의 길을 걸었던 모양인데, 사주가 좋아서 그렇다고 하시는 말씀이 아무래도 다소 얼렁뚱땅 넘어가시는 느낌도 든다. 그래도 밉지가 않은 것은 보다 중요한 핵심을 많이 짚어 주셨기 때문일 것이다.

결국 干支의 배합을 잘 관찰하고 오행의 진기를 살펴야 하는 것이 기본이면서도 또한 마지막일 뿐이라고 강조하고 싶으셨던 것이다. 이러한 정황을 보면서 느끼는 것은 철초 선생 당시에도 얼마나 많은 신살파 또는 격국파 들이 극성을 떨면서 오행과 명리의 이치를 어지럽게 했으면 이렇게도 열변을 토하셨겠느냐는 생각이 든다. 그리고 어째서 이렇게도 분개를 하시는가에 대해서는 나중에 자신의 사주를 해석하면서 그 의미가 드러나게 된다. 좀더 두고 보도록 하자.

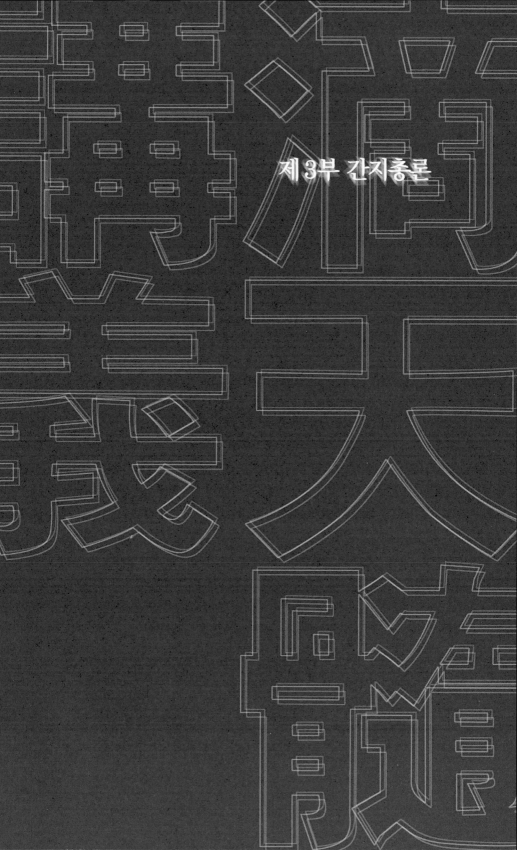

제 3부 간지총론

제1장 논천간(論天干)

> 五陽皆陽丙爲最. 五陰皆陰癸爲至.
> 오 양 개 양 병 위 최 . 오 음 개 음 계 위 지 .

○ 五陽이 모두 양이지만, 그 중에서도 丙火가 가장 양이라고 하겠고, 五陰이 모두 음이라고는 하지만, 그 중에서도 癸水가 진정으로 음이라고 하겠다.

【滴天髓徵義】

術數之學. 皆原於易. 伏羲先天之卦爲體. 乾坤爲主. 文王後先天之卦爲用. 坎離爲主. 乾坤, 天地也. 坎離,水火也. 干支論用. 故陽以丙爲最. 陰以癸爲至. 蓋丙乃純陽之火. 萬物莫不由此而發. 得此而斂. 癸乃純陰之水. 萬物莫不由此而生. 得此而茂. 陽極則陰生. 故丙辛化水. 陰極則陽生. 故戊癸化火. 陰陽相濟. 萬

物有生生之妙也. 夫十干之氣. 同出一原. 甲乙,一木也. 丙丁,一火也. 戊己,一土也. 庚辛,一金也. 壬癸,一水也. 卽坎離震兌也. 名由假定. 氣本無形. 卽分別所用. 亦不過陽剛陰柔. 陽建陰順而已. 竊怪命家作爲歌賦. 比擬失倫. 如棟梁花果太陽燈燭等喩. 至爲可哂. 後學拘泥執着. 以詞害意. 於是穿鑿附會. 種種謬論. 由此而生. 皆由習命理者. 少通人之故也.

술수지학. 개원어역. 복의선천지괘위체. 건곤위주. 문왕후선천지괘위용. 감리위주. 건곤, 천지야. 감리,수화야. 간지론용. 고양이병위최. 음이계위지. 개병내순양지화. 만물막불유차이발. 득차이렴. 계내순음지수. 만물막불유차이생. 득차이무. 양극즉음생. 고병신화수. 음극즉양생. 고무계화화. 음양상제. 만물유생생지묘야. 부십간지기. 동출일원. 갑을,일목야. 병정,일화야. 무기,일토야. 경신,일금야. 임계,일수야. 즉감리진태야. 명유가정. 기본무형. 즉분별소용. 역불과양강음유. 양건음순이이. 절괴명가작위가부. 비의실윤. 여동량화과태양등촉등유. 지위가신. 후학구니집착. 이사해의. 어시천착부회. 종종류론. 유차이생. 개유습명리자. 소통인지고야.

➡ 술수, 즉 역학의 學文은 모두 그 원류를 易에다 두고 있다. 복희씨가 선천팔괘를 만들었으니 이것은 體가 되는 것이다. 그러니까 하늘과 땅을 주인으로 삼았던 것이다. 다음으로는 文王이 후천의 팔괘를 만들었는데, 여기에서는 물과 불이 위주가 된다. 건곤(乾坤)은 하늘과 땅을 말하고 감리(坎離)는 물과 불을 의미하기 때문이다.

干支에서는 用을 논하는 까닭에 간지의 음양 중에서는 丙火가 가장 陽답다고 하겠고, 癸水가 가장 陰답다고 하겠다. 丙火는 순양(純陽)의 불이므로 만물이 병화에 의지하지 않고서는 발생(發生)할 수가 없는 것이고, 발생을 얻은 다음에는 수렴(收斂)을 해야 하는데, 계수는 순음(純陰)의 물이 되는 까닭에 만물도 또한 계수에 의지하지 않고는 생명을 부지할 수 없는 것이다. 이것을 얻어야만 무성하게 된다고 말할 것이니 양이 극에 달하면 음이 생하는 이치에 의해 丙火가 辛金을 만나 물로 화하게(化水) 되는 것이고, 음이 극에 달하면 양이 생하는 이치에 의해 癸水가 戊土를 만나서 불로 화하게(化火) 되는 이치가 되니, 이것이 바로 음양이 서로 조화를 이룬다고 하고, 이러한 이치로 인해서 만물은 생하고 또 생하는 오묘한 이치가 되는 것이다.

氣는 본래 형체가 없다. 그러니까 쓰이는 곳을 각자 분별해야 하겠다. 또한, 같은 오행이면서도 陽은 강하고 陰은 부드러운 것에 불과하며 양은 건왕하고 음은 유순하다는 것으로 말해도 상관이 없다. 그런데 명리학을 연구한다는 학자들의 행동을 가만히 보면 이해가 되지 않는다. 무슨무슨 노래(歌)니 무슨무슨 비결(賦)이니 하면서 글을 지어서 남겼는데, 그 내용에는 의심스럽고 논리적인 체계도 없는 것으로 의심이 되는 부분이 상당하다.

예를 들면 甲木은 대들보요, 乙木은 꽃나무요, 丙火는 태양이며, 丁火는 등불이라고 하는 등, 참으로 웃기는 말들(可郡)을 하는데, 그 양반들이야 또 그렇다고 하더라도 그러한 글을 보면서 공부하는 후학은 또 거기에다가 설명을 넣고 확대 해석을 해 놓고 참으로 황당한 것에 집착을 하게 되어 엄청난 혼란이 발생하게 되니, 이렇게 엉뚱한 곳에 구멍을 파고(穿鑿) 또 억지로 떼어다가 붙여서는(牽强附會) 이로부터 다시 발생하게 되는 말도 되지 않는 온갖 종류의 이야기들(謬論)이 여기서부터 발생하게 되는 것이 문제이다. 그러니 이렇게 명리 공부를 하는 학자들이 도저히 사주팔자에 통달하지 못하고 헤매는 것은 당연할 수밖에.

【 강의 】

'오양개양 …… 운운' 하는 것은 너무도 유명한 글귀여서 아마도 어떤 책이든지 명리학을 다루는 부분이라고 한다면 한두 마디 들어 있기 마련인 내용이다. 별도로 설명이 필요하지 않을 것이다. 철초 선생의 설명이나 보도록 하자.

여기에서 술수의 학문이라고 한 것은 陰陽五行을 바탕에 두고 인간의 운명을 논하는 모든 학문에 대한 총체적인 의미로 본다. 이제부터 본격적으로 天干에 대한 이치를 연구하는 단계로 접어드는가 보다. 원문에서도 丙火와 癸水가 등장했다. 그리고 복희(伏羲)가 나오고 문왕(文王)이 나온다. 이렇게 되면 상식이라는 이름 아래 약간의 부연 설명이 필요하게 된다. 명색이 『적천수』를 강의하겠다고 나섰으니 사전을 뒤져서라도 의문이 남지 않도록 설명을 드려야 하겠기 때문이다. 그러면 복희는 뭐고 선천은 무엇인지 알아보도록 하자.

1) 伏羲에 대해서

태고에 복희씨라고 하는 성인이 있었다고 한다. 태고라고 하는 것은 요즘말로 하면 '아득히 먼 옛날하고도 그 옛날' 이라고 하면 적당할 것이다. 그러니까 문자도 없고 인간과 동물의 구분도 애매하던 옛날이라고 생각해 본다. 중국을 창건했다고도 하는데, 고대로 삼황(三皇)이라고 하는 세 황제가 있었다고 한다. 그들의 이름은 伏羲, 神農, 黃帝이다. 이들에 대해 모두 살펴보기에는 시간이 걸리므로 간단하게 사전에 나와 있는 정도의 범위에서 복희의 의미를 생각해 보도록 하자.

사전에 나와 있는 내용은 다음과 같다.

중국 고대의 전설적인 제왕이다. 팔괘(八卦)를 만들었고, 그물을 발명하여 고기 잡는 방법과 사냥하는 방법을 가르쳤다. 한대(漢代)의 『위서』라는 책에서는 그의 어머니 화서(禾黍)씨가 뇌택에서 거인의 발자국을 밟은 후 그를 낳았다고 한다. 또, 『열자(列子)』라는 책에서는 그의 모습이 사람의 얼굴에 뱀의 모양을 하고 있으며, 소의 머리에 호랑이의 꼬리를 갖고 있었다고 하며, 중국에서는 조물주라고 생각하고 있기도 하다.

상황으로 봐서는 『봉신방(중국신화전)』 시리즈에나 나올 정도라고 생각된다. 그야말로 전설이라고 하면 되겠다. 여하튼 이렇게 까마득한 옛날에 팔괘를 만들었다고 하니, 그만큼 易의 근원이 오래라는 의미도 되겠다.

2) 河圖와 先天의 八卦圖

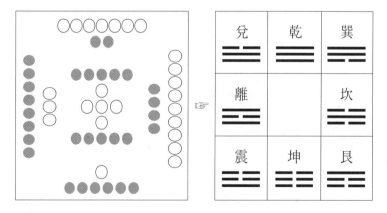

옛날 중국 복희 때에 황하에서 용마(龍馬)가 갖고 나온 그림이 하

도(河圖)인데, 그 그림을 바탕으로 해서 도표로 만든 것이 선천수(先天數)이고, 그 그림이 선천팔괘도의 원형이 되었다는 말도 있다. 이 도표를 보면 하늘과 땅이 주축이 되어 있음을 알게 된다. 그리고 이것은 땅의 원형이라고 이해할 수도 있겠다. 이는 "태초에 하늘과 땅이 있었다."라고 말하는 것처럼 느껴진다. 그리고 이것을 선천팔괘라고 이름하는 것이다. 그러니까 철초 선생의 설명을 다시 살펴보면 복희씨가 만든 선천팔괘에서는 '하늘과 땅이 주축이 되었다.'이므로 선천팔괘도를 보면서 틀림없다고 확인하면 되겠다. 그리고 문왕의 후천팔괘에서 감리(坎離), 즉 水火가 주축이 되었다는 설명은 이 표를 보면 충분히 납득할 수 있을 것이다.

3) 洛書와 後天의 八卦圖

내친김에 낙서(洛書)에 대해서도 살펴보자. 夏나라의 禹임금이 홍수를 퇴치하고 나니 낙수에서 묘하게 생긴 거북의 등에 그림이 있었는데, 이것을 洛書라고 하게 되었으며, 문왕은 그 그림을 보고 후천팔괘도를 찾아냈다는 말도 있다.

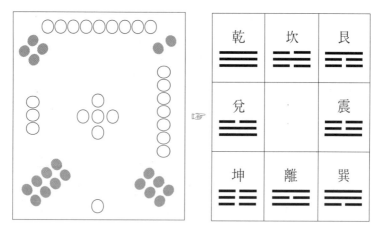

그러니까 복희가 만든 선천팔괘는 음양오행을 연구하는 경우에 있어서 그 體로 삼으면 되는 것이다. 체라고 하는 것은 원형이라고 이해해도 될 것이다. 가령 사전 식으로 생각을 해 보면 '하다' 라고 하는 體를 놓고서 '하니, 하시니, 하여, 하시고' 등등의 用이 나타나게 되는 것과 같다고 하겠다. 그러니까 선천팔괘도는 음양가의 體가 되는 것이고, 이것은 수천년 동안 그대로 이어져 오고 있는 것으로 보면 되겠다. 그리고 그 체에서도 중요한 것은 건곤(乾坤)이라고 하는 것이다. 중심에서 보면 위에는 乾이 있고, 아래에는 坤이 있어서 건곤이 중심이 되었다고 한다.

그렇다면 체중의 체가 乾坤이라는 이야기가 된다. 그리고 문왕이 만들었다는 후천의 팔괘는 다시 음양오행의 用이 되는 것으로 설명되어 있다. 여기서 문왕에 대해서 설명드려야 하겠는데, 실제로 별로 아는 바가 없어서 뭐라고 설명하기가 어렵다. 여기에서 體用에 대한 이야기가 등장을 하는데, 이것은 앞으로 두고두고 음미해야 할 부분이다.

4) 體用의 비중에 대해서

무엇이든 서로 대립되는 것이 있으면 누가 이기는지를 확인해 보려고 드는 것이 중생심이다. 그런 까닭에 레슬링의 왕자와 권투의 왕자가 있을 때, 둘이 대결하면 누가 이기겠느냐는 말도 하게 되는데, 그래서 그런 대결을 벌이기도 했었다. 알리와 이노끼였던가? 두 사람이 대결하면 누가 이길 것인가 해서 경기를 벌였던 기억이 난다. 이 세기의 대결 후 알리가 한 말이 '세상에 누워서 돈을 버는 것은 창녀와 이노끼' 라고 했다는 후일담이 전해지는데, 당시 이노끼는 누워서 상대를 넘어뜨릴 기회를 엿보고 있었을 것이고, 알리는 두

주먹을 쥐고 서서 상대를 때려 누일 폼을 잡았을 것이니, 어쩌면 각자 자기 좋을 대로 응수를 했을 것이라는 생각이 든다. 그러나 이 진리에서는 그렇게 대립이 되는 것으로 구분할 수 없는 것이 매력이다. 사람의 생각을 완전히 거부해 버리는 것이다. 즉, 共存에 대해서만 말을 하고 있는 것이다. 미련한 인간만이 어느 것이 중요한지를 구분하는데, 이것은 『도덕경(道德經)』에서 말하는 것처럼 이름에 매이지 말라는 의미와 서로 통한다고 하겠다. 사람들이 얼마나 이름에 집착을 했으면 그렇게 이름에 매이지 말라는 말을 앞머리에 했겠는지 노자의 심정을 헤아릴 만도 하다.

道可道非常道 名可名非常名

도를 도라고 하면 자연의 도가 아니고 이름을 이름이라고 하면 또한 본래의 이름이 아니다.

이러한 말을 하게 된 배경에는 달을 가리키면 사람이 달을 봐야 하는데, 손가락만 쳐다보고 있는 까닭에 하도 애가 타서 이르는 한말씀이라고 느껴진다. 그러니까 체와 용에 대해서도 어느 것이 중요한가를 구분하는 것은 낮과 밤 가운데 어느 것이 중요하냐고 묻는 것과 조금도 다름이 없다고 해야 할 것이다. 또는, 몸과 마음 중에서 어느 것이 중요하냐고 묻는 것과도 비교할 수 있겠다. 이렇게 중요하지도 않고, 합당하지도 않은 것에 관심을 갖는 것은 어리석기 때문인데, 그 어리석음을 깨우쳐 주려고 나선 것이 『적천수』라고 할 수 있다. 특히, 명리학에 대해서 어리석은 사람들에게 큰 깨우침을 주고 있는 것으로 생각된다.

왜냐하면 '체에 집착을 해서도 안 되고, 용에 집착을 해서도 안 되고, 체와 용을 벗어나서도 안 된다.'는 말씀의 메아리가 여기저기서 감돌고 있음을 느끼게 되는 까닭이다. 체가 없는 용이 존재할 수 없으며, 용을 무시한 체는 아무 의미가 없는 것이기 때문이다. 오로지 체와 용을 모두 인정하게 됨으로써 완전한 진리의 모습을 살필 수 있다는 암시를 철초 선생이 하고 싶으셨을 것이라는 생각을 하게 된다.

대저 十干의 기운은 같은 근원에서 출발을 하게 되는 것이니, 甲乙은 같은 木이고, 丙丁은 같은 불이며, 戊己는 같은 土이다. 그리고 庚辛은 같은 金이고, 壬癸도 같은 水이다. 즉 水火木金土를 다른 말로 빌렸을 뿐이라는 이야기이다.

너무나 뻔한 이야기를 한다고 생각하지 않았으면 한다. 이렇게 뻔한 이야기를 누가 모르겠느냐고 생각해서는 별로 소득이 없다. 누가 물어 봤느냐고 떼거지를 쓰고 싶을지도 모르겠다. 그러나 이러한 접근 방식으로는 진리는 여전히 깜깜한 채로 그렇게 있을 가능성이 짙다. 어째서 그렇게 말을 했느냐고 하는 '心中 헤아리기'가 반드시 필요한 작업이다. 묘하게도 心中과 中心은 같은 글자의 다른 배합이면서도 그 의미는 사뭇 다르다. 중심은 요즘 말로 '센터'라고 하는 말과 같다고 보면 되겠다. 실제로 중국에서는 무역센터를 무역 중심(貿易中心)이라고 쓰고 있기도 하다. 간판에 보이는 모든 中心은 센터로 이해하면 거의 틀림없을 것이다.

그렇다면 심중은 어떻게 이해하면 될까? 다른 말로 하면 '내심(內心)'이 되겠다. 속으로 생각하고 있는 것이라고 한다면 철초 선생의 심중은 어떤 것이었을까? 이렇게 뻔한 이야기를 하는 것에는 나름대로의 이유가 있지 않았을까? 이렇게 생각을 해 보는 것이다.

철초 선생의 심중은 바로 여기에 있었던 것이다. 그러니까 말도 되지 않는 이야기들을 대대손손 전달해 주는 원인을 그 엉터리 선배들이 제공했다고 하는 것으로 혐의를 두게 되고, 그것이 하도 답답해서 너무나 당연하다고 생각한 甲木과 乙木이 같은 근원에서 나온 것이라고 강조해야 하는 것이다. 그러면서도 아마 속으로는 씁쓰레했을 것이다. '내가 이 나이에(몇 살이셨는지는 모르지만) 이렇게 시시껄렁한 소리까지 힘들게 적어야 하는 현실이 참으로 싫구나 …… 그래도 이렇게나마 하지 않으면 어느 천년에 명리학을 의지해서 자신의 길을 찾아갈꼬…… 그래서 귀찮기는 하지만 이렇게 적어 놓지 않을 수가 없는걸…….'

예전에는 글 한 줄 쓴다고 해도 지금처럼 키보드를 두드려 문서를 작성하는 것과는 차원이 다른 환경이었다. 먹을 갈고 종이를 잘라 펴고 붓을 적셔 마음을 가다듬고 한 자 한 자 힘주어 적어야 했다. 그런 환경에서조차 귀찮아하지 않고 이렇듯 중요한 의미의 말씀을 하셨던 것은 명리학에 대한 애착이었기 때문에 아직까지도 그 의미가 중요한 것이다.

과부 마음 홀아비가 안다고, 철초 선생의 마음을 낭월이 약간 알 것도 같은 심정이다. 그래서 감히 해설서를 쓰겠다고 덤비기는 했지만, 참으로 여러 가지로 착잡한 심경을 헤아리면서 많은 시간을 선생과 함께했던 것이다. 그런 인연의 결과로 벗님들이 황량한 들판에서 헤매지 않고 올바른 명리도(命理道)로 입문하기를 바랄 뿐이다.

【滴天髓】

五陽從氣不從勢. 五陰從勢無情義.
오 양 종 기 부 종 세. 오 음 종 세 무 정 의.

❂ 甲丙戊庚壬은 기를 따르고 세력은 쫓지 않고,
乙丁己辛癸는 세력을 따르게 되면 의리가 없다.

【滴天髓徵義】

五陽氣闢. 光亨之象易見. 五陰氣翕. 包含之蘊難測. 五陽之性
剛健. 故不畏才煞. 五陰之性柔順. 故見氣勢旺盛. 易於順從. 大
都純陰之性. 城府深沉. 純陽之性. 豪爽慷慨. 凡趨勢忘義. 處世
驕諂之輩. 大抵陰氣爲戾. 然而柔能制剛. 剛不能剋柔也. 尙有陽
中之陰. 陰中之陽. 又有陽外陰內. 陰外陽內之辨. 陽中之陰. 外
仁義而內奸詐. 陰中之陽. 外凶暴而內仁慈. 陽外陰內者. 包藏禍
心. 陰外陽內者. 秉持直道. 此關於人品之端邪. 然亦不可執着.
要當觀其氣勢順正. 四柱五行停勻.庶不偏倚. 凡持身涉世. 必先
知人. 擇先而從之道. 亦不可不知也.

오양기벽. 광형지상이견. 오음기흡. 포함지온난측. 오양지성
강건. 고불외재살. 오음지성유순. 고견기세왕성. 이어순종. 대
도순음지성. 성부심침. 순양지성. 호상강개. 범추세망의. 처세
교첨지배. 대저음기위려. 연이유능제강. 강불능극유야. 상유양
중지음. 음중지양. 우유양외음내. 음외양내지변. 양중지음. 외

인의이내간사. 음중지양. 외흉폭이내인자. 양외음내자. 포장화심. 음외양내자. 병지직도. 차관어인품지단사. 연역불가집착. 요당관기기세순정. 사주오행정균. 서불편의. 범지신섭세. 필선지인. 택선이종지도. 역불가부지야.

➜ 五陽은 기가 열리는 성분으로 빛나고 활발한 형상을 하고 있어서 관찰하기가 쉽지만, 五陰은 기세가 닫히는 성분이어서 속으로 포장이 되어 있으므로 그 속을 헤아리기가 무척 어렵다. 다시 말하면 五陽은 성질이 강건(剛健)하다고 할 수 있겠고, 그래서 관살이 많이 있더라도 겁을 내지 않는 성질이 되는 것이다. 반면에 오음은 성질이 유순하므로 주변의 기세가 왕성하게 힘을 발휘한 것을 보면 그대로 왕성한 세력에 따르게 되는 성분이다. 즉, 순종을 잘 하는 성분인 것이다.

대체로 순음(純陰)의 성질은 도성(都城)에 비유한다면 깊고 은밀한 곳이라고 하겠다. 그리고 순양(純陽)의 성질은 또한 호쾌하고 당당한 모습이다. 대저 세력을 따르면서 의리를 저버리기 쉬운 사람은 지위가 높은 사람을 만나면 아첨을 하게 되고, 반대로 낮은 사람을 만나면 교만해지는 것이다. 이러한 성분은 음기(陰氣)의 단점이라고 하겠다. 그러나 달리 생각해 본다면 부드러움이 오히려 강함을 제하는 것이 또한 자연의 법칙이다. 그리고 억지로는 도저히 이 음의 성분을 제어하기 어려운 것이다.

그런데 묘한 것은 강한 가운데에도 음의 성질을 띤 것이 있고, 기본은 음의 성분이면서도 내심 양의 강인함을 포함하고 있는 경우도 있다. 그래서 외유내강(外柔內剛)의 특성과 외강내유(外剛內柔)의 특성이 나타난다고 이해하면 되겠다. 다시 설명해 본다면 양중의 음에 속하는 사람은 겉으로는 인의를 주장하면서도 내심으로는 간사한 마음을 갖고 있는 사람이라고 할 수 있겠고, 음중의 양에 속하는 사람은 겉으로는 흉폭하면서도 속으로는 인자함을 갖고 있는 사람이라고 하겠다.

또, 외양내음의 사람은 재앙의 심리[禍心]를 속에 감추고 있는 것이고, 외음내양의 사람은 내심 올곧은 성품을 갖고 있는 것으로 말할수도 있겠다. 이러한 성분들로 인해서 그 사람의 성품이 단정한지 사악한지[端邪]를 알 수 있는 것이다. 그러나 더욱 중요한 것은 이러한 것에 대해서 고집을 부리지는 말아야 한다는 점이다. 중요한 것은 사주를 살펴보아 기세가 잘 흐르고 있으며, 오행이 균형을 이루고 있다면 치우치지 않고 괴팍스럽지 않은 것으로 보면 될 것이다.

어쨌든 이 몸을 가지고 세상을 살아가는 과정에서 무엇보다도 중요한 것은 그 사람을 잘 알아서 좋은 사람을 택하고 올바른 길을 따르는 것이 중요하다고 하겠다. 그러니 또한 몰라서는 안 된다.

【강의】

陽干은 기가 열리는 성분이고 陰干은 기가 닫히는 성분으로 크게 볼 수 있다는 의미로 해석된다. 그런데 이것이 확대 해석으로 변하게 되면 양간은 남자답고 음간은 여성스럽다는 것으로 전개되면서 자칫 오류가 발생할 소지도 포함된다는 것까지도 생각해야 하겠다. 특히, 뒷부분의 설명을 보면 사악하고 단정한 성품을 단지 음양으로 나눠서 설명하기도 하는데, 이러한 점은 너무 설명을 위한 접근이 아닌가 싶다. 철초 선생이 陽干(丙午일주시니까)이라고 해서 양간을 좋게 평가하신 것은 아니리라고 보는데, 설명을 잘못 헤아리면 음간은 못 쓰고 양간은 쓸 만하다는 것으로 오해할 수도 있다고 염려하는 것은 또한 낭월이 陰干(己未일주니까)이기 때문에 하는 염려는 아니다. 그래서 철초 선생도 다시 뒤에 여기에 집착하지 말고 잘 알아서 판단해야 하는 것이 더 중요하다는 말씀[不可執着. 要當觀其氣勢順正… 운운]을 반드시 넣으신 것이 있으므로 이러한 의심은 하지 않아도 되겠다.

　그러고 보면 여기에서 사람의 성격 등이 사주팔자에 모두 나타난다는 의미가 들어 있게 된다. 그렇다면 사주를 잘 알라는 것이 결국은 그 사람의 됨됨이를 바로 알고 상대하라는 의미가 되겠다. 더구나 옛날 같으면 사람을 잘못 사귀어서 처형을 당하기도 하므로 사람의 됨됨이를 바로 아는 것은 참으로 중요했을 것이라는 생각도 든다. 그리고 陰干은 사악하고 陽干은 호탕하다는 말이 있지만 여기에 집착을 해서도 안 된다는 말씀은 양간 음간에 무엇이 있는 것이 아니라 오행이 치우치고 몰려 있는 의미를 파악하는 것이 더욱 중요하다는 것이다. 다시 말하면, 표면적으로 양간이나 음간을 구분하는 것보다는 오행의 실체를 파악하는 것이 더욱 중요하다는 말씀이다. 음미해 볼 만한 말씀이다.

　이상의 한 게송(偈頌)이 「天干論」이라고 할 수가 있겠다. 그러니까 『적천수』를 설명하기 위해 우선적으로 「통신송」이 쓰여졌듯이, 천간의 성질을 설명하기 위해서 우선 양간과 음간의 특성이라고 한말씀하신 것이다. 유백온 선생이 하신 말씀이므로 철초 선생이 설명을 붙이면서 이름에 집착하지 말라는 정성을 기울이셨다고 생각된다. 그렇지 않으면 또 달은 보지 않고 손가락만 쳐다본 후 양간만 보면 영웅 취급을 하고, 음간을 보면 의리 없는 인간으로 취급하는 오류를 범하는 일을 태연하게 저지를 수도 있겠다는 염려가 되었을 것이다.

말씀의 구조를 살펴보면 백온 선생은 긴 말을 상당히 싫어하셨던 모양이다. 그래서 웬만하면 줄이고 줄여서 간단하게 적으려고 노력하신 흔적이 보인다. 그리고 또 한 가지는 글을 쓰는 것이 상당히 귀찮았을는지도 모른다는 생각이 든다. 나이도 많으시고, 글을 쓰기에는 너무 기력이 딸려서 웬만하면 간단하게 표현하기 위해 노력하지 않았겠느냐는 생각이 든다. 먹을 갈아 붓글씨를 연습해 보시지 않은 벗님은 글 한 장을 쓴다는 것이 여간 괴로운 일이 아니라는 것을 느끼시기 어려울지도 모른다. 그러니까 간결함을 좋아하는 백온 선생의 성격과 나이가 들어 힘이 드는 것과 서로 맞물려서, 이렇게 요약된 내용의 『적천수』가 탄생하게 되었을 것이라고 상상해 보게 된다.

반면에 철초 선생께서는 오히려 이러한 것을 길게 늘어놓아 확실하게 그 뜻이 전달되기만 한다면 글 몇 장 더 적는 것은 기꺼이 투자를 하겠다는 의도가 많이 보인다. 그러니까 해설서가 되었겠지만, 철초 선생이 이 글을 적으실 때에는 나이도 젊었을 것이다. 그리고 글을 쓰는 데 서체의 좋고 나쁨에는 별로 신경을 쓰지 않으셨을 것이다. 어차피 써 봐야 볼품없는 글이니까 그냥 자신의 생각대로 써 내려 갔을 것이라는 생각을 해 본다. 丙午일주의 특성에서도 그러한 맛이 나오기 때문이다. 그리고 이렇게 행간(行間)에서 느껴지는 선생님들의 인품을 즐기는 것도 독서하는 또 하나의 즐거움이라고 느껴진다.

【滴天髓】

甲木參天. 脫胎要火. 春不容金. 秋不容土.
갑 목 참 천. 탈 태 요 화. 춘 불 용 금. 추 불 용 토.

火熾乘龍. 水蕩騎虎. 地潤天和. 植立千古.
화 치 승 룡. 수 탕 기 호. 지 윤 천 화. 식 립 천 고.

웅장하게 하늘닿게 우뚝우뚝 늘어서서
온천하에 제일인양 자랑스런 甲木이여
처음나서 어린나무 따스한불 필요하고
木氣왕한 봄에나면 금기운은 지레죽고
金氣왕한 가을에는 허약한토 쓸모없네
이글대는 불속에선 물뿜는용 필요하고
질척질척 습지에는 호랑이가 필요하다
촉촉한땅 뿌리박고 하늘기운 온화하면
그땅위에 심어져서 천년만년 살고지고

【滴天髓徵義】

甲爲純陽之木. 體本堅固. 參天之勢. 又極雄壯. 生於春初. 木
嫩氣寒. 得火而發榮. 生於仲春. 旺極之勢. 宜洩氣菁英. 所謂强
木得火. 方化其頑. 剋之者金. 然金屬休囚以衰金而剋旺木. 木堅
金缺. 勢所必然. 故春不容金也. 生於秋. 失時就衰. 但枝葉雖凋
落漸稀. 根氣卻收斂下達. 受剋者土. 秋土生金洩氣. 最爲虛薄.

以虛氣之土. 遇下攻之木. 不能培木之根. 必反遭其傾陷. 故秋不容土也. 柱中寅午戌全. 又透丙丁. 不惟洩氣太過.而木且被焚. 宜坐辰. 辰爲水庫. 其土溼. 溼土能生木洩火. 所謂火熾乘龍也. 申子辰全. 又透壬癸. 水泛木浮. 宜坐寅. 寅乃火土生地. 木之祿旺. 能納水氣. 不致浮泛. 所謂水蕩騎虎也. 如果金不銳. 土不燥. 火不烈. 水不狂. 非植立千古而得長生者乎.

갑위순양지목. 체본견고. 참천지세. 우극웅장. 생어춘조. 녹눈기한. 득화이발영. 생어중춘. 왕극지세. 의설기청영. 소위강목득화. 방화기완. 극지자금. 연금속휴수이쇠금이극왕목. 목견금결. 세소필연. 고춘불용금야. 생어추. 실시취쇠. 단지엽수조락점희. 근기각수렴하달. 수극자토. 추토생금설기. 최위허박. 이허기지토. 우하공지목. 불능배목지근. 필반조기경함. 고추불용토야. 주중인오술전. 우투병정. 불유설기태과.이목차피분. 의좌진. 진위수고. 기토습. 습토능생목설화. 소위화치승룡야. 신자진전. 우투임계. 수범목부. 의좌인. 인내화토생지. 목지녹왕. 능납수기. 불치부범. 소위수탕기호야. 여과금불예. 토부조. 화불열. 수불광. 비식립천고이득장생자호.

➜ 甲木은 순양(純陽)의 목이다. 그 체는 원래 견고하여 하늘을 찌를 듯이〔參天〕웅장한 세력이다. 이 甲木이 이른봄〔寅月〕에 태어나면 아직 나무가 어린 관계로 따스한 온기〔火〕를 만나야 자라서 꽃을 피울 수가 있고, 중간 봄〔卯月〕에 태어나면 이 때에는 극히 왕성한 상태이기 때문에 그 기운을 설하는 것이 아름다워서 또 화가 필요하다. 이 것을 두고 말하기를 '강한 목은 불을 얻어야 바야흐로 그 예리함을 부드럽게 만든다.'고 하는 것이다.

이 목을 극하는 것은 金이 되는데, 그러나 금속은 봄을 맞이하게 되면 허약해지므로 목을 극제할 수가 없는 것이다. 목이 견고하면 오히려 금이 부스러지게 되는 것이니, 이것이 바로 자연의 흐름이라고 한다. 그래서 '봄에는 금을 쓸 수가 없다[春不用金].'고 하는 것이다.

가을에 태어난 甲木이라면 계절도 이미 목의 계절이 아니고, 그래서 가지와 잎이 모두 시들어 간다. 점점 앙상한 나무가 되어 가는 계절인 것이다. 그런데 이것은 표면적으로 나타나는 현상이고, 내부적으로는 오히려 에너지가 뿌리로 돌아가서, 지지를 잡아 주는 土는 도리어 목의 뿌리에게 극을 받고 있는 상황이 발생한다. 그러니까 토는 금에게 기운을 빼앗기게 되고, 다시 목의 뿌리에게 극을 받음으로써 가장 약한 토가 되어 버린 것이다. 그러므로 목의 뿌리를 배양하기가 불가능하니 반드시 땅이 꺼지게 될 가능성이 많다고 하겠다. 이러한 이유로 해서 '가을에는 토를 허용하지 않는다[秋不用土].'라고 하는 것이다.

사주에 寅午戌의 火局이 발생한 상태에서 또 丙火나 丁火가 천간에 나타나 있다면, 이것은 설기태과(洩氣太過)의 문제가 아니라 목이 불타 버릴 가능성도 생각해야 하는 긴급한 상황이 발생했다고 보아야 할 것이다. 이 때는 마땅히 촉촉한 辰土에 뿌리를 내린 甲木만이 능히 생존이 허락된다고 봐야 한다. 왜냐하면 辰土는 습토가 되기 때문이다. 습토는 능히 목의 뿌리를 잡아 주면서 수분도 공급하게 되니 진토의 水庫는 목의 여기(餘氣)도 되는 의미가 이렇게 연관이 되는 것이다. 이것은 화치승룡(火熾乘龍)이라고 하는 것이다.
申子辰이 다 모여 있는 상태에서 또 천간에는 壬癸水가 나와 있는 상황이라면 이 때에는 물이 범람하여 목이 떠 버리는 상황이 된다. 그러면 寅木에 앉아 있는 것이 가장 안전하게 된다. 왜냐하면 寅木은 자체적으로 火土를 생하는 능력이 있으면서 목의 뿌리를 잡아 주는 역할도 하는 比肩이기 때문이다. 그리고 또 한 가지 매력적인 수단은 물을 흡수한다는 것이다. 그래서 甲木이 떠 버리는 지경에는 도달하지 않는 것이다. 그래서 하는 말이 '물이 질펀하다면 호랑이를 타는 것이 가장 안전하다[水蕩騎虎].'라고 하는 것이다.

그래서 만약 甲木일주로 태어났을 경우에 金이 너무 날카롭지도 않고, 土는 너무 건조하지 않고, 火는 너무 뜨겁지 않고, 水도 미쳐서 발광하지 않는다면 꼿꼿하게 서서 천 년 동안 살아갈 것이다.

【강의】

이 정도의 해석이 되겠다. 이 부분에 대해서는 웬만큼 책을 보시는 벗님이라면 여기저기서 많이 만나 보셨던 글일 것이다. 그만큼 많이 인용되어 있는 내용이기 때문이다. 그래서 익숙하기도 하므로 오히려 정겹다는 느낌도 들 수 있겠다.

인명 사전에는 유백온 선생의 전공이 정치하는 것이라고 되어 있지만, 실은 기문둔갑이 전공이었을 것이라고 생각해 본다. 그리고 기문둔갑을 전공하게 되면 항상 문제 되는 것이 甲木이다. 오죽하면 이름이 둔갑(遁甲)이겠는가. 그 의미는 '갑목을 숨김'이라는 말이다. 갑목을 왜 숨기느냐고 묻는다면 보호를 하기 위해서라고 해야 하겠고, 왜 유독 갑목만 보호를 해야 하느냐고 재차 묻는다면 갑목이 왕이기 때문에 다른 九干과는 그 차원을 달리하기 때문이라고 해야 하겠다. 그만큼 기문둔갑은 제왕의 시각으로 운용되고 발전해 온

학문인 셈이다. 그러다 보니 당연히 甲이라는 글만 보면 그냥 머리가 숙여지는 것이다.

그러나 이 내용에서는 그러한 냄새가 전혀 나지 않는다. 오로지 명리학의 관점에서 씌어진 것이라고 생각되기 때문이다. 그리고 이 정도의 경지에 선 백온 선생은 명리학의 이치를 상당히 타당하게 받아들이셨을 것이라고 생각해 본다. 그리고 충분히 그럴 만한 이치가 있는 것이다. 왜냐하면 둔갑이 갑목의 소재에 대해서 신경을 쓰고 있지만 이것은 자연이 아니다. 그렇다면 왕이 죽으면 어떻게 해야 하나? 왕이 죽으면 누구를 왕으로 세워야 하나? 뭔가 복잡한 일이 벌어지고 있는 속에서 개인적인 품성을 살펴보기 위해서는 오로지 보편 타당성의 의미를 갖고 있는 이론을 대입시켜야 할 것이고, 그렇게 하는 과정에서 자평명리학이 채택되었을 것이라고 짐작해 본다.

물론, 이러한 상상은 순전히 자평명리학에 빠져서 헤어나지 못하고 있는 낭월의 시각이므로 또 다른 고인(高人)은 얼마든지 다른 의견이 있을 것으로 본다. 아무튼 낭월의 생각으로는 생극제화(生剋制化)의 이치를 올바르게 운용하는 학문은 자평명리라고 보는 것이다. 그래서 유백온 선생도 왕을 따라다니면서 열심히 뛰었지만, 나중에 오행의 참된 소식을 접하고 나서 비로소 자평의 의미를 올바르게 파악하셨을 것이라고 상상해 보게 된다. 그렇다면 자평의 올바른 의미는 무엇일까?

'子平'은 서자평 선생을 가리키는 것이 일반적이다. 서자평은 서승(徐升) 또는 서대승(徐大升)이라고도 하는데, 동일 인물인 것으로 보인다.

이 분의 호는 자평이고, 이 분이 자평명리학의 원리를 체계화시켰기 때문에 자평명리라고 한 것이다. 그렇다면 나중에 낭월식(?)의 원리가 정착된다면 혹자는 '자평명리학 낭월류' 정도로 말해 주실 분이 있을지 모르겠고, 그런 평가를 받는다면 영광이라고 하겠다. 언감생심 또 망상을 하고 있는 낭월이다.

그리고 어째서 호를 子平이라고 했겠느냐는 것에 대해서 생각해 보지 않을 수 없다. 왜냐하면 그렇게 된 데에는 그만한 이유가 있을 것으로 믿고 있는 낭월이기 때문에, 그 원인에 대해서 생각을 해 봐야 직성이 풀릴 것 같다. 더구나 일생을 연구할 학문인데 이러한 정도에 대해서 생각을 해 보는 것은 너무나 당연한 일이기도 할 것이다.

子平 : 올바르고 공평무사한 잣대를 쓰는 법, 또는 물이 수평을 이루고 있듯이 오행의 이치를 균형잡힌 관점에서 대입시키는 사람

이렇게 해석을 해 보았지만 이는 확대 해석이다. 자신이 잘났다고 감히 호에 子를 사용하지는 않았을 것이다. 혹 子의 의미를 씨앗으로 보면 어떨까? 알알이 올바르게 따지는 원천적인 요령에 대해 설명하겠노라는 의미의 자평이라고 보아도 되지 않을까 싶다. 그리고 자평명리학의 특성을 생각해 볼 때, 구체적으로 일간의 의미를 그 사람의 주체로 해석한 시효라고 보는 것에 의미를 두고 있다. 그러니까 올바르게 해석을 한 최초(子도 시작이므로)의 학자라는 의미에서 그렇게 지었을 수도 있겠다. 여하튼 日干을 그 사람의 주체로 본 것은 능히 기념을 하고도 남을 만큼 엄청난 발견이었던 점에는 틀림이 없다. 여하튼 낭월의 시원치 않은 머리로는 이 정도 이상의 생각은 들지 않는다. 다음은 철초 선생의 설명을 들어 보도록 하자.

甲木이 웅장하다는 설명이다. 그리고 甲은 목의 기(木氣)라고 하는 말도 있다. 이것은 乙木을 목질(木質)이라고 하는 것과 대비해서 하는 말이다. 비록 앞에서는 대들보라느니 꽃나무라느니 하는 등의 비유가 올바르지 않다고 하셨지만, 여기에서는 그래도 일부 나무의 특징을 빌려 설명하고 있는 것을 보면서, 목을 설명하기에는 아무래도 나무를 이용하는 것이 가장 근접하다고 생각하게 된다. 인월과 묘월의 차이점에 대해서도 언급을 하였는데, 인월에 대해서도 전후로 구분을 해야 한다는 설명도 낙오선생은 하고 있다.

즉, 立春부터 雨水 전까지는 너무 추워서 조후의 개념으로서 불이 필요하고, 우수가 지나면 경칩(驚蟄)절까지는 나무가 강해서 기운을 설하는 개념으로서의 화가 필요하다는 설명이다. 이것의 근본적인 차이가 무엇인가를 물어 보실 수도 있는데 실은 간발의 차이가 결과적으로는 엄청난 차이를 만들기도 하므로, 항상 살얼음을 밟는 기분으로 조심조심 살피게 되는 경험을 많이 하게 된다.

그래서 봄에는 목의 용신으로서 金을 삼는 방법은 없다고 단정하게 되는 것이다. 물론, 이러한 주장은 대체적인 것이라고 하는 것도 겸해서 이해를 해야 하겠다. 아무리 寅月의 목이라고 하더라도 춥지도 않고 목기운이 왕성하다면 그대로 금을 용신으로 삼을 수도 있기 때문이다. 물론, 금도 강해야 가능하다. 다만 어디까지나 개론적(槪論的)인 관점으로 살핀다면 그렇다는 것이다.

여기에서 철초 선생의 관찰력이 매우 뛰어나다는 점을 발견하게 된다. 간과하고 넘어간 부분까지도 이렇게 잘 살피고 계신 것은 그대로 스승의 마음을 제자가 어찌 알겠느냐는 말을 들어도 할 말이 없겠다는 생각이 든다. 그야말로 '항복!'이다. 이렇게 세심하게 살핀다면 웬만한 원리는 벗어나지 못할 것이다. 앞으로 이 『적천수』에 대한 강의가 진행되면 될수록 어째서 그토록 찬사를 받아야 하는 임철초 선생인지를 벗님들 스스로 판단하시게 될 것으로 믿는다.

나무뿌리가 가을에 기운을 모아서 강해지므로 그 아래에 있는 흙이 자극을 받아서 허약해질 것이라는 생각을 벗님은 해 보신 적이 있을지 모르겠다. 이렇게 보이지 않는 부분도 학자의 눈에는 모두 보이는가 보다. 참으로 대단한 안목이라고밖에 할 말이 없다. 여하튼 가을에 태어난 甲木은 토를 용신으로 삼을 방법이 없다는 것이다. 물론, 이것도 경우에 따른 수임에는 틀림이 없다. 그러니까 가을 목이라도 토가 단단한 기반을 갖고 있으면서 사주에 금도 마땅치 않고, 수만 많이 있다면 오히려 토도 능히 용신이 될 수 있다는 것은 두말할 필요도 없는 것이다.

경우에 따라서는 火局이 발생할 수도 있는 것이 사주팔자이다. 특히 午月에 寅午戌이라고 한다면 필시 위험한 배합이라고 할 만하다. 이런 경우 살아 남을 갑목은 오로지 갑진뿐이라는 이야기가 된다. 참고로 甲木에는 6종류가 있다. 그래서 六甲이라고 하는 것인데, 그 육갑이 어떤 종류인가는 이미 알고 계신 것이지만 한번 생각을 해 보도록 하자. 특히 인오술과 연계해서 생각을 해 보도록 하겠다.

1) 甲子 : 이것은 수를 깔고 있는 성분이어서 상당히 강하다. 그럼에도 불구하고 인오술이 되어 버린 상황이라면 필시 큰 난리가 한번 발생하게 될 것이다. 그리고 그러한 소란은 갑목에게는 대단히 불안한 조건이다.

2) 甲寅 : 인오술에 해당한다면 아마 절반은 불이 붙어 버린 상황

이라고 해야 할 모양이다. 더 이상 설명이 필요 없다. 만약 인목이 있어서 뿌리가 된다고 말씀하신다면 지금 당장 이 강의집을 덮어 놓고 다시 「천간지지편」을 공부하시라고밖에 할 말이 없다.

3) 甲午 : 여기에 대해서는 설명도 생략해야 하겠다. 말하는 자체가 벗님을 무시하는 것이기 때문이다. 그래도 쥐어 줘야 알지 않겠느냐고 하신다면 이미 활활 타는 불이 되어 버린 지도 오래라고 하겠다.

4) 甲申 : 앉은자리는 바위인데 주변에 불이 붙었다면 그 상황은 뭐라고 말하지 않아도 능히 짐작이 된다. 여기에서 申中의 壬水가 甲木을 생조하게 된다고 할 수도 있겠으나, 이렇게 생각하신다면 일의 완급이 무엇인지 아직 파악하지 못하고 계신 것으로 보고 싶다.

5) 甲戌 : 甲午와 비슷하다고 보면 될 것이다. 목이 너무 말라 시들어 버린 모습이 떠오른다.

6) 甲辰 : 이제서야 어째서 甲辰을 만나야 살아난다고 말씀을 했는지 확연하게 이해가 될 것이다. 촉촉한 계수는 갑목의 생명수가 될 것이고, 보드라운 흙은 뿌리를 견고하게 내리도록 배려해 줄 것이다. 다른 무엇에도 비길 수 없는 특별한 배합인 셈이다. 이렇듯 제각기 자신만의 능력이 있는 것이다. 아무리 뜨겁더라도 물이 마르지 않는다면 그보다 더 반가울 수는 없을 것이다. 이것이 유백온 선생의 관찰이다.

이번에는 반대로 申子辰의 수국이 되어서 목이 둥둥 뜨게 되는 지경에 처한다면 어떻게 하는 것이 좋겠느냐는 퀴즈 문제 같다. 앞에서는 진토가 해답이었는데, 이번에는 寅木이 등장하게 된다. 오로지 물 속에서 甲木을 구할 글자는 인목밖에 없다고 결론을 내린 것이다. 왜일까? 일일이 설명할 필요는 없고, 간단하게 말해서 甲午는 수가 많으니 꺼져 버릴 것이고, 갑신은 말할 것도 없고, 갑진이 이번에는 물수렁으로 변하게 된다고 생각하면 되겠다. 그리고 유일하게 후보의 물망에 오를 만한 지지로는 甲戌이 있는데, 이 갑술도 역시 수를 제어하기는 하겠지만 물을 흡수하지도 못하고 목의 뿌리가 되지도 못하는 현실이 너무 단순하다는 결론을 내리게 된다. 이런 이유로 해서 때로는 갑진이 최우선적으로 필요하기도 하고, 또 때로는 갑인이 최우선적으로 필요하기도 하다는 이야기를 헤아리게 되는 것이다. 혹 여기에서 벗님이 이렇게 반문하실지도 모르겠다.

물이 많으면 토가 용신인데, 戌土를 써야 할 거 아뇨?

이렇게 물으신다면 용신 공부는 잘 되어 있는데 아직 오행의 연구는 상당히 부족하다고 해답을 드리게 된다. 그래서 백온 선생도 유독 신자진에 수세가 넘치면 인목을 써야 한다는, 어찌 보면 너무도 간단한 이야기를 하고 있는 것이다. 그렇지 않으면 일반적으로 술토를 선호하게 될 것 같아서가 아닐까? 그렇다면 앞의 이야기에서도 그렇다. 인오술이 되어 있다면 辰土라야 한다는 말을 하지 않으면 상당수는 불이 많으므로 甲子가 가장 좋을 것으로 생각하게 될 우려가 있었던 것이다. 그런데 갑자를 쓰게 되면 자오충으로 인해 대단한 혼란이 발생하게 될 것이므로 조용하게 처리하는 진토에는 비할 바가 아니라고 생각하셨다면 이것이 젊은 사람의 머리에서 나올 연구냐고 하는 생각이 절로 드는 것이다. 그러니『적천수』를 지으실 무렵의 백온 선생의 연세는 적어도 50세는 넘으셨을 것이라는 생각을 하지 않을 수가 없다. 40대만 되어도 이렇게 여러 가지의 배려를 하기 어렵지 않을까 싶어서이다.

깊이 생각해 보면 간단한 글귀 속에서도 많은 것을 생각하게 된다. 이것이 낭월의 즐거움이기도 하다.

【滴天髓】

乙木雖柔. 刲羊解牛. 懷丁抱丙. 跨鳳乘猴.
을 목 수 유. 규 양 해 우. 회 정 포 병. 과 봉 승 후.
虛溼之地. 騎馬亦憂. 藤蘿繫甲. 可春可秋.
허 습 지 지. 기 마 역 우. 등 라 계 갑. 가 춘 가 추.

❏ 을목성질 보들보들 부드러운 그모습이
따스한날 소풍나간 잔디밭이 생각나네
부드러운 그속에서 엄청난힘 숨었으니
丑土거나 未土거나 마음대로 뿌리박고
丙火거나 丁火보면 겁나는게 전혀없어
酉金이든 申金이든 마음대로 요리하네
다만습기 과다하면 뿌리썩어 고민되니
午火와서 말려줘도 근심걱정 쌓여가네
갑목등걸 만난다면 세상에서 행운이라
이리저리 얽혀들어 봄가을이 태평이네

【滴天髓徵義】

乙木者甲之質. 而承甲之生氣也. 春如桃李. 金剋則凋. 夏如禾
稼. 水滋得生. 秋如桐桂. 金旺火制. 冬如奇葩. 火暖土培. 生於
春宜火者. 喜其發榮也. 生於夏宜水者. 潤地之燥也. 生於秋宜火
者. 使其剋金也. 生於冬宜火者. 解天之凍也. 刲羊解牛者. 生於

丑未月. 或乙未乙丑日. 未乃木庫. 得以蟠根. 丑乃濕土. 可以受氣也. 懷丁抱丙. 跨鳳乘猴者. 生於申酉月. 或乙酉日. 得丙丁透出天干. 有水不相爭剋. 制化得宜. 不畏金强. 虛濕之地. 騎馬亦憂者. 生於亥子月. 四柱無丙丁. 又無戌未燥土. 卽使年干有午, 亦難發生也. 天干甲透. 地支寅藏. 此謂藤蘿繫松柏. 春固得助. 秋亦合扶. 故曰可春可秋. 言四季皆可也.

을목자갑지질. 이승갑지생기야. 춘여도리. 금극즉조. 하여화가. 수자득생. 추여동계. 금왕화제. 동여기파. 화난토배. 생어춘의화자. 희기발영야. 생어하의수자. 윤지지조야. 생어추의화자. 사기극금야. 생어동의화자. 해천지동야. 규양해우자. 생어축미월. 혹을미을축일. 미내목고. 득이반근. 축내습토. 가이수기야. 회정포병. 과봉승후자. 생어신유월. 혹을유일. 득병정투출천간. 유수불상쟁극. 제화득의. 불외금강. 허습지지. 기마역우자. 생어해자월. 사주무병정. 우무술미조토. 즉사년간유오, 역난발생야. 천간갑투. 지지인장. 차위등라계송백. 춘고득조. 추역합부. 고왈가춘가추. 언사계개가야.

➡乙木은 甲木의 質이라고 본다. 그러니까 갑목의 생기를 이었다고 할 수도 있겠다. 봄에는 복숭아나 오얏으로 보니까 서리가 내리면 시들어 버리는 것이고, 여름에는 벼나 곡식으로 보니까 물로 촉촉하게 적셔 주어야 잘 자라고, 가을에는 오동이나 계수라 할 수 있으니 추워지면 불로 데워 주는 것이 좋겠고, 겨울에는 기화요초(奇花妖草)라고 하겠는데, 불로 따스하게 해 주고 흙으로 배양해 주는 것이 좋다.

봄에 나면 불이 좋다는 것은 활발하게 자랄 수 있기 때문이고, 여름에 물이 중요하다는 것은 땅의 건조함을 적셔 주는 까닭이다. 가을에 생하면 불이 좋다는 것은 그 금을 극하기 위함이며, 겨울에 생하면 불이 좋다는 것은 하늘의 추움을 해소하기 위한 것이다.

　규양해우라고 하는 말은 丑未월이나 乙未일 또는 乙丑일에 태어나도 통근이 된다고 하는 것이다. 未土는 목의 창고에 해당하니 뿌리를 내릴 수 있는 것이고, 丑土는 습토이므로 또한 기운을 받을 수 있는 것이다.

　회정포병하면 과봉승후라고 하는 말은 申酉월에 나거나 乙酉일에 해당할 경우에라도 天干에 병정화가 투출되었고, 물이 극하지 않았다면 제하고 화하게 되므로 금이 강해도 두려울 것이 없다는 이야기이다.

　허습지지면 기마역우라고 하는 말은 亥子月에 태어나서 사주에 병정화가 없고, 술미토도 없다면 年支에 午火가 있더라도 발생하기 어렵다는 이야기이다. 天干에 甲木이 투출되고 地支에 寅木이 있다면 넝쿨나무가 소나무에 얽혀 있는 것과 같아서 봄이든 가을이든 사계절이 모두 좋다고 말하는 것이다.

【 강의 】

　다음으로 등장하는 것은 十干의 나열 순서에 의해서 乙木이다. 그리고 애초에 십간은 이렇게 배열이 되었다. 그 배열은 오행의 이치에 부합되어 있다. 그리고 수리학의 배열을 벗어나 독립적으로 형성된 배열이라고도 생각된다. 다음의 도표를 참고 삼아 살펴보기 바란다.

五行十干	甲	乙	丙	丁	戊	己	庚	辛	壬	癸
	木		火		土		金		水	

　四象이나 八卦로부터 벗어나면서 십간의 배열이 나타나고 있는 것으로 생각해 봤다. 이 배열은 오행의 배열에 맞추고 십간의 일관성을 의미하는 것으로 보겠다. 그러니까 十干의 개념이 실용적으로 쓰인 것은 이렇게 五行相生의 흐름이 잡히고 나서라고 보여지는데, 많은 학인들의 의문 속에는 어째서 자연의 흐름이 이렇게 木火土金水로 일관성 있게 배열되어 있느냐는 점이었다. 즉, 陽木의 다음에는 陰木이고, 그 다음은 陽火……, 이런 식으로 전개되느냐는 것이다. 이렇게 질문을 하는 이면에서는 너무 인위적이 아니냐는 의문이 포함되어 있는 것으로 느껴진다.

　매일매일의 흐름이나 매월의 흐름이나 매년의 흐름도 마찬가지로 이렇게 오행 상생의 흐름으로 전개된다는 것이 다분히 기계적이지 않느냐는 의구심이 발생하는 것은 원리를 연구하는 사람이라면 당연히 품어 봄직한 의문이다. 때로는 예외도 있을 법도 한데 무슨 인연으로 이렇게 일사불란하게 진행되는 것이냐는 질문에 대해서 낭월로서는 감히 답변을 드릴 주변이 아니라고 하는 것은 너무도 자명한 일이어서 언급을 회피한다. 물론, 나도 모른다는 이야기를 한다. 어디엔가 설명되어 있는 것도 아니다. 그러니 뭐라고 말해야 할지 모르겠다.

　다만 중요한 것은 이러한 원칙이 언제 세워졌느냐고 하는 점이 아니고, 또 어째서 이렇게 되었느냐고 하는 점도 아니라는 것이다. 그래서 얼버무리는 이야기는 '꿩잡는 게 매가 아니냐?'는 이야기이다. 사람의 운명은 그 틀에 집어넣어 부합되면 그만이지 그 연유를 모른다고 해서 부정하겠느냐는 것이다. 부처님의 말씀에 독전(毒箭)에 대한 비유가 있어 소개해 본다.

부처님의 가르침은 심오하기는 한데, 과연 이 말이 확실한 검증을 거친 말입니까? 혼자서 나무 아래에서 벌벌 떨면서 꾸며 낸 공상이 아닙니까? 무엇으로써 인간이 윤회를 한다는 말에 대해서 증명을 하실랍니까? 그러한 것으로 모든 것이 증명되지 않으면 저는 결단코 당신의 말을 믿을 수가 없다는 것을 분명히 밝힙니다. 어서 증명해 보시오.

이렇게 주장한 사람은 부처의 말에 반신반의하던 무리였을 것이다. 그리고 이렇게 물어야만 하는 당시의 상황도 짐작된다. 왜냐하면 언제나 스스로를 부처라고 하는 사람들이 바글바글했기 때문에 우선 듣기에는 석가모니의 말이 그럴싸하기는 했으나 실제로 또 입심이 좋은 놈에게 사기를 당하는 것은 아닐까 싶어서 스스로 확인을 하고 싶었을 것이다. 이러한 것을 놓고 감히 깨달은 성자 앞에서 무례하다고 말한다면 당시의 상황을 너무도 인식하지 못한 부처의 종들이나 하는 말이라고 해야 할 것이다. 누구나 자신의 삶이 소중하기 때문이다. 어느 사기꾼에게 당하지 않기 위해서 그 도사는 자신의 깨달음이 사실이라고 하는 것을 증명할 필요가 있다고 하는 요구는 참으로 현실적이면서 적절했다고 생각된다. 여기에 대해서 부처는 다음과 같은 비유를 들었다.

이런 이야기를 들어 보시오. 어느 나라의 왕이 전쟁을 치르는 중에 적이 쏜 독화살에 맞고 말았소. 그래서 화살을 맞은 자리는 독이 퍼져서 시퍼렇게 변해 갔고, 신하들은 화급을 다투는 일이라 얼른 화살을 뽑고 독을 제거하려고 달려들었단 말이오. 그러자 왕이 절대로 안 된다고 펄펄 뛰는 것이었소. 그의 말은 이러했소.

'놔둬라. 이 화살을 쏜 녀석이 어느 놈인지 알기 전에는 절대로 화살을 뽑지 않을 것이다. 그리고 화살의 독은 어느 독을 써서 만들었는지도 빨리 분석을 하라. 그러기 전에는 화살을 뽑을 수가 없느니라. 화살의 촉은 어느 광산에서 나온 철인지, 또 화살의 대나무는 어느 대밭에서 자른 것인지도 확인을 해라. 이러한 것이 모두 해결되지 않는다면 나는 이 화살을 뽑을 수가 없다. 나는 확실한 것을 좋아하기 때문이다.'

이 말을 들은 신하들은 지엄한 왕의 명인지라 달리 어떻게 해 보지도 못하고 우왕좌왕했고, 그 사이에 왕은 화살의 독이 온몸에 퍼져서 그만 죽고 말았소. 지금 여러분들이 증명을 하라고 요구하는 것도 내가 생각하기에는 이 왕의 이야기와 조금도 다를 바가 없겠구려. 윤회를 증명하기 위해서 얼마나 많은 시간을 기다릴 참이오? 그리고 또 자신의 악업이 지옥으로 떨어지는지 선업이 천국으로 데려가는지를 증명하기 위해서 또 얼마나 많은 시간을 기다릴 참이오? 내 말을 따를지 안 따를지는 그대들이 알아서 할 일이오. 나는 다만 그대들에게 내가 스스로 깨달은 것에 대해서 있는 그대로 이야기해 줄 뿐이오. 나는 그대들의 비위에 맞도록 일일이 증명할 필요를 느끼지도 않고, 또 그렇게 할 시간적인 여유도 없소.

나는 이제 자유를 얻어서 영혼이든 육체든 편안하오. 그러니까 그대들이 나를 따라서 수행을 하든 말든 관심이 있을 턱이 없소. 다만 그대들은 그래도 진리를 찾아서 노력하던 사람들이었기 때문에 내가 하도 딱해서 이야기를 해 준 것이오. 그리고 시간이 마냥 있는 것도 아니오. 나는 머지않아 세상을 떠나 적멸한 곳으로 갈 것이오. 내가 떠난 다음에 그대들은 후회를 해도 이미 늦을지도 모르오.

삼계(三界)는 그대로 불바다와 같은 것인데, 그대들이 그렇게 콩인지 팥인지 구분만 하고 있다가는 어느 세월에 그 사슬로부터 자유로워질지 참 걱정이오. 따르고 말고는 그대들이 알아서 할 일이지만 내가 한 이야기를 곰곰이 생각해 보면 모두가 이치에 맞다는 것을 헤아릴 수가 있을 것이오. 알아서 하시구려.

이렇게 이야기를 했다고 한다. 이 자연의 구조가 甲乙丙丁戊己庚辛壬癸의 십진수로 흐르게 되는 이유가 무엇이냐고 벗님들이 낭월에게 물으실 적마다 이렇게 독전에 대한 비유가 떠오르게 된다. 그 이유는 낭월도 모르므로 믿거나 말거나가 되어 버리는 꼴이지만, 결국 중요한 것은 여러분이나 낭월이나 모두 이 흐름 속에서 허우적대고 있다는 것만은 분명하다는 것이다. 그래서 믿지 않을 수가 없다. 인과(因果)의 원리가 그대로 적용되는 것으로 보면 되겠다. 즉, 이렇듯 적어도 수천 년을 일관성 있게 유지되어 온 체계가 자연의 이치에 어우러지지 않았다면 이미 명리학은 그 존재가 의심스러웠을 것이다. 그래서 낭월도 이 원리는 자연에 부합되는 것이라고 믿게 되는 것이다.

그 이면에서 자연에 부합되지 않는다고 생각되는 것들에 대해서는 과감하게 버리는 게 좋다는 이야기를 드리지만 이 기본적인 원리의 흐름은 믿어도 좋겠다고 말씀드리게 되는 것이다. 이렇게 말씀드리고 싶다. 원숭이처럼 흉내를 내어 본다면…….

그렇게 甲木이 처음인지 戊土가 처음인지를 생각하는 사이에도 시간은 흘러갑니다. 그리고 그대의 인생도 흘러갑니다. 부지런히 자연의 흐름을 읽어서 보다 올바르게 인식하고 그 흐름에 순응하는 것이 가장 현명할 것으로 봅니다. 지금부터 어느 것이 먼저인지 궁리를 해 봐도 결국 그 해답은 얻기 어려울 것입니다. 낭월은 그대가 이 이치를 믿거나 말거나 별로 관심이 없습니다. 낭월은 이미 五行의 이치에 대해서는 그렇게 믿고 또 편안합니다. 다만 기왕에 길을 찾고 헤매시는 중이라면 다시 한 번 낭월의 말씀이 이치에 부합되는지 허황한지 생각해 보시면 능히 짐작이 되실 겁니다. 그렇게 생각되신다면 남들에게 자신의 운명을 묻지 마시고 스스로 부지런히 공부하셔서 빨리 올바른 길을 찾아가시기 바라는 것뿐입니다.

이렇게 乙木의 계절별 활용에 대해서 설명을 하셨다. 그리고 여기에서 보면 을목은 화초라고 하는 공식은 보이지 않는다. 을목은 화초라고 하는 이야기는 이미 벗어 버린 것으로 보아도 되겠다. 다만 계절별로 필요한 성분을 굵직굵직하게 대입시켜 놓았는데, 같은 의미의 불이 필요한 것도 계절별로 의미를 달리한다는 것이 중요하다. 그러니까 봄에 필요한 불과 가을에 필요한 불이 그 목적을 달리한다는 것은 자연을 올바르게 관찰한 다음에 내린 결론이라고 볼 수 있다. 그런데 특이한 점은 유난히도 불의 협조를 요구한다는 점이다. 불이 없이는 여름말고는 마음이 편하지 않다고 봐야 하겠기 때문이다. 을목은 그렇게도 불을 좋아하는가 보다.

일일이 단락별로 설명을 한다. 그래서 구태여 별도의 설명을 추가하지 않아도 되겠다. 다음 대목으로 넘어가도록 하자.

丙火猛烈. 欺霜侮雪. 能煅庚金. 逢辛反怯.
병화맹렬. 기상모설. 능단경금. 봉신반겁.
土衆成慈. 水猖顯節. 虎馬犬鄕. 甲來成滅.
토중성자. 수창현절. 호마견향. 갑래성멸.

◐ 맹렬하게 이글이글 丙火두고 하는말씀
　눈이거나 서리거나 겁낼것이 하나없네
　庚金보면 족치는데 辛金보면 겁쟁이라
　土많으면 자비발생 물많아도 절개엄수
　寅午戌地 다모이면 그불길이 너무넘쳐
　甲木형상 나타나면 달려들어 불태우네

【滴天髓徵義】

丙乃純陽之火. 氣勢猛烈. 欺霜侮雪. 有除寒解凍之攻. 能煅庚
金. 又强暴而施剋伐也. 逢辛反怯. 合有而寅和平也. 土衆成慈.
不陵下也. 水猖顯節. 不援上也. 虎馬犬鄕者. 支坐寅午戌. 火勢
已過於猛烈. 若再見甲木來生. 轉致焚滅也. 由此論之. 洩其威須
用己土. 遏其焰必要壬水. 順其性還須辛金. 己土卑濕之體. 能收
亢陽之氣. 戊土高燥. 見丙火而焦坼矣. 壬水强中之德. 能制暴烈
之火. 癸水陰柔. 逢丙火而燥乾矣. 辛金柔軟之物. 明作合而相
親. 暗化水而相濟. 庚金剛健. 剛又逢剛. 勢不兩立矣. 蓋丙爲太

陽之火. 陽剛之性. 遇壬癸如浮雲之蔽日. 故不畏水剋. 而獨忌戊
土. 火烈土燥. 生機盡滅. 比別干有不同. 此五陽之所以丙爲最也.

병내순양지화. 기세맹열. 기상모설. 유제한해동지공. 능단경
금. 우강폭이시극벌야. 봉신반겁. 합유이우화평야. 토중성자.
불능하야. 수창현절. 불원상야. 호마견향자. 지좌인오술. 화세
이과어맹열. 약재견갑목래생. 전치분멸야. 유차논지. 설기위수
용기토. 알기염필요임수. 순기성환수신금. 기토비습지체. 능수
항양지기. 무토고조. 견병화이초탁의. 임수강중지덕. 능제폭열
지화. 계수음유. 봉병화이한건의. 신금유연지물. 명작합이상
친. 암화수이상제. 경금강건. 강우봉강. 세불양립의. 개병위태
양지화. 양강지성. 우임계여부운지폐일. 고불외수극. 이독기무
토. 화열토조. 생기진멸. 비별간유부동. 차오양지소이병위최야.

➡️丙火는 純陽의 불이다. 그 세력은 물론 맹렬하게 타오른다. 그래
서 눈이든 서리든 무시하는 것이다. 그러니까 좋게 생각해 보면 얼
어붙은 것을 녹이는 공로가 있다고 하겠다. 또한, 단단하기로 으뜸
인 庚金까지도 능히 녹여 버리게 되고, 그래서 강폭한 놈들을 제어
하는 힘이 있다. 그런데 辛金을 만나면 도리어 겁쟁이가 되는데, 실
은 겁쟁이가 아니라 음과 합하여 화평하게 되는 것으로 봐야겠다.

土가 많으면 자비심이 많이 발생하게 되고, 그래서 아랫사람을 무
시하지 않는 점이 발생하게 된다. 또한, 물이 범람을 해도 절개를 지
키게 되니 윗사람을 도와 주지 않는다는 말도 가능하다. 地支에 寅
午戌이 깔린다면 화세가 더욱 강해져서 맹렬하니 다시 갑목이 와서
생해 준다면 그대로 불타 버리게 될 것이다.

이렇게 논해 보건대, 그 위세를 설하려면 반드시 己土가 있어야 하

겠고, 그 이글거리는 성분을 멈추게 하려면 壬水가 아니고서는 불가능하다. 그리고 그 성질을 바로잡으려면 辛金이라야 하는 것이다. 원래가 己土는 비습한 물체라서 능히 대단한 가뭄도 해결하게 되지만, 戊土는 원래 조열한 성분이니 병화를 보기만 하면 그대로 말라서 갈라져 버리는 비극이 발생하게 되는 까닭이다.

壬水는 양의 성분이면서도 덕이 많이 있으니 능히 난폭한 불을 만나도 제이하게 되는데, 癸水는 약한 성분이라 병화를 만나면 그대로 말라 버리게 된다. 辛金은 비록 약한 성분이지만 겉으로는 병화와 합해서 유정하게 되고 속으로는 수의 기운을 발생시키게 되니 수화기제(水火旣濟)의 좋은 인연을 만들기도 한다. 庚金은 비록 강건한 성분이지만 강한 성분이 또 강한 것을 만나게 되면 두 세력이 공존할 수는 없는 일이어서 丙火에게 굴복하는 것이다.

대개 병화는 태양의 불이라고 하는데 양이면서도 강한 성분이어서 壬癸水를 구름이라고 보고 구름이 태양을 가리우는 것과 같은 이치라서 물의 극을 당해도 두려워하지 않는 것이라고 하는 것이다. 그런데 홀로 戊土를 만나면 불은 뜨겁고 토는 건조한 성분이므로 생기(生機)가 없다고 본다. 바로 이 점이 다른 九干과 다른 점이다. 이것이 五陽 가운데에서도 병화가 가장 양의 성분이라고 하는 까닭인 것이다.

【강의】

글의 내용을 살펴보면서 드는 느낌은 丙火의 힘을 상당히 과대평가한 듯한 느낌이 든다. 물론, 기본적인 특징을 이야기하려다 보니 그렇게 강조하게 되었을 것이다. 비록 그렇다고는 해도 여하튼 병화

의 앞에는 아무것도 막을 것이 없다는 듯한 느낌을 갖게 된다. 여기
에서 특히 기상모설의 부분은 문제가 있는 내용이다. 그대로 '丙火
＝太陽'이라고 하는 말이 그 속에 들어 있기 때문이다. 그런데 병화
라고 하는 것이 그대로 강력한 불이라고만 했다면 아무런 문제가 없
을 터인데, 눈이나 서리를 두려워하지 않는 것은 태양의 불이어서
그렇다고 한다면 공간의 차이가 있을 수 있다는 오해를 불러올 수도
있다는 생각이 들지 않을까 싶다. 그리고 임상을 하면서는 실제로
그렇지 않다고 하는 것도 많이 느끼게 된다. 그러니까 이러한 대목
은 참고만 하고 집착은 하지 않는 것이 좋겠다.

　요약해 보면 丙火는 양의 성분이 가장 강하기 때문에 물조차도 겁
내지 않는다는 이야기가 된다. 그리고 비중을 살펴보면 干合에 대해
서는 상당히 신경을 쓰고 있는 것으로 보인다. 흔히 戊土를 놓고 단
편적으로 대입해 본다면 丙火의 食神이므로 설기가 잘 된다고 할 수
도 있겠다. 그런데 여기에서는 그러한 단편적인 해석은 언급하지 못
하도록 하는 면이 나타나고 있다. 표면적으로 '그래도 식신인
데……'라는 말을 한다면 아직도 명상을 더 해야 할 것이라는 암시가
나타나고 있는 것이다. 여하튼 실제로 나타나는 현상을 봐야 하는 것
이지 이름에만 집착하게 되면 실제와는 전혀 상관없는 결과를 당연
한 것처럼 받아들이게 되는 오류를 범하게 되는 것이다.

　유사한 것으로 丁未도 있다. 일지가 식신이어서 설기가 잘 된다고
말하는 사람은 丁丑과 구분을 하지 못하는 사람이라고 본다. 다시
말하면 丙戌과 丙辰은 이미 본질적으로 다른 구조인 것으로 이해해
야 할 것이다. 그리고 병화의 강력함에 대해서 생각하다가 문득 병
화는 빛〔光〕이 아닐까 생각했던 기억이 난다. 빛의 직진성에 대해
서도 생각해 보고 강력함에 대해서도 생각해 보았다. 그래서 결과적으

로 병화는 열기보다는 빛에 가깝다는 생각을 하게 되었던 것이다. 병화는 너무 직선적이기 때문이다. 사람을 대하면서 가장 먼저 읽을 수 있는 사람은 丙火일간일 가능성이 매우 높다. 그만큼 빨리 드러난다고 보는 것이다. 주변에서 관찰을 해 보시기 바란다. 이 정도만 이해한다면 병화에 대한 이 부분의 설명은 충분히 납득이 될 것으로 본다.

나만 한 가지 보충 설명을 드리고 싶은 것은 기상모설의 부분인데, 자칫 병화를 태양으로 고정시켜 버리게 되면 水剋火의 간단한 이치를 부정하게 될 위험이 있다는 노파심이다. 즉, 병화도 약하면 정화보다 더 약해질 수도 있다는 것을 항상 생각해야 할 것이다. 만약 다음과 같은 두 개의 사주를 놓고 생각해 본다면 말이다.

(1) 最强	(2) 最弱
時 日 月 年	時 日 月 年
甲 丙 丙 丁	庚 丙 庚 辛
午 午 午 未	寅 子 子 丑

이렇게 두 개의 사주가 있다고 했을 때 (1)번의 사주는 상당히 강해서 기상모설이라고 해도 무리가 없겠다. 그런데 (2)번의 사주를 보자. 이렇게 허약한 병화의 입장에서도 과연 기상모설이 되겠느냐는 생각을 해야 오행을 연구하는 학자라고 할 것이다. 혹 이러한 오류가 발생할까 보아 염려되는 바를 말씀드리고 넘어가도록 한다. 항상 중요한 것은 '살아 있는 관찰력〔活看〕'이다. 이러한 것만 갖고 있다면 낭월은 쓸데없는 걱정을 하지 않고 편안히 자신의 공부나 할

것이다. 그런데 의외로 엉뚱한 것에 얽매여서 공부가 진행되지 않는 경우가 많음을 보면서 어느 사이에 '걱정이 많은 노인네〔老婆心〕'가 되어 버린 것을 느끼게 된다.

丁火柔中. 內性昭融. 抱乙而孝. 合壬而忠.
정화유중. 내성소융. 포을이효. 합임이충.

旺而不烈. 衰而不窮. 如有嫡母. 可秋可冬.
왕이불열. 쇠이불궁. 여유적모. 가추가동.

◖ 깊은밤에 깜박깜박 丁火모습 떠오르고
   그속에서 밝은성품 온천하를 싸고도네
   辛金보면 숨죽이는 乙木엄니 보호하고
   壬水임금 인도하여 충성으로 보답하네
   맹열하게 타올라도 폭발까진 가지않고
   쇠약하여 시들어도 완전소멸 하지않네
   정화주변 갑목성분 함께만나 소요하면
   가을이든 겨울이든 근심걱정 하나없네

【滴天髓徵義】

丁非燈燭之謂. 較丙火則柔中耳. 內性昭融者. 文明之象也. 抱乙
而孝. 明使辛金不傷乙木也. 合壬而忠. 暗使戊土不傷壬水也. 惟
其柔中. 故無太過不及之弊. 雖時當乘旺. 而不至於赫炎. 卽時値
就衰. 而不至熄滅. 干透甲乙. 秋生不畏金. 支藏寅卯. 冬産不忌水.

   정비등촉지위. 교병화즉유중이. 내성소융자. 문명지상야. 포을
이효. 명사신금불상을목야. 합임이충. 암사무토불상임수야. 유

기유중. 고무태과불급지폐. 수시당승왕. 이부지어혁염. 즉시치
취쇠. 이부지식멸. 간투갑을. 추생불외금. 지장인묘. 동산불기수.

➡정화는 등불이라고 하면 안 된다. 단지 丙火와 비교할 때 음의 성
분이 더 있다고 볼 뿐이기 때문이다. 내성소융이라고 하는 것은 문
명의 형상을 말하는 것이다. 을목을 감싸고 효도한다는 말은 辛金으
로 하여금 을목을 상하게 하지 못한다는 의미이다. 그리고 임수와
합하면 충성을 한다는 말은 戊土가 임수를 극하게 되는데, 정임합으
로 목의 기운이 발생하게 되니 무토가 마음대로 극을 하지 못하게
되어 충성을 한다는 말이 나오게 된다. 그러다 보니 음의 성분이면
서도 하는 일은 대단한 것이 많다. 그래서 태과나 불급의 폐단이 없
이 중화를 이루게 되는 것이고, 비록 여름에 태어났다고 하더라도
불타 버리지 않으며 허약한 겨울에 태어나더라도 또한 꺼져 버리지
않는 성분이라고 하는 것이다. 천간에 甲乙목이 있다면 가을에 태어
나도 두렵지 않고, 지지에 寅卯목이 있다면 겨울에 태어나도 물을
꺼리지 않게 되는 것이다.

【강의】

원문은 글자를 맞추기 위해 정리가 많이 된 내용이다. 그러다 보니
추가로 설명해야 할 것에 대해서도 간략하게 넘어간 듯한 느낌이 든
다. 역시 백온 선생은 시적인 감각이 많이 있으신 분이었다는 생각이
든다. 원래 시라고 하는 것은 함축성이 있어야 음미할 맛이 나는 특
성이 있기 때문이다. 그래도 낭월의 입맛을 생각해 보면 철초 선생의
설명이 비위에 맞는 것 같다. 말이 많아지더라도 중요한 것은 빠뜨리

지 말고 알뜰하게 챙겨 줘야 한다는 생각이 많기 때문일 것이다. 그이면에는 낭월은 시에 대한 감각보다는 소설처럼 길게 벌여 놓는 것이 적성에 맞는다는 말도 되겠다.

丁火를 등불로 보지 말라는 이야기는 본문에 대한 설명에 들어가기 전에 한마디 던지시는 것이다. 당연히 병화가 태양이고 정화는 등불이라고 인식하고 설명하는 시대에, 이렇게 한마디 큰 소리로 말하지 않으면 안 되었던 배경을 음미해 본다. 앞으로 시간이 지나 이 강의가 보편적인 기본 교재가 될 시절을 생각해 본다면 그 때 후학이 이 구절을 접하게 되면 '철초 선생은 어째서 당연한 이야기를 하고 계실까……?' 하는 의아심이 들 수도 있겠다. 그래서 시대적인 상황까지 고려해 가면서 글을 읽어야 제맛이 나는 것이다. 지금은 지구가 돈다는 말이 너무도 당연한 이야기여서 그러한 말을 하는 것 자체가 우습게 들릴 것이다. 그렇지만 어느 한 시대에서는 그러한 말을 하기 위해서는 목숨을 내어놓아야 했던 때도 있었던 것을 생각해 보자.

어떤 학자들은 철초 선생의 강의를 무시하고 그냥 유백온 선생의 원문만 감상하려고 하는 경우도 발생하게 된다. 그러한 분의 말씀을 빌리면 원문을 너무 길게 벌여 놓아 오히려 뜻이 혼란스럽기 때문이라고 말한다. 그러한 경우에는 오히려 유백온 선생의 간결함이 좋을 것이다. 그리고 당연한 일이기도 하다. 여기에서도 문명의 형상을 이끌어들인다. 그래서 낭월도 문명의 형상을 설명하고 싶어진다. 정화를 일러서 선비라고 하는 의미를 부여하기도 하는데, 역시 이러한 문명의 개념이 도입된 것으로 보면 되겠다. 그리고 타당한 대입이어서 오래도록 이어질 것이다. 네온이 밤을 낮처럼 비춰 주는 것은 미개한 나라에서는 생각하기 어려운 상황이다. 그렇다면 정화를 인간이 만든 불이라고 보면 되겠는가? 그렇지만은 않다. 정화는 불의 질이라고 봐야 하지 않을까 싶다. 이글거리는 불이든 그냥 반짝이는 불이든 간에 일단 불이다. 그리고 열기도 포함이 된다. 이렇게 구체적인 현상으로 볼 수가 있는 것을 정화라고 생각해 보게 된다. 문명도 역시 구체적으로 흔적이 남아 있으니 이에 해당한다고 볼 수 있다.

정화의 어머니는 甲木이 원칙이다. 그런데 갑목은 辛金을 만나도 별로 두려워하지 않으므로 거론할 필요가 없다고 본 것일까? 오히려 繼母라고 하는 말로 대신하는 을목에게 효도를 하니 이야말로 효자가 아니겠느냐는 말을 하는 의미라고 본다. 생모에게 잘하는 것은 당연한 일이라는 것이다. 그리고 같은 陰干으로서 辛金을 꼼짝도 하지 못하게 제어하기 때문에 을목이 안정감을 얻게 된다는 말이다. 경금은 사정을 봐서 제어하기 때문에 갑목으로서는 과히 반갑지 않을 수도 있겠다. 그러나 갑목은 또한 병화가 제어를 해 주겠는데, 실은 병화는 목이 오면 그대로 태워 버릴 가능성이 있어서이다. 어머니를 태워 버리는 병화에 대해서는 효도 어쩌고 하는 말을 싹— 빼버리게 되는 것이다. 그 말을 여기 정화에 와서 비로소 하게 되는 것은 이러한 특성이 있기 때문이다. 그렇지만 다시 생각해 보면 정화만 을목을 보호하는 것은 아니다. 戊土도 병화를 임수로부터 보호하게 되고, 임수도 또한 병화로부터 경금을 보호하는 것으로 역할수행이 충분하다고 본다면 아무래도 편견이 발생했을 수도 있다는 해석이 가능하겠다. 그렇게 되면 모두가 효자인데 유독 정화에게만 효자라고 한 것은 편견이라고 해도 되지 않을까 싶다. 왜냐하면 그래야 할 이유를 찾지 못하겠기 때문이다.

壬水와의 관계에 대해서도 언급이 많이 되어 있다. 특히 충성의 문제를 언급하게 되는데, 실은 정화가 문명의 성분이기 때문에 忠孝를 언급하고 있는 것인지도 모르겠다. 문명은 이러한 것을 의미하기도 하기 때문이다. 인간의 문명은 불로부터 시작되었다고 보면 거의 틀림없을 것이다. 그러다가 이제는 충성에 대해서도 생각하게 되었다. 극히 사회적인 면으로 이전이 되었다. 무토가 임수를 극하게 되는데, 정화가 임수와 합해서 무토를 제어한다고 하는 이야기이다. 물론 이것은 약간 넌센스라고 하겠다. 합을 해서 화가 되어야 비로소 목의 기운이 발하게 되는 것이고, 화하지 않으면 묶어 놓기만 하는 상황이어서 무토의 극을 어떻게 피할지 궁금해진다. 그래도 일단 그러한 기분을 느끼면 되겠다. 상당히 좋게 평가를 한 것으로 봐야 하겠다.

왕이불열 쇠이불궁의 문구도 다소 편견이라고 봐도 되겠다. 왜냐하면 정화도 열을 받으면 병화처럼 되기 때문이다. 너무 미학적으로 설명을 한 것이다. 그리고 약하면 꺼져 버리기도 한다. 이러한 문구로 인해 자칫 12운성을 옹호하는 입장에 서서 『적천수』에서도 그렇게 보고 있지 않느냐 하는 항의를 할 수가 있겠다는 생각이 들지만 제대로 살펴보는 게 좋겠다. 너무 관념적으로 설명하고 있다는 생각이 들고, 혹 유백온 선생의 부인이 정화가 아닌가 싶은 생각도 해 본다. 혹은 연인이거나…….

중요한 것은 정화도 병화처럼 강하면 힘이 넘치고 약하면 꺼질 수도 있다는 것을 생각해야 한다는 것이다. 이러한 것을 헤아린다면 잘못될 것이 없지 않을까 싶다. 그리고 뒤에 나오는 가추가동에 해당하는 부분은 하나마나한 이야기이다. 그냥 줄을 맞추기 위해서 써 넣은 것으로 보겠다. 어떤 성분이든지 인성이 도와 준다면 겁낼 필요가 없는 것이기 때문이다. 설명은 생략한다.

【滴天髓】

戊土固重. 旣中且正. 靜翕動闢. 萬物司命.
무토고중. 기중차정. 정흡동벽. 만물사명.

水潤物生. 土燥物病. 若在艮坤. 怕冲宜靜.
수윤물생. 토조물병. 약재간곤. 파충의정.

❏ 단단하고 굳은무토 그중에도 중앙이라
봄여름엔 기가열려 삼라만상 발생하고
가을겨울 기닫히니 만물종자 거두누나
물기운이 촉촉하면 만물능히 발생하나
건조하면 메마르니 습기찾기 긴급하다
인신충이 발생하면 깨어질까 두려우니
충돌사고 방지하고 안정되게 관리하소

【滴天髓徵義】

戊爲陽土. 其氣固重. 居中得正. 春夏氣動而闢. 則發生. 秋冬
氣靜而翕, 則收藏. 故爲萬物之司命也. 其氣高亢. 生於春夏. 火
旺宜水潤之. 則萬物發生. 燥則物枯. 生於秋冬. 水多宜火暖之.
則萬物化成. 濕則物病. 艮坤者, 寅申之月也. 春則受剋. 氣虛宜
靜. 秋則多洩. 體薄怕冲. 或坐寅申日. 亦喜靜忌冲. 又生四季月
者. 最喜庚辛申酉之金. 秀氣流行. 定爲貴格. 己土亦然. 如柱見
木火. 或行運遇之. 則破矣.

무위양토. 기기고중. 거중득정. 춘하기동이벽. 즉발생. 추동기정이흡, 즉수장. 고위만물지사명야. 기기고항. 생어춘하. 화왕의수윤지. 즉만물발생. 조즉물고. 생어추동. 수다의화난지. 즉만물화성. 습즉물병. 간곤자, 인신지월야. 춘즉수극. 기허의정. 추즉다설. 체박파충. 혹좌인신일. 역희정기충. 우생사계월자. 최희경신신유지금. 수기류행. 정위귀격. 기토역연. 여주견목 화. 혹행운우지. 즉파의.

➤ 봄이나 여름에는 기가 움직이게 되어 토의 기운도 따라 열리면서 만물이 발생하도록 하는 것이다. 그리고 가을이나 겨울에는 기가 고요하게 되면서 닫히게 되니까 갈무리하게 되는 기운이 발생하게 되니 그래서 이르기를 만물을 주관한다고 하는 것이다. (戊는 陽土가 되고 그 기운은 단단하고 무겁다. 중앙에 거하면서 올바름을 얻었다.)

그 기운이 높고 군세어서 春夏에 태어나면 불이 왕성하게 되므로 마땅히 물로써 적셔 주고 그렇게 되면 만물은 스스로 생명력이 가동되어 파릇파릇 새싹이 돋아나는 것이다. 그런데 물 기운이 부족해서 건조하기라도 한다면 이 때는 만물이 메말라 버리게 되는 비극이 발생하게 된다.

또, 秋冬에 태어나면 물이 많을 적에는 당연히 불로써 따스하게 해 줘야 할 것이고, 그렇게 되면 또한 만물이 완성을 이루게 되는데, 너무 과습이라도 할라치면 만물은 또한 병이 들게 되는 것이다.

간곤(艮坤)이라는 말은 寅申月을 말하는 것이다. 봄에는 극을 받게 되니 기가 허하므로 안정을 취해 주어야 하고 가을에는 설기가 과다하므로 역시 약체인 상태라서 또한 충돌을 만나는 것을 꺼리게 되는 것이다. 그리고 혹 戊寅일이거나 戊申일인 상태에서도 마찬가지로 충돌이 발생하게 되면 매우 꺼리게 된다.

또, 진술축미월에서 출생한 사람은 庚申 辛酉의 금이 가장 좋은데, 이는 월령을 장악하여 왕성한(모두 그렇다고 말할 수는 없지만) 토의 기운을 설하게 되어서 빼어난 기운이 흘러다니게 되는 까닭이다. 그렇게 되면 그대로 귀격(貴格)이라고 하겠으니 이것은 己土도 역시 마찬가지이다. 그리고 이렇게 금을 만난 사주가 운에서라도 木火를 보는 것은 깨어지는 것을 의미하므로 크게 꺼린다는 것도 알아 두어야 하겠다.

【강의】

무토에 대한 설명은 역시 토의 대우를 해 주고 있다는 생각이 든다. 토의 중앙성이 돋보이는 장면이라고 하겠다. 그러면서도 항상 중요한 것은 건조하다는 단점을 잊지 않도록 하고 있다는 것이다. 건조하기 때문에 항상 습기에 주의를 해야 한다는 것일까?

土가 중앙에 居한다는 말은 다른 四行과 차이점을 두고 있는 것이다. 그러니까 다른 성분은 사방을 의미하는데, 토는 중앙을 의미하므로 특별한 존재라고 말하는 것이다. 중앙이 대우를 받는 이유는 간단하다. 가장 道에 가깝기 때문일 것이다. 치우치지 않았다는 것 하나만으로도 충분히 다른 대우를 받을 만하다고 생각했을 것이다.

이제 만물(萬物) 단위로 나오는 것이 자못 심상치 않다. 戊土가 土이기 때문이다. 즉, 상반기에는 기운이 열리는 것이 戊土의 작용이고, 또 하반기에 기운이 닫히는 것도 역시 무토의 역할이라고 보는 안목인 듯싶다. 그러니까 만물을 주관한다는 말을 하게 되는 것이다. 실은 地支의 장간을 보면 웬만한 곳에는 모두 무토가 끼여들어 있는 것이 나타나고 있다. 어디에 들어 있는지 나열을 해 보도록 하자. 寅 辰 巳 申 戌 亥가 모두 무토를 포함하고 있다. 참고로 지장간(支藏干) 전체에서 각기 오행이 들어 있는 위치는 어디인지, 어떻게 되어 있는지 한번 살펴보는 것도 좋겠다.

木이 들어 있는 地支 : 寅 卯 辰 未 亥
火가 들어 있는 地支 : 寅 巳 午 未 戌
戊土가 들어 있는 地支 : 寅 辰 巳 申 戌 亥
己土가 들어 있는 地支 : 丑 (寅) 午 未 申
金이 들어 있는 地支 : 丑 巳 申 酉 戌
水가 들어 있는 地支 : 子 丑 辰 申 亥

여기에서 지장간의 구성에 대해서는 설명하지 않아도 될 것이다. 만약 왜 설명을 하지 않았느냐고 묻는다면 지금 당장 책을 덮고 서점에 가서서 보다 기초적인 내용이 설명되어 있는 명리서를 구해서 공부하신 다음에 다시 이 책을 펼치라고 말씀드릴 참이다.

앞에서 살폈듯이 이렇게 공평하게 나눠져 있는 것이 지장간의 배열이다. 모든 오행은 각기 5군데에 고르게 배속되어 있는 것을 발견하게 된다. 다만 土에 대해서만은 9개의 지지에 포함되어 있어서 그 위세가 당당하다는 것을 느끼기에 충분하겠다. 이렇게 토가 많은 이유는 토가 들어가는 것이 세상 만물이 자신의 몫을 다하는 데 유익하기 때문일 것이다. 여하튼 무토의 특성은 그렇게 만물을 관장하는 역할을 수행한다고 하는 거창한 말씀이 있는 것은 예사롭지 않다. 보통은 木旺節이라고 하게 되는 봄인데, 토가 만물을 동하게 해서 열어 준다는 말을 하는 것은 『적천수』 외에는 보이지 않는 내용이라고 봐도 좋겠다. 그렇다면 모든 흐름의 중심에는 무토가 있다는 이야기도 되겠다.

길게 설명을 했는데, 내용은 크게 어려운 부분이 없는 것으로 보인다. 이해가 되실 것이다. 戊土에 대한 설명은 이 정도로 하고 줄인다.

> 己土卑濕. 中正蓄藏. 不愁木盛. 不畏水狂.
> 기 토 비 습 . 중 정 축 장 . 불 수 목 성 . 불 외 수 광 .
>
> 火少火晦. 金多金光. 若要物旺. 宜助宜幫.
> 화 소 화 회 . 금 다 금 광 . 약 요 물 왕 . 의 조 의 방 .

○ 己土성질 축축하며 중심잡아 저장하니
　 목의자극 많다한들 눈도하나 깜짝않고
　 물이넘쳐 범람해도 아무걱정 하지않네
　 적은불은 흡수되어 불이되려 침침하고
　 많은금은 습기얻어 금빛더욱 찬란하다
　 삼라만상 가꾸어서 왕성하게 하려거든
　 도와주고 밀어줘서 기토성분 보호하소

【滴天髓徵義】

己土爲陰濕之土. 中正蓄藏. 貫八方而旺四季. 有滋生不息之妙用焉. 不愁木盛者. 其性柔和. 木藉以培養. 木不剋也. 不畏水狂者. 其體端凝. 水得以納藏. 水不冲也. 火少火晦者. 丁火也. 陰土能斂火晦火也. 金多金光者. 辛金也. 謂土能生金潤金也. 柱中土氣深固. 又得丙火去其陰濕之氣. 更足以滋生萬物. 所謂宜助宜幫者也.

기토위음습지토. 중정축장. 관팔방이왕사계. 유자생불식지

묘용언. 불수목성자. 기성유화. 목자이배양. 목불극야. 불외수
광자. 기체단응. 수득이납장. 수불충야. 화소화회자. 정화야.
음토능감화회화야. 금다금광자. 신금야. 위토능생금윤금야. 주
중토기심고. 우득병화거기음습지기. 갱족이자생만물. 소위의
조의방자야.

➡己土는 음습한 성질의 토이다. 그러면서도 내부적으로는 중심을
갖고 있는 성질이기도 하다. 팔방을 꿰뚫고 사계절에 왕성한 성분이
다. 그리고 풍부한 영양분(滋養)으로 만물을 생조해서 그 성장에 쉬
임이 없게 하니 오묘하게 작용하는 힘도 있는 것이다. 목이 많아도
근심이 없다는 말은 그 성품이 부드럽고 온화해서 목의 뿌리를 배양
해 주기 때문에 목도 또한 己土를 극하지 않는 까닭에 두려워해야
할 필요가 없는 것이며, 물이 미쳐서 날뛰어도 두려워하지 않는다는
것은 己土의 실체는 단아하고(端) 또 엉겨붙는 성질이 있어서(凝)
물을 만나면 흡수해서 저장하기 때문이다. 그것은 물이 와서 토를
충돌하지 않는 까닭이다. 약한 불은 어둡게 하니 丁火일 경우에 그
렇다는 말이고, 이유인즉 음토는 火의 기운을 흡수하므로 정화는 어
두워진다는 말이다. 그리고 금은 많아도 빛나게 해 주니 이것은 辛
金을 두고 이르는 말이다. 토가 금을 생해 주고 윤택하게 해 준다는
말은 기토가 그렇게 한다는 말이다. 사주 속에서 토의 기운이 두텁
고 또 병화를 얻어서 음습한 기운도 제거된다면 충분히 만물을 살아
가도록 도울 것이니, 그래서 이른바 기토가 약할 때에는 생해 주고
곁들어 주라고 하는 것이다.

【강의】

건조하고 우뚝한 戊土에 비한다면 축축하고 낮은 모양새를 느끼게 하는 의미이다. 그러면서도 음토답게 끈질긴 면도 나타나고 있는 모습이다. 그 특징이 화의 기운을 흡수하고 금의 기운을 생조하는 것으로 나오는데, 이런 의미에서는 무토는 화의 기운도 흡수하지 못하고, 금의 기운도 생조하기 어려운 것으로 보는 의미도 포함된 것으로 생각된다.

내적이라고 하는 말이 무토와 대조적이다. 무토는 밖으로 고중(固中)하다고 했는데, 己土는 비습(卑濕)하면서 축장(畜藏)이라는 이야기가 된다. 그러니까 토의 陰陽에 충실하고 있는 것으로 이해하면 되겠다.

역시 무토와 함께 己土도 토는 토라는 의미인가 보다. 한 지역에서 부분적으로 작용하는 것이 아니라 팔방에서 골고루 만물을 도와주는 역할을 하는 기토라는 이야기가 되니까 말이다. 이렇게 말하는 성분으로 보아 기토에는 어머니의 성분이 있다고 보신 것으로 생각된다. 설명을 보면 그대로 어머니의 역할을 수행하고 있는 것으로 이해가 되는 까닭이다.

원래가 木剋土의 원리가 있음에도 불구하고 이렇게 어긋나는 이야기를 하는 것은 바로 기본적인 오행으로는 관찰이 미치지 못하는 심오한 법칙이 그 속에 들어 있기 때문이다. 그러니까 목극토라고 하지만 기토에는 해당하지 않는다는 말이다. 그렇다면 木剋戊土라고 해야 할지도 모르겠다. 다만 여기에서는 기본적인 원리는 모두 알고 있겠지만, 이렇게 기토에는 또 다른 성질이 들어 있다고 하는 설명 정도로 이해하면 되겠다. 그리고 물은 土剋水의 원리에 의해 원래는 겁나지 않는 것이 원칙이다. 그럼에도 불구하고 다시 두려움이 없다고 말하는 것은 극을 해서라기보다는 물을 흡수해서 그렇다는 풀이가 필요하다고 생각하셨기 때문에 언급한 것이다. 그래서 水木이 많아도 별로 큰 근심이 없는 기토라는 설명이다. 그러나 실제로는 또한 극이 많으면 극을 받게 되는 이치는 그대로 적용된다.

벗님은 밤길을 걸어 보셨는지 모르겠다. 요즘은 어두운 밤길이 별로 없지만 그래도 시골에 계시는 경우에는 밤길을 걸을 일이 가끔 있을 것이다. 그 때 보면 기토의 주변은 어둡고 무토의 주변은 어슴프레하게 밝다는 느낌을 받을 수 있으리라고 본다. 즉, 마른 길은 밤이 되어도 희미하게 나타나는데, 습기가 있는 길은 전혀 보이지 않는 경험이 있으시다면 무슨 말씀인지 금방 이해하실 수가 있을 것 같아서 언급해 보았다.

그리고 土生金의 이치가 있는 것도 사실이지만 특히 己土가 금을 만나면 금들이 생조를 잘 받게 된다는 이치를 알아야 한다. 이렇게 당연한 이치를 강조하는 것은 또 다른 계산이 있기 때문이다. 즉, 무토는 생금을 못한다는 의미를 내포하고 있는 것이라는 생각이 든다. 마치 "토생금이 다 토생금이 아니야! 戊土는 生金이 어렵다구! 오로지 己土만이 금을 생할 수 있다는 이치를 모르면 안 돼. 알겠어?"라고 말씀하시고 싶은 느낌이 든다.

그러니까 기토는 결국 만물을 위해서 생겨난 성분인 모양이다. 스스로 이익을 위해서 하는 것은 아무것도 없고 오로지 만물을 생조하기 위해서 존재하는 성분인 것처럼 설명하고 계시니 말이다. 그래서 다시 느끼는 것은 어머니라고 하는 것이 강하다고 보는 것이다.

즉, 항상 희생만 강요당하고 또 그것을 천직으로 알고 있는 어머니의 모습이다. 물론 어머니라고 해서 다 같은 것은 아니다. 자신의 이익을 위해서 자식을 버리기도 하는 어머니도 있기는 하다. 그러나 일반적인 정서로는 이러한 어머니의 모습이 기토라고 설명하는 것이다.

【滴天髓】

庚金帶煞. 剛健爲最. 得水而淸. 得火而銳.
경금 대 살. 강건 위 최. 득 수 이 청. 득 화 이 예.
土潤則生. 土乾則脆. 能嬴甲兄. 輸於乙妹.
토 윤 즉 생. 토 건 즉 취. 능 영 갑 형. 수 어 을 매.

○ 날카롭고 무거워라 경금성질 강건하니
  열가지의 十干중에 특별하게 우뚝하네
  물얻으면 기운흘러 깨끗하게 맑아지고
  불얻으면 달궈져서 날카롭게 변신하네
  촉촉한흙 만나보면 안정되게 생기받고
  메마른흙 만날때는 부서질까 걱정되네
  갑목형님 보지말라 보는대로 엎어친다
  을목누이 만나면은 마음동해 속삭이네

【滴天髓徵義】

庚乃秋天肅殺之氣. 剛健爲最. 得水而淸者. 壬水也. 壬水發
生. 引通剛殺之性. 便覺淬厲晶瑩. 得火而銳者. 丁火也. 丁火陰
柔. 不與庚金爲敵. 良冶銷鎔. 遂成劍戟. 洪爐煅煉. 時露鋒鋩.
生於春夏. 其氣稍弱. 遇丑辰之濕土則生. 逢未戌之燥土則脆. 甲
木正敵. 力能伐之. 與乙相合. 轉覺有情. 乙非盡合庚而助暴. 庚
亦非盡合乙而反弱也. 宜詳辨之.

경내추천숙살지기. 강건위최. 득수이청자. 임수야. 임수발.
생인통강살지성. 편각쉬려정형. 득화이예자. 정화야. 정화음
유. 불여경금위적. 양야소용. 수성검극. 홍로단련. 시로봉침.
생어춘하. 기기초약. 우축진지습토즉생. 봉미술지조토즉취. 갑
목정적. 역능벌지. 여을상합. 전각유정. 을비진합경이조폭. 경
역비진합을이반약야. 의상변지.

➤庚金은 가을 하늘의 숙살(肅殺)을 담당한 기운이라고 해야 하겠
다. 그리고 강건하기도 으뜸이라고 보는 것이 당연하다. 그러한 것
을 기본으로 깔고, 물을 얻어 맑아진다는 말에 대한 의미는 壬水를
두고 하는 말이다. 임수에게 생기운을 불어넣어 강하고 살기까지 띠
는 경금의 기운을 유통시키게 되므로 맑아진다는 표현을 한 것으로
보겠다.

불을 얻으면 날카로워진다는 말은 담금질을 하게 되면 단단해지면
서 무기가 되므로 더욱 예리하다는 의미로서 충분히 납득되는 부분
이다. 그리고 여기에서의 불은 丁火를 의미하는 것이다. 음유한 성
질의 정화지만 경금과는 서로 음양이 달라서 대적하지 않고 오히려
단련시켜 주는 역할을 하는 것이다. 그러한 과정을 거치게 되면 칼
이나 창이 되기도 하고 쇳덩어리가 되기도 하는 것이다.

봄이나 여름에 태어나면 그 기운이 상당히 약하므로 丑土나 辰土
의 습토를 만나야 생기운을 흡수해서 성장을 하게 되는 것인데, 만
약 戌未의 조열하고 건조한 土를 만난다면 생조는 고사하고 그대로
부서지고 말 것이다. 갑목은 천적이다. 힘으로 얼마든지 쳐 버리기
때문이다. 다만 을목은 서로 합이 되는 관계로 해서 도리어 공격을
하지 않고 정을 주게 되지만, 그렇다고 해서 경금의 성질이 모두 없

어지는 것은 아니며, 을목도 마찬가지로 자신의 성질을 포기하는 것은 아니다. 이러한 것도 잘 살펴야 할 것이다.

【강의】

백온 선생의 의견인즉 경금은 대단히 강경한 성질을 지닌 것으로 이해하셨다는 것이다. 그런데 실제로 경금을 만나 보면 그렇게 강경하다고만 생각되지 않는다. 오히려 선량하고 어리숙한 모습을 하고 있는 경금이 더욱 많지 않은가 싶어서 백온 선생의 의도가 과연 무엇이었겠느냐고 생각하게 되었는데, 그분이 기문둔갑(奇門遁甲)에 정통하신 분이라는 것을 알고서야 비로소 의문이 해소되었다. 즉, 기문에서는 甲木이 왕에 해당하므로 경금은 마피아의 보스나 반역자의 우두머리에 해당하는 셈이다. 그래서 상대적으로 유백온 선생의 생각에는 이 성분이 부담이 되신 것이 아닐까 싶은 생각이 들었다. 참고하고 살펴보는 것이 좋겠다는 생각이 들어서 언급해 본 것이다.

철초 선생의 설명에서도 원문과 크게 다른 점은 없다고 봐도 되겠다. 대체적으로 동의하는 것으로 보아도 무리가 없겠다. 추가로 설명하지 않아도 충분히 이해될 것으로 봐서 이 정도로 줄인다.

辛金軟弱. 溫潤而淸. 畏土之疊. 樂水之盈.
신 금 연 약. 온 윤 이 청. 외 토 지 첩. 요 수 지 영.

能扶社稷. 能救生靈. 熱則喜母. 寒則喜丁.
능 부 사 직. 능 구 생 령. 열 즉 희 모. 한 즉 희 정.

◗ 연약하다 신금이여 인간손에 빚어진금
　따스하고 윤택하여 맑은물속 빛이나고
　두터운흙 쌓여지면 두려움에 고민하네
　종묘사직 능히구조 영웅열사 대우받고
　억조창생 구제하여 역사만대 기념되네
　더울때면 무토보다 기토생조 도움되고
　추울때는 병화보다 정화온기 반가움네

【滴天髓徵義】

　辛金乃人間五金之質. 故淸潤可觀. 畏土之疊者. 戊土太重而涸
水埋金. 樂水之盈者. 壬水有餘而潤土養金也. 辛爲甲之君. 丙火
能焚甲木. 合而化水. 使丙火不焚甲木. 反有相生之象. 辛爲丙之
臣. 丙火能生戊土. 合丙化水. 使丙火不生戊土. 反有相助之美.
豈非扶社稷救生靈乎. 生於夏而火多. 有己土則晦火而生金. 生於
冬而水旺. 有丁火則暖水而養金. 所謂熱則喜母. 寒則喜丁也.
　신금내인간오금지질. 고청윤가관. 외토지첩자. 무토태중이학

수매금. 요수지영자. 임수유여이윤토양금야. 신위갑지군. 병화
능분갑목. 합이화수. 사병화불분갑목. 반유상생지상. 신위병지
신. 병화능생무토. 합병화수. 사병화불생무토. 반유상조지미.
기비부사직구생령호. 생어하이화다. 유기토즉회화이생금. 생어
동이수왕. 유정화즉난수이양금. 소위열즉희모. 한즉희정야.

➡辛金은 인간이 만든 다섯 가지 금속의 질이다. 그래서 맑고 윤택
하면 볼 만하다. 토가 쌓이는 것을 두려워한다는 말은 무토가 너무
많으면 물을 말려 버리고 신금은 묻혀 버리기 때문이라는 말이다.
물이 많은 것을 좋아한다는 말은 임수가 넉넉하면 토양을 적셔 주고
그래서 生金이 되도록 한다는 이유로 인해서 한 말이다.

辛金은 甲木의 임금에 해당한다. 丙火는 신금에게 임금이 되는데,
또 갑목에게는 병화가 자손이 되는 것이다. 임금의 조상들을 일러
사직(社稷)이라고 하는데, 병화는 그 성질이 갑목을 태워 버릴 수도
있는 성분이다. 원래가 조상을 태우는 놈은 후레아들이라고 하겠는
데, 신금이 병화랑 합을 하게 되어 水氣를 발생시켜 갑목이 불타는
것도 보호하고 도리어 수의 기운으로 목을 생조하게 되는 것이니 사
직을 구한다는 것이고, 또 갑목은 신금의 백성인데, 자신의 백성도
구한 셈이므로 생령을 능히 구한다는 말을 하는 것이다. 신금은 병
화의 신하이고, 병화가 무토를 생조하면 신금으로서는 매우 싫어하
게 되는데, 합이 되어 습기를 발생시키므로 이것도 좋아진다고 보는
것이다.

여름에 태어나서 火가 많으면 己土를 얻어 화의 기운을 흡수하고
생조를 해 주도록 원하게 되고, 겨울의 물이 왕성한 계절에 태어나
게 되면 정화가 따스하게 물을 데워 주기를 원하는데, 그렇게 되면

금도 자랄 수 있기 때문이다. 그래서 더울 적에는 어머니를 기쁘게 하고 추울 적에는 정화를 좋아한다는 말을 하게 되는 것이다.

【강의】

갑자기 분위기가 확 달라지는 느낌이다. 경금에 대한 백온 선생의 생각이 여기에서는 또 상당히 변하여서 그야말로 24K 순금을 떠올리게 만든다. 물론 다이아몬드도 辛金인 것은 사실이지만, 글의 설명에서 그렇게 느끼게 된다. 즉, 음양의 차이점에 대해서 상당히 큰 비중을 두고 설명하고 계신다는 생각이 든다.

설명을 살펴보면 상당히 복잡한 도식 관계가 성립하는 모양이다. 다른 글자도 역시 같은 배합이 성립되겠지만, 유독 신금에 그러한 의미를 부여하는 것은 丙辛合에 대해서 확대 해석을 한 듯싶다. 원래 五合이 이론적으로 상당한 것은 사실이지만 그렇게 쉽사리 化해서 물이 되는 것이 아니라는 것을 임상을 통해서 많이 보고 있다. 그럼에도 병신이 서로 만나면 그대로 물이 되는 것처럼 설명되어 있는 것은 자칫 오해의 소지도 있지 않을까 염려된다.

이것은 아마도 시대적인 상황에서 발생한 설명이라고 보겠다. 즉, 이렇게 십간의 이치 속에는 나라와 백성을 생각하는 글자도 포함되어 있다는 의미가 아닐까. 어찌 생각해 보면 다분히 정치적으로 설명하려고 시도했다는 생각도 든다. 여하튼 이 두 분의 선생이 생각하신 내용이므로 시대가 바뀌어도 그대로 존재하도록 내버려 두자. 우리는 그 속에서 흐르는 의미를 파악하는 것으로 충분하리라고 본다.

아무리 그렇다고 해도 경금이 그렇게 날카로운 성분이 있다고 하는 것에 비해서 너무 차별을 둔 것으로 생각이 된다. 낭월이 생각하기에는 경금은 금의 기운이고, 신금은 금의 질이라고 이해되는 까닭이다. 서로 맡은 역할이 다소 다르다고 보이는데, 편견을 갖고서 경금에는 강력한 칼날의 의미를 부여하고, 신금에는 부드러운 황금의 의미를 부여했다는 것은 오해의 소지가 있기 때문에 언급하였다.

즉, '辛金도 강하면 庚金과 같다.' 그리고 확대 해석을 하면 '庚金도 약하면 辛金과 같다.'고 해석해 보자. 이렇게 보는 오행관이 올바르지 않을까 싶다. 그러므로 기본은 기본이지만, 상황에 따라서 얼마든지 변화를 일으키게 되는 작용은 그 때마다 살아 있는 관찰력으로 이해해야 한다는 것이다. 물론 지금은 처음이므로 이러한 딱딱한 설명으로 나오지만 나중에 구체적인 사례집으로 들어가게 되면 내용에는 생명력이 펄펄 뛰는 것을 느끼게 될 것이다. 여하튼 이 내용으로 봐서는 대단히 충성스럽고 천하를 편안하게 조절하는 매우 중요한 성분으로 비추어졌다는 생각이 든다.

【滴天髓】

壬水通河. 能洩金氣. 剛中之德. 周流不滯.
임수통하. 능설금기. 강중지덕. 주류불체.

通根透癸. 冲天奔地. 化則有情. 從則相濟.
통근투계. 충천분지. 화즉유정. 종즉상제.

⟳ 흐르는물 왕성하여 은하수와 견주는데
강력한금 설기하니 강한중에 덕이있네
이리저리 흘러다녀 막히는곳 전혀없고
지지에서 통근하고 천간으로 투출되면
강력한힘 발생하여 하늘땅을 휩쓴다네
丁火만나 합목되면 유정하다 말을하고
허약해서 종을하면 수화기제 이룬다네

【滴天髓徵義】

壬爲陽水. 通河者, 天河也. 長生在申. 申在天河之口. 又在坤方. 壬水生此. 能洩西方肅殺之氣. 所以爲剛中之德也. 百川之源. 周流不滯. 易進而難退也. 如申子辰全. 又透癸水. 其勢泛濫. 縱有戊己之土. 亦不能止其流. 若强制止. 反冲激而成水患. 必須用木洩之. 順其氣勢. 不至於冲奔也. 合丁化壬. 又能生火. 不息之妙. 化則有情也. 生於四五六月. 柱中火土並旺. 別無金水相助. 火旺透干則從火. 土旺透干則從土. 調和潤澤. 仍有相濟之功也.

임위양수. 통하자, 천하야. 장생재신. 신재천하지구. 우재곤방. 임수생차. 능설서방숙살지기. 소이위강중지덕야. 백천지원. 주류불체. 이진이난퇴야. 여신자진전. 우투계수. 기세범람. 종유무기지토. 역불능지기류. 약강제지. 반충격이성수환. 필수용목설지. 순기기세. 부지어충분야. 합정화임. 우능생화. 부식지묘. 화즉유정야. 생어사오륙월. 주중화토병왕. 별무금수상조. 화왕투간즉종화. 토왕투간즉종토. 조화윤택. 잉유상제지공야.

➡️ 壬은 양의 물이다. 통하라는 말은 천하를 말하는데, 천하는 은하수를 일컫는다. 申金에서 장생을 하게 되는데, 신금은 천하(天河)의 입구이기 때문에 그렇게 말한다. 또 곤방(坤方)에 있는 것이 申金이기도 하므로 이렇게 말하는 것이다. 임수는 능히 서방의 강력한 숙살지기에 해당하는 금의 기운을 설기하기 때문에 강한 가운데서도 덕이 있다고 하는 것이다. 그리고 임수는 백천의 강물로 연결되어 있어 두루두루 흘러 막힘이 없다. 그리고 앞으로 나아가기는 쉬워도 뒤로 물러서기는 어려운 것도 임수이다.

만약 申子辰이 모두 있고, 또 천간에 癸水가 보인다면 그 세력은 범람을 하게 되니 비록 戊己의 토가 있다고 해도 제어하기가 쉽지 않을 것이다. 만약 강제로 제어한다면 오히려 충격을 주어서 수재(水災)의 근심이 발생하게 된다. 그러므로 모름지기 이런 경우에는 木을 이용해서 물의 기운을 설기시켜 그 성질에 따르는 것이 넘쳐서 범람하는 것을 막게 되니 가장 현명한 방법이라고 하겠다.

정화랑 합해서 화하면 또 능히 목이 되어서 불을 생조하게 된다. 그렇게 되면 돌고 도는 오행의 기운이 멈추지 않게 되니 그래서 化하면 유정하다고 말하는 것이다. 巳午未월에 태어나면 이미 천지간에 불기운이 가득한데, 다시 화토가 천간에 들어오게 되고 달리 금수의 도움이 없는 상태에서 화가 투출되면 종재격(從財格)이 되고, 토가 투출되면 종살격(從殺格)이 되어서 서로 화합하여 윤택하게 할 것이므로 오히려 상제(相濟)의 공이 있다고 말하는 것이다.

【강의】

이쯤 오니까 물 냄새가 슬슬 풍겨나는 것도 같다. 그리고 오행의 마지막에 해당하기도 한다. 내용상 특별한 곳은 보이지 않는다. 다만 마지막 구절에서 정화와 合化를 하면 유정하다는 말이 있는데, 이것은 아무래도 합화에 대해서 너무 많은 관심을 보이신 것이 아닌가 싶다. 그대로 임수의 역할을 잘도 수행할 텐데, 구태여 합하면 유정하다고 하신 의도가 무엇인지를 생각해 보았다. 그 결과 왕성한 물이 정화를 만나면서 서로 결합되어 木을 생조하는 의미를 크게 보신 것은 아닐까 싶은 생각이 들었다. 그리고 이것은 남녀가 서로 만나서 잉태를 하여 종족을 이어나가는 것과도 비교할 만하다는 생각이 든다. 태초에 바다에서 정화의 기운을 받아서 초기의 생명체가 발생한 것이 사실이라면 이것이야말로 정임합의 소산이 아닐까 싶기도 하다. 그러한 의미가 있다면 화하는 의미에 대해서 크게 비중을 둘 만도 하다는 생각이 들지만 그 외에는 강조할 필요가 없지 않을까 싶다.

그리고 종을 하게 되면 수화기제(水火旣濟)가 이루어져서 좋다는 이야기도 하는데, 그렇다면 임수는 그대로 쓰기에는 너무 부담이 된다는 의미도 있는 것인지 모르겠다.

임수에 대한 설명을 보면 아무래도 좀 어려운 설명인 듯싶다. 요약해 보면 금의 기운을 설하니 공이 대단하고 세력이 넘치면 목으로 기운을 유출시켜야 하고, 정임합이 되면 기운이 돌아서 좋고 종살이나 종재를 하면 수화기제를 이뤄서 아름답게 된다는 정도로 이해된다.

그런데 여기에서 종한다는 말은 좀 문제가 있지 않을까 싶다. 종을 하지 않아도 얼마든지 수화기제가 이루어져서 아름답게 되는데 구태여 종을 해야 한다고 말한 것을 보면 당시로서는 임수는 그대로 쓰기보다는 종을 시켜야 한다는 어떤 불문율(?)이 있었던 것은 아닌지 모르겠다. 그렇지 않고서야 구태여 이렇게 간단하게 설명하는 자리에서 구태여 종에 대한 언급을 하는 이유가 석연치 않은 점이 있어 보여서 이러한 생각을 해 보았다.

웬지 얼렁뚱땅 처리를 해 버리고 넘어가려는 듯한 느낌이 드는데 옛날에는 水를 도적으로 보았던 것도 의미가 있는지 모르겠다. 그대로 두어서는 도적질을 하게 되므로 교화(敎化)를 시켜 올바르고 밝게〔從火 또는 從土〕 변환시켜서 혜택을 누려야 한다는 의미도 있었을 법하다. 그렇다면 지금이라고 해서 달라질 것은 없지만 이러한 것이 모두 초기에 발생한 오행의 견해라고 이해하면 되겠다. 좀더 발전하면 병화도 도적이 될 수가 있다는 생각을 하셨을 것이기 때문에 초기의 이론은 다소 원시적인 의미도 포함했다고 생각되어서이다.

실제로 임수는 생각이 많은 성분인데, 그렇게 생각을 하는 성분은 앞으로 무슨 일을 저지를지 알 수가 없다는 불안심리가 발생할 수도 있었을 것이다. 그래서 어떻게든지 교화를 해서 변화시켜야 한다는 생각이었다면 化木을 생각하든지 종살(從殺)을 생각하였을 법도 하다는 망상을 해 보았다.

【滴天髓】

癸水至弱. 達於天津. 得龍而運. 功化斯神.
계 수 지 약. 달 어 천 진. 득 룡 이 운. 공 화 사 신.

不愁火土. 不論庚辛. 合戊見火. 化象斯眞.
불 수 화 토. 불 론 경 신. 합 무 견 화. 화 상 사 진.

⏺ 약하고도 약한계수 끈기만은 으뜸이라
　홀러홀러 도달한곳 천진이라 나루터네
　원국에서 용을만나 조화롭게 움직이면
　변화하여 공을이뤄 신기막측 조화있네
　불이많든 토가많든 고민할것 하나없고
　경금이든 신금이든 생한다고 말못하네
　오직하나 무토만나 무계합화 이룬다면
　이를일러 化象이라 참되다고 말한다네

【滴天髓徵義】

　癸水非雨露之謂. 乃純陰之水. 發源雖長. 其性極弱. 其勢最
靜. 能潤土養金. 發育萬物. 得龍而運. 變化不測. 所謂逢龍則化.
龍, 卽辰也. 得辰而化者. 化辰之原神發露也. 凡十干逢辰位. 必
干透化神. 此一定不易之理也. 不愁火土者. 至弱之性,見火多卽
從化矣. 不論庚辛者. 弱水不能洩金氣. 所謂金多反濁. 癸水是
也. 合戊見火者. 陰極則陽生. 戊土燥厚. 柱中得丙火透露. 引出

化神. 乃爲眞也. 若秋冬金水旺地. 縱使支遇辰龍. 干透丙丁. 亦
難從化. 宜細詳之.

계수비우로지위. 내순음지수. 발원수장. 기성극약. 기세최
정. 능윤토양금. 발육만물. 득룡이운. 변화불측. 소위봉룡즉화.
용, 즉진야. 득진이화자. 화진지원신발로야. 범십간봉진위. 필
간투화신. 차일정불역지리야. 불수화토자. 지약지성,견화다즉
종화 의.불론경신자. 약수불능설금기. 소위금다반탁. 계수시
야. 합무견화자. 음극즉양생. 무토조후. 주중득병화투로. 인출
화신. 내위진야. 약추동금수왕지. 종사지우진용. 간투병정. 역
난종화. 의세상지.

❖癸水는 빗물이나 이슬이 아니다. 순음의 물이라고 해야 맞다. 그
근원이 비록 길다고 하지만 그 성질은 극히 약한 성분이다. 그리고
세력을 말한다면 가장 고요한 성분이라고 하겠다. 그래서 능히 土를
적셔 주고 금도 길러 주는 역할을 하니 만물을 발육시키는 공덕을
베푸는 성분인 것이다.

용을 얻어 움직이면 변화를 헤아리기 어려울 정도이다. 이른바 용
을 만나면 변화한다는 말이 있는데, 여기에서 용이라는 것은 辰을
말한다. 용을 얻어 변화를 한다고 하는 것은 辰은 변화하는 원신(原
神)이 나타나는 까닭이다. 이것은 十干이 辰의 위치에 당도하면(진
월이 되면) 반드시 화신(化神)이 투출되는 까닭이다. 여기에는 바뀌
지 않는 일정한 법이 있기 때문이다.

화토가 많아도 근심을 하지 않는다는 것은, 지극히 약한 성분이므
로 불을 보면 그대로 化해 버리기 때문이다. 또, 庚辛금에 대해서는
논할 필요도 없다고 했는데, 그 이유는 약한 물이 금을 설기하는 능

력이 없어서 불가능하다는 의미가 된다. 소위 하는 말이 금이 많으면 도리어 탁해진다는 말〔金多水濁〕이 있기도 한데, 이것도 역시 계수를 두고 하는 말인 것이다.

무토와 합하고 다시 火를 본다면 음극즉양생의 법칙에 의해서 무토는 건조하고 두터운 성분이라 그 가운데 丙火가 투출됨을 보면 그대로 化神이 인출된 것이니 참된 것으로 보게 된다. 만약 가을이나 겨울의 金水 기운이 왕성한 계절이라면 비록 辰을 보고 天干에는 丙丁화가 나타났다고 하더라도 또한 종화(從化)가 어렵게 되는 것이니 마땅히 상세하게 살펴봐야 할 것이다.

【강의 】

계수는 임수보다도 한술 더 떠서 참으로 쓸모없는 존재인 양 취급되지 않았나 싶은 생각조차 든다. 과연 무슨 의미를 부여하려고 시도하신 것일까? 癸水의 공덕이 생명수를 공급하는 것이라고 하는 정도의 말이 들어가야 보통인데, 그러한 의미는 전혀 없고, 오로지 무력하고 안개와도 같은 존재이므로 무계합이나 하는 것이 좋다는 식인 것으로 보아, 역시 앞에서도 말씀드렸듯이 水에 대한 음습한 부분을 싫어했던 것이 아닌가 싶은 생각이 든다. 당시로서는 당연한 이야기였겠지만 이렇게 시대가 바뀌고 세월이 달라졌으니 이해는 하더라도 채용은 하지 말자고 권하고 싶다.

여기에서 철초 선생의 설명은 확실히 현실적이라고 봐야 하겠다. 금을 길러 주고 만물을 길러 준다는 의미는 앞의 원문에서는 보이지 않던 부분인데, 철초 선생이 추가한 의미라고 봐서 역시 생각이 점차로 현실적으로 되어 간다는 말도 가능하겠다. 그리고 고요한 성분이라고 하는 것도 계수의 진가를 올바르게 설명한 것이라고 보겠다. 실로 음중에서 음이라고 한 계수라면 그 성분에 대해서도 이렇게 고요하다는 의미 하나는 부여되어야 할 것이기 때문이다.

그리고 龍이라고 하는 동물에 대해서 부연 설명을 드린다면『왕초보 사주학』의「입문편」에서도 일부 설명이 되기는 했지만, 간단하게 도표로써 도움을 드리도록 하겠다.

年干(日干)	辰月(辰時)	간지의 흐름 보기
甲己年(日)	戊辰	甲子 乙丑 丙寅 丁卯 戊辰 己巳…
乙庚年(日)	庚辰	丙子 丁丑 戊寅 己卯 庚辰 辛巳…
丙辛年(日)	壬辰	戊子 己丑 庚寅 辛卯 壬辰 癸巳…
丁壬年(日)	甲辰	庚子 辛丑 壬寅 癸卯 甲辰 乙巳…
戊癸年(日)	丙辰	壬子 癸丑 甲寅 乙卯 丙辰 丁巳…

이렇게 진행되어 진월이나 진시가 되면 각기 五合의 화하는 성분이 천간에 나타나게 되는 것을 의미하게 된다. 이러한 이유로 해서 辰은 용이라고 의미를 부여해서 변화가 무궁하다는 말로 대신하게 되는데, 알고 보면 그 속에는 이러한 사정이 있었던 것이다. 참으로 용이 조화를 부렸는지는 모르지만, 실제로 오행에서는 그러한 의미보다는 위의 표에서 보는 정도가 전부라고 이해하면 되겠다.

그런데 여기에서 모든 天干이 이 법의 적용을 받는데 유독 계수에 와서 이러한 이야기를 하는 이유가 무엇인지는 뚜렷하지 않은 것 같다. 이 외에 다른 특별한 이유가 있다면 벗님들이 직접 찾아보시기 바란다.

설명을 보면서 癸水를 지극히 약한 안개 정도로 보고 있지 않나 싶은 생각이 든다. 그러나 계수도 세력에 따라서는 그대로 태평양과 같은 물이 될 수가 있다는 것을 항상 염두에 둬야 하겠다. 계수가 비록 약한 것은 사실이지만, 그렇다고 해서 불만 보면 그대로 화해 버리는 성분은 절대로 아닌 것이 또한 계수이다. 이것도 역시 편견이라고 봐야 하겠다. 다만 다른 천간에 비해서 이렇다는 것을 약간 강조해서 실명하시는 정도로 이해하면 아무런 문제가 없겠는데, 이러한 말씀을 액면 그대로 다 믿어 버린다면 편견이 발생할 소지가 되므로 언급을 드리게 된다.

금이 많으면 물이 탁해진다는 말도 선입견이다. 금이 많으면 수가 강해져야 오행의 이치에 타당한 것으로 봐서 이해가 된다. 그러므로 오행 원리에서 금이 많으면 물이 탁해진다는 말과 또 庚辛금이 임수는 생조해 줘도 계수는 생하지 못한다는 의미의 말들은 설득력이 떨어지므로 이제는 삭제해야 하지 않을까 싶다.

기본적으로 金生水의 이치를 부정하게 되는 오류를 범하게 되는 까닭이다. 적어도 이 부분에 대해서는 수정을 해야 할 필요가 있다는 문제 제기라도 하는 것으로 알아 주시기 바란다.

가을이나 겨울에 금수의 기운이 강하면 여간해서 종화를 하지 않는다는 부연 설명을 첨가하게 된 것이다. 그래서 철초 선생의 사상은 가장 현실적이라고 하는 점을 느끼게 된다. 비록 대가의 설명이라도 이치에 합당하지 않고, 현실에 부합되지 않으면 그대로 수정을 해서 봐야 한다는 의미가 아닐까 싶기도 하고, 이것이 또한 과학자의 정신이 아닌가 싶기도 하다. 이 정도로 해서 十干의 특성을 음미하는 부분의 장을 모두 마치게 된다. 그리고 이상은『적천수』의 시작에 불과하다는 것도 조금 지나면 알게 될 것이다.

제2장 논지지(論地支)

陽支動且强. 速達顯災祥. 陰支靜且專. 否泰每經年.
양지동차강. 속달현재상. 음지정차전. 부태매경년.

⬅ 陽支는 움직이면서 또한 강하니 재앙과 좋은 징조가 신속하게 나타나고, 陰支는 고요하면서도 집중이 되어 있으니 좋고 나쁜 것이 항상 더디게 나타난다.

【滴天髓徵義】

子,寅,辰,午,申,戌, 爲陽支. 其性動, 其勢强. 其發至速. 其災祥至顯. 丑,卯,巳,未,酉,亥, 爲陰支. 其性靜, 其氣專. 發之不速. 而否泰之驗. 每至經年而後見.(原註)

若癸藏子, 丁藏午. 是體陽而用陰也. 丙藏巳, 壬藏亥. 體陰而用陽也. 分別取用. 亦惟剛柔建順之理. 與天干無異. 但生剋制

化. 其理多端. 蓋一支所藏. 或二干或三干故耳. 然而本氣爲主.
寅必先甲而後及丙. 申必先庚而後及壬. 餘支皆然. 陽支性動而
强. 吉凶之驗恒速. 陰支性靜而弱. 禍福之應較遲. 在局在運. 均
以此意消息之.

자,인,진,오,신,술, 위양지. 기성동, 기세강. 기발지속. 기재상
지현. 축,묘,사,미,유.해, 위음지. 기성정, 기기전. 발지불속. 이
부태지험. 매지경년이후견.(원주)

약계장자, 정장오. 시체양이용음야. 병장사, 임장해. 체음이
용양야. 분별취용. 역유강유건순지리. 여천간무이. 단생극제
화. 기리다단. 개일지소장. 혹이간혹삼간고이. 연이본기위주.
인필선갑이후급병. 신필선경이후급임. 여지개연. 양지성동이
강. 길흉지험항속. 음지성정이약. 화복지응교지. 재국재운. 균
이차의소식지.

➤ 원주에 보면, 子寅辰午申戌이 陽이다. 그 성질은 동하는 것이고,
그 세력은 강하게 나타난다. 그리고 발생이 상당히 신속하기도 하
다. 그러니까 그 재앙이나 길조도 또한 빨리 나타나게 되는 것이다.

丑卯巳未酉亥는 陰이다. 그 성질은 고요하고 기운이 집중되어 있
으므로 발생도 빠르지 않고, 좋고 나쁜 것도 늦게 나타난다는 특징
이 있는 것이다. 그러니까 항상 시간이 경과한 다음에 길흉이 나타
나게 되는 것이다.

만약에 癸水는 子水에 암장(暗藏)되고, 丁火는 午火에 암장되어
있으니 이것은 體가 양이면서 用이 음이라는 이야기가 된다. 丙火는
巳火에 암장되어 있으며 壬水는 亥水에 암장되어 있으니 이것은 체
가 음이면서 용이 양이 된다. 그러니까 분별해서 잘 사용해야 할 것

이니 혼동하지 말아야 하겠다. 또한, 강하고 부드러움이나 강건하고 유순하다는 의미를 갖고 있는 것은 天干의 성질과 다를 것이 없다. 다만 生剋制化의 이치에는 그 의미가 여러 가지로 나누어지게 되는데, 지지는 장간이라고 하는 특수성으로 인해서 그 속에 들어 있는 성분이 2가지나 3가지가 되어서 여러 갈래로 나누어지기 때문이다.

그러나 지장간을 따질 적에는 항상 본기(本氣)를 위주로 하게 되는 것이므로 寅木에서는 언제나 甲木이 절대적으로 먼저 등장하고, 다음으로 병화를 이야기해야 하고, 申金에서도 같은 이치로 庚金을 먼저 이야기하고, 다음으로 壬水를 생각하는 것이 옳다. 그 나머지도 이 기준으로 생각하면 된다.

陽支의 성질은 강하고 동하며 길흉도 빨리 나타나고, 陰支의 성질은 고요하고 약해서 화복(禍福)이 비교적 늦게 나타난다고 보는데, 이 이야기는 원국에서나 운에서도 함께 응용하면 되겠다.

【강의】

天干에 대한 이야기를 마치고 자연스럽게 地支에 대한 언급이 진행되는 것이다. 그리고 크게 보아 양에 속하는 지지의 성질과 음에 속하는 지지의 성질을 나누어 설명하는데, 역시 지지로 들어가도 기본은 항상 陰陽의 법칙을 떠나서는 존재할 수 없다는 의미를 느끼게 된다. 다른 곳에서는 原註(유백온 선생이 설명한 『적천수』의 원주)를 뺐다가 여기 와서 넣어 둔 낙오 선생의 의도를 모르겠다. 그러니까 유백온 선생의 주를 보도록 하는 셈이다.

내용을 보면 원주라고는 해도 실제로는 없어도 그만인 내용이다. 아마도 낙오 선생이 삭제하다가 빼먹은 것이 아닌가 싶다. 그러니까 이 부분은 없어도 되는데, 벗님들이 『적천수징의』를 갖고서 참고하실 경우를 생각해서 그대로 살려 두었다. 원문의 내용 이해에 별로 도움이 되지 않기 때문이다. 참고만 하고 다음으로 넘어가도록 하자.

이렇게 대체적으로 설명을 했는데, 실로 이러한 이치는 별로 중요한 것이 아니라고 생각된다. 그야말로 일반적인 이야기일 뿐이다. 실제로 구체적인 것은 항상 그 사주에 해당하는 논리적인 특수성이 있게 마련이고, 그러한 것을 대입해서 설명해야 옳은 것은 말할 나위가 없는데, 크게 봐서 음지와 양지의 차이점을 말한다면 이렇게 이해하고 있으면 되겠다는 이야기 정도이다.

그리고 여기에서 한 가지 주목해야 할 것은 體用論이 언뜻 등장하는 점이다. 흔히 子水가 양인데 왜 음으로 이야기하느냐는 질문을 하시는 벗님들이 있기 때문에 철초 선생도 혼동하지 말고 그 用을 위주로 관찰을 하게 되면 子水는 癸水가 기본이므로 陰水가 되는 것이라는 설명을 해 놓으신 것이다. 이렇게 친절한 선생을 만난 것은 그야말로 행운이라고 해야 할 것이다.

명리학은 항상 用神을 거론하게 된다. 용신의 반대가 무엇이냐고 묻는다면 體神이라고 해야 할 것이다. 이 말은 체용을 음양으로 놓고 생각해 볼 적에 해당한다는 의미도 된다. 즉, 자평명리에서 체는 별로 중요하게 생각하지 않는 것으로 이해해도 되는 것이다. 예를 들어 어떤 물질을 놓고 볼 적에 기본적인 구조를 이해할 것인가 아니면 작용을 헤아릴 것인가에 대한 차이라고 하겠다. 또 다른 예로 책이 있다고 할 때 이 책을 목으로 볼 것인가 印星으로 볼 것인가를 생각하는 것이다.

물론 종이로 만든 것이니 목이라고 해야 한다는 것은 책의 體를 보고 말하는 이야기이다. 그리고 틀렸다고 할 수도 없을 것이다. 다만 책은 그 用이 종이에 있는 것이 아니고 책 속의 문자에 있는 것이다. 글을 보기 위해 책을 사는 것이지 종이가 필요해서 책을 사는 사람은 없겠기 때문이다. 그러니까 물질학자는 책을 종이로 보겠지만, 명리학자는 책을 인성으로 보아야 하는 것이다. 요즘 어떤 광고 중에는 책이 하나 있는데 염소들이 지나다가 와서 뜯어 먹고 지나가고 어린아이는 글을 읽는 장면이 나온다. 이것도 오행학자가 보면 염소는 체로 책을 보고 사람은 용으로 책을 본다는 설명이 가능하겠다. 그리고 다시 인성 중에서도 내용에 따라서 식상에 속하는 인성인지 정재에 속하는 인성인지를 나눌 수도 있겠다. 예를 든다면 연구 서적은 식신성 인성이고, 증권 안내서는 정재성 인성이라고 하게 되는 것이다. 여하튼 중요한 것은 그 用에 더욱 큰 비중을 두고 직업에 대한 권유를 하는 것이라고 이해하게 된다. 이러한 관점에서 남의 직업을 권장할 때에는 체를 보고 권할 수도 있겠고, 용을 보고 권유할 수도 있다는 것을 생각해야 한다. 이렇듯 명확하게 子午巳亥에 대해서는 체와 용의 차이를 구분하는 것을 잊지 말아야 하겠다.

【滴天髓】

天戰猶自可. 地戰急如火.
천전유자가. 지전급여화.

⭕ 天干의 전쟁은 오히려 가능하다고 하겠으나 지지의 전쟁은 불같
이 급하다.

【滴天髓徵義】

干頭遇甲庚乙辛, 謂之天戰. 得地支順靜者無害. 地支寅申卯
酉, 謂之地戰. 天干不能爲力. 其勢速而凶. 蓋天主動, 地主靜故
也. 若天干氣專, 而得地支安靜, 易於制化. 故天戰猶是可也. 地
支氣雜. 天干雖順靜, 難於制化. 故地戰急如火也. 且天干宜動不
宜靜. 靜則愈專. 地支宜靜不宜動. 靜則有用. 動則根拔. 必得合
神有力. 會神成局. 息其動氣. 或庫神收其動神. 謂動中助靜, 以
凶化吉. 如甲寅, 庚申. 乙卯, 辛酉. 丙寅, 壬申. 丁卯, 癸酉之類. 天
地交戰. 雖有合神會神. 亦不息其動氣. 其勢速凶. 如謂兩不沖
一. 此謬言也. 如兩申逢一寅. 縱使不沖. 金多木少, 亦能剋盡矣.
故天干論剋. 地支言沖. 沖卽剋也. 至於用神伏藏. 或用神被合.
柱中無引用之神. 反宜沖而動之. 方能發用. 故合有宜不宜. 沖亦
有宜不宜也.

간두우갑경을신, 위지천전. 득지지순정자무해. 지지인신묘
유, 위지지전. 천간불능위력. 기세속이흉. 개천주동, 지주정고

야. 약천간기전, 이득지지안정, 이어제화. 고천전유시가야. 지지기잡. 천간수순정, 난어제화. 고지전급여화야. 차천간의동불의정. 정즉유전. 지지의정불의동. 정즉유용. 동즉근발. 필득합신유력. 회신성국. 식기동기. 혹고신수기동신. 위동중조정, 이흉화길. 여갑인,경신. 을묘,신유. 병인,임신. 정묘,계유지류. 천지교전. 수유합신회신. 역불식기동기. 기세속흉. 여위양불충일. 차류언야. 여양신봉일인. 종사불충. 금다목소, 역능극진의. 고천간논극. 지지언충. 충즉극야. 지어용신복장. 혹용신피합. 주중무인용지신. 반의충이동지. 방능발용. 고합유의불의. 충역유의불의야.

➜ 천간에서 甲庚이나 乙辛을 만나면 이것을 천전(天戰)이라고 한다. 그래도 지지에서 잘 따르고 잡아 주게 된다면 별 문제가 없다. 지지에서 寅申이나 卯酉가 서로 만나면 충돌하게 된다. 물론 지전(地戰)이라고 할 수도 있겠다. 이 때에는 천간에서 싸움을 말릴 방법이 없는 셈이 되어 버려서 그 세력에 따라 상당히 화급하게 되는 것이니, 대개 천간의 기운은 원래 움직이는 성분이고 지지의 기운은 고요한 성분이기 때문이다.

만약 천간의 기가 집중되어 있는데 지지에서도 안정을 시켜 줌을 얻는다면 제화(制化)가 쉬울 것이다. 그래서 천간의 싸움은 오히려 가능하다고 한 것이다. 지지는 기운이 복잡하다. 그러므로 천간에서 조용하게 해 주려고 해도 제화가 불가능하게 되므로 지지의 싸움은 급하기가 불과 같다고 하는 것이다. 또, 천간에서는 원래 움직이는 것이 좋다고 하게 되고 반면에 고요하면 더욱 집중이 잘 되므로 나쁘다고 하게 된다. 반면에 지지는 고요하면 쓸 수가 있는데, 만약 동하게 되면 뿌리가 흔들리게 되어 못쓰게 되는 까닭이다.

그래서 반드시 고요하게 해 주는 글자가 필요하게 되고, 합해 주는 것도 좋은 방법이 되리라고 본다. 그렇게 합하는 성분으로 세력을 이루어 동하는 기운을 쉬게 하는 것이 좋은데, 혹 庫에 들어 있는 성분이 동하게 되면 동하는 가운데서도 고요하다고 하겠는데, 이렇게 되면 흉이 길로 화했다고 말한다.

예를 들어 甲寅과 庚申, 乙卯와 辛酉, 丙寅과 壬申, 丁卯와 癸酉 등이 있다면 천지가 교전을 하고 있는 형상이라고 할 만하다. 이 때에는 비록 합하는 글자가 있다 하더라도 또한 그 움직이는 작용을 제어하기 어렵다고 봐야 한다. 그래서 나쁜 일도 빨리 나타나게 되는데, 흔히 두 글자가 한 글자를 충하지 않는다고도 하지만, 이것은 말도 되지 않는 소리(謬言)이다.

가령 두 개의 申金이 있고 하나의 寅木이 있다고 본다면 비록 충이 아니라고 한다고 하더라도 金이 많고 木이 적으니 또한 완전히 죽여버릴 지경인 것은 분명하다. 그래서 천간에서는 剋을 논하고 지지에서는 沖을 말하는 것이다. 충이라는 말도 따지고 보면 극과 같은 것이다.

나아가서 용신이 암장되거나 용신이 합이 되거나 했는데, 사주에서 이끌어 내어 사용하기 어렵다면 도리어 충해서 동하게 해야 비로소 사용할 수가 있다고 하는 것이다. 그래서 합에도 마땅한 합이 있고 그렇지 못한 합이 있으며, 충 또한 마땅한 것이 있고 그렇지 않은 충이 있다고 하는 것이다.

【강의】

그러니까 천간은 원래 동하는 성분이므로 오히려 동해야 좋다는 이야기도 되지 않는가 싶다. 그리고 지지는 원래가 정한 성분이어서 동하게 되면 사용하기 어려우므로 조용히 합으로 제어한 다음에 비로소 사용할 수가 있다는 이야기로 해석해 본다. 또한 지장간 중에서도 辰戌丑未에 들어 있는 성분은 동해도 동하지 않는 작용이 있으므로 그런 대로 무난하다는 이야기라고 보면 되겠다.

흔히 명리서에 그런 말이 있는 경우를 보셨을 것이다. 예를 들어 어떤 사주의 地支가 申寅申未으로 되어 있다면 이것은 두 개의 申金이 하나의 寅木을 치지 않기 때문에 충이 아니라고 하는 이야기 말이다. 물론, 말도 되지 않는 이야기일 뿐이다. 그야말로 의미도 모르고 공식만 세우기를 좋아하는 선생이 만들어 놓은 허구가 아닌가 싶고, 어쩌면 너무 딱한 사주여서 위로용으로 그렇게 이야기했을 수도 있을지 모르겠으나 이론적으로는 생각할 필요가 없는 이야기라고 이해하면 되겠다. 철초 선생의 말씀이 그런 의미이다.

辛	丁	乙	癸
亥	未	卯	酉

丁	戊	己	庚	辛	壬	癸	甲
未	申	酉	戌	亥	子	丑	寅

丁火生於仲春. 支全木局. 癸坐酉支. 似乎財滋弱煞. 煞印相生. 不知卯酉逢冲. 破其印局. 天干乙辛交戰. 又傷印之元神. 財

煞肆逞. 至辛運壬子年. 又逢財煞. 犯法遭刑.

　정화생어중춘. 지전목국. 계좌유지. 사호재자약살. 살인상
생. 부지묘유봉충. 파기인국. 천간을신교전. 우상인지원신. 재
살사령. 지신운임자년. 우봉재살. 범법조형.

➡ 정화가 묘월에 태어났고 지지가 목국이 되었다. 癸水는 酉金에 앉
아 있으니 살이 약해서 財星이 도와 주는 형상으로 볼 수도 있겠고,
또 살이 인성을 생조하는 것으로 봐도 되겠는데, 실은 전혀 아니라
고 봐야 한다. 즉, 卯酉가 충이 되면서 인성의 국이 깨져 버렸고, 천
간은 乙辛으로 싸움이 붙었으며, 또 인수 원신이 깨어지는 형상이
다. 그 바람에 재성과 살이 날뛰게 되는 상황에서 辛金대운의 壬子
년을 맞이해서 또 財殺을 만나게 되니 국가의 법을 범하고 형벌을
만나게 된 것이다.

【강의】

　특별히 추가 설명을 해야 할 필요는 없겠다. 다만 앞으로도 계속해
서 만나게 될 글자 중에 '不知'라는 글이 있다. 不知는 여기에서도
나타나고 있는데, 앞의 설명은 당시의 일반적인 명리학자들의 안목
으로 보는 견해를 의미하게 되고, 다음에 나오는 것은 철초 선생의
견해로 이해하면 된다. 그리고 아울러서 또 한 가지는 '俗論'이라는
말이 있다. 이것은 '일반적으로 흔히들 그렇게 말한다'는 정도로 이
해하면 된다. 앞으로 자주 만나게 되는 용어이므로 차제에 잘 기억해
둔다면 원문을 보기에 참고가 되리라고 본다.

```
己  乙  辛  癸
卯  卯  酉  酉
癸 甲 乙 丙 丁 戊 己 庚
丑 寅 卯 辰 巳 午 未 申
```

天干乙辛己癸. 地支兩卯兩酉. 金銳木凋. 天地交戰. 金當令.
反有己土之生. 木休囚. 癸水不能生扶. 中運南方. 火旺制煞. 異
路出身. 至辰運生金助煞. 遂羅國法.

천간을신기계. 지지양묘양유. 금예목조. 천지교전. 금당령.
반유기토지생. 목휴수. 계수불능생부. 중운남방. 화왕제살. 이
로출신. 지진운생금조살. 수라국법.

➡ 천간은 을목과 신금, 기토와 계수다. 지지는 두 개의 묘목과 유금
이 있어 목은 시들고 금은 날카롭다. 이렇게 되면 天地가 교전한다
고 하겠는데, 金은 당령이 되었고, 도리어 己土가 생해 주기까지 하
는데, 木은 휴수로 약한 데다가 계수는 또한 생조를 해 주기가 불가
능하다. 중간에 辛金이 막고 있는 까닭이다. 그리고 중간 운에서 남
방의 火氣가 왕성한 상황에서는 살을 제해서 옆길로 벼슬을 했지만,
辰土운에서는 금을 도와 주는 운이니 국법에 걸렸다.

【강의】

여기에서 '나국법을 받았다'는 말이 정확하게 무엇을 의미하는지
모르겠다. 혹 중국 이외의 다른 나라에서 형을 받았다는 의미가 될

수도 있겠다고 생각하겠는데, 프랑스를 법국(法國)이라고 하는 한자
의 음역으로는 알아내기 어렵겠다. 그리고 이야기의 흐름상 별로 중
요한 것이 아니므로 그냥 넘어가도 아무런 상관이 없을 것이다. 다
만 사형을 당했던 것으로 이해해야 하지 않을까 싶다. 여기에서도
자주 등장하는 용어가 있다. '異路' 라는 말이다. 이 말은 정식적인
코스를 밟아 벼슬한 것이 아니고 옆길로 들어왔다는 의미이다. 요즘
같으면 스포츠 신수라든지 국회의원 등이 이에 해낭하지 않을까 싶
다. 참고하시기 바란다.

甲	壬	壬	壬
辰	午	寅	申

庚	己	戊	丁	丙	乙	甲	癸
戌	酉	申	未	午	巳	辰	卯

壬水生於寅月. 年月兩透比肩. 坐申逢生. 水勢通源. 且春初木
嫩逢沖. 似乎不美. 喜其坐下午火. 能解春寒. 木得發生. 金亦有
制. 更妙時干甲木. 元神發露. 天干之水. 亦有所歸. 運行火地.
有生化之情. 無爭戰之患矣. 是以棘闈奏捷. 出宰名區. 至申運兩
沖寅木. 不祿.

임수생어인월. 연월양투비견. 좌신봉생. 수세통원. 차춘초목
눈봉충. 사호불미. 희기좌하오화. 능해춘한. 목득발생. 금역유
제. 갱묘시간갑목. 원신발로. 천간지수. 역유소귀. 운행화지.
유생화지정. 무쟁전지환의. 시이극위주첩. 출재명구. 지신운양
충인목. 불록.

➡ 임수가 인월에 생하여 年月에 두 개의 비견이 투출되었다. 또 申에 앉아서 생을 만난 형상인데, 수의 세력이 근원에 통해 있는 상황이다. 또, 이른봄의 나무가 충을 만났으니 아름답지 못한 것처럼 보인다. 그래도 반가운 것은 앉은자리의 午火이다. 능히 봄날의 추위를 해소하고 목은 발생을 얻게 되며 금을 제어하게 된다. 다시 묘하게도 時干의 甲木의 원신이 투출되어 있으니 천간의 물은 다시 돌아갈 곳을 찾은 셈이다. 운이 남방의 火運으로 갈 적에 生化의 정은 있으나 전쟁의 근심은 없으니 이로 인해 무과(극위주첩)에 합격한 후에 지역에서 이름이 나게 되었는데, 申運이 되어 두 개의 申金이 寅木을 충해서 그만두게 되었다.

【강의】

별도의 설명은 필요 없다고 보고, '극위주첩'은 사전에 가시로 울타리를 만든 곳에서 시험을 보는 것에 대한 이야기인데, 미루어 해석해 보면 무과라고 하는 것을 알 수 있다. 그 정도의 이해라면 사주를 이해하는 것으로 충분하겠기에 더 이상 상세하게 찾아보지 않았다. 그리고 '不祿'은 녹이 떨어진 것을 말하는데, 요즘 같으면 직업에 정년이 정해져 있지만 예전에는 왕이 그만두라고 하기 전에는 종신토록 벼슬을 한 것으로 봐서 죽었다는 것과 서로 통용이 되는 것으로 보겠다. 앞으로도 계속해서 나오는 용어이므로 참고해 두면 좋겠다.

辛	壬	壬	壬
丑	申	寅	申

庚	己	戊	丁	丙	乙	甲	癸
戌	酉	申	未	午	巳	辰	卯

天干三壬. 地支兩申. 春初木嫩. 難當兩申夾冲. 五行無火. 少制化之情. 更嫌丑時濕土生金. 爲氣濁神枯之象. 初運癸卯甲辰. 助其木之不足, 蔭庇有餘. 乙巳刑冲並見. 刑喪破敗. 丙午羣比爭財. 天干無火之化. 家破身亡.

천간삼임. 지지양신. 춘초목눈. 난당양신협충. 오행무화. 소제화지정. 갱혐축시습토생금. 위기탁신고지상. 초운계묘갑진. 조기목지부족, 음비유여. 을사형충병견. 형상파패. 병오군비쟁재. 천간무화지화. 가파신망.

◆ 천간에는 세 개의 壬水가 있고 지지에는 두 개의 申金이 있는데 초봄이라 木이 어리니 두 개의 신금이 충해 오는 것을 감당하기 어렵겠다. 오행에 火가 없으니 제화(制化)하려는 생각도 적다. 다시 싫은 것은 丑時에 태어나는 바람에 濕土가 다시 金을 생해 주는 형상이다. 그래서 기운은 탁하고 정신은 메마른 형상이 되었다. 초운에 癸卯와 甲辰에서는 木의 부족한 부분을 도와 부모의 도움이 넉넉했는데, 乙巳대운에는 충돌이 함께 보여서 애로가 많았다. 丙午대운이 되자 군비쟁재의 형상이 되었으면서도 천간에서는 火를 유통시켜 줄 방법이 없었으니 집이 깨어지고 자신도 죽게 되었다.

【강의】

'음비유여'는 부모의 덕이 넉넉했음을 의미하고, '형상파패'는 온 갖 고통을 겪는 것으로 이해하면 된다. 특별히 어려운 부분은 없어 보인다.

甲	戊	辛	乙
寅	申	巳	亥

癸	甲	乙	丙	丁	戊	己	庚
酉	戌	亥	子	丑	寅	卯	辰

天干乙辛甲戊. 地支寅申巳亥. 天地交戰. 似乎不美. 然喜天干 乙辛, 去官星之混殺. 地支寅申, 制殺之肆逞. 巳亥逢冲壞印, 本 屬不喜. 喜在立夏後十天. 戊土司令. 則亥水受制, 而巳火不傷. 中年運途木火. 助印扶身. 聯登甲第. 仕至郡守. 至子運扶起亥 水. 生煞壞印. 不祿.

천간을신갑무. 지지인신사해. 천지교전. 사호불미. 연희천간 을신, 거관성지혼살. 지지인신, 제살지사령. 사해봉충괴인, 본 속불희. 희재입하후십천. 무토사령. 즉해수수제, 이사화불상. 중년운도목화. 조인부신. 연등갑제. 사지군수. 지자운부기해 수. 생살괴인. 불록.

➡ 천간은 乙木 辛金 甲木 戊土이고 지지는 寅申巳亥가 있어 천간과 지지가 서로 싸우고 있는 형상이니 문제가 있어 보인다[不美]. 그러

나 반가운 것은 천간에서는 을목을 신금이 극하니 관성의 혼잡을 제거한 모습이고, 지지는 寅申충으로 다시 인목이 날뛰는 것을 제어하고 있으며, 巳亥충으로 인해서 인성을 깨는 것은 원래 나쁜 형상인데, 반갑게도 立夏로부터 10일이 지난 다음에 戊土가 사령한 시기이니, 즉 해수가 오히려 제어를 받는다고 봐야 하겠다. 그러니 巳火는 손상되지 않았다. 중년의 운이 木火로 흐르는 까닭에 인성과 일주를 도와 계속해서 벼슬길이 상승되어 군수까지 올라갔다. 그리고 子水 운에서는 亥水를 도와 일으키니 살을 생하고 인성을 쳐서 녹이 끝났다.

【강의】

상당히 소란스러워 보이는 사주이다. 다행이라고는 했지만 참으로 따분한 사주임에는 틀림이 없다. 운도 북으로 흘러간 상황이어서 크게 발하기는 어려웠겠는데, 중년에 木火운이라고는 했지만 실로 특별히 대입할 만한 운이 없다. 丁丑대운 정도를 본다고 해야 하지 않을까 싶다. 그리고 丙火대운은 그럭저럭 넘어갔다고 하겠으나 자수에서는 도리 없이 넘어진 모양이다. 운이 남방으로 갔더라면 좋겠다는 생각이 든다.

庚	甲	辛	乙
午	子	巳	亥
癸 甲 乙 丙 丁 戊 己 庚			
酉 戌 亥 子 丑 寅 卯 辰			

天干甲乙庚辛. 地支巳亥子午. 天地交戰. 局中火旺水衰. 印綬
未嘗不喜官煞之生. 不知庚辛在巳午之上. 與亥子芒無關切. 正
謂剋洩交加. 兼之運途不逢水地. 刑耗異常. 剋三妻四子. 至丁丑
運. 合去子水. 晦火生金. 一事無成而亡.

천간갑을경신. 지지사해자오. 천지교전. 국중화왕수쇠. 인수
미상불희관살지생. 부지경신재사오지상. 여해자망무관절. 정
위극설교가. 겸지운도불봉수지. 형모이상. 극삼처사자. 지정축
운. 합거자수. 회화생금. 일사무성이망.

❧천간은 甲乙과 庚辛이고 지지는 巳亥와 子午가 있는데 천간과 지
지가 싸우고 있다. 사주에 火는 왕하고 水는 쇠한 형상인데, 인수는
어쨌든 관살의 생조를 기뻐할 수밖에 없다고 보겠다. 그러나 庚辛이
巳午에 앉아 있다는 것을 모르고 하는 말이다. 그리고 亥子와도 서
로 떨어져 있으니 말 그대로 극설이 교차되었다고 해야 할 모양이
다. 겸해서 운도 水를 만나지 못하고 있으니 온갖 고초를 겪게 되고,
3명의 처와 4명의 아들을 모두 극하였다. 정축운이 되자 子水를 합
거해서 불을 어둡게 하고 金을 생하는 구조가 되니 한 가지도 이룬
것이 없이 죽었다.

【강의】

이 사주는 그야말로 흐름이라고는 눈을 씻고 봐도 보기 어려운 지
경이다. 답답한 사주이고, 그러한 삶을 살았다고 해야 하겠다. 누구를
탓할 지경은 아니지만 그래도 사람으로 태어나 자신의 의도대로 뭔가
를 해 보고 가야 할 텐데, 마음대로 되지 않는 것이 인생인 모양이다.

【滴天髓】

合有宜不宜. 合多不爲奇.
합유의불의. 합다불위기.

⊙ 합에도 옳은 경우가 있고 틀린 경우가 있으며, 합이 많은 것은 좋은 것이 아니다.

【滴天髓徵義】

合固美事. 然喜合而合之爲美. 若忌合而合之. 比冲愈凶. 何也. 冲得合而靜之則易. 合得冲而動之則難. 故喜神有能合而助之者,爲美. 如庚爲喜神. 得乙合而助之者是也. 凶神有能合而去之者更美. 如甲爲凶神. 得己合而去之者是也. 閑神凶神, 有能合而化喜者. 如癸爲凶神, 戊爲閑神. 戊癸合而化火爲喜神是也. 閑神忌神有能合而化喜者. 如壬爲閑神, 丁爲忌神, 丁壬合而化木爲喜神是也. 如子午逢冲. 喜神在午. 得丑合之. 寅申逢冲. 喜神在寅. 得亥合之. 皆是宜也. 如忌神得合而助之者. 以己爲忌神. 甲合之則爲助忌之合. 以乙爲喜神. 庚合之則爲戀凶之合. 有喜神閑神合化忌神者. 以丙爲喜神. 辛爲閑神. 丙辛合化水爲忌神也. 有閑神忌神合化凶神者. 以壬爲閑神. 丁爲忌神. 丁壬合化木爲凶神是也. 如卯酉逢冲. 喜神在卯. 得辰合之. 化金仍剋木者. 巳亥逢冲. 喜神在巳. 得申合之. 化水仍剋火者. 皆是不宜也. 大抵忌神合而化去之. 喜神合而化來之. 喜也, 若忌神合而不去. 不

足爲喜. 喜神合而不來. 不足爲美. 反爲羈絆阻礙矣. 來與不來.
卽化與不化也. 宜審察之.

합고미사. 연희합이합지위미. 약기합이합지. 비충유흥. 하
야. 충득합이정지즉이. 합득충이동지즉난. 고희신유능합이조
지자,위미. 여경위희신. 득을합이조지자시야. 흉신유능합이거
지자갱미. 여갑위흉신. 득기합이거지자시야. 한신흉신, 유능합
이화희자. 여계위흉신, 무위한신. 무계합이화화위희신시야. 한
신기신유능합이화희자. 여임위한신, 정위기신, 정임합이화목
위희신시야. 여자오봉충. 희신재오. 득축합지. 인신봉충. 희신
재인. 득해합지. 개시의야. 여기신득합이조지자. 이기위기신.
갑합지즉위조기지합. 이을위희신. 경합지즉위연흉지합. 유희
신한신합화기신자. 이병위희신. 신위한신. 병신합화수위기신
야. 유한신기신합화흉신자. 이임위한신. 정위기신. 정임합화목
위흉신시야. 여묘유봉충. 희신재묘. 득진합지. 화금잉극목자.
사해봉충. 희신재사. 득신합지. 화수잉극화자. 개시불의야. 대
저기신합이화거지. 희신합이화래지. 희야. 약기신합이불거.부
족위희. 희신합이불래. 부족위미. 반위기반조애의. 내여불래.
즉화여불화야. 의심찰지.

➜ 슴은 원래 아름다운 일이라고 말한다. 그렇지만 합을 기뻐할 때에
나 해당하는 말이다. 만약 합을 꺼리는 경우에 합을 하고 있다면 충
을 만난 것보다도 더 나쁘다고 봐야 한다. 왜 그런가 하면, 충이 있
을 경우에는 합을 만나면 고요해지니 오히려 쉬운데, 합은 충을 만
나게 되면 또 동하기 때문에 어려운 것이다. 그러므로 희신에게 합
해서 도와 주는 경우에는 기쁘다고 말하게 된다. 예를 들면, 庚金이

희신이라고 할 경우에 乙木을 얻어 합하게 되면 化金이 되어 돕게 되므로 이런 경우에 하는 말이다.

흉신은 또한 합을 해서 가 버리는 것이 아름다운데, 예를 들면, 甲木이 흉신일 경우에 己土를 만나 합이 되어 토로 화해서 제거되는 것을 말한다. 또, 합해서 희신으로 화하는 것은, 예를 들면, 계수가 흉신인데, 무토가 한신이면서 戊癸합이 되어서는 火로 화하여 희신이 되는 것을 말한다. 그리고 한신과 기신이 서로 합해 희신으로 화하는 경우에는 壬水가 한신이고 丁火는 기신인데, 정임합이 되어서 목으로 화하면 희신이 되는 것이다. 또 子午충이 있는데 희신이 午火에 있을 경우라면 丑土를 얻어서 합이 되거나 寅申충에서 희신이 寅木에 있을 경우에 해를 얻어 합이 되거나 하면 모두 좋게 되는 것이다.

또, 기신과 합해 기신을 도와 주는 경우를 예로 든다면 기토가 기신인데, 갑목과 합해서 기신을 도와 주게 되는 경우이다. 그리고 이 때에는 乙木이 희신이 되는데, 경금으로써 합이 되어 합에 빠져서 흉하게 되는 것도 생각해 볼 만하겠다. 또, 희신이 한신과 합해 기신이 되는 경우도 있겠다. 예를 들면, 丙火가 희신인데, 한신인 辛金과 합해서 물로 화하게 되면 기신으로 된 셈이다. 또, 한신과 기신이 합해서 흉신이 된 경우를 생각해 본다면 임수를 한신으로 봤을 경우에 丁火가 기신이라면 정임이 합해서 목으로 화하니 흉신이 된 것으로 보겠다.

또, 卯酉충에서 희신이 卯木에 있다면 辰土와 합해서 금으로 화하여 목을 극하게 되는 것도 생각할 수 있겠다. 巳亥충이 있을 경우에

희신이 巳火에 있는 경우라면 신금과 합이 되어 물로 화해서 오히려 화를 극하는 경우도 있겠다. 이러한 합은 원하지 않는 합이고, 꺼리는 합이 되는 것이다.

그러니까 대체로 기신과 합해서 가 버리거나 희신이 합해서 온다면 좋겠지만, 만약 기신과 합하더라도 가지 않는다면 좋아하기는 이르다. 또, 희신이 합해도 오지 않는 경우에는 좋아하기 이르다. 도리어 기반이 되어서 장애만 발생하게 된다. 와도 오지 않는다고〔來不來〕 하는 말은 화해도 화하지 않는 것을 말하는 것이므로 마땅히 잘 살펴야 할 것이다.

【강의】

합이 되면 좋게 되는 경우도 있고 나쁘게 되는 경우도 있다고 설명하고 있는데, 물론 일단 합이라고 해서 모두 좋은 것은 아니라는 정도의 답을 얻게 되는 것으로는 일리가 있는 설명이다. 다만 여기에서 주의해야 할 것은, 合을 한다고 해서 모두 化하는 것은 아니라는 것이다. 설명으로 보아 합이 되면 화하는 것으로 이해할 수 있는데, 실은 합만 되고 화하지 않는 경우가 아마도 90퍼센트는 될 것으로 보고 있다. 즉, 합은 되기 쉽지만 화하기는 극히 어렵다고 생각해야 하는데, 그렇다면 화하지도 않은 상태에서 무슨 도움이 되겠느냐고 이해해야 한다. 앞의 설명 가운데 乙木이 庚金과 합해서 경금이 용신이라면 오히려 좋다는 말도 그렇다. 화하지 않은 상태라면 또한 용신의 기반에 해당한다는 말을 하지 않으면 자칫 혼란을 겪을 수도 있는 것이다. 이러한 부분에서 오해의 여지가 있다는 것을 보면서 『적천수』에 대한 해설이 필요하겠다는 생각을 하게 되었지만, 이렇게 합에 대한 부분을 명확하게 이해하지 않으면 곤란하다는 것을 여기에서 분명히 해야 하겠다.

그리고 내친 김에 추가로 말하고 싶은 것은 六合이다. 이것은 실제로 과연 존재하는 것인지 의심스러운 부분이다. 실제로 졸저『알기 쉬운 합충변화』에서도 언급했지만, 육합은 도표상으로만 존재하고 실제로는 작용하지 않는 것으로 보는 것이 낭월의 생각이다. 벗님도 이 부분에 대해서는 고정 관념보다는 살아 있는 관찰력으로 살펴보시기 바란다.

마지막에 가장 중요한 말씀을 하시는데, 실은 너무 얼렁뚱땅 넘어가기 때문에 눈치가 느린 사람은 그냥 흘려 버릴 수도 있지 않을까 싶을 정도이다. 걱정이 많은 낭월의 고민인지는 모르지만, 이렇게 '化而不化'의 의미를 좀더 부각시켜서 설명해야 할 필요를 느끼게 되는 것이다. 화해도 화하지 않으면 오히려 기반이 되어서 작용하지 못하게 만든다는 의미가 되겠다. 이것은 희용신이 합되면 희용신 작용이 떨어질 것이고, 기구신이 합되어서 화하지 않으면 기구신의 작용을 하지 않을 것이므로 피차 일반이라고 하겠다. 그래도 일단은 이렇게 설명을 해야 명확하게 이해하시리라고 본다. 합에 대해서는 이 정도면 기준이 세워졌다고 본다. 적어도 합에도 합 나름이라고 하는 것은 명확하게 전달될 것이기 때문이다. 그리고 '兇也'라는 글은『징의』원문에는 없는 것이지만 있어야 말이 되어서 삽입했음을 밝혀 둔다.

```
乙　丙　庚　辛
未　子　寅　亥
壬 癸 甲 乙 丙 丁 戊 己
午 未 申 酉 戌 亥 子 丑
```

丙子日元. 生於春初. 火虛木嫩. 用神在木. 忌神在金. 最喜亥
水流通金性. 合寅生木爲宜. 時支未土. 又得乙木盤根之制. 去濁
留淸. 中和純粹. 爲人寬厚和平. 一生宦途安穩.

병자일원. 생어춘초. 화허목눈. 용신재목. 기신재금. 최희해
수류통금성. 합인생목위의. 시지미토. 우득을목반근지제. 거탁
류청. 중화순수. 위인관후화평. 일생환도안온.

➡ 丙子일주가 초봄에 태어났는데 丙火는 약하고 木은 어리다. 그래
서 용신은 木에 있고, 기신은 金이 된다. 가장 기쁜 것은 사주에서
亥水가 금의 성분을 유통시켜 주는 것인데, 인목과 합해서 목을 생
하므로 더욱 좋다고 하겠다. 그리고 時支의 未土는 乙木의 뿌리가
되며 제어도 받는다. 그래서 탁한 것은 제거하고 청한 것은 머물러
두게 되니 중화가 되어 순수하다고 하게 된다. 사람됨이 너그럽고
화평하며 일생의 벼슬길도 편안했다.

【강의】

이 설명에서 亥水가 寅木과 합이 되어 좋아졌다고 보지 않아도 상
황은 좋게 되어 있다. 구태여 인해합을 거론하지 않아도 되겠다는

생각을 하게 된다. 이것은 육합을 제거해도 설명된다는 것을 밝혀
보려고 낭월이 시도하는 것이다. 앞으로도 계속해서 육합에 대한 이
야기가 나올 적에는 육합과 상관 없다는 것을 전제로 이해하기 바란
다. 그리고 육합이 없어도 설명된다는 것을 확인하기 바란다.

辛	壬	庚	戊
丑	寅	申	子

戊	丁	丙	乙	甲	癸	壬	辛
辰	卯	寅	丑	子	亥	戌	酉

壬寅日元. 生於孟秋. 秋水通源. 重重印綬. 戊丑之土. 能生金
不能制水. 置之不用. 只得順水之性. 以寅木爲用. 至癸運洩金生
木. 入泮. 亥運支類北方. 去其丑土溼滯之病. 又生合寅木. 科甲
聯登. 名高翰苑. 所嫌者寅申逢冲. 秀氣有傷. 降知縣. 甲子水木
齊來. 仕路平安. 乙運合庚助虐. 罷職回家. 丑運生金. 不祿.

임인일원. 생어맹추. 추수통원. 중중인수. 무축지토. 능생금
불능제수. 치지불용. 지득순수지성. 이인목위용. 지계운설금생
목. 입반. 해운지류북방. 거기축토습체지병. 우생합인목. 과갑
연등. 명고한원. 소혐자인신봉충. 수기유상. 강지현. 갑자수목
제래. 사로평안. 을운합경조학. 파직회가. 축운생금. 불록.

➡️ 壬寅 일주가 초가을에 태어났는데 가을 물이 근원에 통해져 있는
것이 튼튼하다. 그리고 인수가 너무 많은 상태에서 戊土나 丑土는
능히 금을 생하고 수를 제어하기는 어려우니 내버려두고 쓰지 않는

다. 다만 수의 성질에 순응하여 인목으로 용신을 삼는다. 癸水대운
에서 금을 설하고 목을 생하므로 반수에 들었고, 해운에서는 북방이
되므로 축토의 습기가 병인데 제거를 한다. 또, 인목을 생하면서 합
하니 과거에 연이어 급제하고 이름이 한림원에 높았다. 다만 싫은
것은 인신충을 만난 것인데, 빼어난 기운에 해당하는 寅木이 손상을
받아 지현의 벼슬로 떨어지고 甲子대운에는 수와 목이 들어와서 벼
슬이 편안했는데, 乙木운에는 경금과 합이 되어 난폭함만 도와 주게
되니 파직당하여 집으로 돌아갔다가 丑運에는 금을 생하니 사망하
게 되었던 것이다.

【 강의 】

여기에서 입반(入泮)이라는 말이 나오는데, 이것은 반수(泮水)라
는 강에 세운, 제후들의 자제를 보내어 교육시키는 특급 학교이다.
한국 사회로 보면 서울대라고 하겠다. 그래서 좋은 환경에서 공부를
했다는 이야기인데 반궁(泮宮)이라고도 한다.

丁	丙	壬	丁
酉	午	寅	亥

甲	乙	丙	丁	戊	己	庚	辛
午	未	申	酉	戌	亥	子	丑

丙午日元. 生於寅月. 天干兩透丁火. 旺可知矣. 壬水通根亥
支. 正殺印相生. 所嫌者丁壬寅亥化木爲忌. 以致劫刃肆虐. 羣劫

爭財. 初交北方金水. 遺業豊盛. 戊戌運又會火局. 剋盡金水.
家破身亡.

　병오일원. 생어인월. 천간양투정화. 왕가지의. 임수통근해
지. 정살인상생. 소혐자정임인해화목위기. 이치겁인사학. 군겁
쟁재. 초교북방금수. 유업풍성. 무술운우회화국. 극진금수.
가파신망.

▶丙午 일주가 寅月에 태어났는데 천간에 두 개의 丁火가 투출되어
있으니 그 왕한 세력을 가히 짐작할 만하다. 壬水는 亥水에 통근하
고 있으니 바로 殺印相生이라고 하겠다. 그런데 싫은 것은 丁壬합과
寅亥합으로 목으로 화하는 것이다. 이로 인해 겁재도 또한 사납게
날뛰니 군겁쟁재의 형상이라고 하겠다. 초운에 북방의 金水운으로
바뀌자 부모의 유산이 많아서 넉넉했는데, 戊戌대운으로 바뀌면서
또 火局이 되는 형상이다. 그렇게 되니까 金水를 모두 극해서 없애
버린 모양이니 그래서 집안이 망하고 자신도 죽었던 것이다.

【강의】

　寅亥합은 그만두더라도 화의 세력은 상당하다고 하겠다. 역시 육
합무용(六合無用)을 거론하고 있는 낭월이다. 용신이 약한 형상이어
서 화토운에서 문을 닫았던 모양이다. 용신이 무력하므로 운에서 파
란이 극심한 것으로 해석해야 하겠다.

丙	戊	甲	己
辰	寅	戌	亥

丙	丁	戊	己	庚	辛	壬	癸
寅	卯	辰	巳	午	未	申	酉

戊生季秋. 土正司令. 劫印並透. 日柱未嘗不旺. 但甲木進氣.
支得長生祿旺. 又辰爲木之餘氣. 洩火養木. 無金以制之. 殺勢旺
矣. 喜其甲己合之爲宜. 則日主不受其剋. 更妙中年運走土金. 制
化合宜. 名高祿重

무생계추. 토정사령. 겁인병투. 일주미상불왕. 단갑목진기.
지득장생록왕. 우진위목지여기. 설화양목. 무금이제지. 살세왕
의. 희기갑기합지위의. 즉일주불수기극. 갱묘중년운주토금. 제
화합의. 명고녹중.

➥戊土가 늦가을에 태어났지만 戌月이라 土의 기운을 얻었고 비견
(比肩)과 인수(印綬)가 함께 있다. 그러니 일주는 여하튼 왕하지 않
을 수 없다. 다만 갑목의 진기라고 하니까 지지에서 장생과 녹왕까
지 얻은 상태에서 진토까지도 목의 여기이므로 화의 기운을 설하고
금의 제어가 없으니 살의 세력이 상당하다고 하겠다. 반가운 것은
甲己합이 된 것인데 그래서 일주는 극제를 받지 않고 다시 묘하게도
중년의 운이 土金으로 달리게 되니 제하고 화함이 적당해서 이름도
높았을 뿐더러 봉록도 두둑했던 것이다.

【강의】

月干의 甲木은 실로 기토와 합이 되어 무력한 상황이라고 해야 하겠다. 다만 日支에서 寅木이 강하게 버텨 줬으므로 그만한 벼슬을 하였을 것이다. 그렇다고는 해도 운도 마땅치 않은 상황에서 잘 나갔던 모양이다. 아무래도 철초 선생의 안목은 따라가기에 벅차지 않은가 싶은 생각이 절로 든다. 낭월이 보기에는 그렇게까지 해석되기 어렵겠다는 생각이 들어서이다.

```
丙   戊   甲   己
辰   寅   戌   巳
丙 丁 戊 己 庚 辛 壬 癸
寅 卯 辰 巳 午 未 申 酉
```

此與前造只換一亥字. 則土無水潤. 不能養木. 甲己之合爲不宜. 殺無勢. 劫肆逞矣. 壬申運生化. 得一衿而不第. 中運又逢土金. 刑妻剋子. 家業潛消. 至巳運而卒. 毫厘千里之隔也.

차여전조지환일해자. 즉토무수윤. 불능양목. 갑기지합위불의. 살무세. 겁사령의. 임신운생화. 득일금이부제. 중운우봉토금. 형처극자. 가업잠소. 지사운이졸. 호리천리지격야.

➡이 명조는 앞의 명조와 亥 한 글자만 바뀌었다. 즉, 戊土가 물의 윤택함을 얻지 못했으니 나무를 기르기 불가능하다. 갑기합으로 인해서 마땅하지 못한 합이 된 꼴이므로 殺이 살로서 위력이 없고 도

리어 겁재가 날뛰는 형상이 되었다. 壬申운에서는 生化가 되어 미관 말직이나마 얻었지만 급제는 못했고, 중간의 운에서 또 土金을 만나게 되니 처자식을 극하고 가업도 쇠락했다. 巳火운이 되자 죽고 말았으니 털끝만큼 작은 차이일 뿐인데도 천리만큼이나 큰 차이가 있는 것이다.

【강의】

설명을 보면 앞사주에서는 원국에 亥水가 있어서 희신 역할을 잘해 준 덕분에 金의 운을 잘 넘겼지만, 이 사주에서는 유통을 시켜 주는 희신이 없는 상태여서 금운에 깨어진 것으로 봐야 하지 않을까 싶다.

丙	甲	壬	丁
寅	子	寅	未

甲	乙	丙	丁	戊	己	庚	辛
午	未	申	酉	戌	亥	子	丑

甲木生於寅月寅時. 木嫩氣虛. 以丙火解凍敵寒爲用. 以壬水剋丙爲忌. 最喜丁壬之合. 化木反生丙火. 癸酉年本屬不吉. 喜其在己土運. 能剋癸水. 棘闈奏捷. 戊運卯年發甲. 惜限於地. 未能大用.

갑목생어인월인시. 목눈기허. 이병화해동적한위용. 이임수극병위기. 최희정임지합. 화목반생병화. 계유년본속불길. 희기

재기토운. 능극계수. 극위주첩. 무운묘년발갑. 석한어지. 미능
대용.

➡️ 甲木이 寅月 寅時에 태어났는데 木은 어리고 氣도 허하다. 그러니
병화로써 추위를 해소하고 용신으로 삼게 되는 것이다. 임수는 병화
를 극하므로 기신이다. 그런데 가장 반가운 것은 壬水가 丁火와 합
이 되는 바람에 목으로 화하는 형상이라 도리어 丙火를 생해 주는
역할을 하게 되는 것이다. 癸酉年에는 본래 좋을 것이 없는 운인데,
다행히도 己土의 대운이어서 능히 癸水를 극하게 되어 무과에 급제
했는데, 戊土의 운에서는 卯年에 수석으로 급제를 했으나 아깝게도
지지의 운이 마땅치 않은 까닭에 크게 쓰이지는 못했다.

【 강의 】

이 사주의 경우 운이 금운으로 가게 되는 바람에 실제로 큰 도움을
받지 못했던 모양이다. 사실 亥水의 대운이나 庚子의 대운은 모두
부담이라고 봐야 하겠다. 그리고 보면 역시 성공을 하는 것은 운에
달렸다고 해야 할 모양이다.

甲	甲	壬	丁
子	戌	寅	亥

甲	乙	丙	丁	戊	己	庚	辛
午	未	申	酉	戌	亥	子	丑

甲生寅月. 得時當令. 如用丁火. 火爲壬水合去. 如用戊土. 寅亥生合剋戊. 一生成敗不一. 刑耗多端. 還喜中運不背. 溫飽而已. 所以合之宜者. 名利裕如. 合之不宜. 刑傷破敗.

갑생인월. 득시당령. 여용정화. 화위임수합거. 여용술토. 인해생합극술. 일생성패불일. 형모다단. 환희중운불배. 온포이이. 소이합지의자. 명리유여. 합지불의. 형상파패.

➜甲木이 寅月의 힘을 얻어 丁火로 用神을 하려고 했더니, 丁火가 임수와 합이 되어 가 버리게 되는 형상이다. 그래서 戊土를 용신으로 하려고 했더니 이번에는 인해합으로 인해서 술토를 극하고 있다. 그러니 일생 동안 이루고 패하기가 한두 번이 아니었다. 온갖 고통이 뒤따랐는데, 그래도 반가운 것은 중간의 운이 어기지 않아서 겨우 밥술이나 먹고 추위를 면한 정도였다. 그러니 합이 마땅한 경우에는 합이 되는 것이 명예든 이익이든 넉넉하겠지만, 합이 마땅치 않은 경우에는 온갖 애로를 겪게 되는 것이다.

【강의】

이 경우에는 합이 마땅치 않은 경우인데 합이 되는 바람에 신세를 망친 모양이다. 그래도 중간에서 운이 도와 줬다고는 하지만, 겨우 등 따습고 배부른 것으로는 사나이 대장부가 할 일을 다했다고 할 수 없을 것이다. 여하튼 원국에서 합이 되었더라도 용신만큼은 합이 되지 않도록 해야 하겠지만 역시 마음대로 되는 것이 아니므로 딱한 일이라고 해야 할 모양이다.

【滴天髓】

生方怕動庫宜開. 敗地逢冲仔細推.
생 방 파 동 고 의 개 . 패 지 봉 충 자 세 추 .

◐ 寅申巳亥(生方)는 충돌이 무섭고, 辰戌丑未의 고지는 열려야 하
며 子午卯酉는 충이 되면 자세히 살펴야 한다.

【滴天髓徵義】

舊設金水能冲木火. 木火不能金水. 此論天干則可. 論地支則
不可. 蓋地支之氣多不專. 有他氣藏在內也. 如逢他氣乘權得勢.
卽木火亦豈不能冲金水乎. 生方怕動者. 兩敗俱傷也. 假如寅申
逢冲. 申中庚金剋寅中甲木. 寅中丙火未嘗不剋申中庚金. 申中
壬水剋寅中丙火. 寅中戊土未嘗不剋申中壬水. 戰剋不靜故也.
庫宜開者. 亦有宜不宜. 祥下雜氣章. 敗地逢冲仔細推者. 子午卯
酉之專氣也. 用金水則可冲. 用木火則不可冲. 然亦須活看. 不可
執一. 倘用春夏之金水. 則金水之氣休囚. 木火之氣旺相. 金水豈
不反傷乎. 宜參究之.

구설금수능충목화. 목화불능금수. 차론천간즉가. 논지지즉
불가. 개지지지기다불전. 유타기장재내야. 여봉타기승권득세.
즉목화역기불능충금수호. 생방파동자. 양패구상야. 가여인신
봉충. 신중경금극인중갑목. 인중병화미상불극신중경금. 신중
임수극인중병화. 인중무토미상불극신중임수. 전극부정고야.

고의개자. 역유의불의. 상하잡기장. 패지봉충자세추자. 자오묘
유지전기야. 용금수즉가충. 용목화즉불가충. 연역수활간. 불가
집일. 당용춘하지금수. 즉금수지기휴수. 목화지기왕상. 금수기
불반상호. 의참구지.

➜ 예로부터 전해 내려오는 말에 '金水는 능히 木火를 剋해도 木火
는 金水를 剋하지 못한다.'고 한다. 이러한 논리는 천간을 말할 때는
옳은 말이지만 지지에서는 반드시 옳다고 하기 어렵다. 대개 지지의
기운은 많아서 집중이 되지 않으니 이는 다른 기운이 속에 숨어 있
기 때문이다. 예를 들어, 다른 성분이 월령을 잡고 세력을 얻었다면
즉 木火라고 해서 어찌 金水를 극하지 말라는 법이 있겠는가?

'생방파동'이라고 하는 까닭은 둘 다 손상을 입게 되기 때문이다.
예를 든다면 寅申충이 발생하게 되면 신중의 庚金이 인중의 甲木을
극하게 되는 것이고, 또 인중의 丙火는 다시 신중의 경금을 극하지
않을 수 없는 것이다. 또, 신중의 임수는 다시 인중의 병화를 극하게
될 것이고, 인중의 무토는 다시 신중의 임수를 극하지 않을 수 없는
것이니 이렇듯 싸움이 그칠 날이 없다고 보는 것이다.

'고의개'라는 말도 역시 옳은 경우도 있고 그렇지 않을 경우도 있
다. 아래의 잡기(雜氣)에서 상세하게 설명할 것이므로 여기에서는
생략한다. '패지봉충자세추'라는 말은 子午卯酉의 전왕을 말한다.
金水를 용하게 된다면 충을 해도 가능하겠는데, 木火를 용신으로 삼
았다면 충은 불가하다고 봐야 한다. 그렇다고는 해도 또한 유연한
사고방식[活看]으로 관찰해야 할 것이니 한 가지 이론에 집착하는
것은 옳지 않다. 가령, 봄이나 여름의 金水는 休囚가 되는 시절이다.
그리고 木火는 오히려 왕성한 상황인데, 이 때의 金水라면 어찌 도

리어 상하지 않겠는가 말이다. 그래서 잘 참고해서 연구해야 옳다고
보는 것이다.

【강의】

특별히 중요한 의미를 추가로 부여해야 할 것은 없어 보인다. 창고
를 열어야 한다는 말은, 다음 장으로 넘기는 것으로 보아 뒤에서 언
급하실 모양이다. 그렇다면 여기에서 길게 언급할 것이 아니라 다음
으로 넘어가는 것이 좋겠다. 사주의 해석을 살펴보도록 하자.

```
癸    癸    壬    甲
亥    巳    申    寅
庚 己 戊 丁 丙 乙 甲 癸
辰 卯 寅 丑 子 亥 戌 酉
```

秋水通源. 金當令. 水重重. 木囚逢冲. 不足爲用. 火雖休而緊
臨日支. 況秋初餘氣未熄. 用神必在巳火. 巳亥逢冲. 羣劫紛爭.
所以運剋三妻無子. 兼之運走北方水地. 以致破耗異常. 至戊寅
己卯. 運轉東方. 喜用合宜. 得其溫飽. 庚運制傷生劫. 又逢酉年.
喜用兩傷. 不祿.

추수통원. 금당령. 수중중. 목수봉충. 부족위용. 화수휴이긴
임일지. 황추초여기미식. 용신필재사화. 사해봉충. 군겁분쟁.
소이운극삼처무자. 겸지운주북방수지. 이치파모이상. 지무인
기묘. 운전동방. 희용합의. 득기온포. 경운제상생겁. 우봉유

년. 희용양상. 불록.

➤ 가을 물이 근원에 통하니 癸水가 月을 얻었다. 水는 많은데 木은 시들고 충극까지 당하고 있다. 그러니 용신으로 삼기에는 부족하다. 火는 비록 휴수가 되기는 했지만 日支에 바짝 붙어 있고, 하물며 가을의 기운이 아직은 남아 있는 상황이기도 하니 아직은 열기도 다 식지는 않았다고 봐서 용신은 반드시 巳火에 있다고 보겠는데, 巳亥 운으로 인해서 군겁쟁재의 형상을 하고 있으니 이러한 까닭으로 처를 셋이나 극하고 자식도 없었다. 겸해서 운은 또 북방의 수운으로 달리니 이로 인해서 고생이 극심하였는데, 戊寅과 己卯대운이 되어 운이 동방으로 바뀌면서 희용신이 도움을 받으니 등 따습고 배부름을 얻게 되었다. 그러다가 庚金운에는 상관을 제어하고 겁재를 생조하는 꼴인데다가 또 세운에서 酉金을 만나게 되니 희용신이 모두 상해서 죽었다.

【강의】

그야말로 충으로 인해서 망한 사주라고 해야 할 모양이다. 원문의 '생방파동'에 대한 예문으로 채택한 사주라고 봐야 하겠다. 그리고 또 생방 중에서도 나쁜 경우에 해당하는 사례이기도 하다.

壬	甲	癸	癸
申	寅	亥	巳

乙	丙	丁	戊	己	庚	辛	壬
卯	辰	巳	午	未	申	酉	戌

甲寅日元. 生於孟冬. 寒木必須用火. 柱中四逢旺水. 無土砥定. 似乎不美. 妙在寅亥臨合. 巳火絶處逢生. 此卽興發之機. 然初運西方金地. 有傷體用. 碌碌風霜. 奔馳未遇. 四旬外運轉南方. 火土之地. 助起用神. 棄印就財. 在發數萬. 娶妾生子四. 由是觀之. 印綬作用. 逢財爲禍不小. 不用就財. 發福最大.

갑인일원. 생어맹동. 한목필수용화. 주중사봉왕수. 무토지정. 사호불미. 묘재인해임합. 사화절처봉생. 차즉흥발지기. 연초운서방금지. 유상체용. 녹녹풍상. 분치미우. 사순외운전남방. 화토지지. 조기용신. 기인취재. 재발수만. 취첩생자사. 유시관지. 인수작용. 봉재위화불소. 불용취재. 발복최대.

➡ 甲寅日元이 초겨울에 태어났으니, 추운 겨울의 木은 반드시 火를 用해야 한다. 사주에서 왕성한 水를 넷이나 만난 상황에서 제어할 만한 토는 없으니 나쁜 것처럼 보인다. 묘하게도 寅亥가 합이 되면서 巳火는 오히려 絶處逢生을 얻은 셈이다. 이것이 바로 분발할 수 있는 조짐이라고 하겠는데, 그렇다고는 하더라도 초운에서 서방의 金運을 만나게 되어서는 체용이 모두 손상을 입는다. 그래서 고생스럽게 보냈다. 잘 살아 보려고 동서남북으로 싸돌아다녔지만 좋은 인연을 만나지 못했던 것이다[奔馳未遇]. 네 번째 운의 밖으로 넘어가

면서 운이 남방으로 바뀌게 되자, 화토의 지지가 되니 용신을 도와
서 일어난다. 기인취재격으로써 재물이 수억이나 발하게 되었고, 그
로 인해서 장가를 들어서 아들을 넷이나 두게 되었으니……. 이로써
살펴보건대, 인수가 용신이 된다면 재를 만나는 것이 큰 재앙이 되
겠지만 용신으로 삼지 않고 재성이 용신이 될 경우에는 발복이 또한
엄청나다고 봐야 하겠다.

【강의】

크게 부연 설명이 필요하다고 보이지 않는다. 무난한 설명이라고
보겠다. 역시 사주의 판도 중요하지만 더욱 중요한 것은 운의 흐름
이라고 하는 생각을 충분히 하게 되는 사례라고 보겠다.

丙	庚	丁	辛
子	午	酉	卯

己	庚	辛	壬	癸	甲	乙	丙
丑	寅	卯	辰	巳	午	未	申

　天干庚辛丙丁. 正配火練秋金. 地支子午卯酉. 又配坎離震兌.
支全四正. 氣貫八方. 然五行無土. 臨誕秋令. 不作旺論. 最喜子
午逢沖. 水剋火. 使午火不破酉金. 足以輔主. 更妙卯酉逢沖. 金
剋木. 則卯木不助午火. 制伏得宜. 坐下端門. 水火旣濟. 卯酉爲
震兌. 子午爲坎離. 無消無滅. 一潤一暄. 此前淸乾隆皇帝命造也.
　천간경신병정. 정배화련추금. 지지자오묘유. 우배감리진태.

지전사정. 기관팔방. 연오행무토. 임탄추령. 부작왕론. 최희자
오봉충. 수극화. 사오화불파유금. 족이보주. 갱묘묘유봉충. 금
극목. 즉묘목불조오화. 제복득의. 좌하단문. 수화기제. 묘유위
진태. 자오위감리. 무소무멸. 일윤일훤. 차전청건륭황제명조야.

➜ 천간이 庚辛丙丁이니 이것은 가을 金을 火가 단련하는 이치이다.
지지에 있는 子午卯酉는 또 東西南北의 지지를 의미하게 된다. 그래
서 기운이 팔방으로 통하게 되는 것이다. 그러나 사주에서 土가 빠
져 있으니 가을에 태어난 경금이지만 왕하다고 하기는 어렵겠다. 가
장 좋은 것은 子午충이다. 그래서 水剋火가 되는 것인데, 午火로 하
여금 유금을 극하지 못하도록 하는 의미가 있기 때문이다. 그래서
유금이 일간을 보호하게 되는 것이다.

　다시 묘한 것은 卯酉의 충을 만난 것이다. 金剋木이 되므로 해서 卯
木은 午火를 돕지 않으니 제하고 다스리는 것이 올바름을 얻은 셈이
다. 午火에 앉아서 水火旣濟를 얻었다고 하겠고, 진태(震兌)는 木金이
고, 감리(坎離)는 水火이니 영원히 소멸이 없다. 하나는 윤택하고 하
나는 밝히게 되니 이것은 전청의 건륭황제(乾隆皇帝)의 사주이다.

【강의】

　건륭황제는 청나라에서도 뚜렷하게 두각을 나타내는 파워 왕이라
고 해야 할 모양이고, 또 상당한 영웅급으로 취급되는 모양이다. 그
래서 좋은 사주라고 설명을 하고 있는데, 한국인인 낭월이 보기에는
그렇게 대단히 좋은 사주라고 하기는 어렵겠다. 아무래도 황제에 대
한 예우로서 다소 아부성 발언을 한 것이 아닌가 싶다. 이 사주는 일

생을 느긋하게 살아 보지 못했던 것으로 보아 피곤한 삶이 아니었겠느냐는 생각이 먼저 든다. 아마도 왕이 아니었더라면 또 어떤 삶이 되었을지 모르겠다. 중국 천하를 통일한 왕이라면 아마도 무수히 많은 날을 말 안장 위에서 살았을 것이고, 그렇게 긴장한 채 일생을 보냈을 것으로 상상하는 것은 무리가 없다고 하겠다.

어느 책에서는 사주에 도화살이 많아 많은 여성과 사랑을 나눴다고 되어 있기도 하다. 그러나 낭월의 생각으로는 도화살 때문이라기보다는 그렇게 많은 날들을 긴장 속에서 살다 보니 음양의 균형에 의해서라도 긴장을 풀어야 할 필요를 느끼게 된 것이고, 그 대상으로 여성을 탐닉하지 않았겠느냐는 생각을 해 보면서, 심리적으로 안정을 얻기 위해서 여성의 도움을 받았다고 보는 것이 더 타당하지 않을까 싶다.

참고로 이 명조는 철초 선생에 비해서 2년 연장이다. 그래서 혹 동시대의 사람이거나 한 甲子 전의 사람일 것이라고 생각해 본다. 그리고 여전히 청나라가 유지되던 시기였으므로 조심하는 의미도 포함되지 않았겠나 하는 생각을 해 봤다.

戊	戊	丁	辛
午	子	酉	卯

己	庚	辛	壬	癸	甲	乙	丙
丑	寅	卯	辰	巳	午	未	申

此傷官用印. 喜神卽是官星. 非俗論土金傷官忌官星也. 卯酉冲則印綬無生助之神. 子午冲使傷官得以肆逞. 地支金旺水生.

木火冲剋已盡. 天干火土虛脫. 以致讀書未遂. 碌碌經營. 然喜水
不透干. 爲人文采風流. 精於書法. 更兼中運天干金水. 未免有志
難伸. 凡傷官佩印. 喜用在木火者. 忌見金水也.

　차상관용인. 희신즉시관성. 비속론토금상관기관성야. 묘유
충즉인수무생조지신. 자오충사상관득이사령. 지지금왕수생.
목화충극이진. 천간화토허탈. 이치독서미수. 녹녹경영. 연희수
불투간. 위인문채풍류. 정어서법. 갱겸중운천간금수. 미면유지
난신. 범상관패인. 희용재목화자. 기견금수야.

➪이 명조는 月支 傷官에 印星을 用神으로 한다. 喜神은 官星인 木
이다. 일반인이 말하는 土金 傷官에서는 관성을 꺼린다는 것에 해당
하는 것이 아니다. 卯酉충으로 인해 인수를 도와 주는 글자가 없어
졌고, 子午충으로 인해서 상관으로 하여금 더욱 날뛰게 만든다. 지
지에 있는 왕성한 金이 水를 생하게 되고 木火는 충극이 되어 이미
탈진된 상태이다. 천간의 火土도 역시 허탈하게 되니, 이로 인해 글
을 읽었지만 팔리지는 못했고, 하는 일이 고단하기 짝이 없었다. 그
러나 반가운 것은 水가 천간에 나타나지 않은 것이니, 사람됨이 문
채와 풍류가 탁월했고, 서예계에서도 대가에 속했으나, 다시 중간운
에서 天干에 金水를 만나게 되어 뜻을 펴지 못하게 되었으니, 대저
상관이 인성을 차고 있고 희용신이 木火에 있는 경우에는 金水를 꺼
리게 되는 것이다.

【강의】

앞의 사주와 유사해 보이는데, 차이점은 日干이 土라는 점이다. 일

간이 다르다는 것은 전혀 다른 판도를 의미하기 때문에 직접적으로 비유를 하는 것에는 무리가 있게 마련이다. 같은 사주에서도 글자 한 자의 차이가 엄청난 결과를 가져오는 것을 보면서 그러한 생각이 든다. 이 대목에서는 지지의 충에 대해서 언급하고 있는 부분이므로 이렇게 양충이 벌어진 상황을 대입하신 것으로 이해된다. 앞에서 건륭황제의 사주는 긴장감이 감돌았는데, 여기에서는 금수의 기운이 완전히 장악을 하고 있는 형상으로서 긴장감이 없다고 해도 되겠다.

```
壬   戊   辛   辛
戌   辰   丑   未
癸 甲 乙 丙 丁 戊 己 庚
巳 午 未 申 酉 戌 亥 子
```

此造非支全四庫之美. 所喜者辛金吐秀. 丑中元神透出. 洩其精英. 更妙木火伏而不見. 純淸不混. 至酉運辛金得地. 中鄕榜. 復因運行南方. 木火幷旺. 用神之辛金受傷. 雖得進士. 不能館選.

차조비지전사고지미. 소희자신금토수. 축중원신투출. 설기정영. 갱묘목화복이불견. 순청불혼. 지유운신금득지. 중향방. 복인운행남방. 목화병왕. 용신지신금수상. 수득진사. 불능관선.

➜ 이 명조의 지지에는 四庫인 辰戌丑未가 다 있다고 하여 좋은 것은 아니다. 기쁜 것은 辛金이 기운을 설하는 것인데, 丑土 속에서 투출된 것이 아름다운 것이다. 다시 묘하게 木火는 숨어 있어 보이지 않는 것인데, 그래서 순청하다고 한다. 酉金대운에서 辛金이 득지하게

되어 향방에 올랐지만, 다시 운이 남방으로 흘러가니 木火가 함께
힘을 얻어 용신인 辛金이 손상을 받게 되어서 비록 진사는 되었다고
하지만 벼슬에 나아가지는 못했던 것이다.

【강의】

사주는 참 청한 모습이다. 운이 좋았더라면 크게 이름을 날릴 수도
있었겠는데, 아쉬운 형상이다. 역시 결과는 운에 달려 있다고 하는
말이 정답인가 보다.

```
      己    辛    壬    戊
      丑    未    戌    辰
    庚 己 戊 丁 丙 乙 甲 癸
    午 巳 辰 卯 寅 丑 子 亥
```

滿局印綬. 土重金埋. 壬水用神傷盡. 未辰雖藏乙木. 無沖或可
借用. 以待運來引出. 乃被丑戌沖破. 藏金暗相斫伐. 以致剋妻無
子. 由此論之. 四庫必要沖者. 執一之論也. 全在天干調劑得宜.
更須用神有力. 歲運扶助. 遮無偏枯之病也.

만국인수. 토중금매. 임수용신상진. 미진수장을목. 무충혹가
차용. 이대운래인출. 내피축술충파. 장금암상작벌. 이치극처무
자. 유차논지. 사고필요충자. 집일지론야. 전재천간조제득의.
갱수용신유력. 세운부조. 차무편고지병야.

➜ 印綬가 가득하니 土가 많아서 金이 묻히는 형상이다. 壬水가 용신인데, 土에게 깨어져서 이미 기운이 다했다. 未土와 辰土에 목이 장되기는 했지만 생각하기에 따라서는 충이라도 없었다면 운에서 충을 해 주기를 바라면서 용신으로 삼을 수도 있을지 모른다. 그러나 이미 丑未충으로 충파되어 버린 상태에서 속에 들어 있는 금이 역시 암장되어 있는 木을 완전히 부숴 버린 상태이니 무슨 소용이 있으랴. 그래서 처를 극하고 자식도 없었으니 이로 논하건대 진술축미는 충해야 한다는 말은 한 가지 이론에만 집착한 것일 뿐이라고 해야 하겠다. 천간에서 잘 짜여져 있더라도 다시 용신이 유력해야 하는데 운에서 도와 주기만 한다면 그래도 편고한 병은 없다고 볼 것이다.

【강의】

辰戌충과 丑未충에 대해서 언급하는 부분이다. 충으로 창고를 열어야 쓴다는 말에 대해서 거부감을 표현한 부분인데, 역시 당연한 말씀이니 동의를 하게 된다. 명리학자가 항상 살펴야 할 것은 생극제화(生剋制化)의 이론으로 관찰할 뿐이지 나머지 온갖 이야기들은 크게 비중을 두지 않아야 혼돈의 터널을 빨리 벗어날 것이라고 생각해 본다.

【滴天髓】

支神只以沖爲重. 刑與穿兮動不動.

지 신 지 이 충 위 중 . 형 여 천 혜 동 부 동.

⊙ 지지는 다만 충이 중요하고, 형이나 파해는 별로 중요하지 않다.

【滴天髓徵義】

地支逢沖. 猶天干之相剋也. 須視其强弱喜忌而論之. 至於四庫之沖. 亦有宜不宜. 如三月之辰. 乙木司令. 逢戌沖,則戌中辛金亦能傷乙木. 六月之未. 丁火司令. 逢丑沖,則丑中癸水亦能傷丁火. 按三月之乙. 六月之丁. 雖屬退氣. 若屬司令. 竟可爲用. 沖則受傷. 不足用矣. 所謂墓庫逢沖則發者. 後人之謬論也. 墓者墳墓之意. 庫者木火金水收藏埋根之地. 如木火金水之天干. 地支無寅卯巳午申酉亥子之祿旺. 全賴辰戌丑未之身庫通根. 逢沖則微根盡拔. 未有沖動而强旺者也. 如不用司令. 以土爲喜神. 沖之有益無損. 蓋土動則發生矣. 刑之義無所取. 如亥刑亥. 辰刑辰. 酉刑酉. 午刑午. 謂之自刑. 本支見本支. 是謂同氣. 何以相形. 子刑卯. 卯刑子. 是謂相生. 何以相刑. 戌刑未. 未刑丑. 皆爲本氣. 更不當刑. 寅刑巳. 亦是相生. 寅申旣沖. 何必再刑. 穿卽害也. 六害由六合而來. 沖我合神. 故爲之害. 如子合丑而未沖. 丑合子而午沖之類. 子未之害. 無非相剋. 丑午寅亥之害. 乃是相生. 何以爲害. 總之刑且不足爲憑. 解之義尤爲穿鑿. 總以論生剋

爲是. 至於破之義. 非害卽刑也. 尤屬不經. 削之可也. (刑害之義
詳命理尋源宜參閱之)

　지지봉충. 유천간지상극야. 수시기강약희기이논지. 지어사
고지충. 역유의불의. 여삼월지진. 을목사령. 봉술충,즉술중신
금역능상을목. 육월지미. 정화사령. 봉축충,즉축중계수역능상
정화. 안삼월지을. 육월지정. 수속퇴기. 약속사령. 경가위용.
충즉수상. 부족용의. 소위묘고봉충즉발자. 후인지류론야. 묘자
분묘지의. 고자목화금수수장매근지지. 여목화금수지천간. 지
지무인묘사오신유해자지녹왕. 전뢰진술축미지신고통근. 봉충
즉미근진발. 미유충동이강왕자야. 여불용사령.이토위희신. 충
지유익무손. 개토동즉발생의. 형지의무소취. 여해형해. 진형
진. 유형유. 오형오. 위지자형. 본지견본지. 시위동기. 하이상
형. 자형묘. 묘형자. 시위상생. 하이상형. 술형미. 미형축. 개위
본기. 갱부당형. 인형사. 역시상생. 인신기충. 하필재형. 천즉
해야. 육해유육합이래. 충아합신. 고위지해. 여자합축이미충.
축합자이오충지류. 자미지해. 무비상극. 축오인해지해. 내시상
생. 하이위해. 총지형차부족위빙. 해지의우위천착. 총이론생극
위시. 지어파지의. 비해즉형야. 우속불경. 삭지가야. (형해지의
상명리심원의참열지)

➡지지에서 충을 만나는 것은 천간에서 극을 보는 것과 같다. 모름
지기 일주의 강약과 희용신인지 기구신인지를 봐서 판단해야 한다.
그리고 진술축미의 충돌 또한 마땅할 수도 있고 해로울 수도 있다는
것을 알아야 한다.
　가령, 봄날의 辰月에 乙木이 당령이라면 戌土의 충을 만났을 경우

술토 속의 辛金도 또한 능히 진토 속의 을목을 상하게 할 것은 틀림
없는 것이다. 또, 未月이라고 할 경우에 丁火가 당령이라고 한다면
丑土와 충을 만났을 경우에는 축토 속의 癸水도 역시 정화를 손상시
킬 것이 뻔하다. 그렇다면 3월의 乙木이나 6월의 정화는 비록 퇴기
(退氣)에 속한다고는 하지만 만약 당령이 되었다고 한다면 마침내 용
신으로 삼을 수도 있을 것인데, 충이 되어서 손상을 받아 버린다면
용신으로 쓰기에 부족하다는 이야기가 된다. 그러니까 묘고는 충해
야 열어서 꺼내 쓴다는 말은 나중 사람들의 잘못된 논리이다.

생각해 보라. 고(庫)라고 하는 것은 木火金水의 뿌리를 묻어서 감
춰 두는 곳인데, 가령 목화금수가 천간에 있고 지지에 확실한 뿌리
(寅卯의 木뿌리나 巳午의 火뿌리나 辛酉의 金뿌리나 亥子의 水뿌리)에
해당하는 祿旺이 없다면 오로지 진술축미의 자신들 창고에 뿌리를
내려서 의지하려고 할 것인데 충을 만나게 되면 미약한 뿌리가 뽑혀
버릴 것이니, 충으로 인해서 강해진다는 것은 있을 수가 없는 일이
기 때문이다. 그리고 혹 사령한 글자를 용신으로 쓰지 않고 土 자체
를 희신으로 쓴다면, 충이 되었을 경우에 도움은 있을지라도 해는
없다고 봐야 하겠으니 대개 토의 경우에는 충하면 동하는 까닭이다.

刑의 뜻은 취할 바가 없다. 가령 亥가 亥를 형한다든지 辰辰형 酉
酉형 午午형을 말하면서 자형(自刑)이라고 하는데, 이것은 같은 기
운인데 어째서 서로 형한다는 말인지 납득이 되지 않는다. 子水가
卯木을 형한다고 하는데, 이것은 또 서로 상생이 되는데 무슨 연유
로 형을 한다는 말인지도 설명이 궁색할 뿐이다. 戌未刑과 未丑刑을
말하는데, 이것도 역시 같은 토이니 별도로 형을 할 필요가 없다. 寅
木이 巳火를 형한다고 하지만 역시 木生火의 이치가 존재할 뿐이며,

寅申이 형이라고 하는데, 이것은 이미 충이 되어 있는 것이라 다시 형을 거론할 필요가 없게 된다.

그리고 천(穿)이라고 하는 것은 육해(六害)를 말한다. 육해는 六合에서 왔는데, 내가 합하려고 하는 것을 충하는 글자가 해가 되는 것으로 된다. 예를 들면 子丑이 합하려고 하는데 未土가 있으면 충이 되므로 자의 입장에서는 미토가 해가 된다. 또 반대로 축토의 입장에서는 午火가 자수와 충하므로 丑午를 해라고 하는 것 등이다. 그러나 따지고 보면 子未害는 土剋水의 원리에서 벗어나지 않음을 알 수 있는 일이다. 丑午나 寅亥는 서로 상생의 원리가 존재하게 되는데 다시 해를 거론하게 되는가 말이다.

한마디로 형이라고 하는 것은 믿을 것이 못 되는데, 해의 뜻은 더욱 말이 되기에는 군색한 의미여서 엉뚱한 이야기일 뿐이다. 그러니까 생극으로써 논하는 것이 옳다. 특히, 파(破)라고 하는 것은 모두 해가 아니면 형에 속하는 것들이다. 더욱 무시해도 좋을 것이니 이제는 명리서에서 삭제해야 한다.

【강의】

충에 대해서 생각해 볼 경우에 자오충, 묘유충이나 인신충, 사해충에 대해서는 달리 언급할 필요가 없이 타당하다고 본 것이다. 그래서 이 부분은 생략했고, 다만 진술축미의 土에 대한 충은 바로잡아야 할 필요가 있다고 생각하여 자세히 예까지 들면서 말씀하고 계신 심정을 또 헤아려야 하겠다. 이렇게까지 말씀하시는 것은 당시의 흐름이 고지에 대한 충돌이 절대적인 진리로 받아들이는 분위기였다고 하는 것을 암암리에 느낄 수 있기 때문이다. 그래서 강경하게 언급하게 되는데, 뒤에 명리학을 연구하는 사람들이 잘못한 것이라고 확실하게 못을 박아 버리는 것이다. 물론 철초 선생의 원리에 많은 비중을 두면서 공부를 하고 있는 낭월의 생각에도 당연한 이야기이다. 그리고 벗님들도 이러한 생각에 동의를 해 주기 바라는 마음도 강하다. 왜냐하면 그래야 자연의 올바른 이치를 관찰할 수 있을 것으로 믿기 때문이다.

낭월은 철초 선생을 숭배하는 사람이 아니다. 나만 올바른 안목으로 진리에 입각해서 관찰하는 학자를 존경할 뿐이다. 명성은 실로 중요한 것이 아니라고 보기 때문이다. 그리고 철초 선생을 보면서 그의 현실 개탄과 바로잡아야 할 것이 무엇인지를 확실하게 파악하고 있는 소신에 박수를 보내게 되는 것이다. 벗님들도 이러한 심정을 느껴 주셨으면 좋겠다는 희망을 가져 보는 것이다. 그리고『자평진전』에서도 심효첨 선생이 이 부분에 대해 언급하셨는데, 역시 말도 되지 않는 소리이므로 일고의 가치도 없다는 말씀을 하신 것이 보인다(『子平眞詮評註』 2권 중 '論墓庫刑沖之說').

이렇게 이치에 합당하고 앞뒤가 선명한 설명을 읽으면서 속이 시원함을 느끼지 못한다면 아마도 벗님은 갈등을 해 보시지 않은 것으로 봐도 좋겠다. 그만큼 많은 학자들을 괴롭혀 온 내용들이기 때문이다. 刑沖破害는 신살과 또 다르게 학자를 억압하는 부분이다. 즉, 신살을 무시한다고 하면서도 형파해만은 사용해야 한다고 말하는 학자도 의외로 많기 때문이다. 이제 여기에서 이러한 쓰레기는 모두 일소(一掃)해 버리고 자연의 이치로 돌아가야겠다는 생각을 해 주기 바란다. 철초 선생이 그렇게도 삭제하라고 이르셨건만 이 시대의 우리가 아직도 이 용어를 기억하고 있어야 한다는 것이 슬플 뿐이다.

```
癸   壬   辛   丙
卯   子   卯   子
己 戊 丁 丙 乙 甲 癸 壬
亥 戌 酉 申 未 午 巳 辰
```

壬子日元. 支逢兩刃. 干透癸辛. 五行無土. 年干丙火臨絶. 合
辛化水. 最喜卯旺提綱. 洩其精英. 能化劫刃之頑. 秀氣流行. 爲
人恭而有禮. 和而中節. 至甲運木之元神發露. 科甲連登. 午運得
卯木洩水生火. 及乙未兩運. 官之郡守. 仕途平順. 以俗論之. 子
卯無禮之形. 且傷官陽刃逢刑. 必至傲慢無禮. 凶惡多端矣.

임자일원. 지봉양인. 간투계신. 오행무토. 연간병화임절. 합
신화수. 최희묘왕제강. 설기정영. 능화겁인지완. 수기류행. 위
인공이유례. 화이중절. 지갑운목지원신발로. 과갑연등. 오운득
묘목설수생화. 급을미양운. 관지군수. 사도평순. 이속론지. 자
묘무례지형. 차상관양인봉형. 필지오만무례. 흉악다단의.

➡ 壬子日元이 지지에 두 개의 양인에 해당하는 子水를 만났고 천간
에 癸水와 辛金이 있다. 그리고 五行 중에 土가 없는 상태이고, 연간
의 丙火는 절지에 임하고 또 辛金과 합하니 水로 화하는 형상이다.
가장 기쁜 것은 卯木이 월령을 잡고 왕한 형상으로 빼어난 기운을
설하고 있는데, 능히 겁재와 양인의 강한 고집을 화하게 되어 수의
기운이 흐름을 타는 것이다. 사람됨이 공손하면서도 예의가 있었고,
또 화평한 가운데서도 절도가 있었다. 甲木의 운이 되자 목의 원신
이 나타나니 벼슬이 연이어서 올라가고 오화대운에서는 묘목이 水

를 설해서 火를 생하는 바람에 乙未대운까지 상승하여 벼슬이 군수에 이르게 되었으며 평탄하게 잘 보냈다. 흔히 말하기로 든다면 子卯의 무례형이 있고, 또 상관과 양인까지 있는 사람이니 반드시 오만하고도 무례하다고 해야 할 것이며 흉악한 일이 많다고 해야 하지 않겠는가?

【강의】

여기서는 자묘의 형에 대해서 부당함을 말하고 있다. 역시 수생목의 이치 외에 다른 의미를 부여할 필요가 없다고 보아 그대로 동의하면 되겠다. 그리고 특히 子卯의 형은 그 이름이 무례지형(無禮之刑)이라고 하는 별명에 대해서 헐뜯고 있는 것으로도 생각을 해 봐야 하겠다. 그래서 특히 예의바르고 어쩌고 하는 설명을 하시는 것이다. 혹 모르실까 봐 언급을 드렸다.

丁	庚	乙	辛
亥	辰	未	未

丁	戊	己	庚	辛	壬	癸	甲
亥	子	丑	寅	卯	辰	巳	午

庚辰日元. 生於季夏. 金進氣. 土當權. 喜其丁火司令. 元神發露, 而爲用神. 能制辛金之劫. 未爲火之餘氣. 辰乃木之餘氣. 財官皆通根有氣. 更妙亥水潤土養金, 而滋木. 四柱無缺陷. 運走東南. 金水虛. 木火實. 一生無凶無險. 辰運午年. 財官皆有生扶.

中鄉榜. 由琴堂而遷司馬. 壽之丑運.

경진일원. 생어계하. 금진기. 토당권. 희기정화사령. 원신발로, 이위용신. 능제신금지겁. 미위화지여기. 진내목지여기. 재관개통근유기. 갱묘해수윤토양금, 이자목. 사주무결함. 운주동남. 금수허. 목화실. 일생무흥무험. 진운오년. 재관개유생부. 중향방. 유금당이천사마. 수지축운.

➡ 庚辰日元이 늦여름에 태어났으니 金은 진기(進氣)에 해당하고 土는 월령을 잡았다. 반가운 것은 丁火가 당령을 한 것인데, 다행히도 時干에 정화가 투출까지 되었으니 용신으로 삼는다. 그래서 辛金의 겁재를 제어하는데, 未土는 火의 나머지 기운에도 해당하고, 辰土는 또한 목의 나머지 기운이기도 하니, 財官이 모두 통근을 해서 기가 있다고 보겠다. 다시 묘한 것은 亥時에 태어나서 亥水로 하여금 토를 윤택하게 하여 금을 생하게 하며 다시 木도 기르게 된다. 그러니 사주에는 결함이 없다고 하겠다. 운이 東南으로 달리자 金水는 허약하게 되고 木火는 강력하니 일생 동안 흥함이 없었다. 辰土대운의 午火년에는 재관이 모두 생부를 만나니 향방에 붙고, 그로 인해서 금당까지도 올라서 사마가 되었으며 수명은 丑土까지 달했다.

【강의】

무슨 의미로 이 사주가 나와 있는지 쉽게 납득되지는 않는다. 아마도 辰亥의 원진살을 보고 삽입시킨 것일까? 내용상으로는 달리 형충파해의 항목에 해당하지 않는 것으로 보면 되겠다. 그런데 다음의 사주를 보면 비로소 납득이 될 것이다. 혹 이 사주에서 재관이 庫에 들어 있는데, 충을 받지 않으니 별볼일이 없는 사주라고 생각하셨다면 다음의 사주에서는 할 말이 없을 것이다.

```
丁    庚    乙    辛
丑    辰    未    丑

丁  戊  己  庚  辛  壬  癸  甲
亥  子  丑  寅  卯  辰  巳  午
```

此與前造大同小異. 財官亦通根有氣. 前則丁火司令. 此則己土司令. 更嫌丑時. 丁火熄滅. 則年干辛金肆逞. 冲去未中木火微根. 才官雖有若無. 初運甲午. 木火並旺. 蔭庇有餘. 一交癸巳. 剋丁拱酉. 劫傷並旺. 刑喪破耗. 壬辰運妻子兩傷. 家業蕩焉無存. 削髮爲僧. 以俗論之. 丑未冲開才官之庫. 名利兩全也.

차여전조대동소이. 재관역통근유기. 전즉정화사령. 차즉기토사령. 갱혐축시. 정화식멸. 즉년간신금사령. 충거미중목화미근. 재관수유약무. 초운갑오. 목화병왕. 음비유여. 일교계사. 극정공유. 겁상병왕. 형상파모. 임진운처자량상. 가업탕언무존. 삭발위승. 이속론지. 축미충개재관지고. 명리양전야.

◆이 사주는 앞의 명조와 별 차이가 없다. 재관도 역시 뿌리에 통하여 기운이 있어 보인다. 앞 사주는 丁火가 당령이 되었고, 이 사주는 己土가 당령이 된 것이 다르다. 그리고 다시 싫은 것은 丑時에 태어났다는 것인데, 그래서 丁火는 꺼질 지경이라고 봐야 하겠다. 즉, 연간의 신금이 더욱 날뛰게 된다는 이야기가 된다. 그리고 축미충으로

인해 未土 속의 木火의 약한 뿌리가 모두 깨어지기도 하므로 있으나 마나이다. 초운은 甲午라 木火의 기운이 함께 왕성한 연고로 부모의 보살핌이 넉넉했지만 癸巳 대운으로 바뀌자 丁火를 극하게 되고 유금까지 불러들이니 겁재와 상관이 함께 왕성해져서 고통이 대단했다. 壬辰운에서는 처와 자식이 모두 죽었고, 가업이 탕진되어 전혀 남은 것이 없었으니 결국 머리 깎고 중이 되었다. 흔히 하는 말로 비유한다면 '축미충으로 해서 재관의 고가 열렸으니 이름도 얻고 재물도 모을 것'이라고 할 모양이다만 말이 되는 소리인가.

【강의】

이 사주를 보면서 앞의 사주가 등장한 이유를 알 것 같다. 즉, 축미충의 해악에 대해서 설명하기 위해서였던 것이다. 이 사주에서 충으로 고가 열린다는 말을 하게 된다면 앞의 사주는 충이 없어서 고가 열리지 않았으니 쓸모가 없는 사람이 되어야 마땅할 것인데, 어째서 앞 사람은 사마의 벼슬까지 했는데, 축미충으로 고가 열렸다는 이 사람은 세상에서 아무것도 이룬 것이 없느냐는 항의성 비교라고 이해하면 되겠다. 이렇게 명명백백한 논리와 자료를 들이대는데도 불구하고 많은 명리학자님들이 외면한다면 달리 할 말이 없을 뿐이다.

【滴天髓】

> 暗冲暗會尤爲喜. 我冲彼冲皆冲起.
> 암충암회우위희. 아충피충개충기.

◉ 운에서 충이나 합이 일어나면 더욱 좋다고 하겠는데, 내가 충하
든 저가 충하든 충이 일어나게 된다.

【滴天髓徵義】

支中逢冲. 固非美事. 然八字缺陷者多. 停勻者少. 木火旺. 金
水必乏矣. 金水旺. 木火必乏矣. 若旺而有餘者冲去之. 衰而不足
者會助之爲美. 如四柱無冲會之神. 得歲運暗來冲會. 尤爲喜也.
蓋有病得良劑以生也. 然冲有彼我之分. 會有去來之理. 彼我者
不必分年是爲彼. 日月爲我. 亦不必分四柱爲我. 歲運爲彼也. 總
之喜神是我. 忌神爲彼可也. 如喜神是午. 逢子冲,是彼冲我. 喜
與寅戌會爲吉. 喜神是子.逢午冲,是我冲彼. 忌寅與戌會爲凶. 如
喜神是子. 有申. 得辰會而來之爲吉. 喜神是亥. 有未. 得卯會而
去之則凶. 寧可我去冲彼. 不可彼來冲我. 我去冲彼. 謂之冲起.
彼來冲我. 謂之不起. 水火之冲會如此. 餘可例推. (按有以暗冲
暗會成格者. 見下影響遙繫節).

지중봉충. 고비미사. 연팔자결함자다. 정균자소. 목화왕. 금
수필핍의. 금수왕. 목화필핍의. 약왕이유여자충거지. 쇠이부족
자회조지위미. 여사주무충회지신. 득세운암래충회. 우위희야.

개유병득량제이생야. 연충유피아지분. 회유거래지리. 피아자
불필분년시위피. 일월위아. 역불필분사주위아. 세운위피야. 총
지희신시아. 기신위피가야. 여희신시오. 봉자충,시피충아. 희
여인술회위길. 희신시자.봉오충,시아충피. 기인여술회위흉. 여
희신시자. 유신. 득진회이래지위길. 희신시해. 유미. 득묘회이
거지즉흉. 영가아거충피. 불가피래충아. 아거충피. 위지충기.
피래충아. 위지불기. 수화지충회여차. 여가예추. (안유이암충
암회성격자. 견하영향요계절).

➤ 지지가 충을 만나면 대체적으로 아름다운 일은 아니다. 그러나 八
字라는 것이 결함이 있는 자는 많고, 균형을 이루고 있는 자는 적은
법이니, 木火가 왕하다면 金水는 필히 부족할 수밖에 없고, 金水가
왕하다면 이번에는 木火가 반드시 부족할 수밖에 없다는 이야기이
다. 만약 왕해서 넘치는 것은 충을 해서 제거하고, 쇠약해서 부족한
자는 합이나 생으로 도와 준다면 아름답다고 하겠다. 다시 말하면,
사주에서 충이나 합이 없을 경우에라도 운에서 그러한 작용이 와 준
다면 더욱 좋은 일이라는 말이다. 대개 병이 있는데 좋은 약을 얻어
서 치료가 되는 것이라고 말하게 된다.

　그런데 충이 있더라도 내가 충하는 것인지 내가 충을 받는 것인지
에 대해서는 구분을 해야 하고, 또 합이 있더라도 저가 나에게 합을
해 오는 것인지 내가 저에게 합을 해 가는 것인지에 대한 이치가 있
다는 것도 반드시 알아야 한다. 내 편과 저쪽 편을 구분하는 것에는
年月을 저(彼)라고 하고 日時를 나(我)라고 할 필요도 없고, 또 原局
을 나라고 하고 대운과 세운을 저라고 하는 것도 아니다.

　한 마디로 한다면 '희용신은 내편이고, 기구신은 저편이다.' 라고

하는 것이 좋겠다. 예를 들면 午火가 희신이라고 할 적에 운에서 子水를 만나 충이 일어나면 이것은 저가 나를 충한 것이고, 이 때에는 寅戌이 있어서 합이 되면 좋은 것이다. (반대로) 희신이 子水일 경우에는 운에서 午火를 만나면, 이 때에는 내가 저를 충한 것인데 이때에는 寅戌을 만나면 매우 꺼리게 된다. 또, 희신이 子水에 있을 적에 申辰을 만나서 합이 되면 합이 왔다고 하니 역시 길하다. 만약 희용신이 亥水라고 할 적에 未土가 있다면 卯木을 얻어서 합이 되면 합거(合去)가 되어서 흉하다고 본다. 차라리 내가 저쪽을 충하는 것은 좋다고 하더라도 내가 저에게 충을 받아서는 안 되는 것이다. 내가 가서 충을 하면 충이 일어났다고 하고, 저가 나를 충하게 되면 충이 일어났다고 하지 않는다. 水火의 충합으로써 설명을 했거니와 나머지도 이와 준해서 추리하면 되겠다. (徐樂吾—운에서 충하고 합하여 격이 이루어지는 경우는 아래의 영향요계의 항목을 참고해 보라.)

【 강의 】

아무래도 충에 대해서는 좀더 상세하게 알아야 한다는 의미로서 부연 설명을 하신 것 같다. 그리고 실제로 임상을 하면서도 지지의 육충과 지지의 삼합에 대해서는 항상 민감하게 대입시켜야 한다는 생각을 하게 된다. 다른 것은 별로 고려할 것이 없다고 하더라도 이 부분에 대해서는 소홀히 대하기 어렵다고 보인다. 여기에서는 충합에 대한 대체적인 설명을 하였지만, 보다 상세한 설명을 필요로 하신다면 졸저『알기 쉬운 합충변화』를 참고하시는 것도 좋겠다.

여기에서 강조하는 이야기는 내가 충을 맞아서는 곤란하다는 이야기인데, 여기에서 彼我의 구분을 명확하게 설명하고 있다. 즉, 희용신이 내가 되는 것이고, 기구신은 저가 되는 것이라는 정도만 명확히 알아 둔다면 충분하겠다. 그런데 문제는 희용신에 대해서 잘못 인식을 한다면 피아가 바뀌게 된다는 점을 주의해야 한다는 것이다. 즉, 적군을 아군으로 착각하게 되는 우를 범할 가능성도 있다는 것이다. 용신을 잘못 가리게 되면 그렇게 될 것은 당연하다고 하겠다. 격국론으로만 설명을 한다면 피아의 개념이 모호해지지만 용신의 의미로 대입을 시키면 그대로 명확해짐을 느끼게 된다. 그런 의미에서 이 『적천수징의』는 그대로 실전 활용의 안목으로 용신을 설명하여 운의 길흉을 이해하는 것이 제일 목적이라고 하는 의미로 해석이 되겠다.

아울러 합에 대해서도 그렇다. 충을 해소하는 것에는 합이 최고라고 하는 자평진전의 의미를 그대로 살리고 있다고 봐야 하겠다. 그러니까 합으로 인해서 충을 해소하는 대신에 다시 확대해서 풀이한다면 충으로 인해서 합을 해소할 수도 있다는 말도 되는 것이다.

다만 여기에서 언급하고자 하는 것은 연월일시의 순서대로 합이나 충이 해소된다고 볼 수는 없다는 것이다. 운에서 원국에서 합과 충이 동시에 있다면 역시 동시에 둘 모두가 존재하는 것으로 이해해야 하겠다는 생각을 하게 되고, 운에서 들어올 경우에도 합이나 충이 모두 발생한다고 이해하는 것이 가장 합리적이라고 생각된다. 그런 의미에서 '貪合忘沖'이나 '貪生忘剋'의 용어는 의미만 믿어야지 액면 그대로 믿으면 자칫 오류를 범할 가능성이 많다. 다소 순서의 전후는 있더라도 결국은 모두 발생한다고 이해를 해 두시기 바란다.

```
庚　甲　乙　庚
午　寅　酉　戌
癸　壬　辛　庚　己　戊　丁　丙
巳　辰　卯　寅　丑　子　亥　戌
```

干透兩庚. 正當秋令. 支會火局. 雖制煞有功. 而剋洩並見. 且
庚金銳氣方盛. 制之以威. 不若化之以德. 化有益於日主. 制反洩
日主之氣也. 由此推之. 不喜會火局也. 反以火爲病矣. 子運辰
年. 大魁天下. 蓋子運冲破火局. 去午之旺神也. 引通庚金之性.
益我日主之氣. 辰年溼土. 能洩火氣. 拱我子水. 培日主之根源也.

간투양경. 정당추령. 지회화국. 수제살유공. 이극설병견. 차
경금예기방성. 제지이위. 불약화지이덕. 화유익어일주. 제반설
일주지기야. 유차추지. 불희회화국야. 반이화위병의. 자운진
년. 대괴천하. 개자운충파화국. 거오지왕신야. 인통경금지성.
익아일주지기. 진년습토. 능설화기. 공아자수. 배일주지근원야.

➧천간에 두 개의 庚金이 가을의 힘을 얻었고 지지는 火局이다. 비
록 火가 金을 제어하는 功은 있지만 剋과 洩이 함께 보이는데다가
또 경금은 이미 날카로운 기운이 왕성한 모습이니 힘으로 제어하는
것이 덕으로 교화하는 것만 못하다고 하겠다. 덕으로 화하면 日干에
게도 유익함이 되겠지만 강제로 제하게 되면 도리어 일간의 기운을
설하게 되는 까닭이다. 이로써 추리하자면 화국으로 모인 것은 반갑
지 않음은 물론이고, 도리어 병이라고 해야 하겠다. 子運의 辰年에
천하를 주름잡았는데, 자운은 火局을 충으로 파한 때문이라고 본다.

즉, 午火의 왕신을 제거하면서 경금의 기운을 설하는 일까지 겸하게 된다. 그래서 일간의 기운을 도와 준 것이기 때문이다. 辰年은 다시 습토가 되어 子辰으로 합도 되니 日主 甲木의 뿌리를 더욱 견고하게 해 준 까닭이다.

【강의】

이 사주에서의 설명은 인성으로 金生水해서 水生木으로 일간을 돕는 것이 火剋金으로 강제로 제하는 것에 비해 훨씬 좋다는 설명이다. 당연한 말씀이라고 하겠다. 그리고 화국이 되어 있는 상황이 신경 쓰이는데, 子水의 대운에서 진년을 만나자 그대로 충하고 설해서 일간이 도움을 받았다는 설명을 보면서 사주팔자의 생동감이 느껴진다. 그런 기분이 드시는지?

```
丙  丁  癸  丁
午  卯  丑  巳

乙 丙 丁 戊 己 庚 辛 壬
巳 午 未 申 酉 戌 亥 子
```

丁火雖生季冬. 此劫重重. 癸水退氣. 無力制劫. 不足爲用. 必以丑中辛金爲用. 得丑土包藏. 洩劫生財. 爲輔用之喜神也. 所嫌者卯木生劫奪食爲病. 以致早年妻子刑傷. 初運壬子辛亥. 暗冲巳午之火. 蔭庇有餘. 庚戌運暗來拱合午火. 刑傷破耗. 至己酉會金局. 冲去卯木之病. 財發十餘萬. 由此觀之. 暗冲其忌神. 暗會

其喜神. 發福不淺. 暗冲其喜神. 暗會其忌神. 爲禍非輕. 暗冲暗
會之理. 其可忽乎.

　정화수생계동. 차겁중중. 계수퇴기. 무력제겁. 부족위용. 필
이축중신금위용. 득축토포장. 설겁생재.　위보용지희신야. 소혐
자묘목생겁탈식위병. 이치조년처자형상. 초운임자신해. 암충
사오지화. 음비유여. 경술운암래공합오화. 형상파모. 지기유회
금국. 충기묘목지병. 재발십여만. 유차관지. 암충기기신. 암회
기희신. 발복불천. 암충기희신. 암회기기신. 위화비경. 암충암
회지리. 기가홀호.

➡ 丁火가 비록 추운 겨울에 태어났지만 比劫이 상당히 많은데다가
癸水는 퇴기에 해당하여 겁재를 제어하기가 무력하니 용신으로 삼
기 부족하다. 반드시 축토 속에 들어 있는 辛金을 용신으로 삼아야
할 형상인데 축토는 포장되어 있으니 겁재를 설해서 재를 생하는 형
상이다. 그러므로 용신을 보호하는 희신이 된다. 거리끼는 것은 묘
목이 식신을 극하고 겁재를 생하는 것이다. 그러니 일찍이 처자식을
극했지만, 초운 壬子 辛亥대운에서는 원국의 巳午의 화를 충거해서
부모의 도움을 받았다. 그리고 庚戌대운에서는 운에서 火局이 되어
고통이 많았고, 己酉운에서는 金局이 되어 卯木의 병을 충거하게 되
어 수십억을 벌었다. 이로 보더라도 운에서 기신을 충하거나 희신을
합하게 되면 발복이 적지 않은데 희신을 충하거나 기신과 합을 한다
면 재앙도 적지 않으니 운에서 충하고 합하는 이치를 어찌 소홀히
할 것인가?

【 강의 】

여기에서는 암충에 대해서 설명을 드려야 하겠다. '暗沖' 또는 '暗會'라는 용어이다. 이 말이 처음에는 원국에 해당하는 말인가 했더니 그게 아니고 운에서 와서 충하면 암충이고 운에서 합하면 암회라고 하는 것이다. 그래서 암합이 아니고 암회인 모양이다. 이러한 용어에 대해서도 혼란이 없어야 하겠고, 또 한 가지는 돈을 벌었다고 하는 분량에서 '發財十餘萬' 등의 용어가 나오는데 여기에서 현대적인 수개념으로 본다면 '수십억' 정도로 보면 되지 않을까 싶다. 그러니까 '發財百餘萬'이라고 한다면 수백억 정도로 보자는 것이다. 또 '發財數萬'이라고 하면 수억 정도로 이해하면 되겠다.

운에서의 합충에 대한 변화도 분명히 작용을 하므로 명확하게 이해하고 대입시켜야 한다는 이야기이다. 이러한 이치를 어찌 소홀히 할 것이냐는 어투로 보아 대운을 고려하지 않고 원국만 놓고 설명하는 해석은 그야말로 '엉터리'가 될 가능성이 많다고 봐야 하겠다. 항간에는 그러한 식으로 대운도 적지 않고 원국의 격국만 들먹이면서 이러쿵저러쿵 길흉화복을 푸짐하게 설명하는 학자가 있다고 하는데, 이러한 의미의 칼 같은 말씀이 있다는 것을 알고나 있는지 모르겠다.

辛	丙	辛	庚
卯	寅	巳	寅

己	戊	丁	丙	乙	甲	癸	壬
丑	子	亥	戌	酉	申	未	午

丙火生於孟夏. 地支兩寅一卯. 巳火乘權. 引出寅中丙火. 天干
雖逢庚辛. 皆虛浮無根. 初運壬午癸未. 無根之水. 能洩金氣. 地
支午未南方. 又助旺火. 財之氣劫洩已盡. 祖業雖豐. 刑喪早見甲
運臨申. 本無大患. 因流年木火. 又刑妻剋子. 家計蕭條. 一交申
字. 暗冲寅木之病. 天干浮財通根. 如枯苗得雨. 浡然而興. 及乙
酉十五年. 自刱倍於祖業. 申運驛馬逢財. 出外大利. 經營得意.
丙戌運丙子年. 凶多吉少. 得風痰不起. 比劫爭財. 乃臨絶地. 子
水不足以剋火. 反生寅卯之木故也.

병화생어맹하. 지지양인일묘. 사화승권. 인출인중병화. 천간
수봉경신. 개허부무근. 초운임오계미. 무근지수. 능설금기. 지
지오미남방. 우조왕화. 재지기겁설이진. 조업수풍. 형상조견갑
운임신. 본무대환. 인유년목화. 우형처극자. 가계소조. 일교신
자. 암충인목지병. 천간부재통근. 여고묘득우. 발연이흥. 급을
유십오년. 자창배어조업. 신운역마봉재. 출외대리. 경영득의.
병술운병자년. 흉다길소. 득풍담불기. 비겁쟁재. 내임절지. 자
수부족이극화. 반생인묘지목고야.

➡ 丙火가 초봄에 태어나고 지지에 두 개의 寅木과 하나의 卯木이 있
는데 巳火가 월령을 잡은 상태에서 寅木의 丙火가 투출되었으니 天
干에는 비록 庚辛금이 있다고 해도 모두 허약하게 떠 있어서 뿌리가
없다. 초운은 壬午 癸未로 뿌리 없는 물이니 능히 금기운을 설하고
지지에는 午未로 남방이라 다시 왕성한 불을 도우니 재의 기운은 그
야말로 겁재에게 완전히 죽었다고 하겠다. 조부님의 유산이 상당했
는데 고통이 많았던 것은 甲木이 申金을 봤기 때문인데, 본래는 큰
근심이 없는데도 세운에서 木火가 되는 바람에 또 처자식을 극하고

살림살이가 점차로 쪼그라들었다. 그러다가 申運으로 바뀌자 운에서 寅木의 병을 충하면서 天干의 뜬 재성들이 뿌리를 내리게 되니 마치 말라가던 싹이 비를 만난 것처럼 운영하던 사업이 갑자기 일어나 乙酉대운까지 15년간에 스스로 창업을 해서 할아버지의 재산보다 몇 배나 많이 벌었다. 申運은 역마가 재를 만난 상황이라 밖으로 나가서 큰 이익을 얻었고 뭐든지 마음먹은 대로 이루어졌다. 그러다가 丙戌운의 丙子년에는 흉이 많고 길이 적었는데, 풍병으로 쓰러져서는 일어나지 못했던 것은 비겁이 쟁재를 해서이다. 물론 재성이 절지에 임한 것도 고려해야 하겠다. 子水가 비록 세운에서 있었으나 화를 극하기보다는 도리어 寅卯의 목을 생조하는 결과가 되었던 것이다.

【강의】

상황은 이해가 되는데 난데없이 역마가 충을 만나 밖에서 큰돈을 벌었다는 설명이 나타난다. 아마도 철초 선생도 역마살 정도는 활용하셨는지도 모르겠다. 아니면 그냥 말을 하다 보니 그렇게 나왔는지도 모를 일이다. 이렇게 생각해 보는 것은 여기에서만 그 말이 나왔고 다른 곳에서는 전혀 보이지 않기 때문이다. 그래서 해석할 나름이기는 하지만 심심풀이로 한 마디 해 보신 것이 아닐까 싶다. 어쩌면 낭월은 그렇게 믿고 싶은지도 모르겠다.

원국의 용신은 금으로 보고 희신은 토로 보면 되겠다. 돈을 상당히 많이 벌었던 모양인데, 원국에서의 재물이 보잘것없더라도 운에서 잘 도와 줘서 결함을 보충해 준다면 많은 돈을 벌어 볼 수도 있다고 볼 수 있다. 그래서 財多身弱의 사주도 때만 좋으면 큰돈을 벌어 볼 가능성이 있는 것이다. 흔히 재성이 기신이면 돈을 벌 수가 없느냐는 질문을 하시는데, 절대로 그렇지 않다는 점을 이런 기회에 명확히 해 두시면 되겠다. 중요한 것은 운이다. 앞으로 설명을 보시면서 운이 얼마나 중요한 것인지에 대해서 스스로 실감하실 것이다. 그리고 이렇게 운에 대해서 직접적으로 영향을 미치는 것은 희용기구한이다. 항상 명확하게 알아야 하는 부분이라는 것도 알아 두시기 바란다.

【滴天髓】

旺者冲衰衰者拔. 衰神冲旺旺神發.
왕 자 충 쇠 쇠 자 발 . 쇠 신 충 왕 왕 신 발 .

○ 왕성한 자가 쇠약한 자를 충하면 쇠한 자는 뽑혀 나가고, 쇠약한
자가 왕성한 자를 충하면 왕성한 자는 도리어 발하게 된다.

【滴天髓徵義】

十二支相冲. 支中所藏. 互相冲剋. 在原局爲明冲. 在歲運爲暗
冲. 得令者冲衰則拔. 失時者冲旺無傷. 冲之者有力. 則能去之.
去凶神則利. 去吉神則不利. 冲之者無力. 則反激之. 激凶神則爲
禍. 激吉神雖不爲禍. 亦不能獲福也. 如日主是午. 或喜神是午.
支中有寅卯巳午戌之類. 遇子冲,謂衰神冲旺,無傷. 日主是午. 或
喜神是午. 支中有申酉亥子丑辰之類. 遇子冲,謂旺者冲衰,則拔.
餘支皆然. 然以子午卯酉寅申巳亥八支爲重. 辰戌丑未較輕. 如
子午冲. 子中癸水冲午中丁火. 如午旺提綱. 四柱無金而有木. 則
午能冲子. 卯酉冲. 酉中辛金冲卯中乙木. 如卯旺提綱. 四柱有火
而無土. 則卯亦能冲酉. 寅冲申. 寅中甲木丙火被申中庚金壬水
所剋. 然寅旺提綱. 四柱有火. 則寅亦能冲申矣. 巳亥冲. 巳中丙
火戊土被亥中甲木壬水所剋. 然巳旺提綱. 四柱有木. 則巳亦能
冲亥矣. 必先察其衰旺. 四柱有無解救. 或抑冲,或助冲. 觀其大
勢. 究其喜忌. 則吉凶自驗矣. 至於四庫兄弟之冲. 其蓄藏之物.

看其四柱干支. 有無引出. 如四柱之干支. 無所引出. 司令之神.
又不關切. 雖沖無害. 合而得用亦爲喜. 原局與歲運. 皆同此論.

십이지상충. 지중소장. 호상충극. 재원국위명충. 재세운위암
충. 득령자충쇠즉발. 실시자충왕무상. 충지자유력. 즉능거지.
거흉신즉리. 거길신즉불리. 충지자무력. 즉반격지. 격흉신즉위
화. 격길신수불위화. 역불능획복야. 여일주시오. 혹희신시오.
지중유인묘사오술지류. 우자충,위쇠신충왕,무상. 일주시오. 혹
희신시오. 지중유신유해자축진지류. 우자충,위왕자충쇠,즉발.
여지개연. 연이자오묘유인신사해팔지위중. 진술축미교경. 여
자오충. 자중계수충오중정화. 여오왕제강. 사주무금이유목. 즉
오능충자. 묘유충. 유중신금충묘중을목. 여묘왕제강. 사주유화
이무토. 즉묘역능충유. 인충신. 인중갑목병화피신중경금임수
소극. 연인왕제강. 사주유화. 즉인역능충신의. 사해충. 사중병
화무토피해중갑목임수소극. 연사왕제강. 사주유목. 즉사역능
충해의. 필선찰기쇠왕. 사주유무해구. 혹억충,혹조충. 관기대
세. 구기희기. 즉길흉자험의. 지어사고형제지충. 기축장지물.
간기사주간지. 유무인출. 여사주지간지. 무소인출. 사령지신.
우불관절. 수충무해. 합이득용역위희. 원국여세운. 개동차론.

➲ 十二支가 서로 충을 하게 되면 그 속에 들어 있는 支藏干끼리도
서로 剋하게 된다. 이것을 원국에서 보게 되면 명충(明沖)이라고 하
고, 운에서 보게 되면 암충(暗沖)이라고 하게 된다. 월령을 얻은 자
가 약한 자를 충하면 뽑히게 되는 것이고, 세력을 잃은 자가 왕한 자
를 충하는 것은 손상이 없다. 충하는 것이 힘이 있으면 능히 제거할
수가 있고, 흉신을 충해서 제거한다면 이롭다고 본다. 물론, 길신을

제거하면 불리한 것은 당연하다. 그리고 충하는 자가 무력하다면 도리어 반격을 당하므로 흉신이 반격을 하면 더욱 흉하게 되는 것이고, 길신이 반격하면 비록 재앙이 된다고는 못하겠지만 또한 복을 받는다고 하기도 곤란하다.

예를 들어 일주가 午火로써 이 글자가 희신이라고 하고 지지에 寅卯巳午未戌 등이 있다면 子水의 충을 만나더라도 이 때에는 기신에 해당하는 子水는 쇠약한 상황이 되어 왕한 午火를 충한 형상이므로 오화는 발하게 된다고 보겠는데, 다른 경우 이에 준해서 이해하면 될 것이다. 그런데 子午卯酉와 寅申巳亥의 8개 지지는 중요하다고 봐야 하겠고, 辰戌丑未는 비교적 비중이 약하다고 보면 되겠다. 예를 들어 子午충이 있을 적에 子水 속에 들어 있는 癸水는 午火 속의 丁火를 충하게 되는데, 만약 오화가 월지에 있어서 왕하고 사주에 금이 없고 목만 있다면, 즉 午火가 능히 子水를 충하게 된다. 卯酉충에서도 酉金 속의 辛金이 卯木 속의 乙木을 충하게 되는데, 만약 묘월이 된 상황에서 사주에 火는 있고 土가 없다면 묘목도 능히 유금을 충할 수 있는 것이다.

寅申충에서는 寅木 속의 甲木과 丙火는 申金 속의 壬水와 庚金에게 극을 받게 될 것이나, 寅木이 월령을 잡아서 왕성하고 다시 火도 있는 상태라고 한다면 寅木도 능히 申金을 충할 수가 있다. 巳亥충에서도 巳火 속의 丙火와 戊土가 亥水 속의 壬水가 甲木에게 극을 받게 되지만, 巳火가 월령을 잡고 있으면서 사주에 또 木이 있다고 한다면 즉 巳火도 능히 亥水를 충할 수가 있는 것이다. 반드시 먼저 그 쇠약함과 왕성함을 살피고 나서 사주의 해결사가 있는지를 봐야 하겠는데, 혹 충을 눌러야 할지 충을 도와 줘야 할지는 대세를 봐서 결정해야 할 것이니 결국 연구를 해 보면 좋고 나쁜 것이 뚜렷이 나타나게 되는 것이다.

그리고 진술축미는 형제의 충이라서 그 속에 들어 있는 성분에 대해서는 사주의 상황을 봐서 인출이 되었는지 그렇지 않은지를 살펴야 하는데, 인출이 되지 않았다면 (土가) 월령을 잡은 것으로 보아도 아무런 상관이 없다. 비록 충이 되었다고 하더라도 형제의 충에 불과하므로 아무런 문제가 없다는 말이다. 그래서 용신에 합당함을 얻었다면 또한 반갑다. 원국이든 세운이든 이와 같이 보면 된다.

【강의】

본문이 길다 보니 해석도 길다. 그러나 이미 상세하게 설명이 되어 있는 것으로 봐서 구태여 추가해서 설명을 해야 할 필요는 없다. 이 정도로 이해하면 되겠는데, 혹 진술축미의 부분에서 설명이 약간 부족하다고 느낄 수도 있겠다. 이 부분에 대해서는 가령 丑月 未日이라고 한다면 이 축미충은 붕충(朋沖) 또는 형제충이라고 한다는 말씀인데, 천간에 癸水, 辛金, 乙木, 丁火가 나타나지 않았을 경우에는 그냥 土끼리의 충만 있다고 보아도 문제가 없다는 이야기이다. 그러니까 사주에서 이 土가 희용신이 된다면 그대로 좋은 것으로 보면 그만이라는 이야기이다.

그리고 그 중에서 천간에 투출된 글자가 있다든지 내부에 있는 글자가 용신이 되는 경우에는 이미 토가 희용신이 아니라고 봐서 충돌은 뿌리를 상하게 했다고 보면 된다는 이야기는 이미 앞에서 언급된 부분이다. '묘고형충지설(墓庫刑沖之說)'이라고 해서 『자평진전』에서도 설명된 부분이기도 한데 내용은 같은 의미이다. 이 정도의 보충 설명이라면 모두 이해가 되셨을 것으로 본다.

```
癸  丙  辛  戊
巳  午  酉  辰
己 戊 丁 丙 乙 甲 癸 壬
巳 辰 卯 寅 丑 子 亥 戌
```

此造旺財當令. 加以年上傷官生助. 日逢時祿. 不爲無根. 所以
身出富家. 時透癸水. 巳火失勢. 逢酉邀而拱金矣. 五行無木. 全
賴午火幫身. 則癸水爲病明矣. 一交子運. 癸水得祿. 子辰拱水.
酉金黨子冲午. 四柱無解救之神. 所謂旺者冲衰衰者拔. 破家亡
身. 若運走東南木火之地. 豈不名利兩全乎.

차조왕재당령. 가이년상상관생조. 일봉시록. 불위무근. 소이
신출부가. 시투계수. 사화실세. 봉유요이공금의. 오행무목. 전
뢰오화방신. 즉계수위병명의. 일교자운. 계수득록. 자진공수.
유금당자충오. 사주무해구지신. 소위왕자충쇠쇠자발. 파가망
신. 약운주동남목화지지. 기불명리양전호.

➤이 명조는 왕성한 財가 月을 얻었고, 추가로 年干의 傷官이 財를
도와 주고 있는데다가 일주도 比肩 劫財를 지지에서 만났으니 뿌리
가 없다고는 못할 상황이다. 그래서 부잣집의 아들로 태어났다. 時
干에 癸水가 투출되어서 巳火는 세력을 잃었다고 봐야 하겠고, 酉金
을 만나서 또 합이 되는 형상이기도 하니 오행에서 목이 없는 연고
로 오로지 午火의 도움을 기대하게 된다. 그러니 癸水는 병이 되는
것이 분명한데, 子水대운으로 바뀌자 癸水가 뿌리를 얻고 子辰으로
합이 되면서 유금은 다시 水를 돕고 午火를 子水가 충하게 만든다.

그런데 사주에 이것을 해소할 목이 없으니 그래서 왕성한 자가 쇠약한 자를 충하면 쇠약한 자는 뽑혀 버린다는 말을 하게 된다. 가산을 탕진하고 자신도 죽었는데, 만약 운에서 東南의 木火로 흘러주기만 했다면 어찌 명예와 이익[名利]을 함께 얻지 못했으랴!

【강의】

역시 되고 말고는 운에 달렸다는 의미가 되겠다. 즉, 이 사주는 신약해서 인성이 필요한 구조인데, 인성이 없으므로 겁재를 용했다는 말이 되는 셈이다. 앞 부분에서는 오히려 수를 용신으로 삼는 것처럼 설명되었는데, 결론을 보면 목화가 필요했다는 말이 되는 것으로 봐서 용신은 목화에 있었다고 봐야 하겠다. 아마도 철초 선생의 의사는 기본적으로는 약하지 않은데 자수가 힘을 얻으면서 결과적으로 약하게 되었다는 의미가 되는 것으로 보고, 이것은 기본적으로 목이 용신이어야 한다기보다는 우선은 진행이 되지만 원국에서 목이 하나만 있었더라면 이렇게까지 되었겠느냐는 의미까지 포함된 것으로 봐야 하겠다. 그러나 복잡하게 생각할 필요가 없는 것은 마지막에 목화의 운을 아쉬워하는 말씀으로 봐서 신약용인격으로 보면 그만이겠다. 그리고 기본적으로 봐도 다소 신약하다고 보아 무리가 없겠다.

癸	丁	壬	庚			
卯	卯	午	寅			
庚	己	戊	丁	丙	乙	甲	癸
寅	丑	子	亥	戌	酉	申	未

財官虛露無根. 梟比當權得勢. 以四柱觀之. 貧夭之命. 前造身財並旺. 反遭破敗, 無壽. 此則財官休囚. 刱業有壽. 不知彼則無木. 逢水冲則拔. 此則有水. 遇火劫有救. 至甲申乙酉運. 庚金祿旺. 壬癸生. 又冲去寅卯之木. 所謂衰神冲旺旺神發. 驟然財發鉅萬. 命好不如運好. 信斯言也.

재관허로무근. 효비당권득세. 이사주관지. 빈요지명. 전조신재병왕. 반조파패, 무수. 차즉재관휴수. 창업유수. 부지피즉무목. 봉수충즉발. 차즉유수. 우화겁유구. 지갑신을유운. 경금록왕. 임계생. 우충거인묘지목. 소위쇠신충왕왕신발. 취연재발거만. 명호불여운호. 신사언야.

➡ 財官이 천간에 있는데 뿌리가 없고 편인(偏印)과 겁재(劫財)가 세력을 얻었다. 전체적으로 볼 때 가난하거나 일찍 죽을 사주이다. 앞의 사주는 일주와 재성이 함께 왕성했음에도 망하고 또 단명을 했는데, 이 사람은 재관이 휴수되었음에도 스스로 창업을 했고, 또 수명도 길었으니, 모르겠는가 저 사람은 목이 없어서 수를 만나니 뽑혀버리게 된 것이고, 이 사람은 물이 있으므로 불의 겁재를 만나더라도 구할 수가 있다는 것을 말이다. 甲申 乙酉대운에서 경금이 녹왕을 만나고 壬癸의 수는 생을 만났으며, 또 寅卯의 목을 충으로 제거한 것이니 이른바 쇠신이 왕신을 충하면 왕신이 발하게 되는 경우에 해당된다. 갑자기 수억의 재물이 생겨났으니 '사주 좋은 것이 운 좋은 것만 못하다.'는 말은 참으로 믿을 만하다고 하겠다.

【 강의 】

그럴싸하신 말씀이다. 원국의 상황도 중요하지만 운에서의 흐름이 더욱 중요하다는 말씀으로 이번 항목을 마무리하게 된다. 부연 설명을 한다면 쇠왕의 충에 대한 이야기는 병약 이론에도 부합된다고 보겠다. 즉, 이 사주에서 본다면 목이 병인데, 금이 와서 목을 쳐 버리니까 사주가 살아났다고 보는 것이다. 즉, 이미 목화가 왕성한 상황에서 금이 왔다면 쇠신충왕이라고 봐야 하겠다. 이는 설명은 다소 본문의 내용에 비해서 어긋나는 맛이 있는데, 감정이 좀 섞인 것이 아닌가 싶다. 즉, 글자대로라면 금이 부스러져야 옳은데, 설명은 좀 다르게 되어 있으니 말이다. 그래서 달리 의미를 부여해 보면 목이 병인데 금이 제어를 해서 잘 되었다는 정도로 생각하면 무리가 없을 것으로 본다.

철초 선생의 주장을 보면 가끔은 자신의 감정을 주체하지 못해서 지나치게 강력하게, 또는 앞뒤가 약간 어긋나는 듯싶게 주장을 펴신다는 생각이 든다. 기본적으로 丙午일주의 특성이 그렇다고 하겠지만, 올바르게 전달해 주고 싶은 욕심에 너무 깊이 생각하지 않고 설명에만 열중하신 듯한 부분은 우리가 읽으면서 살펴야 하겠다는 생각을 하게 된다. 벗님도 이 부분에 대해서는 계속해서 주시를 하면서 읽기 바란다. 그래야 혼란이 생기지 않을 것이기 때문이다.

제3장 간지총론(干支總論)

【滴天髓】

陰陽順逆之說. 洛書流行之用. 其理信有之也. 其法
음양순역지설. 낙서류행지용. 기리신유지야. 기법
不可執一.
불가집일.

○ 음양순역(陰陽順逆)의 설은 낙서(洛書)에서 시작이 되어 많은 부
분에서 활용하고 있는데, 그 이치는 믿을 만하지만 그 방법에서는
한 가지만을 집착할 일이 아니다.

【滴天髓徵義】

陰陽順逆之說. 其理出於洛書. 然五行流行之用. 不過陽主聚.
以進爲退. 陰主散. 以退爲進. 若論命理. 則不專以順逆論. 須觀
日主之衰旺. 察生時之淺深. 究四柱之用神. 以論吉凶. 則了然

矣. 至於長生沐浴等名. 乃借假形容之辭. 人之日主. 不必生逢祿
旺. 卽月令休囚. 而年日時中得長生祿旺. 便不爲弱. 就使逢庫.
亦爲有根. 時設投墓必冲者. 俗書之謬也. 古法只有四長生. 從無
子午卯酉爲陰長生之說. 水生木. 申爲天關. 亥爲天門. 天一生
水. 卽生生不息. 故木皆生於亥. 午爲火旺之地. 木至午發洩已
盡. 故木皆死於午. 言木而餘可類推矣. 夫五陽育於生方. 盛於本
方. 斃於洩方. 盡於剋方. 於理爲順. 古人取格. 丁遇酉以財論.
乙遇午, 己遇酉, 辛遇子, 癸遇卯, 以食神論. 俱不以生論. 乙遇
亥, 癸遇申, 以印論. 俱不以死論. 卽己遇寅藏之丙火. 辛遇巳藏
之戊土. 亦以印論. 不以死論. 由此觀之. 陰陽同生同死可知也.
若執定陽順陰逆. 而以陽生陰死陰生陽死論命. 則太謬矣. 故云
其法不可執一也.

(徐樂吾 追加) 按陰陽者. 正負也. 凡物必有兩端. 甲端爲陽極.
乙端爲陰極. 中爲祿旺. 遇旺則衰. 陽極則陰生. 陰極則陽生. 循
環無端. 順逆之理. 始於八卦. 故木生於亥. 至午八位爲極. (參看
命理尋源)

음양순역지설. 기리출어낙서. 연오행유행지용. 불과양주취.
이진위퇴. 음주산. 이퇴위진. 약론명리. 즉부전이순역론. 수관
일주지쇠왕. 찰생시지천심. 구사주지용신. 이론길흉. 즉요연
의. 지어장생목욕등명. 내차가형용지사. 인지일주. 불필생봉녹
왕. 즉월령휴수. 이년일시중득장생녹왕. 편불위약. 취사봉고.
역위유근. 시설투묘필충자. 속서지류야. 고법지유사장생. 종무
자오묘유위음장생지설. 수생목. 신위천관. 해위천문. 천일생
수. 즉생생불식. 고목개생어해. 오위화왕지지. 목지오발설이
진. 고목개사어오. 언목이여가류추의. 부오양육어생방. 성어본

방. 폐어설방. 진어극방. 어리위순. 고인취격. 정우유이재론.
을우오, 기우유, 신우자, 계우묘, 이식신론. 구불이생론. 을우
해,계우신, 이인론. 구불이사론. 즉기우인장지병화. 신우사장
지무토. 역이인론. 불이사론. 유차관지. 음양동생동사가지야.
약집정양순음역. 이이양생음사음생양사론명. 즉태류의. 고운
기법불가집일야.

(서낙오 추가) 안음양자. 정부야. 범물필유량단. 갑단위양극.
을단위음극. 중위록왕. 우왕즉쇠. 양극즉음생. 음극즉양생. 순
환무단. 순역지리. 시어팔괘. 고목생어해. 지오팔위위극. (참간
명리심원)

➡ 음양이 순행하고 역행하는 이치는 낙서에서 나왔다고 전한다. 그
리고 오행이 흐르는 것은 양의 기운이 모여들었다가 물러나고 음의
기운이 다시 흩어졌다가는 나아가는 것을 응용해서 사용하는 것이
다. 그리고 명리학에서 이러한 이치를 논한다면, 즉 순역의 이론이
완전히 부합되지 않음이 있으니 모름지기 日主의 쇠하고 왕성한 것
을 살피고 태어난 계절이 어느 정도의 상황인가를 분별하며 이러한
것을 종합해서 사주의 용신을 살핀 후 그 사람의 길하고 흉함을 논
하게 되면 그대로 정확하게 되는 것이다.

그리고 장생이나 목욕 등의 이름은 거짓으로 빌려 온 형용사에 불
과한데 日主는 반드시 인성이나 비겁[祿旺]을 만나야 할 필요는 없
다고 본다. 비록 월령에서는 휴수가 되었다 하더라도 年日時 가운데
인성이나 비겁을 만나면 문득 약하지 않게 되는 까닭이다. 나아가서
辰戌丑未월을 만난다면 또한 뿌리가 있다면 되는 것이니 세간에서
말하는 대로 '묘에 빠졌으니 반드시 충해서 꺼내야 한다.'는 말은 속

된 책의 오류인 것이다.

옛날 법을 보게 되면 네 가지의 (양간에 대한) 장생만 있었지 자오 묘유가 음장생이라고 하는 말은 보이지 않는다. 水生木을 보면, 申金은 천관(天關)이라고 하고 戌亥는 천문(天門)이라고 하여 하늘에서 하나의 水를 생하니 이것이 생하고 또 생해서 쉬임이 없는 것이므로 木은 亥水에서 생을 받는 것이다. 午火는 火의 왕지가 되니 木이 午火에 오면 기운이 다 실하게 되어서 죽게 되는 것으로 오화를 인식하면 된다. 木을 대표로 말하므로 나머지는 미루어 생각하면 될 것이다.

대저 오행은 생방에서 자라고 본방에서 왕성해지다가 설방에서 넘어지는 것이 이치에 부합되는 말이다. 고인들께서 격을 취할 적에 丁火가 酉金을 만나면 財라고 논하셨고, 乙木이 午火를 만나거나 己土가 酉金을 만나거나 辛金이 子水를 만나거나 癸水가 卯木을 만나면 이러한 성분은 모두 食神으로 논했을 뿐 생을 받는다고 하지 않았다. 乙木이 亥水를 만나거나 癸水가 申金을 만나면 모두 인성으로 논하셨을 뿐 죽는다고 말하지 않으셨다. 그리고 己土가 寅木 속의 丙火를 보거나 辛金이 巳火 속의 戊土를 만나면 또한 인성으로 논했을 뿐 죽는다고 논하지 않았음을 보건대 음양은 함께 살고 함께 죽게 되는 것임을 능히 알 수 있는 것이다. 만약 음이 생하는 곳에서 양이 죽는다는 이론으로 운명을 감정한다면 대단히 큰 오류를 범하게 될 것이다. 그래서 말하기를 '그 방법은 한 가지로 집착하지 말라.'고 한 것이다.

➜ (서낙오 의견) 음이 죽으면 양이 생하고 양이 죽으면 음이 생한다는 말은 믿을 만한 말이다. 대저 물질은 양극이 있으므로 갑이 양의

끝이라면 을은 음의 끝이라고 하게 된다. 그 가운데서 녹왕이 있으며 왕에 다다르면 다시 쇠하게 되는 것이고 음이 극에 달하면 양이 생하는 이치가 돌고 돌아서 끝이 없으니 순역의 이치는 팔괘에서 발생한 것으로 목이 해에서 생하여 여덟 번째가 되면 오화를 만나 극에 달하는 이치이다. (『명리심원』을 참고)

【강의】

순역(順逆)은 十二運星에 대해서 언급한 것이다. 즉, 장생 목욕 등에 대한 말은 형용사로써 오행의 흐름을 설명한 것인데, 음양은 같이 살고 같이 죽는다는 이치를 거론하면서 양이 생하는 곳에서 음이 죽는다는 설이 크게 잘못된 것이라고 하는 것이다. 이 정도의 내용이라면 부연 설명을 할 필요가 없다고 보아 생략하겠다.

그리고 일간이 반드시 왕해야 할 필요는 없으므로 월령을 얻지 않았다고 해서 약하다고 할 일이 아니라고도 하는 것이다. 어찌 보면 당연한 이야기라고 하겠는데 실은 그게 아니다. 월지만 인겁이면 무조건 신왕한 사주라고 판단해 버리는 많은 학자들을 상대로 한 사자후란 점을 간과하면 철초 선생의 참뜻을 헤아리기 어려울 것이다.

그리고 진술축미에 대해서도 세간에서는 묘에 빠지면 충을 해서 꺼내야 한다는 말로 이치를 어둡게 한다고 심하게 편잔하는 의미가 느껴진다. 그런데 묘하게도 철초 선생이 가신 지 200여 년이 지난 지금에 와서도 이 말이 유효하다는 것이 참 아이러니라고 하겠다. 묘한 일이다. 십이운성에 대해서는 졸저 『알기 쉬운 합충변화』에 언급되어 있으므로 참고하기 바란다.

그리고 말미에 추가된 내용은 낙오 선생의 의견인데, 내용을 보면 십이운성에 대해서도 긍정적으로 생각하시는 듯한 느낌이 든다. 아마도 낙오 선생은 이 법을 활용하셨던 것으로 생각된다. 언급되는 내용으로 보아 철초 선생이 실수를 하는 것이라는 생각 때문에 중요한 내용이 분실되는 것이 염려가 되어 한 가닥의 실로 묶어 두는 것이 아닌가 싶은 기분이 든다. 철초 선생은 어림도 없는 이야기라고 하시지만, 낙오 선생의 생각에는 활용할 가치가 있었던 것 같다. 물론 낭월은 고려할 필요가 없을 뿐만 아니라, 이것을 고려하나가는 생극제화(生剋制化) 자체가 무너진다는 정도로 위기감을 느끼고 있는 입장이므로 혹 낙오 선생이 긍정적으로 보셨다면 의아해 하셨을 것이다. 그리고 『명리심원』을 보라고 한 것은 그 책에 상세하게 설명되어 있다는 의미이다. 낭월의 입장에서 졸저 『합충변화』를 보라고 하는 것과 같은 의미이다.

丙	乙	己	丙
子	亥	亥	子

丁	丙	乙	甲	癸	壬	辛	庚
未	午	巳	辰	卯	寅	丑	子

乙亥日元. 生於亥月. 喜其天干兩透丙火. 不失陽春之景. 寒木向陽. 淸而純粹. 惜乎火土無根. 水木太重. 讀書未售. 兼之中年一路水木. 生扶太過. 局中火土皆傷. 以致財鮮聚而志未伸. 然喜無金. 業必淸高. 若以年時爲乙木病位. 月日爲死地. 豈不休囚已極. 宜用生扶之運. 今以亥子之水作生論. 則不宜再見水木也.

을해일원. 생어해월. 희기천간양투병화. 부실양춘지경. 한목향양. 청이순수. 석호화토무근. 수목태중. 독서미수. 겸지중년일로수목. 생부태과. 국중화토개상. 이치재선취이지미신. 연희무금. 업필청고. 약이년시위을목병위. 월일위사지. 기불휴수이극. 의용생부지운. 금이해자지수작생론. 즉불의재견수목야.

➡ 乙亥日元이 亥月에 태어났지만 천간에 두 개의 丙火가 있어 따스한 풍경을 잃지 않았음이 기쁘다. 겨울 나무가 태양을 향하니 밝고도 순수하다. 아까운 것은 원국의 火土가 뿌리가 없고 水木의 힘이 너무 강한 것이다. 그래서 글을 읽었지만 팔리지 못했고, 겸해서 운도 중간에 水木으로만 흘러가니 생부가 너무 과해서 사주의 火土는 도리어 허약해져 손상을 입는다. 이로 인해 돈이 모이지를 않았고, 그 뜻은 펴지를 못했다. 그래도 반가운 것은 金이 없는 것인데 그가 하는 일은 청고하다고 하겠다. 만약 年時의 子水가 (십이운성으로 따져서) 병(病)에 앉아 있다고 보고 月日의 亥水는 사지(死地)라고 논한다면 어찌 허약의 극에 달하지 않았다고 하겠는가. 그렇다면 마땅히 도와 주는 인겁운을 반기게 될 것은 틀림없다. 이제 亥子의 水는 생으로 논하게 되니 다시 水木을 보는 것이 마땅치 않았던 것이다.

【강의】

십이운성의 부당함을 확인하는 용도로 제시된 자료이다. 지당하신 말씀이므로 설명은 생략한다.

```
癸   癸   乙   戊
亥   卯   卯   午
癸 壬 辛 庚 己 戊 丁 丙
亥 戌 酉 申 未 午 巳 辰
```

春水多木. 過於洩氣. 五行無金. 全賴亥時比劫幫身. 嫌其亥卯
拱局. 又透戊土. 剋洩並見. 交戊午運不壽. 若據俗說. 癸水兩坐
長生. 時逢旺地. 何以不壽. 又云食神有壽妻多子. 食神生旺勝財
官. 此名利兩全多子有壽之格也. 總之陰陽生死之說. 不足憑也.

춘수다목. 과어설기. 오행무금. 전뢰해시비겁방신. 혐기해묘
공국. 우투무토. 극설병견. 교무오운불수. 약거속설. 계수양좌
장생. 시봉왕지. 하이불수. 우운식신유수처다자. 식신생왕승재
관. 차명리양전다자유수지격야. 총지음양생사지설. 부족빙야.

➜卯月 癸水인데 木이 많아 설기(洩氣)가 심하다. 五行에 金은 없으
니 오로지 時支의 亥水인 劫財에게 의지하고 있다. 그런데 亥卯합이
되고 천간에는 戊土가 나와 있으니 극설이 함께 보이는 것이 싫다.
戊午운으로 바뀌니 수명이 다했던 것이다.

만약 이 사주를 놓고 속설을 대입한다면 '癸水가 卯木의 장생을
만났고 時에는 왕지까지 만났다.'고 해야 할 것인데 어째서 오래 살
지도 못했겠느냐는 말이다. 또, 말하기를 '식신은 오래 살고 처자식
이 좋은 것이므로 식신이 생왕하면 재관보다도 더 좋다.'고도 한다.
따라서 이 사주는 명예와 재물을 모두 얻고 자식도 많고 오래도록
살 사주라고 할 것이다. 그러니 음양생사에 대한 이야기는 믿을 게

못 된다고 보는 것이다.

【강의】

간단하게 끝내 버리는 모습이다. 길게 말할 필요도 없다고 하겠다.

【滴天髓】

故天地順遂而精粹者昌. 天地乖悖而混亂者亡.

고 천 지 순 수 이 정 수 자 창 . 천 지 괴 패 이 혼 란 자 망 .

不論有根無根. 俱要天覆地載.

불 론 유 근 무 근 . 구 요 천 복 지 재 .

❷ 天地가 순수하고 정수한 命造는 번창하고, 天地가 어그러지고 혼란스러운 命造는 망한다. 유근인지 무근인지를 논할 것 없이 중요한 것은 하늘에서 덮어 주고 땅에서 실어 주는 것〔天覆地載〕임을 알아야 한다.

【滴天髓徵義】

取用干支之法. 干以載之支爲切. 支以覆之干爲切. 如喜甲乙而載以寅卯亥子則生旺. 載以申酉則剋敗矣. 忌丙丁載以亥子則制伏. 載以巳午寅卯則肆逞矣. 如喜寅卯而覆以甲乙壬癸則生旺. 覆以庚辛則劫敗矣. 忌巳午而覆以壬癸則制伏. 覆以丙丁甲乙則肆逞矣. 不特此也. 干通於支. 支逢生扶. 則干之根堅. 支逢冲剋. 則干之根拔矣. 支受蔭於干. 干逢生扶. 則支之蔭盛. 干逢剋制. 則支之蔭衰矣. 凡命中四柱干支. 有顯然吉神而不爲吉. 確乎凶神而不爲凶者. 皆是故也. 所以無論天干一氣. 地支雙淸. 總要天覆地載.

취용간지지법. 간이재지지위절. 지이복지간위절. 여희갑을

이재이인묘해자즉생왕. 재이신유즉극패의. 기병정재이해자즉제복. 재이사오인묘즉사령의. 여희인묘이복이갑을임계즉생왕. 복이경신즉겁패의. 기사오이복이임계즉제복. 복이병정갑을즉사령의. 불특차야. 간통어지. 지봉생부. 즉간지근견. 지봉충극. 즉간지근발의. 지수음어간. 간봉생부. 즉지지음성. 간봉극제. 즉지지음쇠의. 범명중사주간지. 유현연길신이불위길. 확호흉신이불위흉자. 개시고야. 소이무론천간일기. 지지쌍청. 총요천복지재.

❥ 간지의 법에서 用神을 취할 경우, 천간에 있을 때에는 지지에서 친절하게 실어 주는 것이 좋고 지지에 용신이 있을 적에는 천간에서 친절하게 덮어 줘야 되는 것이다. 예를 들면, 甲乙木이 희용신일 경우 지지에는 寅卯亥子가 있으면 생왕하게 되어 좋다고 하겠으나 申酉의 금이 있다면 깨어지고 시들게 되는 것이다. 또, 丙丁火는 지지에 亥子水가 있어서 제복하는 것을 꺼리게 되고 巳午寅卯를 만나면 왕성해서 날뛰는 것이다. 또, 용신이 寅卯에 있을 경우에는 천간에 甲乙壬癸가 있으면 생왕해지지만 庚辛이 있다면 겁탈을 당한다. 巳午에 용신이 있을 때 천간에 壬癸가 있다면 제어를 당할 것이고 丙丁甲乙이 있다면 힘을 얻어 날뛰게 될 것이다.

또, 이것뿐만이 아니다. 천간은 지지에 통하므로 지지가 천간의 생부가 되어 준다면 천간의 뿌리가 견고한 것이고 지지가 충을 만난다면 천간의 뿌리가 뽑히게 된다. 그리고 지지에서도 천간이 그늘로 덮어 준다면 생부를 만나서 뿌리가 무성해질 것이지만 천간에서 극제를 하게 되면 그늘이 말라 버릴 것이다.

대저 팔자 가운데에서 길신이 틀림없다고 생각했는데도 실제로는 별로 좋은 것이 없고, 흉신이 틀림없다고 장담했는데도 실제로는 흉한 것이 없는 경우는 모두 이러한 사연이 숨어 있기 때문이다. 그래서 하는 말이 천간이 모두 한 가지 기운으로 되어 있다든지[天全一氣] 지지가 모두 청하다[地支雙淸]는 식의 말이 아니라 오로지 '하늘에서는 덮어 주고 땅에서는 실어 주는 것이 중요하다.'고 하는 것이다.

【강의】

천복지재, 또는 천부지재라고도 읽는데, 뜻은 모두 같은 말이다. 천복지재라고 읽는 것이 보편적이다. 하늘에서 덮어 줘야 하고 땅에서 실어 줘야 한다는 것은 주변의 전체적인 상황을 살펴서 해석해야 한다는 의미로 이해하면 되겠다.

庚	庚	丁	己
辰	申	卯	亥

己	庚	辛	壬	癸	甲	乙	丙
未	申	酉	戌	亥	子	丑	寅

庚金雖生春令. 支坐祿旺. 時逢印比. 足以用官. 官坐財鄉. 地支載以卯木財星. 又得亥水生扶有情. 丁火之根愈固. 所謂天地順遂而精粹者昌也. 歲運逢壬癸亥子. 干有己印衛官. 支得卯財化傷. 生平履險如夷. 少年科甲. 仕至封疆. 經云. 日主最宜健旺. 用神不可損傷. 信斯言也.

경금수생춘령. 지좌록왕. 시봉인비. 족이용관. 관좌재향. 지
지재이묘목재성. 우득해수생부유정. 정화지근유고. 소위천지
순수이정수자창야. 세운봉임계해자. 간유기인위관. 지득묘재
화상. 생평이험여이. 소년과갑. 사지봉강. 경운. 일주최의건왕.
용신불가손상. 신사언야.

➡ 庚金이 비록 봄에 태어났지만 日支에 힘을 얻고 時柱에 印星과 比
肩을 만났으니 관성을 용신으로 삼기에 족하다. 그리고 관성은 다시
재성에 앉아 있으니 지지의 卯木으로써 재성을 삼기 때문이다. 또,
亥水의 생부를 얻은 재성은 다시 유정하게 되니 丁火의 뿌리는 더욱
견고해진다. 이른바 '천지가 서로 따르니 순수하여 창성하게 되리
라.'는 구조이다. 세운에서 壬癸亥子를 만나더라도 천간에서 己土의
인성이 막아 주게 되어 관을 보호하게 되고, 지지에서도 卯木이 상
관[食神]을 화하게 되니 일생 동안 어려운 일 없이 어려서 벼슬하여
지위는 봉강까지 되었으니 경에 말하기를 '일주는 건왕한 것이 가장
좋고 용신은 손상을 받으면 불가하다.'고 했는데, 믿을 만한 말이라
고 하겠다.

甲	庚	丁	己
申	辰	卯	酉
己 庚 辛 壬 癸 甲 乙 丙
未 申 酉 戌 亥 子 丑 寅

此亦以丁火官星爲用. 地支亦載以卯木財星. 與前造大同小異.

只爲卯酉逢沖. 剋敗丁火之根. 支中少水. 財星有剋無生. 雖時透
甲木. 臨於申支. 謂地支不載. 雖有若無. 故身出舊家. 詩書不繼.
破耗刑傷. 一交戌運. 支類西方. 貧乏不堪.

차역이정화관성위용. 지지역재이묘목재성. 여전조대동소이.
지위묘유봉충. 극패정화지근. 지중소수. 재성유극무생. 수시투
갑목. 임어신지. 위지지부재. 수유약무. 고신출구가. 시서불계.
파모형상. 일교술운. 지류서방. 빈핍불감.

❧이 사주 역시 官星인 丁火로 用神을 한다. 지지에도 卯木 재성이
있다. 그러므로 앞의 사주와 비교해서 대체로 같다고 보겠다. 다만
卯酉충을 만나서 정화의 뿌리가 깨어졌다. 그리고 지지에 水도 적어
서 재성인 묘목을 도와 주지도 못하고 있다. 비록 時干에 갑목이 있
다고 하지만 申에 앉아 있으니 지지에서 실어 주지 않는다고 하는
형상이다. 비록 있다고는 해도 없는 것과 같다. 그래서 뼈대 있는 집
안 출신이기는 하지만 글공부를 계속하지 못하고 온갖 풍상을 겪다
가 戌土운으로 바뀌자 지지에 서방의 금국이 형성되면서 가난의 고
통을 견딜 수가 없었던 것이다.

癸	辛	壬	庚
巳	酉	午	申

庚	己	戊	丁	丙	乙	甲	癸
寅	丑	子	亥	戌	酉	申	未

庚辛壬癸. 金水雙淸. 地支申酉巳午. 煆煉有功. 謂午火眞神得

用. 理應名利雙輝. 所惜者五行無木. 金雖失令而黨多. 火雖當令
而無輔. 更嫌壬癸覆之. 緊貼庚辛之生. 而申中又得長生. 則壬水
愈肆逞矣. 雖有巳火助午. 無如巳酉拱金. 則午火之勢必孤. 所以
申酉兩運. 破耗異常. 丙戌運中. 助起用神. 大得際遇. 一交亥運.
壬水得祿. 癸水臨旺. 火氣剋盡. 家破身亡.

경신임계. 금수쌍청. 지지신유사오. 단련유공. 위오화진신득
용. 이응명리쌍휘. 소석자오행무목. 금수실령이당다. 화수당령
이무보. 갱혐임계복지. 긴첩경신지생. 이신중우득장생. 즉임수
유사령의. 수유사화조오. 무여사유공금. 즉오화지세필고. 소이
신유양운. 파모이상. 병술운중. 조기용신. 대득제우. 일교해운.
임수득록. 계수임왕. 화기극진. 가파신망.

➥ 천간에 庚辛壬癸이니 금수쌍청이라고 하겠고, 지지에 申酉巳午가
있으니 金을 단련시키는 공덕이 있다고 할 것이다. 그러니 월령을
잡은 午火를 용신으로 하게 되니 이치로 본다면 명예와 재물을 얻을
것이다. 아까운 것은 오행에 木이 없는 것인데, 金이 비록 실령을 했
다고는 하지만 세력이 뭉쳐서 상당히 강하고 火는 비록 당령을 했
다지만 보조가 없는 꼴이기 때문이다. 그리고 다시 싫은 것은 壬癸水
가 천간에 바짝 붙어 있는 것이다. 그리고 庚辛金이 생조하고 있으
며 時支에는 장생도 얻었다. 즉, 임수는 더욱 날뛰게 된다는 이야기
이다. 비록 巳火가 돕는다고는 하지만 巳酉의 합이 있으니 오화의
세력은 매우 허약해진 모습이다. 그래서 申酉운에서는 애로가 너무
많았고, 丙戌운에는 용신을 도와서 일어나니 좋은 인연을 만났는데,
亥水운으로 바뀌자 임수가 뿌리를 얻고 계수도 왕지에 임하니 화기
는 그대로 운이 다해서 집이 망하고 자신도 죽었다.

【강의】

이 사주는 살을 용한 상황이므로 식상은 기신인데 원국의 기신도 상당한 힘을 갖고 있는 상황에서 다시 식상의 운이 와 버려 어떻게 해 볼 수가 없었다고 보면 되겠다. 요즘 같으면 차라리 상관을 용신으로 삼고 싶은 생각이 간절해진다. 차제에 생각해 볼 것은 예전의 사주들은 웬만하면 관성을 용신으로 삼았고, 요즘은 웬만하면 식상을 용신으로 삼는다는 생각이 든다. 임상을 해 보면서 시대가 달라지면 용신의 활동도 달라진다는 생각이 드는 것이다. 그렇다면 사주의 운도 사람의 마음을 따라간다고 봐야 할까?

甲	辛	壬	庚
午	酉	午	申

庚	己	戊	丁	丙	乙	甲	癸
寅	丑	子	亥	戌	酉	申	未

此亦用午中丁火之殺. 壬水亦覆之於上. 亦有庚辛金緊貼之生. 所喜者午時一助. 更妙天干覆以甲木. 則火之蔭盛. 且壬水見甲木而貪生. 不來敵火. 四柱有相生之誼. 無爭剋之風. 中鄕榜. 仕至觀察. 與前造只換得先後一時. 天淵之隔. 所謂毫釐千里之差也.

차역용오중정화지살. 임수역복지어상. 역유경신금긴첩지생. 소희자오시일조. 갱묘천간복이갑목. 즉화지음성. 차임수견갑목이탐생. 불래적화. 사주유상생지의. 무쟁극지풍. 중향방. 사지관찰. 여전조지환득선후일시. 천연지격. 소위호리천리지차야.

➡이 사주 역시 官殺인 午中 丁火를 용신으로 하는데, 앞 사주처럼 임수가 덮여 있다. 그리고 천간에서도 역시 庚辛金이 바짝 붙어서 생조한다. 그래도 반가운 것은 午時에 태어나서 오화가 도와 준다는 것이다. 다시 묘한 것은 시지의 오화에는 甲木이 덮여 있다는 것이다. 즉, 불이 목의 도움을 의지해서 왕성해진다는 이야기이다. 또, 임수는 갑목을 보면서 생하고 싶은 생각이 많아서 화를 극하러 오지 않는다는 점도 있으니 사주에는 상생의 흐름이 발생하게 되어 싸우는 형상이 없게 된다. 향방에 올라서 관찰사가 되었으니, 앞의 사주와 앞뒤로 다만 한 시간의 차이일 뿐인데, 이렇게 털끝 같은 차이가 결과는 천리만큼의 차이를 보인 것이다.

【강의】

가끔 낭월이 인용하는 사주이다. 두 사주 중 하나는 巳時에 생하고 또 하나는 午時에 생했는데, 실제로 나타난 결과는 엄청나게 차이가 있으니 사주를 볼 적에도 항상 출생시에 대한 정확성은 주의를 기울이지 않을 수가 없는 것이다. 틀린 시를 내어 놓고서는 사주가 맞느니 틀리느니, 공부가 있느니 없느니 시비하는 것은 참으로 의미 없는 시간 낭비일 뿐이다. 부디 벗님도 이 자료를 깊이 새겨 출생시에 신경을 많이 써야 한다. 혹 정확한 시간이라고 일러 주더라도 그 사람이 살아가는 모양이 사주와 다르다고 생각된다면 앞뒤로 시간을 바꾸어 대입시켜 보는 것도 현명할 수가 있다. 왜냐하면 시간은 언제나 조작될 가능성을 가지고 있기 때문이다. 참으로 중요한 자료이다.

【滴天髓】

> 天全一氣. 不可使地德莫之載.
> 천 전 일 기 . 불 가 사 지 덕 막 지 재 .

◐ 천간이 하나의 氣로 모였다고 하더라도 지지에서 실어 주지 않으면 불가하다.

【滴天髓徵義】

天全一氣者. 天干四甲四乙四丙四丁四戊四己四庚四辛四壬四癸皆是也. 地支不載者. 地支與天干無生化也. 非特四甲四乙而遇申酉爲不載. 卽全受剋於地支. 或反剋地支. 或天干不顧地支. 或地支不顧天干. 皆爲不載也. 如四乙酉者. 受剋於地支也. 四辛卯者. 反剋地支也. 必須地支之氣上升. 天干之氣下降. 則流通生化, 而不至於偏枯. 又得歲運安頓. 非當亦貴矣. 如無升降之情. 反有沖剋之勢. 皆爲偏枯而貧賤矣. 宜細究之.

천전일기자. 천간사갑사을사병사정사무사기사경사신사임사계개시야. 지지불재자. 지지여천간무생화야. 비특사갑사을이우신유위부재. 즉전수극어지지. 혹반극지지. 혹천간불고지지. 혹지지불고천간. 개위부재야. 여사을유자. 수극어지지야. 사신묘자. 반극지지야. 필수지지지기상승. 천간지기하강. 즉유통생화, 이부지어편고. 우득세운안돈. 비당역귀의. 여무승강지정. 반유충극지세. 개위편고이빈천의. 의세구지.

➡ 천간이 하나의 氣라는 것은 네 개의 甲木이 천간에 있음을 말하고
乙丙丁戊己庚辛壬癸도 같은 의미가 된다. 지지에서 실어 주지 않는
다는 말은 지지와 천간이 생화의 정이 없다는 말인데, 특별히 4甲이
나 4乙이 申酉의 금을 만났다고 말하는 것만은 아니다. 즉, 지지에서
극을 받거나 지지를 극하거나 혹은 천간이 지지를 돌보지 않거나 혹
은 지지가 천간을 돌보지 않는 것 등도 모두 실어 주지 않는 것이다.

　가령 4乙酉라고 하는 사주가 있다면 지지로부터 극을 받는 것이
고, 4辛卯는 지지를 극하는 것이라고 이해하면 되겠다. 반드시 지지
의 기운은 상승하고 천간의 기운은 하강하는 것이 최선인데 그렇게
되어서 생화로 유통이 되면 편고한 지경에까지는 이르지 않을 것이
고, 운이 와서 도와 준다면 부자가 되지 않더라도 귀하게 될 것이다.
그러니까 오르내리는 정이 없는 사주에 도리어 충돌까지 있다면 모
두 편고하므로 가난하지 않으면 천하게 될 것이라고 보아 잘 연구하
는 것이 좋겠다.

【강의】

　'천전일기는 빛 좋은 개살구' 라고 이해하면 되겠다. 『고전격국론』
에 보면 천전일기를 좋은 사주라고 평하는데, 이것은 주변의 상황을
무시하고 내린 결론이므로 말도 되지 않는다는 생각이 들었을 것이
다. 그래서 백온 선생도 주변의 이치를 무시한 채 한 가지만 놓고 집
착하는 것은 말도 되지 않는 이야기임을 간파했고, 철초 선생도 이
에 동의하셨던 것이다. 너무나 당연한 이야기지만 다시 생각해 보면
천전일기는 빛이 좋은 것도 아니다. 뭐든지 그렇지만 한 가지로만
몰려 있는 구조는 아무리 잘 봐 주려고 해도 좋은 암시가 있다고 볼

수 없다.

비록 외격이 되어서 일행득기격이 된다면 또 모르겠지만 실은 일행 득기격이라고 하더라도 좋은 사주는 아닌 것이다. 두루두루 오행이 갖춰진 사주가 가장 아름답고 자연스러운 사주라고 이해하면 된다.

```
甲    甲    甲    甲
戌    寅    戌    申
壬 辛 庚 己 戊 丁 丙 乙
午 巳 辰 卯 寅 丑 子 亥
```

年支申金. 冲去日主寅木. 加以戌土乘權重見. 生金助殺. 謂地 支不顧天干. 夫四甲一寅. 似乎强旺. 第秋木休囚. 冲去祿神. 其 根已拔. 不作旺論. 故寅卯亥子運中. 衣食頗豊. 一交庚辰. 殺之 元神透出. 四子俱傷. 破家不祿. 干多不如支重. 理固然也.

연지신금. 충거일주인목. 가이술토승권중견. 생금조살. 위지 지불고천간. 부사갑일인. 사호강왕. 제추목휴수. 충거녹신. 기 근이발. 부작왕론. 고인묘해자운중. 의식파풍. 일교경진. 살지 원신투출. 사자구상. 파가불록. 간다불여지중. 이고연야.

➡ 年支의 申金이 日支의 寅木을 충하고 있고, 또 戌土는 월령을 잡 고 상당한 힘을 모으고 있다. 그래서 토생금으로 살을 도와주고 있 는 형상인데 이러한 것을 일러 지지가 천간을 돌보지 않는다고 하면 되겠다. 甲木 넷에 寅木이 하나 있으니 강한 사주처럼 보이지만 가 을의 목기운이 허약한 상황을 고려해야 하고, 인목이 충을 맞은 것

도 고려한다면 그 뿌리가 이미 뽑혔으니 약하다고 봐야 할 것이다. 그래서 寅卯亥子의 운에서는 의식이 넉넉했는데, 庚辰운으로 바뀌자 살의 원신이 투출된 셈이어서 네 아들이 모두 상하고(죽고) 집안이 깨어졌으며 자신도 죽었으니 천간에 많이 있는 것이 지지에 있는 것만 못하다는 이치는 참으로 합당하다고 해야 하겠다.

【강의】

비록 천전일기격이지만 목의 기운이 허약해서 水木의 운에서 발하게 된다는 설명이다. 항상 실용노선을 달리고 있는 철초 선생으로서는 이러한 사고 방식이 너무나 당연한 것이라고 해야 하겠다. 그리고 천간에 많이 있다고 해도 지지에서 도와 주지 않으면 아무런 도움이 되지 못한다는 말도 의미심장하다. 그런데 이처럼 지지에서 도와 주지 않을 경우에 한해 이러한 이론을 대입시켜야 하는 것이 당연한데, 일부 학자들은 천간의 기운을 너무 과소 평가하는 경향이 있는 것을 가끔 본다. 이것도 또한 치우친 것이라고 해야 하겠다. 중요한 것은 천간의 기운이 내려가는지 지지의 기운이 올라가는지를 살펴 힘의 경중을 논해야 할 것임에도 불구하고 천간의 글자는 힘이 약하다고 하는 것은 편견일 뿐이다. 이러한 치우친 사고 방식을 갖지 않도록 주의해야 하겠다. 철초 선생이 들으시면 아마도 '또 달은 안 보고 손가락만 보고 있군……!' 이라고 하시지 않을까 싶다.

참고로 인신충은 정확하지 않은 말씀이라고 해야 하겠다. 중간에 술토가 있기 때문이다. 다만 인목을 도와 줄 기분이 아닌 글자이기 때문에 충과 마찬가지로 약하다고 보아 그대로 이해하면 되겠다. 혹 이렇게 되어도 충이라고 판단하시게 될까 봐 드리는 말씀이다.

```
戊    戊    戊    戊
午    戌    午    子
丙 乙 甲 癸 壬 辛 庚 己
寅 丑 子 亥 戌 酉 申 未
```

　滿局火土. 子衰午旺. 冲則午發而愈烈. 熬乾滴水. 謂天干不
覆. 初交己未. 孤苦萬狀. 至庚申辛酉運. 引通戊土之情. 大得際
遇. 娶妻生子. 立業成家. 一交壬戌. 水不通根. 暗拱火局. 遭祝
融之變. 五口皆亡. 如天干透一庚辛. 或地支藏一申酉. 豈至若是
之結局也.

　만국화토. 자쇠오왕. 충즉오발이유열. 오건적수. 위천간불
복. 초교기미. 고고만상. 지경신신유운. 인통무토지정. 대득제
우. 취처생자. 입업성가. 일교임술. 수불통근. 암공화국. 조축
융지변. 오구개망. 여천간투일경신. 혹지지장일신유. 기지약시
지결국야.

➟ 사주에 火土가 가득한데 午火는 旺하고 子水는 쇠약하다. 자수가
오화를 충하니 오화는 더욱 강렬해진다. 그래서 한 방울의 물을 말
려 버리게 되니 이번에는 천간이 덮어 주지 않는다고 말하게 되는
것이다. 처음에 己未운에서는 온갖 고통이 많았는데, 庚申辛酉운으
로 들어가면서 무토의 기운을 유통시키면서 매우 좋은 인연을 만나
결혼하여 아들도 낳았고, 성공해서 가문을 세웠는데, 壬戌대운으로
바뀌면서 물이 통근을 하지 못하고 또 戊土가 화국으로 변하면서 큰
화재를 당하여 다섯 식구가 모두 불에 타서 죽었으니 만약 천간에

庚辛金이 하나라도 투출되었거나 지지에 申酉의 한 글자라도 있었더라면 어찌 이렇게 결말이 날 수가 있었겠는가……

【강의】

딱한 일이다. 오행이 균형을 이루지 못하고 있는 상태에서 그대로 재성을 용신으로 삼았던 모양이다. 그리고 운의 도움을 받아서 재성이 제대로 성장했는데, 갑자기 화국이 되면서 모든 것은 헝클어져 버린 모양이다. 화국에 깨어졌다면 재성이 쟁탈전에 휘말린 꼴이고, 식상이 없었던 것을 한탄해야 할 모양이다. 이렇게 운을 살필 때에는 戌土운이나 辰土운을 잘 살펴야 한다는 생각을 하게 된다. 특히, 木火를 쓰는 사주에서 辰土에 壬辰이 된다면 부담이 클 것이고 이 사주에서처럼 金水를 쓰는데 丙戌 같은 술토가 들어온다면 또한 야단이 날 것이다. 辰戌의 운이 항상 문제를 일으킬 수 있음을 살펴야 하겠다.

戊	戊	戊	戊
午	子	午	申

丙	乙	甲	癸	壬	辛	庚	己
寅	丑	子	亥	戌	酉	申	未

此與前造祇換一申字. 而天干之氣下降. 地支之水有源. 午火雖烈. 究不能傷申金. 用金明矣. 况有子水爲去病之喜神. 交申運戊辰年四月入學. 九月登科. 蓋得太歲辰字. 暗會水局之妙. 惜將

來壬戌運中. 天干羣比爭財. 地支暗會火局. 未見其吉矣.

차여전조기환일신자. 이천간지기하강. 지지지수유원. 오화
수열. 구불능상신금. 용금명의. 황유자수위거병지희신. 교신운
무진년사월입학. 구월등과. 개득태세진자. 암회수국지묘. 석장
래임술운중. 천간군비쟁재. 지지암회화국. 미견기길의.

➡ 이 사주는 앞의 것과 비교할 때 申金 하나만 바뀌었다. 이로 인해
서 천간의 기운은 申金을 타고 하강하여 지지의 수에게 근원이 되어
주는 형상이다. 午火가 비록 강하기는 하지만 연구해 보면 申金을
극하기는 불가능하다는 것을 알 수 있다. 그러니까 금을 용신으로
삼아야 하는 것이 분명하다. 하물며 子水가 있으니 병을 제거하는
희신이 되는 것이다. 申金대운의 戊辰년 四月에 입학해서 九月에 벼
슬에 오르니 세운의 辰土는 水局이 되는 묘함이 있는 것이다. 다만
아까운 것은 앞으로 壬戌운이 다가온다면 천간에서는 비겁들의 쟁
탈전이 벌어질 것이고 지지에는 화국이 될까 두렵다. 그래서 아마
좋은 꼴을 보기는 어려울 것이다.

【강의】

그래서 용신이 지지에 있으면 천간에서 뭔가 대책이 서 있어야 한
다는 생각이 자꾸 든다. 지지에만 있으니까 천간으로 적군이 쳐 들
어왔을 때 방어 장치가 없어서 그대로 당하는 것이 너무나 아쉽기
때문이다. 마치 배만 있고 비행기가 없는 나라의 방위망이 생각나는
것이다. 물론 비행기만 있고 탱크가 없는 것도 문제이다. 그래서 위
아래를 잘 관찰해서 운세의 흐름을 읽는 것이 무엇보다도 중요하다

고 하겠다. 그리고 설명을 보건대 아마도 철초 선생보다 나이가 많이 어린 사람이었을 것이라고 생각된다. 장차 壬戌대운에 어떻게 될 것이라는 예견 식으로 써 놓은 것을 보면 짐작이 된다.

辛	辛	辛	辛
卯	卯	卯	卯

癸	甲	乙	丙	丁	戊	己	庚
未	申	酉	戌	亥	子	丑	寅

此造四木當權. 四金臨絕. 雖曰反剋地支. 實無力剋也. 如果能剋. 可用財矣. 若能用財. 豈無成立. 彼出母腹數年間父母俱亡. 與道士爲徒. 己丑戊子運. 印綬生扶. 衣食無虧. 一交丁亥. 生木剋金. 卽亡其師. 所有微業. 嫖賭掃盡而死.

차조사목당권. 사금임절. 수일반극지지. 실무력극야. 여과능극. 가용재의. 약능용재. 기무성립. 피출모복수년간부모구망. 여도사위도. 기축무자운. 인수생부. 의식무휴. 일교정해. 생목극금. 즉망기사. 소유미업. 표도소진이사.

➡ 이 사주는 네 개의 木은 힘이 있고 네 개의 金은 약하니, 말로는 천간이 지지를 누른다고 하지만 힘이 없다. 만일 누르는 힘만 강했다면 財星을 사용할 수 있고, 財星이 用神이 되었다면 자기의 뜻을 이루었을 것이다. 이 사람은 태어난 후 몇 년 만에 부모가 모두 죽고 지나가던 도사를 따라갔는데, 己丑대운과 戊子대운은 인수의 생부를 만나서 의식에 아쉬움이 없이 잘살았다. 그런데 丁亥운으로 바뀌

자 목을 생하고 금을 극하니 그 도사가 돌아가시고 나서 약간 있던 재물도 도박과 주색으로 다 날려 버리고 죽었던 것이다.

【 강의 】

여기저기 재성만 있으니 내 뜻대로 하고 싶은 마음만 간절하고 진행이 되지 않으니 결과가 그랬던 모양이다. 그러니까 부모가 돌아가셨다고 해서 나쁜 운이 아니라 도사에게서라도 밥을 얻어먹으면서 넘어간다면 그래도 좋은 운이라고 봐야 할 모양이다. 사주도 사주지만 그렇게 약한 丁火대운이 부담되었던 모양인가? 아니면 亥水의 설기가 부담이 되었을까. 여하튼 도움이 되지 않는 운인 것은 틀림없다고 해야 하겠다.

地全三物. 不可使天道莫之容.
지 전 삼 물. 불 가 사 천 도 막 지 용.

❍ 지지에 세 물건이 있더라도 천간에서 받아 주지 않으면 쓸데가
없다.

【滴天髓徵義】

地全三物者. 支得寅卯辰, 巳午未, 申酉戌, 亥子丑, 之方是也.
如寅卯辰日主是木. 要天干火多. 日主是火. 要天干金旺. 日主是
金. 要天干土重. 大凡支全三物. 其勢旺盛. 如旺神在提綱. 天干
必須順其氣勢. 洩之可也. 如旺神在別支. 天干制之有力. 制之可
也. 何以旺神在提綱只宜洩而不宜制. 扶旺神在提綱者. 必制神
之絶地. 如强制之. 不得其性. 反激而肆逞矣. 旺神者. 木方提綱
得寅卯是也. 制神者. 庚辛金也. 寅卯乃庚辛之絶地也. 如辰在提
綱. 四柱干支又有庚辛之助. 方可制矣. 所謂循其氣勢. 調劑得
宜. 斯爲全美. 木方如此. 餘可例推.

지전삼물자. 지득인묘진, 사오미, 신유술, 해자축, 지방시야.
여인묘진일주시목. 요천간화다. 일주시화. 요천간금왕. 일주시
금. 요천간토중. 대범지전삼물. 기세왕성. 여왕신재제강. 천간
필수순기기세. 설지가야. 여왕신재별지. 천간제지유력. 제지가
야. 하이왕신재제강지의설이불의제. 부왕신재제강자. 필제신

지절지. 여강제지. 불득기성. 반격이사령의. 왕신자. 목방제강
득인묘시야. 제신자. 경신금야. 인묘내경신지절지야. 여진재제
강. 사주간지우유경신지조. 방가제의. 소위순기기세. 조제득
의. 사위전미. 목방여차. 여가예추.

➜ 지지의 세 가지 물건이라는 것은 지지에 寅卯辰, 巳午未, 申酉戌,
亥子丑을 얻은 것으로 方合을 말한다. 예를 들어, 木日主에 寅卯辰
이면 천간에 火가 많기를 요하고, 火日主는 천간에 金이 旺해야 되
며 金日主는 土가 두터워야 하는 것이다. 대체로 지지에 세 가지가
모여 있다면 상당히 강력한 힘이 되는 것이 확실한데 그 중에서도
왕신에 해당하는 子午卯酉가 월지를 잡고 있으면 가장 힘이 강하다.
그러니까 천간의 입장에서는 그 세력을 인정하고 따르는 것이 옳다.
    그런데 왕신이 다른 지지에 있다면 문제는 달라진다. 이 때에는 그
세력을 제어할 수도 있기 때문이다. 어째서 왕신이 월지에 있으면
그 기운을 설하는 것이 옳고 극하는 것이 옳지 않으냐 하면, 대저 월
령에 왕신이 있다는 것은 그 왕신을 제어하는 글자는 필히 절지가
되는 까닭이다. 그러니까 강제로 제어한다면 제어도 되지 않을 뿐더
러 도리어 자극을 받아 (선불 맞은 산돼지처럼) 날뛰게 되는 꼴을 면
하기 어렵기 때문이다. 旺神이라고 하는 것은 본시 월령의 寅卯木이
될 경우를 가정한다면, 이 때 제어하는 글자는 庚辛金이 되는 것이
다. 그러니까 寅卯月은 庚辛金에게는 절지가 된다는 이야기이다. 그
런데 혹 辰月이라고 한다면 사주의 다른 간지에서 庚辛의 도움을 받
아서 바야흐로 목을 제어할 수 있는 것이다. 이른바 기세를 따라야
조제의 올바름을 얻었다고 할 것이니 완전한 아름다움이 되는 것이
다. 木方을 예로 해서 설명드렸거니와 나머지 방도 이에 준해서 추

리하면 충분할 것이다.

【강의】

방합에 대해서 언급하는 대목인데, 낙오 선생은 그의 『적천수보주』에서 삼물을 삼합으로 설명하기도 했다. 그러니까 삼물은 생각할 나름이라고 보는 것이다. 철초 선생은 방으로 이해를 하셨는데, 어느 것으로 이해를 하든 결과는 같다. 즉, 왕성한 세력이 지지에 모여 있다고 하는 상황 설정에 불과하므로 실은 삼합이든 방합이든 아무런 상관이 없으며, 나아가서는 그냥 다른 성분으로 구성되어 있더라도 또한 문제가 없다고 이해를 하게 된다. 중요한 것은 지지에 많은 성분들이 모여 있더라도 천간에서 협조하지 않으면 아무런 쓸모가 없다고 하는 것만 올바르게 이해하면 충분하겠다.

丙	甲	庚	辛
寅	辰	寅	卯

壬	癸	甲	乙	丙	丁	戊	己
午	未	申	酉	戌	亥	子	丑

此寅卯辰東方. 兼之寅時. 旺之極矣. 年月兩金臨絶. 旺神在提綱. 休金難剋. 而且丙火透時. 木火同心. 謂强衆而敵寡. 勢在去庚辛之寡. 早行土運. 生金. 破耗異常. 進京入部辦事. 至丙戌運. 分發廣東. 得軍功. 升知縣. 喜其剋盡庚辛之美. 至酉, 庚辛得地. 不祿宜矣.

차인묘진동방. 겸지인시. 왕지극의. 연월양금임절. 왕신재제강. 휴금난극. 이차병화투시. 목화동심. 위강중이적과. 세재거경신지과. 조행토운. 생금. 파모이상. 진경입부판사. 지병술운. 분발광동. 득군공. 승지현. 희기극진경신지미. 지유, 경신득지. 불록의의.

➜ 이 사주는 寅卯辰으로 東方이고 아울러 寅時라 매우 旺하다. 年月의 두 金은 절지에 앉아 있고 왕신은 월지를 잡고 있어 기운이 빠진 금이 목을 극하기는 불가능하겠다. 또, 時干에 丙火가 투출되어 있는데 木火의 마음이 서로 같으니 이를 일러 대중은 강하고 적은 약하다고 하겠다. 그러니까 강한 세력으로써 그 약한 庚辛金을 극하는 데 있다고 보는 것이다. 일찍이 토운을 갈 적에 고생이 많았는데, 판사를 따라 서울로 가서 丙戌대운이 되자 광동성에서 분발하여 군에서 공을 세워 지현 벼슬을 하였으니 경신금을 극한 공이라고 봐야 하겠다. 그런데 酉운이 되자 경신금이 득지를 하는 바람에 그만 죽고 말았던 것이다.

【 강의 】

구조로 보아 목화통명격이라고 할 만하다. 시간의 식신을 쓰는 것은 당연하겠는데, 금운이 되면서 강한 목을 건드려 문제가 생겼던 모양이다. 특히, 지지의 운에서 금이 왔을 적에 원국의 지지에 불이나 물이 없어 당했던 것은 아닐까 싶다. 그러니까 원국의 지지에서 화든 수든 뭔가 있었더라면 유통을 시켜서 죽음에까지는 이르지 않았을지도 모르겠다는 생각도 해 본다.

丁	甲	庚	庚
卯	寅	辰	寅
戊	丁	丙	乙	甲	癸	壬	辛
子	亥	戌	酉	申	未	午	巳

此亦寅卯辰東方. 旺神不是提綱. 辰土歸垣. 庚金得載. 力量足
以剋木. 丁火雖透. 非庚金之敵. 用殺明矣. 至甲申運. 庚金祿旺.
暗沖寅木. 科甲聯登. 仕至郡守. 一交丙運制殺. 降職歸田.

차역인묘진동방. 왕신불시제강. 진토귀원. 경금득재. 역량족
이극목. 정화수투. 비경금지적. 용살명의. 지갑신운. 경금록왕.
암충인목. 과갑연등. 사지군수. 일교병운제살. 강직귀전.

➡ 이 사주 역시 寅卯辰 東方이지만 旺神이 월에 있는 것이 아닌데다
가, 또 庚金이 월령의 진토에게 힘을 받으니 목을 제어할 힘이 충분
히 있다. 丁火가 비록 투출되어 있기는 하지만 庚金의 적수가 되지
못하는 것으로 봐야 하겠다. 그래서 경금 편관을 용신으로 삼게 되
는 구조이다. 甲申운이 되자 경금이 녹왕을 만나고 또 인목을 충하
게 되어 벼슬이 계속 올라가 군수까지 이르게 되었다. 그러다가 丙
火의 운이 들어오자 식신이 살인 경금을 제어하는 바람에 벼슬에서
밀려나 고향으로 돌아가게 되었던 것이다.

【강의】

실은 이러한 사주의 용신이 좀 어렵다. 철초 선생이야 그대로 한눈

에 상관을 쓰지 않고 경금을 쓴다고 확신을 하셨지만, 낭월은 이런 사주를 보면 식상을 썼을 수도 있다는 생각이 자꾸 드는 까닭에 반드시 본인에게 물어 봐야 개운한 것이 아직도 개안하려면 멀었다는 생각이 든다. 이치적으로는 용신 후보가 둘 있을 때에는 월령을 잡은 글자를 우선적인 용신 후보로 써야 한다는 말은 가능한데, 막상 이러한 사주를 대하면 설하는 상관을 두고 관을 써야 할 것인지에 확신이 서지 않는다. 그런데 요즘 사주라고 한다면 아마도 상당히 많은 부분에서 상관을 용신으로 쓰게 되지 않을까 싶은 생각이 드는 것이다. 시대에 따라서 용신이 되는 구조도 변한다고 할까……. 그런 기분이 드는 사주이다.

그런데 말이다. 이 사주의 출생시가 혹 한 시간 늦었다고 한다면 어떻게 될 것인가를 생각해 볼 필요는 없는 것인지 생각해 보자는 것이다. 그렇게 되면 일단은 신약하다고 해야 하겠지만 웬만하면 관을 쓰던 것과 연결을 시키면 말이 된다고 할 수 있을 것 같다.

이런저런 궁리 하다가 문득 생각이 들어서…….

【滴天髓】

陽乘陽位陽氣昌. 最要行程安頓.

양 승 양 위 양 기 창 . 최 요 행 정 안 돈 .

🡆 陽이 양을 타고 있다면 양의 기운이 창성하니 운에서는 안정이
되어야 한다.

【滴天髓徵義】

子, 寅, 辰, 午, 申, 戌, 爲陽支. 須分陽寒陽暖而論也. 西, 北爲
寒. 東南爲暖. 如若申, 子, 戌, 全. 爲西北之陽寒. 最要行運卯,
巳, 未, 東南之陰暖是也. 如寅, 辰, 午, 全. 爲東南之陽暖. 最要
行運遇酉, 亥, 丑, 西北之陰寒是也. 此擧大局而論. 若遇日主之
用神喜神. 或木, 或火, 或土, 是東南之陽暖. 歲運亦宜配西北之
陰水, 陰木, 陰火. 方能生助喜神, 用神, 而歡如酬酢. 若歲運遇西
北之陽水, 陽木, 陽火. 則爲孤陽不生. 縱使生助喜神. 亦難切當.
不過平坦而免崎嶇也. 陽暖之局如此. 陽寒之局亦如此論. 所謂
陽盛光昌剛健之勢. 須配以陰盛包含柔順之地是也. 若不深心研
究. 孰能探其精微而得其要訣乎.

자, 인, 진, 오, 신, 술, 위양지. 수분양한양난이논야. 서, 북위
한. 동남위난. 여약신, 자, 술, 전. 위서북지양한. 최요행운묘,
사, 미, 동남지음난시야. 여인, 진, 오, 전. 위동남지양난. 최요
행운우유, 해, 축, 서북지음한시야. 차거대국이론. 약우일주지

용신희신. 혹목, 혹화, 혹토, 시동남지양난. 세운역의배서북지음수, 음목, 음화. 방능생조희신, 용신, 이환여수작. 약세운우서북지양수, 양목, 양화. 즉위고양불생. 종사생조희신. 역난절당. 불과평탄이면기구야. 양난지국여차. 양한지국역여차론. 소위양성광창강건지세. 수배이음성포함유순지지시야. 약불심심연구. 숙능탐기정미이득기요결호.

➡ 열두 개의 지지 중 子寅辰午申戌은 陽의 지지인데 陽地이면서도 그 중에는 차가움과 따뜻함으로 구분을 할 수가 있겠다. 서북은 차가움이 되고 동남은 따스함이 되니, 예를 든다면 申子戌의 지지는 서북의 양이면서도 차가운 성분이니 운에서는 卯巳未의 따뜻하면서도 음에 해당하는 지지를 만나는 것이 가장 중요하다는 것이니 이것은 동남의 따스한 음기이기 때문이다. 또, 寅辰午가 갖춰져 있다면 동남의 따스한 양기이므로 운에서는 酉亥丑의 서북에 해당하는 차가운 음기를 만나는 것이 가장 좋은 것이다.

이러한 이치는 대국적으로 생각해 본 것인데, 만약 일주의 용신이나 희신이 목화토라면 이것은 동남의 따스하면서도 양에 해당하는 성분이므로 세운에서는 또한 서북의 음수나 음목이나 음화를 만나면 바야흐로 희신이나 용신을 생조하게 되니 서로 반갑게 수작(주객이 주거니 받거니 함)을 하는 것과 같다. 만약 운에서 서북의 양수나 양목이나 양화라고 한다면 양끼리 만나서는 외로운 양이 생조하는 기운이 없으니 비록 희신을 돕는다고는 하지만 또한 절대적으로 부합된다고 하기는 곤란하고, 겨우 평탄해서 기구한 고통은 면한다고 해야 할 것이다.

양난한 국을 이렇게 살펴봤으니까 양한한 국에 대해서도 이런 식으로 대입하면 되겠다. 이러한 것을 일러서 양기가 왕성하여 활발하고 강건한 세력이 되니 모름지기 음기가 왕성하고 포장이 되는 유순한 운을 만나는 것이 옳다고 하는 것이다. 이러한 것은 모름지기 깊이 마음을 모아서 연구하지 않는다면 누가 그 미세하고도 깊은 요결(要訣)을 얻겠느냐는 생각이 든다.

【강의】

설명은 논리적으로 별 문제가 없어 보인다. 그러나 대입을 시키려면 상당한 두통거리라고 생각이 든다. 이유는 우선 좋은 용신의 운이 들어온다면 그 자체로서 즐거울 텐데, 그 중에서도 음양의 구조를 살펴 범위의 크고 작음을 살핀다면 더욱 미세해진다는 설명이다. 여유가 생긴다면 시도해 볼 만하겠지만 보통은 신경을 쓰지 않아도 되지 않을까 싶다. 낭월은 이 부분에 대해서는 크게 비중을 두지 않고 있다.

庚	丙	丙	癸
寅	午	辰	巳

戊	己	庚	辛	壬	癸	甲	乙
申	酉	戌	亥	子	丑	寅	卯

此東南之陽暖. 天干金水. 似乎無根. 喜月支辰土. 洩火蓄水而生金. 庚金掛角逢生. 則庚金可用. 癸水卽庚金之喜神. 初運甲寅乙卯. 金絶火生而水洩. 孤苦不堪. 一交癸丑北方陰淫之地. 金水

通根. 又得巳丑拱金之妙. 出外大得際遇. 驟然發財十餘萬. 陽暖
逢寒. 配合之美也.

　차동남지양난. 천간금수. 사호무근. 희월지진토. 설화축수이
생금. 경금쾌각봉생. 즉경금가용. 계수즉경금지희신. 초운갑인
을묘. 금절화생이수설. 고고불감. 일교계축북방음습지지. 금수
통근. 우득사축공금지묘. 출외대득제우. 취연발재십여만. 양난
봉한. 배합지미야.

➡️이 사주는 東方의 양이면서도 따뜻한 구조이다. 천간의 금수는 뿌
리도 없는 것처럼 보인다. 그래서 반가운 것은 月支의 진토인데, 화
의 기운을 설하고 물을 저장하면서 금도 생하기 때문이다. 그리고
경금은 時干에서이기는 하지만 생을 만났으니 금을 용하는 것이 분
명하다. 계수는 다시 경금을 보호하는 희신으로 역할을 수행한다.
초운에서 甲寅과 乙卯를 보내면서 금이 절지에 해당하고 화는 생조
를 받으면서 수가 설기되므로 외로운 고통을 참을 수 없을 지경이었
는데, 한번 癸丑의 북방운으로 바뀌면서 습지에 金水가 통근하게 되
고 또한 巳丑으로 금의 기운을 포함하는 것이 묘하다.

　이 때 밖으로 나가서는 큰 인연을 만나게 되었고 갑자기 수십억을
벌었으니 양난한 사주에서 추운 기운을 만나게 되어 배합이 더욱 아
름다웠기 때문이다.

【강의】

　이 사주의 구조를 보면 용신은 경금보다도 계수에 있어 보인다. 왜
냐하면 여름의 더위에서는 금의 용도가 심히 의심스럽기 때문이다.

오히려 수극화로서 수가 용신이 되는 것이 타당하다고 보겠고, 계축에서 수가 힘을 얻으면서 발했다고 보면 무리가 없겠다. 그리고 壬子대운에 대한 언급이 없어서 아쉽다. 앞의 설명을 이어서 증명하는 것이라면 계축대운이 임자대운보다 더 좋다는 의미가 포함되겠는데, 임자대운이 그보다 못했다는 설명이 없으므로 아쉬운 감이 든다.

낭월의 생각으로는 임자대운이 더욱 크게 발하지 않았을까 싶다. 그 이유는 임수가 병화를 제어하고 자수는 子辰합이 되면서 또 화기운을 제어해서이다. 그러나 설명이 없으므로 그냥 생각만 해 보는 것이다.

庚	丙	乙	戊
寅	寅	丑	寅

癸	壬	辛	庚	己	戊	丁	丙
酉	申	未	午	巳	辰	卯	寅

丙寅日元. 雖支遇三寅. 最喜丑土乘權. 財星歸庫. 若運走西北土金. 財業必勝前造. 惜一路東南木火之地. 祖業破盡. 徧歷數省. 奔馳不遇. 至午運暗會劫局. 死於廣東. 一事無成. 莫非運也.

병인일원. 수지우삼인. 최희축토승권. 재성귀고. 약운주서북토금. 재업필승전조. 석일로동남목화지지. 조업파진. 편력수성. 분치불우. 지오운암회겁국. 사어광동. 일사무성. 막비운야.

➡ 丙寅日元이 비록 지지에 세 개의 寅木이 있지만 丑土가 月支에 있고 財星 庚金이 庫인 丑土에 通根하고 있는 것이 가장 기쁘다. 만약

운세가 서북의 土金으로 달렸다면 재물이 앞의 사람보다 더욱 풍족했을 것인데, 아깝게도 운이 東南의 木火로 흐르는 바람에 조업을 망해 먹고 여러 성들을 떠돌아다니게 되었다. 그렇게 헤매고 다녀도 좋은 인연을 만나지 못했다. 그러다가 午火운이 되자 운에서 寅午로 화국이 되면서 광동성에서 죽었는데, 한 가지도 이룬 것이 없었으니 그 운이 아니었던 모양이다.

【강의】

午火운에 깨어진 것은 이해되는데, 양의 국이 양의 운을 만나서 그렇다는 증명에는 역시 아쉬운 생각이 된다. 己巳운을 그런 대로 보낸 것을 놓고 말한다면 巳火와 午火의 차이를 고려해서 설명이 된다고 보면 충분하겠기 때문이다. 그냥 참고만 하면 될 것으로 생각된다.

【滴天髓】

陰乘陰位陰氣盛. 還須道路光亨.
음 승 음 위 음 기 성 . 환 수 도 로 광 형 .

➡ 陰이 위로 올라가 음의 위치가 바로 서는데, 陰氣가 盛하면 운에
서는 도리어 광채가 나야 뜻을 이룬다.

【滴天髓徵義】

丑, 卯, 巳, 未, 酉, 亥, 爲陰支. 須分陰寒陰暖而論. 承上文西
北爲寒. 東南爲暖. 假如亥, 酉, 丑, 全. 爲西北之陰寒. 最要行運
遇東南寅, 辰, 午, 之陽暖是也. 如卯, 巳, 未全. 爲東南之陰暖.
最要行運遇申, 戌, 子, 西北之陽寒是也. 此舉大局而論. 若日主
之用神, 喜神. 或金, 或水, 或土. 是西北之陰寒. 歲運亦宜配東
南之陽金, 陽火, 陽土. 方能助用神, 喜神, 而福力彌强. 若歲運
遇東南之陰金, 陰火, 陰土. 則爲純陰不育. 難獲厚福. 不過和平
而無災咎也. 陰寒之局如此論. 陰暖之局亦如此論. 所謂陰順包
含柔順之氣. 須配以陽順光昌剛健之地者是也.

축, 묘, 사, 미, 유, 해, 위음지. 수분음한음난이론. 승상문서
북위한. 동남위난. 가여해, 유, 축, 전. 위서북지음한. 최요행운
우동남인, 진, 오, 지양난시야. 여묘, 사, 미전. 위동남지음난.
최요행운우신, 술, 자, 서북지양한시야. 차거대국이론. 약일주
지용신, 희신. 혹금, 혹수, 혹토. 시서북지음한. 세운역의배동

남지양금, 양화, 양토. 방능조용신, 희신, 이복력미강. 약세운
우동남지음금, 음화, 음토. 즉위순음부육. 난획후복. 불과화평
이무재구야. 음한지국여차론. 음난지국역여차론. 소위음순포
함유순지기. 수배이양순광창강건지지자시야.

➡ 丑卯巳未酉亥는 陰의 地支이다. 그리고 모름지기 음한과 음난으
로 구분을 해야 하겠는데, 윗글에서 말했듯이 서북은 차갑고 동남은
따뜻함을 말한다. 가령 亥酉丑이 모여 있다면 서북의 음이면서도 차
가운 성분이라고 말할 수 있고 이 때 가장 반가운 운은 동남의 寅辰
午로 양난한 운을 만나야 하는 것이다. 예를 들어, 卯巳未로 모여 있
는 사주라면 이는 동남의 음이면서 따뜻한 기운이므로 운에서는 申
戌子의 양한에 해당하는 성분을 만나는 것이 좋다.
　이렇게 예를 들어 보는 것은 대국적인 설명이라는 것을 참고해야
한다. 만약 일간의 용신이나 희신이 혹 金이거나 水거나 土라고 할
적에 이것이 서북의 음한에 해당하는 성분이라면 운에서는 이에 짝
을 지어 동남의 陽金이나 陽火 또는 陽土를 만나게 되면 바야흐로
용신이나 희신을 돕게 되어 복의 힘이 더욱 증진하는 것이다. 그런
데 만약 운에서 동남의 陰金이나 陰火나 陰土를 만난다면 이것은 순
음의 성분이 되어 발육을 못 시킨다고 보니까 두터운 복을 얻기는
어렵고 겨우 화평하여 재앙이 없는 정도로 만족해야 하는 것이다.
음한의 상황으로 예를 들었으므로 음난의 상황도 이에 준하면 되겠
다. 이른바 음은 순종하면서 유순한 기운을 포함하고 있으니 모름지
기 양을 따라 강건하면서도 빛나는 운을 만나야 한다는 것이다.

【강의】

설명은 앞의 글귀와 짝을 이루는 것으로 보면 되겠고, 내용은 같다고 이해하면 문제가 없겠다.

壬	乙	己	丙
午	酉	亥	子

丁	丙	乙	甲	癸	壬	辛	庚
未	午	巳	辰	卯	寅	丑	子

此全酉亥子西北之陰寒. 寒木更宜向陽. 以丙火爲用. 壬水, 卽其病也. 然喜壬水遠隔. 與日主緊貼. 日主本衰. 未嘗不喜其生. 又有己土透干. 亦能砥定中流. 且喜天干水木火土. 各分門戶. 相生有情. 地支午火. 緊制七煞. 年月火土. 通根祿旺. 更喜行運東南陽暖之地. 不但四柱有情. 而且行運光亨. 早年聯登甲第. 仕至封疆. 皆陰陽配合之妙也.

차전유해자서북지음한. 한목갱의향양. 이병화위용. 임수, 즉기병야. 연희임수원격. 여일주긴첩. 일주본쇠. 미상불희기생. 우유기토투간. 역능지정중류. 차희천간수목화토. 각분문호. 상생유정. 지지오화. 긴제칠살. 연월화토. 통근록왕. 갱희행운동남양난지지. 부단사주유정. 이차행운광형. 조년연등갑제. 사지봉강. 개음양배합지묘야.

➡ 이 사주는 酉亥子의 西北 陰寒으로 되어 있다. 그러니까 차가운

겨울의 木은 따뜻한 곳을 원한다. 그러니 丙火로 용신을 삼게 되는데 임수는 도리어 병이 된다. 그러나 반가운 것은 壬水가 丙火와 멀리 떨어져 있고 일주와는 바짝 붙어 있어 일주가 쇠약하니 여하튼 그 생조를 기뻐하게 된다. 또, 己土가 천간에 투출되었고, 또한 큰물의 흐름을 막게 되는데다가 水木火土로써 각기 오행의 문을 만난 셈이니 상생하여 유정하다. 지지의 午火는 또 유금을 제어하고 병화는 오화에 통근을 하니까 좋은데, 다시 운에서 동남의 양난한 지지를 만나 사주가 유정하게 되었을 뿐만 아니라, 운의 빛남으로 인해 어려서부터 벼슬길이 잘 열려 봉강까지 도달하였으니, 모두 음양 배합의 묘함이라고 하겠다.

【강의】

겨울 나무가 남방의 운을 만났으니 좋다고 해야 하겠다. 그렇지만 남방의 운이므로 좋았다고 하면 그만이 아닐까 싶다. 어려서부터 잘 풀렸다는 것과는 별로 상관 없는 이야기인 듯싶다. 왜냐하면 어려서의 운은 북에서 동으로 흘렀기 때문이다. 오히려 후에 남방을 만나면서 발하게 되었을 것으로 보겠다. 철초 선생도 백온 선생의 주장에 대해서 가능하면 접수하는 기분으로 설명하고 계시지만 예문의 내용을 보면 별로 신경을 쓰지 않고 있는 듯싶은 느낌이 든다. 벗님도 살펴보시기 바란다. 앞의 두 구절과 함께 이 부분은 그대로 이론을 위한 참고 정도로 이해하면 충분할 듯싶다.

壬	乙	丙	己
午	丑	子	亥

戊	己	庚	辛	壬	癸	甲	乙
辰	巳	午	未	申	酉	戌	亥

此與前造只換一酉字. 以俗論之. 丑換酉更美. 酉乃七煞,剋我. 丑乃傷財,我剋. 又能止水. 何其妙也. 不知丑乃濕土. 能洩火不能止水. 酉雖七殺. 午火緊剋. 不洩火之元神. 彼則丙火在年. 壬水遙遠. 又得己土一隔. 此則丙火在月. 壬水相近. 己土不能爲力. 子水又逼近相冲. 而且運走西北陰寒之地. 丙火一無生扶. 乙木何能發生. 十干體象云. 虛濕之地. 騎馬亦憂. 斯言不謬也. 所以屈志芸窗. 一貧如洗. 剋妻無子. 至壬申運丙火剋盡而亡. 所謂陰乘陰位陰氣盛也.

차여전조지환일유자. 이속론지. 축환유갱미. 유내칠살,극아. 축내상재,아극. 우능지수. 하기묘야. 부지축내습토. 능설화불능지수. 유수칠살. 오화긴극. 불설화지원신. 피즉병화재년. 임수요원. 우득기토일격. 차즉병화재월. 임수상근. 기토불능위력. 자수우핍근상충. 이차운주서북음한지지. 병화일무생부. 을목하능발생. 십간체상운. 허습지지. 기마역우. 사언불류야. 소이굴지운창. 일빈여세. 극처무자. 지임신운병화극진이망. 소위음승음위음기성야.

➥ 이 사주는 앞의 것에서 酉자만 바뀌었다. 일반적으로 말할 때 酉보다 丑으로 바뀐 것이 좋다고 할 것이다. 그 이유는 酉는 七殺이라

日干을 剋하고 丑은 財星이라 日干이 취하고, 또 수를 제어하기 때문이다. 그러나 잘 생각해 보면 축은 습토로서 화를 설하기만 하고 물을 멈추지는 못한다. 유금은 비록 칠살이기는 하지만 오화가 옆에서 제어하므로 화의 원신을 설하지는 못한다. 앞의 사주는 병화가 年干에 있고 임수가 멀리 떨어져 있고 또 기토까지 막아 주었는데, 이 경우에는 병화가 월간에 있으니 임수와 가까워졌고 기토는 임수를 제어할 능력이 없는데다가 자수는 오화에 바짝 다가와서 충이 된다. 더구나 운은 서북의 음한에 해당하는 운이라서 병화는 하나도 생부를 받지 못하는 꼴이니 어찌 발생을 하랴. 십간의 성질을 설명할 때 하신 말씀 중에 '허습지지면 기마역우라'는 말이 있는데, 이 말은 틀린 말이 아니라고 봐야 하겠다. 그래서 창가(서재)에서 뜻은 크게 세웠으나 한 번의 가난으로 씻은 것처럼 맑았고, 처를 극하고 자식도 없었다. 壬申운이 되자 병화가 극을 받아 죽었으니 이른바 '음승음위음기성'인 것이다.

【강의】

겨울 乙木이 앞의 사주와 상황이 거의 비슷한데 운에서 남방을 만나지도 못하고 세상을 떠난 것은 원국의 상황에 의해서라고 보면 되겠다. 별도로 운의 음양에 대해서는 거론하지 않아도 되겠다는 생각이 든다.

【滴天髓】

地生天者. 天衰怕冲.
지 생 천 자. 천 쇠 파 충.

○ 지지에서 천간을 도와 줘야 할 경우에는 쇠약한 천간은 지지에
충 맞을까 두렵다.

【滴天髓徵義】

地生天者 如甲子, 丙寅, 丁卯, 己巳, 戊午, 壬申, 癸酉, 乙亥,
庚辰, 辛丑, 是也. 日主生於不得令之月. 柱中又少幇扶. 用其身
印. 冲則根拔. 生機絶矣. 爲禍最重. 若日主得時當令. 或年時皆
逢祿旺. 或天干比劫重疊. 或官星衰弱. 反忌印綬之洩. 則不怕冲
破矣. 總之看日主之氣勢. 旺相者喜冲. 休囚者怕冲. 雖以日主而
論. 歲運冲亦然.

지생천자 여갑자, 병인, 정묘, 기사, 무오, 임신, 계유, 을해,
경진, 신축, 시야. 일주생어불득령지월. 주중우소방부. 용기신
인. 충즉근발. 생기절의. 위화최중. 약일주득시당령. 혹년시개
봉록왕. 혹천간비겁중첩. 혹관성쇠약. 반기인수지설. 즉불파충
파의. 총지간일주지기세. 왕상자희충. 휴수자파충. 수이일주이
론. 세운충역연.

➡ 지지에서 천간을 도와 준다는 것은 甲子, 丙寅, 丁卯, 己巳, 戊午,

壬申, 癸酉, 乙亥, 庚辰, 辛丑이다. 日主가 월령을 얻지 못한 상태라고 볼 때 사주 가운데서도 도와 주는 성분이 부족하다면 용신이 인성이 되는 것은 당연한데, 그 인성이 충이 된다면 뿌리가 뽑혀 버릴 것이다. 이는 생기가 끊기는 것과 같아 가장 무섭다고 하는 것이다.

만약 일주가 월령을 얻었거나 혹은 年支나 時支에 인성이나 비겁을 얻었거나, 천간에 비견이 많거나 혹은 관성이 쇠약해서 도리어 인성의 설기를 꺼린다면(즉 신왕하면) 이 때에는 충이 되었더라도 꺼릴 것이 없겠다. 한 마디로[總之] 일주의 기세를 봐서 왕상에 속하는 자는 충이 반갑고 휴수에 속하는 자는 충이 두렵다고 하면 되겠거니와, 비록 일주로써 이렇게 논하지만 세운에서 들어오는 충도 이렇게 이해하면 된다.

【강의】

이 항목은 干支의 상황을 고려하는 것으로 보면 되겠다. 큰 제목이 간지총론이다 보니 내용에서도 역시 그렇게 접근을 하는 것이다. 이러한 것에 대해서 생각을 하다 보면 점차로 전체적인 사주의 구조가 눈에 들어오게 된다. 부분적인 것에 집착하게 되면 이러한 상황은 이해가 어려울 수도 있지 않을까 싶다. 그래서 干支 각자의 특성을 파악한 후에는 이렇게 주변의 상황을 고려하는 것으로 점차 인식을 넓혀 가는 것이다.

그리고 본문에서 總之라고 하는 글이 많이 등장하는데, 이 글의 의미는 '한 마디로 말해서……' 정도의 의미로 이해하면 되지 않을까 싶다. 그러니까 앞으로 이러한 글이 나올 적에는 이 정도로 해석하면 되겠다.

丙	丙	戊	甲
申	寅	辰	寅
丙	乙	甲	癸	壬	辛	庚	己
子	亥	戌	酉	申	未	午	巳

坐下印綬. 生於季春. 印氣有餘. 又年逢甲寅. 則太過矣. 土雖
當令. 而木更堅. 喜其寅申逢冲, 財星得用. 第嫌比劫蓋頭. 冲之
無力. 早年運走南方. 起倒異常. 至壬申癸酉二十年. 幇冲寅木.
剋去比劫. 刱業興家. 此爲棄印就財也.

좌하인수. 생어계춘. 인기유여. 우년봉갑인. 즉태과의. 토수
당령. 이목갱견. 희기인신봉충, 재성득용. 제혐비겁개두. 충지
무력. 조년운주남방. 기도이상. 지임신계유이십년. 방충인목.
극거비겁. 창업흥가. 차위기인취재야.

➜ 日支가 인수이고 늦봄에 태어났는데 아직은 印綬의 氣가 남아 있
다. 또, 年에서 甲寅을 만났으니 곧 태과하다고 해야 하겠다. 土가
비록 당령이라고는 하지만 목이 다시 견고하니 寅申충이 된 것이 오
히려 반갑다고 해야 하겠다. 재성을 용신으로 삼는다. 다음으로 싫
은 것은 비겁이 개두되어 있는 것이지만 충을 만나서 오히려 무력해
졌으니 다행이다. 어려서 운이 남방을 달릴 적에는 고생이 극심했는
데 壬申 癸酉의 운을 지나면서 20년간 충을 도와서 인목을 극하고
비견을 제거하니 창업하여 성공을 했다. 이를 일러 기인취재격(棄印
就財格)이라고 한다.

【강의】

이 부분에 대해서는 설명이 필요 없다고 생각한다.

```
丙   丙   甲   壬
申   寅   辰   申

壬 辛 庚 己 戊 丁 丙 乙
子 亥 戌 酉 申 未 午 巳
```

此坐下印綬. 亦在季春. 印綬未嘗無餘. 年干壬煞. 生印有情.
不足畏也. 所嫌者兩申沖寅. 甲木之根拔. 還喜壬水洩金生木. 運
走丙午. 劫去申財. 入學, 補廩, 登科. 丁未合去壬水. 三走春闈
不捷. 戊申, 剋去壬水. 三沖寅木. 死於路途. 此造之壬水. 乃甲
木之元神. 斷不可傷. 壬水受傷. 甲木必孤. 凡獨殺用印者. 最忌制
殺也.

차좌하인수. 역재계춘. 인수미상무여. 연간임살. 생인유정.
부족외야. 소혐자양신충인. 갑목지근발. 환희임수설금생목. 운
주병오. 겁거신재. 입학, 보름, 등과. 정미합거임수. 삼주춘위
불첩. 무신, 극거임수. 삼충인목. 사어로도. 차조지임수. 내갑
목지원신. 단불가상. 임수수상. 갑목필고. 범독살용인자. 최기제
살야.

➡이 사주 역시 日支에 印綬를 깔고 늦봄에 태어났지만 인성인 목은
상당한 것으로 봐야 하겠고, 年干의 壬水는 다시 인성을 생조해서

유정하니 겁낼 정도는 아니다. 그런데 싫은 것은 인신충으로 신금이 인목을 극하는 것인데 그로 인해 갑목의 뿌리가 뽑혀 버리기 때문이다. 그래서 도리어 임수가 인성을 도와 주는 것을 반갑다고 해야 할 상황이다. 金生水가 되기 때문인데, 운이 丙午로 갈 적에 신금을 날려 버려 공부도 하고 창고도 넓히고[補廩] 벼슬도 하였는데 丁未운에는 정임합이 되어 버리는 바람에 3차에 걸쳐 낙방을 하고 戊申운에는 다시 임수를 제거하고 더구나 세 개의 신금이 인목을 충돌해 버리니 길에서 죽었던 것이다. 이 사주에서 임수는 갑목의 원신에 속하기 때문에 절대로 손상을 받아서는 안 되는데, 임수가 손상을 받게 됨으로써 갑목이 외롭게 된 것이다. 대저 살이 하나 있으면서 인성을 용한 경우에 살을 제하는 것은 절대로 금물이다.

【강의】

이 사주는 殺印相生格이라고 해야 할 모습이다. 그래서 살은 희신이 되는 형상인데, 희신이 깨어지면서 용신도 힘을 쓰지 못하는 경우에는 희신의 역할도 역시 만만치 않다는 것을 생각해야 한다. 혹 공부하면서 두 글자를 거론하게 되면(이 경우처럼) 그 중에서 어느 것이 용신이냐고 확인하기도 하는데, 실은 둘 다 필요하다고 해야 정답이 되는 것이다. 어느 하나만 가지고서는 용신의 역할 수행이 제대로 되지 않기 때문이다. 그리고 식신생재나 재관격 또는 재자약살격 등도 이에 해당하는 구조로 이해하면 되겠다.

【滴天髓】

> 天合地者. 地旺宜靜.
> 천 합 지 자. 지 왕 의 정.

❷ 천간이 지지와 합할 때에는 지지가 왕성하면서 안정되어야 한다.

【滴天髓徵義】

　十干之合. 乃陰陽相配者也. 五陽合五陰爲財. 五陰合五陽爲
官. 所以必合. 尙有陰旺不從陽. 陽旺不從陰. 雖合不化. 有爭合
合分合之別. 若露干合支中暗干. 則隨局無所不合. 無所不分爭
妬忌矣. 要知天合地三字須活看輕看. 重在地旺宜靜四字. 夫地
旺者. 天必衰也. 喜靜者. 四支無冲剋之物. 有生助之神也. 天干
衰而無助. 地支旺而有生. 天干必懷忻合之意. 若得地支元神透
出. 緣上天下地升降有情. 此合似從之意也. 合財似從財. 合官似
從官. 非十干合化之理也. 所以靜則居安. 尙堪保守. 動則履危.
難以支持. 然可言合者. 只有戊子, 辛巳, 丁亥, 壬午, 四日耳. 若
甲午日則午必先丁而後己. 己土豈能專權而合甲. 己亥日, 亥必
先壬而後甲. 甲豈能出而合癸. 己巳日, 巳必先丙而後戊. 戊豈能
越佔而合癸. 此三日不論. 至於十干應合而化. 則爲化格. 另有作
用. 解在化格節.

　십간지합. 내음양상배자야. 오양합오음위재. 오음합오양위
관. 소이필합. 상유음왕부종양. 양왕부종음. 수합불화. 유쟁합

투합분합지별. 약로간합지중암간. 즉수국무소불합. 무소불분쟁
투기의. 요지천합지삼자수활간경간. 중재지왕의정사자. 부지
왕자. 천필쇠야. 희정자. 사지무충극지물. 유생조지신야. 천간
쇠이무조. 지지왕이유생.천간필회혼합지의. 약득지지원신투
출. 연상천하지승강유정. 차합사종지의야. 합재사종재. 합관사
종관. 비십간합화지리야. 소이정즉거안. 상감보수. 동즉이위.
난이지지. 연가언합자. 지유무자, 신사, 정해, 임오, 사일이. 약
갑오일즉오필선정이후기. 기토기능전권이합갑. 기해일, 해필
선임이후갑. 갑기능출이합계. 기사일, 사필선병이후무. 무기능
월점이합계. 차삼일불론. 지어십간응합이화. 즉위화격. 영유작
용. 해재화격절.

▶️ 十干의 합은 음양의 배합이다. 五陽은 모두 五陰과 합이니 재성이
되고, 오음은 다시 오양과 합하니 관성이 된다. 이렇게 해서 둘이 서
로 만나면 반드시 합이 된다고 본다. 그런데 오히려 음이 왕성해도
양을 따르지 않고, 양이 왕성해도 음을 따르지 않음이 있으니, 비록
합을 해도 化하지 않는다는 말을 하게 되는데, 오히려 서로 쟁투를
하는 현상이 발생하는 것이다.

만약 천간에 나온 무력한 글자가 지지 속에 들어 있는 글자와 합을
하게 되면 이 경우에는 사주에 따라서 합이 되지 않을 수도 있고, 또
쟁투의 거리낌으로 구분을 하지 않을 수도 있다. 중요한 것은 천합
지(天合地)라고 하는 세 글자인데, 모름지기 잘 살펴봐야 하겠지만
또 가볍게 볼 필요도 있다. 그런데 지왕의정(地旺宜靜)의 네 글자는
잘 봐야 한다. 대저 지지가 왕성하면 천간은 반드시 쇠약하기 마련
이다. 희정(喜靜)이라는 말은 네 개의 지지에 충극하는 것이 없고 오

히려 생조해 주는 글자가 있음을 말하는 것이다. 천간의 기운이 쇠약한데 도움이 없다면 지지에서라도 왕성해서 생해 줘야 하는데 그렇게 되면 천간은 대단히 기뻐할 것이다. 그리고 만약에 지지의 원신이 투출되었다면 천간과 지지가 서로 인연이 되어서 오르내리게 되어 유정하다. 이 합은 종하는 것과 유사하다고 보겠다.

재와 합하면 종재(從財)와 닮게 되고, 관과 합하면 또 종관(從官)하는 것과 같다. 다만 이것은 化氣格과는 다른 것이다. 조용하게 되면 편안하게 안정하는 것이니 이렇게 되면 안정을 지키려고 하게 된다. 이런 때에 충동이 일어나면 지지를 의지하기 어려워서 위험하게 된다.

그런데 말은 비록 이렇게 하지만 간지가 합하는 것은 戊子, 辛巳, 丁亥, 壬午의 네 간지뿐이다. 만약 甲午일에 태어난다면 午火에는 丁火가 우선하고 己土는 다음이니 기토가 마음놓고 갑목과 합을 할 수 없는 것이다. 또, 己亥일은 먼저 임수가 움직이고 다음에 갑목이 움직이니 역시 갑이 튀어나와서 합을 하기가 어려운 것이다. 또 癸巳일의 경우에는 巳의 병화가 먼저이고 다음에 무토가 되는데, 무토는 병화를 넘어서 계수와 합할 수가 없다. 그래서 이 3일은 간지합으로 논하지 않는다. 그리고 십간이 합하여 화하는 이야기는 化格에 속하는 것이고 이 부분은 또 다른 작용을 하므로 화격의 항목에서 이해하면 되겠다.

【강의】

특별히 설명을 해야 할 필요는 없다. 원문에서 언급하는 정도라고 보면 되겠는데, 내용에서는 안정을 시키는 방향으로 관찰하자는 정도로 큰 비중이 있는 것은 아니지 않는가 싶다.

【徐樂吾 增註】

按露干合支中暗藏. 雖不可據爲定論. 然其喜忌. 亦不可不知. 玆附錄於下.

天元喜地元有祿. 甲己喜四季. 乙庚喜申酉. 丙辛喜亥子. 丁壬喜寅卯. 戊癸喜巳午.

地元喜天元有合. 子丑喜戊(子丑支藏癸合戊). 寅喜己(寅支藏甲合己). 卯辰喜庚(卯辰支藏乙合庚). 巳喜辛癸(巳支藏丙戊合辛癸). 午未喜甲壬(午未支藏丁己合甲壬). 申喜乙(申支藏庚合乙). 酉戌喜丙(酉戌支藏辛合丙). 亥喜丁(亥支藏壬合丁).

地元忌天元相剋. 子丑怕己. 寅怕庚. 卯辰怕辛. 巳怕甲壬. 午未怕乙癸. 申怕丙. 酉戌怕丁. 亥怕戊.

五行眞氣往來. 如辛亥得丁巳. 巳中藏丙合辛. 亥中藏壬合丁. 又如丁巳得癸亥. 巳中戊合癸. 亥中壬合丁. 是爲眞氣往來. 丙申與乙酉. 戊午與壬子. 丁巳與辛亥. 庚寅與己卯. 均可類推. 若四柱眞氣交互. 爲大貴之格, 卽日時交互, 亦爲貴氣所聚也. 凡命下生上曰助氣. 主一生自亨其福. 上生下曰盜氣. 主一生依人作嫁. 上剋下曰順. 主有威權. 下剋上曰逆. 主多沉滯. 死絶尤緊. 生旺愈慢.

안로간합지중암장. 수불가거위정론. 연기희기. 역불가부지. 자부록어하.

천원희지원유록. 갑기희사계. 을경희신유. 병신희해자. 정임희인묘. 무계희사오.

지원희천원유합. 자축희무(자축지장계합무). 인희기(인지장
갑합기). 묘진희경(묘진지장을합경). 사희신계(사지장병무합
신계). 오미희갑임(오미지장정기합갑임). 신희을(신지장경합
을). 유술희병(유술지장신합병). 해희정(해지장임합정).

지원기천원상극. 자축파기. 인파경. 묘진파신. 사파갑임. 오
미파을계. 신파병. 유술파정. 해파무.

오행진기왕래. 여신해득정사. 사중장병합신. 해중장임합정.
우여정사득계해. 사중무합계. 해중임합정. 시위진기왕래. 병신
여을유. 무오여임자. 정사여신해. 경인여기묘. 균가류추. 약사
주진기교호. 위대귀지격, 즉일시교호, 역위귀기소취야. 범명하
생상왈조기. 주일생자형기복. 상생하왈도기. 주일생의인작가.
상극하왈순. 주유위권. 하극상왈역. 주다침체. 사절우긴. 생왕
유만.

→ 살펴보면 천간에 나타난 합과 지지의 암장된 합은 비록 정론으로
근거를 대기는 어렵지만, 그 좋고 나쁜 것을 몰라서는 안 되는 것이
다. 그래서 아래에 설명을 해 본다.

천간이 지지를 기뻐할 경우는 甲己합으로 사계절에 태어나는 것이
고, 乙庚합이 申酉월에 나거나 丙辛합이 亥子월을 반기고 丁壬합이
寅卯월을 좋아하고 戊癸합이 巳午월을 좋아하는 것이다.

지지에서 천간과 합되기 때문에 반겨하는 것은 子丑이 戊土를 반
기고, 寅은 己土를 좋아하며, 卯辰은 庚을 반가워하고, 巳는 辛癸를
좋아하고, 午未는 甲壬을 좋아하며, 申은 乙을 좋아하고, 酉戌은 丙
을 좋아하며, 亥는 丁을 좋아한다.

지지에서 천간과 상극되어 꺼리는 것으로는 子丑이 己를 두려워하

고, 寅은 庚을 두려워하고, 卯辰은 辛을 겁내며, 巳는 甲壬을 싫어하고, 午未는 乙癸를 겁내고, 申은 丙을 겁내고, 酉戌은 丁을 겁내며, 亥는 戊를 두려워하는 것이다.

오행의 기운이 서로 왕래하는 것으로는 辛亥와 丁巳가 만나면 巳火 속의 丙火가 辛金과 합하고 亥水 속의 壬水는 丁火와 합하기 때문이다. 또, 丁巳가 癸亥를 얻으면 巳火 속의 戊土가 癸水와 합하고 亥水 속의 壬水가 丁火와 합하는 것이니 이것은 진기가 서로 왕래하는 것이다.

丙申과 乙酉, 戊午와 壬子, 丁巳와 辛亥, 庚寅과 己卯도 모두 같은 의미로 추리하면 된다. 만약 사주에서 진기가 서로 사귄다면 크게 귀할 사주의 구조인데 日時가 서로 통하면 또한 귀한 기운이 모인다고 말하게 된다.

대저 사주에서 下生上으로 아래에서 위를 생하면 기운을 돕는다〔助氣〕고 해서 일주는 일생 스스로 넉넉한 복을 받는 것이고, 上生下로 위에서 아래를 생하면 도기(盜氣)라고 하여 그 사람은 일생 남을 의지해서 일하게 되고, 上剋下로 위에서 아래를 극하면 순(順)이라고 해서 일주가 권위를 누리게 되고, 下剋上은 일러서 역(逆)이라고 하니 일주가 항상 침체된다. 그리고 사절에 해당하면 더욱 긴박하고 생왕이 된다면 그래도 조금 나은 편이다.

【강의】

이 부분은 철초 선생의 말씀이 아닌 것으로 보인다. 그야말로 군더더기라고 해야 하지 않을까 싶다. 낙오 선생이 자신의 견해를 추가하신 것으로 보이는데, 『적천수천미』에는 없는 대목이다. 아무래도 없는 것이 더 나을 것으로 보인다. 이미 핵심은 앞의 철초 선생의 말씀에서 모두 전달되었기 때문이다. 더구나 己亥도 간지합으로 논할 필요가 없다고 했는데, 엉뚱한 말씀을 하시는 것은 이해가 되지 않는다.

이렇게 세분하는 식으로 대입하다 보면 이론만 존재하고 실제로 부합이 되지 않는 공론이 되지 않을까 염려된다. 그래서 일종의 신살화가 되지 않을까 싶은 염려가 발생하는 것은 노파심인지도 모르겠지만 이렇게 전체의 상황을 고려하지 않고 간지만 가지고 대입하다가는 아무래도 부분에 집착하게 될지도 모르겠다. 그래서 대입에 주의하시라고 당부드려야 하겠다.

그러면서 느끼는 것은 '혹 낭월도 뭔가 도움을 드리려고 설명을 하고 있는데 나중에 살펴보면 그야말로 쓸데없는 군소리꾼에 불과하면 어쩌나……' 하는 걱정이 되기도 한다. 그래도 그냥 두는 것은 역시 공부하는 벗님들이 혹 도움이 된다면 낭월이 막을 이유가 없겠기 때문이다. 이 부분은 그냥 한번 가볍게 읽어 보고 넘기시기 바란다.

乙	壬	辛	己
巳	午	未	巳

癸	甲	乙	丙	丁	戊	己	庚
亥	子	丑	寅	卯	辰	巳	午

支類南方. 乘權秉令. 地旺極矣. 火炎土燥. 脆金難滋水原. 天衰極矣. 故日干之情不在辛金. 其意向必在午中丁火而合從矣.

己巳戊辰運生金洩火. 刑耗有之. 丁卯丙寅木火並旺. 剋盡辛金.
經營發財巨萬.

지류남방. 승권병령. 지왕극의. 화염토조. 취금난자수원. 천
쇠극의. 고일간지정불재신금. 기의향필재오중정화이합종의.
기사무진운생금설화. 형모유지. 정묘병인목화병왕. 극진신금.
경영발재거만.

➡️이 사주는 지지가 南方으로 火가 거세어 굉장히 旺해서 불은 넘
치고 토는 건조하다. 그러니 부서진 금이라 수를 생한다고는 하지
만 역부족이다. 그래서 천간이 극히 약하므로, 일주의 마음은 辛金
에게로 향하지 않고 日支의 午火에 들어 있는 丁火에게로 쏠리고
있는 것이어서 합으로 종하는 형상이다. 己巳와 戊辰대운에서 금을
생하고 화를 설하니 고생이 대단했는데, 丁卯와 丙寅의 운에서는
木火가 왕성해서 辛金을 극하게 되니 사업을 경영해서 수억을 벌었
던 것이다.

【강의】

그러니까 정격으로 인성을 용한 것이 아니고 일지의 午火 속에 있
는 정화를 따라 종하였다는 말씀이다. 일리 있는 대목인데 다만 요
즘에 이러한 사주를 본다면 그대로 신약용인격으로 해석해야 할 것
으로 생각된다. 현실적으로 이렇게 인성을 두고 종하는 경우는 여간
해서 보이지 않기 때문이다. 공부하시는 벗님들은 반드시 잘 알아
두어야 할 부분이라고 생각된다. 그리고 『적천수』 내에 존재하는 사
주 중에서도 이러한 관찰을 해야 할 사주들이 많이 있음을 본다. 그

러니까 살피는 과정에서 '적천수병'에 걸리지 않도록 하시기 바란
다.

```
庚    丁    丙    己
子    亥    子    丑
戊 己 庚 辛 壬 癸 甲 乙
辰 巳 午 未 申 酉 戌 亥
```

此造支類北方. 地旺極矣. 天干火虛. 無木生扶. 又有濕土晦
火. 天衰極矣. 人皆論其殺重身輕. 取火土運幫身制殺. 不知此爲
地支官星乘旺. 又類官方. 天干無印. 己土洩丙丁之氣. 爲天地合
而從官也. 甲戌運生火剋水. 刑喪破敗. 家業已盡. 壬申, 癸酉, 剋
盡丙火. 助起財官. 獲利五萬. 未運丙子年. 遭回祿. 破去半數.
人皆取火土幫身. 以午未運爲美. 殊不知比劫奪財. 反致大凶. 戊
寅歲金絶火生. 又合去亥水. 卒於季夏.

차조지류북방. 지왕극의. 천간화허. 무목생부. 우유습토회
화. 천쇠극의. 인개론기살중신경. 취화토운방신제살. 부지차위
지지관성승왕. 우류관방. 천간무인. 기토설병정지기. 위천지합
이종관야. 갑술운생화극수. 형상파패. 가업이진. 임신, 계유, 극
진병화. 조기재관. 획이오만. 미운병자년. 조회록. 파거반수.
인개취화토방신. 이오미운위미. 수부지비겁탈재. 반치대흉. 무
인세금절화생. 우합거해수. 졸어계하.

➡ 이 사주는 지지가 北方이라 매우 旺하니 천간의 火는 도리어 약한

데 木의 도움도 없는데다가 습토가 있어서 불을 설하기까지 하여 천간은 극히 약하다고 봐야 하겠다. 그래서 사람들은 모두 '살이 중하고 일주가 약하므로 火土운을 만나야 일주를 돕고 살을 제한다.'고 하는데, 이것은 지지의 관성이 이미 왕성하고 또 관살의 방향임을 모르고 하는 말이다. 천간에 인성이 없는데, 己土는 병화의 기운을 설하니 천지합으로 관성을 따르게 되는 것이다. 甲戌운에서 화를 생하고 수를 극하니 고통이 대단했고, 완전히 망해 버렸다가 壬申 癸酉운에서 병화를 완전히 죽여 버리고 재관을 일으켜 세우니 오억의 재물을 벌었으나, 未運의 병자년에는 화재를 만나 절반은 날아갔다. 사람들이 모두 화토를 용신으로 삼는다면 午未의 남방운에서는 좋아야 하는데, 달리 비겁이 재성을 탈취한다는 것을 몰라서 그렇지 도리어 흉하게 되는 것이다. 戊寅년에는 금이 절지에 해당하고 화가 생조를 받았고 또 해수를 합거하니 未月에 죽었던 것이다.

【강의】

설명으로는 아무런 하자가 없다고 본다. 그럴 수도 있겠는데, 사실 현실적으로는 역시 무력하지만 병화를 의지하고 木火운을 기다리는 것으로 봐야 할 것이다. 이렇게 되면 혹 사주 명식의 오류는 없는지 의심이 되기도 하는데, 논리적으로는 이해가 되므로 그런가 보다 하고 넘어간다. 이러한 내용을 그대로 접수하게 되면 이른바 '적천수병'이 발생하게 되는 것이다. '적천수병'이라는 것은 웬만한 사주는 종격인 것처럼 보이게 되는 것을 말하는데, 누구나 그 부분에서 헤매다 보면 사주 공부가 싫어질 때가 많다고 하므로 항상 주의하기 바란다. 현실적으로 종격들이 잘 보이지 않으므로 어떤 학자님들은

종격은 애초에 없는 것이라고 주장하기도 하는데, 그 고충을 이해할
만하다. 그러나 비록 드물기는 하지만 종격이 있는 것은 사실이므로
역시 편견임에 틀림없다.

【滴天髓】

> 甲申戊寅. 眞爲殺印相生. 庚寅癸丑. 也坐兩神興旺.
> 갑 신 무 인. 진 위 살 인 상 생. 경 인 계 축. 야 좌 양 신 흥 왕.

❍ 甲申과 戊寅은 참으로 殺印相生이고 庚寅, 癸丑은 兩神이 興旺하다.

【滴天髓徵義】

兩神者. 殺印也. 支坐殺印. 非止此四日. 如乙丑, 辛未, 壬戌, 之類. 亦是兩神. 不過將此數日爲題. 用殺則扶之, 不用則抑之. 須觀四柱氣勢. 日主衰旺之別. 如身强殺淺. 則以財星滋殺. 身殺兩停. 則以食神制殺. 殺强身弱. 則以印綬化煞. 論局中, 殺重身輕者. 非貧卽夭. 制殺太過者. 雖學無成. 論行運, 殺旺復行殺地者. 立見凶災. 制殺再行制鄕者. 必遭窮乏. 書云格格推詳. 以殺爲重. 又云有殺只論殺. 無殺方論用. 殺其可忽乎.

양신자. 살인야. 지좌살인. 비지차사일. 여을축, 신미, 임술, 지류. 역시양신. 불과장차수일위제. 용살즉부지, 불용즉억지. 수관사주기세. 일주쇠왕지별. 여신강살천. 즉이재성자살. 신살양정. 즉이식신제살. 살강신약. 적이인수화살. 논국중, 살중신경자. 비빈즉요. 제살태과자. 수학무성. 논행운, 살왕부행살지자. 입견흉재. 제살재행제향자. 필조궁핍. 서운격격추상. 이살위중. 우운유살지론살. 무살방론용. 살기가홀호.

➡️ 兩神이라는 것은 殺과 印이다. 지지에 편관과 인성이 있는 것이 이 4일뿐인 것은 아니다. 乙丑, 辛未, 壬戌 등도 역시 앉은자리에 殺印이 된다. 그러니까 여러 개의 일주 중에서 선발된 것으로 보면 되겠다. 그러니까 살을 용신으로 삼는다면 도와 줘야 하겠지만 살을 용신으로 삼지 못할 경우라면 극해야 할 것이므로 모름지기 사주의 쇠왕에 따라서 달라지는데, 예를 들어서 신강하고 살이 약하다면 재성으로써 살을 도와야 할 것이고, 일주와 살이 비슷할 때에는 식신으로 살을 눌러야 할 것이다. 그리고 살이 강하고 일주가 약할 때에는 인성으로 살을 화해야 할 것인데, 사주에서 논할 때 살이 많아 일주가 약하면 가난하지 않으면 요절한다고 했고, 또 살을 너무 많이 제하게 되면 비록 배워도 공명을 얻을 수가 없다고 했다. 따라서, 행운에서도 역시 살이 왕하고 살운으로 가면 그 흉함을 앉을 사이도 없이 곧바로 보게 되고, 살을 너무 제어하고 다시 제하는 운으로 간다면 반드시 궁핍함을 면키 어렵다. 그래서 서에 말하기를 '사주와 사주를 일일이 자세히 살펴야 한다.'고 했고, 또 말하기를 '살이 있으면 다만 살로써 논하고 살이 없으면 비로소 용신을 논한다.'고 했으니 살을 소홀하게 대할 수 있겠는가?

【강의】

앉은자리에 편관인 경우를 설명하는 것으로 봐야 하겠는데, 단지 편관이기만 한 것이 아니고, 그 속에서는 인성이 또 생조를 받고 있는 상황을 설명하는 것이다. 甲申의 경우를 본다면 우선은 편관이지만 그래도 그 속에서는 壬水가 또 생조를 받고 甲木을 생하고 있으므로 사실은 수와 금이 모두 강하다는 말로 이해하면 되겠다. 다른 경우도 마찬가지다. 그리고 甲申과 甲戌을 놓고 생각해 본다면 실은 갑술보다도 갑신이 더 생동감이 느껴진다. 그러니까 목의 입장에서는 여하튼 물이 있어야겠다는 생각을 하는 것이다. 그리고 경인과 계축의 경우에는 다시 경금과 인목이 모두 왕성하다는 말이고, 또 계수와 축토가 함께 왕성하다는 의미가 된다. 이러한 점을 살펴 항상 앉은자리의 상황을 고려하면서 관찰하라는 의미로 이해하면 되는데, 참으로 깊이 있는 통찰력이라고 하겠다.

```
甲   甲   己   壬
子   申   酉   午
丁 丙 乙 甲 癸 壬 辛 庚
巳 辰 卯 寅 丑 子 亥 戌
```

甲申日元. 生於八月. 官殺當權. 喜其午火緊制酉金. 子水化其申金. 所謂去官留殺. 殺印相生. 木凋金旺. 印星爲用. 甲第聯登. 由郞署出爲觀察. 從臬憲而轉封疆.

갑신일원. 생어팔월. 관살당권. 희기오화긴제유금. 자수화기신금. 소위거관유살. 살인상생. 목조금왕. 인성위용. 갑제연등. 유랑서출위관찰. 종얼헌이전봉강.

➜ 甲申日主가 8월에 태어났는데 官殺이 月支를 잡고 있으니 午火가 바짝 붙어서 유금을 제어하고 있는 것이 반갑다. 子水는 다시 申金을 설기시키니 이른바 '관을 보내고 살은 머물러 있다.'는 것에 해당한다. 편관이 인성을 생하고 있는 상황에서 목은 시들고 금은 왕성

한 형상이니 인성을 용신으로 삼게 된다. 벼슬이 계속 올라가서는 랑서(순경이 아닐까……) 출신으로 관찰사가 되었고, 번얼에 올랐다가 봉강에 임했던 것이다.

【강의】

설명으로 보아서는 갑신이 죽은 나무라고 할 것이 아니라 살인상생으로서 살아 있는 나무로 판단해야 한다는 의미가 아닌가 싶다. 日支의 壬水만을 생각할 것은 아닌 것으로 보이고, 時支의 子水가 오히려 도움을 많이 주고 있는 것이 아닌가 싶다. 그리고 무엇보다도 중요한 것은 운이라고 해야 할 것이다.

甲	甲	己	壬
子	申	酉	辰

丁	丙	乙	甲	癸	壬	辛	庚
巳	辰	卯	寅	丑	子	亥	戌

此與前造只換一辰字. 以俗論之. 前則制官留殺. 此則合官留殺. 功名仕路. 無所高下. 殊不知有天淵之隔. 夫制者,剋以去之. 合者,有去有不去也. 如以辰土爲殺. 則化金而去之. 以酉金爲官. 仍化金而黨殺. 由此觀之. 清中帶濁. 且以財爲病者. 不但功名蹭蹬. 而且刑耗難辭. 惟亥運逢生. 可獲一衿. 壬子如逢木年. 秋闈有望. 癸丑合去子印. 一阻雲程. 有凶無吉. 甲寅運被申冲破. 壽元有礙矣.

차여전조지환일진자. 이속론지. 전즉제관유살. 차즉합관유
살. 공명사로. 무소고하. 수부지유천연지격. 부제자,극이거지.
합자,유거유부거야. 여이진토위살. 즉화금이거지. 이유금위관.
잉화금이당살. 유차관지. 청중체탁. 차이재위병자. 부단공명층
등. 이차형모난사. 유해운봉생. 가획일궁. 임자여봉목년. 추위
유망. 계축합거자인. 일조운정. 유흥무길. 갑인운피신충파.
수원유애의.

➡️이 사주는 앞의 것에서 年支의 辰자만 다른 구조이다. 흔히 하는
말로 '앞 사주는 관을 제하고 살을 두었고, 이 사주는 관과 합하고
살을 두었으니 공명과 벼슬이 높고 낮음이 없이 같을 것이다.' 라고
할 것이지만, 달리 하늘과 땅만큼의 차이가 난다는 것을 모르고 하
는 말이다.

  대저 제한다는 것은 극으로 제거하는 것이고, 합하는 것은 합해서
가는 것[合去]이 있고 가지 않는 것[不去]이 있는데, 예를 들어 辰土
는 살이 되니, 즉 금으로 화해서 제거한다는 말인데 유금은 관이 되
니 오히려 금으로 화해서 살과 한덩어리가 되는 모습이다. 이로 미
루어 보건대, 맑은 가운데 탁함을 거느렸고 또 재성이 병이 되니 공
명이 따르지 않을 뿐만 아니라 또 온갖 어려움을 말로 다하기 어려
웠다. 오직 亥水대운에서는 생을 만나서 끝자리라도 하나 얻었지만
壬子대운은 다시 목년을 만나서 가을 무과시험이 유망했는데, 癸丑
대운에 子水 인성을 합거하니 벼슬길이 막히게 되었고, 나쁜 것만
있고 좋은 일이 없었다. 甲寅운에는 寅申충을 맞는 바람에 수명에도
장애가 있었던 것을……

【 강의 】

앞 사주는 오화로 유금을 제어했는데, 여기는 진토가 유금을 생조해서 버렸다는 말이다. 그렇지 않고서야 완전히 같은 운에서 그렇게 큰 차이가 날 수 있겠느냐는 설명이고, 물론 타당성은 있지만 오로지 명리학으로써 모든 문제를 해결하려고 하는 것에서는 어쩌면 완고함을 느낄 수도 있겠다.

진유합이어서 그렇다고 하지만 그로 인해 금이 강화되었다는 것은 이해가 된다. 그러나 앞의 오화는 임수에서 제어를 당하고 있는 형편이라 무력하기는 마찬가지다. 그런데도 설명하시느라 괜한 고생을 하시는 것이 아닌가 싶은 생각이 들고, 자축합으로 자수가 제어를 당했다고 하지만 앞의 사주는 자축합이 아니어서 잘 풀렸다는 말인지, 뭔가 석연치 못한 느낌이 든다. 그래서 낭월은 달리 생각해 보고 싶은 것이다.

우선 子時라고 한다면 한밤중이니 혹 시간의 차이를 보였을 수도 있지 않겠느냐는 의심을 해 보는 것이다. 즉, 이 사주의 경우 丑時에 태어난 사람일 수도 있다고 가정해 본다면 형편없이 떨어지는 구조임을 누구든지 느낄 수 있을 것이다. 또는 아직 자시가 되지 않아 전날이라고 할 수도 있겠다. 그렇게 되었을 경우에는 또 다른 구조가 나타나게 될 것이다. 그러한 가능성에 대해서도 생각을 해 보는 것이 결코 헛된 일이 아닐 것으로 판단되는 것이다.

```
┌─────────────────────────────────────┐
│                                       │
│      丑時에 태어났을 경우            │
│         乙 甲 己 壬                   │
│         丑 申 酉 辰                   │
│                                       │
└─────────────────────────────────────┘
```

이 경우를 본다면 우선 용신이 年干의 임수밖에 쓸 수가 없다는 것
이다. 물론 을목이 돕기는 하겠지만 時支에서 자수가 돕고 있는 것과
의 차이는 확연하다. 이러한 경우를 고려하지 않고 그냥 자시라는 데
이터만 갖고 상황을 살펴봤을 적에는 그야말로 속론지(俗論之)가 오
히려 합당하다고 봐야 하지 않겠느냐는 생각을 해 보게 된다. 물론,
교과서에 있는 사주를 의심해서야 진행이 어렵다는 생각을 해 보지
만, 때로는 의심이 들기도 하고 그런 때에는 이렇게 생각해 보는 것
도 하나의 돌파구가 될 수 있다는 방법론을 말해 보는 것이다. 물론,
나름대로 합당한 설명을 해야 하므로 진유합이나 자축합을 거론하는
것도 매우 성실하지만, 기본적으로 사주에 문제가 있을 수도 있다는
생각은 늘 가지고 있는 것이 좋겠다. 문제는 자료제공자를 직접 만날
수가 없다는 것이다. 이 자료만으로는 앞 사주와 그렇게 큰 차이가
나는 것을 장담하기 어렵겠기 때문이다.

그리고 또 하나의 의심이 있다. 그것은 예전의 가문에서는 조상을
잘 모셨기 때문에 개인적인 사주 외에 작용을 하는 힘이 있었다고
생각을 하게 된다. 즉, 풍수학의 영향이 있을 수도 있다는 것이다.
이러한 점도 가끔은 고려하면서 명리학을 연구하는 것도 자칫 울타
리에 갇혀 버릴 위험에서 벗어나는 한 방법이라는 말씀을 다시 드리
면서 줄인다.

【滴天髓】

上下貴乎情和.
상 하 귀 호 정 화.

○ 위아래가 서로 귀한 것은 정으로 화목한 것이라네.

【滴天髓徵義】

上下情和者. 互相衛護. 干支不反背者也. 如官衰傷旺. 財星得局. 官旺財多. 比劫得局. 殺重用印忌財者. 財臨劫地. 身强殺淺喜財者. 財坐食鄉. 財輕劫重. 有官而官星制劫. 無官而食傷化劫. 皆謂有情. 如官衰遇傷. 財星不現. 官旺無印. 財星得局. 殺重用印忌財者. 財坐食位. 身旺煞輕喜財者. 財坐劫地. 財輕劫重. 無食傷而官失令. 有食傷而印當權. 皆爲不和.

상하정화자. 호상위호. 간지부반배자야. 여관쇠상왕. 재성득국. 관왕재다. 비겁득국. 살중용인기재자. 재임겁지. 신강살천희재자. 재좌식향. 재경겁중. 유관이관성제겁. 무관이식상화겁. 개위유정. 여관쇠우상. 재성불현. 관왕무인. 재성득국. 살중용인기재자. 재좌식위. 신왕살경희재자. 재좌겁지. 재경겁중. 무식상이관실령. 유식상이인당권. 개위불화.

➔ 위아래가 정으로 화목하다는 것은 서로가 서로를 보호하고 干支가 배반하지 않는 것을 말한다. 예를 들어, 관이 약하고 상관이 왕성

한 상황에서 재성이 국을 이루고 있다든지, 관이 왕성하고 재도 많은 경우에서 비겁이 국을 얻은 경우라든지, 상관이 많아서 인성을 용신으로 할 경우에 재성이 기신인데 재성이 겁재의 위치에 앉아 있다든지, 신왕하고 관살이 약한 상황이어서 재성을 반가워할 상황에서 재성이 식신에 앉아 있다든지, 재성이 약하고 겁재가 중한데 관이 있거나 관성이 겁재를 제어한다든지, 관성이 없는 상황이라면 식상이 또 겁재를 설기[化]한다든지 하는 것은 모두 유정한 것이다.

또, 만약 관성이 쇠약한 상황에서 상관을 만난 경우에 재성이 보이지 않는다든지, 관성이 왕하고 인성이 없는 상황에서 재성이 국을 이루고 있다든지, 살이 많아서 인성을 용해야 하는 상황에서 재성은 꺼리게 되는데, 이 때 재성이 다시 식신에 앉아서 생을 받고 있다든지, 신왕하고 살이 약해서 재성을 반가워하는데 재성이 겁재에 앉아 있다든지, 재성이 약하고 겁재가 중한데 식상도 없고 관살은 무력하다든지 또, 식상이 있어도 인성이 당권을 하고 있다면 이러한 것을 불화한다고 하게 된다.

【강의】

대체로 이해가 되는 내용으로 위아래의 관계에 대해서 생각을 해보라는 정도로 수용하면 되겠다. 그러니까 그냥 단지 용신이라고 해서 좋다고 할 것이 아니라 주변의 상황이 용신의 역량을 발휘할 수 있도록 도와 주는 구조라면 유정하다고 하겠고, 주변에서 도리어 용신의 힘을 꺾고 있다면 무정하다고 하게 되고, 다른 말로 불화한다고 하는 것으로 이해한다면 충분하겠다. 설명이 상세한 까닭이다.

```
庚　丙　癸　己
寅　寅　酉　巳
乙丙丁戊己庚辛壬
丑寅卯辰巳午未申
```

日主兩坐長生. 年支又逢祿旺. 足以用官. 癸水官星. 被己土貼
身一傷. 喜得官臨財地. 尤妙巳酉拱金. 則己土之氣已洩. 而官星
之根固矣. 所以一生不遭凶險. 名利兩全也.

일주양좌장생. 연지우봉록왕. 족이용관. 계수관성. 피기토첩
신일상. 희득관임재지. 우묘사유공금. 즉기토지기이설. 이관성
지근고의. 소이일생부조흉험. 명리양전야.

➜ 日主가 日과 時의 지지에 印星을 얻고 年支에 比肩을 만나서 官을
用神으로 삼을 만하다. 그런데 癸水의 관성은 바짝 붙어 있는 年干
의 己土에게 피습을 당하여 상하고 그래서 관성이 재성에게 앉아 있
는 것이 다시 반가운데, 더구나 그 재성이 巳酉合을 했으니 기토의
기운이 도리어 설기되고 관성의 뿌리는 다시 더욱 견고해진다. 그래
서 일생 동안 험한 경우를 당하지 않고, 명리가 모두 완전했던 것이
다.

【강의】

워낙이 사주가 좋다고 봐야 하겠는데, 기토의 장애가 흠인 것은 사
실이다. 재자약살격(財滋弱殺格)의 구조를 하고 있는데, 일생에 험

한 곳을 밟지 않았다고 하면서 운은 남동으로 흘러갔으니 어떻게 보아야 할까? 가을의 병화가 다소 약하다고 보아야 하지 않을까? 그래서 신약용인격(身弱用印格)이 되고, 그로 말미암아 운에서 도움을 주는 바람에 순탄하게 살았다고 해석해야 하겠고, 또 용신이 가까이 붙어 있어서 다행이었다고 봐야 한다고 떼를 쓴다면 전혀 아니라고 할 수는 없을 것으로 보인다. 즉, 생각하기 나름인데, 기왕에 생각하기 나름이라면 사유합으로 신약한 병화가 인성을 용신으로 하고 운이 도와서 발하게 되었다고 하는 것이 더 자연스럽지 않을까 싶은 생각이 든다.

甲	丙	癸	癸
午	辰	亥	亥

乙	丙	丁	戊	己	庚	辛	壬
卯	辰	巳	午	未	申	酉	戌

此造官殺乘旺. 原可畏也. 然喜午時. 生食制殺. 時干透甲. 生火洩水. 旺殺半化爲印. 衰木兩遇長生. 賴此木根愈固. 上下情和, 不誣也. 白手成家. 發財數萬.

차조관살승왕. 원가외야. 연희오시. 생식제살. 시간투갑. 생화설수. 왕살반화위인. 쇠목양우장생. 뇌차목근유고. 상하정화, 부무야. 백수성가. 발재수만.

➡️ 이 사주는 官殺이 旺하여 두렵지만 時支에 午火가 있어서 食神을 生하여 食神으로 하여금 官殺을 제어하는 것이 기쁘다. 時干의 甲木

은 화를 생하고 수를 설하니 왕성한 살이 다시 반은 인성으로 화해 있고 쇠약한 나무는 또 장생을 만난 것이다. 그래서 목은 이를 의지해서 뿌리가 견고해진다. 그래서 '상하가 정으로 화목한다.'는 말은 거짓이 아니다. 빈손으로 자수성가하여 재물도 수억을 벌었던 것이다.

【강의】

오화가 식신을 생했다고 하기보다는 오화의 기운이 진토에게 흡수되는 상황이 더 현실적이라고 생각된다. 오히려 갑목이 수의 기운을 설해서 병화를 돕는데, 늦은 운이 남동으로 흐르므로 원하는 바의 재물을 얻었던 것으로 해석하는 것이 자연스럽다고 본다. 그러니까 殺重用印格에 운이 도왔다고 보는 것이다.

丙	乙	庚	甲
子	卯	午	寅

戊	丁	丙	乙	甲	癸	壬	辛
寅	丑	子	亥	戌	酉	申	未

專祿日主. 時支子水生之. 年干甲木. 亦坐祿旺. 用庚金則火旺無土. 坐於火地. 用丙火則子冲去其旺支. 卽或用火. 亦無安頓之運. 所以一敗如灰. 至乙亥運. 水木齊來. 竟爲乞丐.

전록일주. 시지자수생지. 연간갑목. 역좌록왕. 용경금즉화왕무토. 좌어화지. 용병화즉자충거기왕지. 즉혹용화. 역무안돈지운. 소이일패여회. 지을해운. 수목제래. 경위걸개.

➡ 日主가 비견을 얻고 時支에 있는 子水의 生을 받고 年干의 甲木 역시 寅木을 얻었다. 그래서 경금을 용하려고 하니 화가 왕성한데 토가 없어서 유감이고, 또 경금은 화에 앉아 있는 것이 아쉽다. 또 병화를 용하려고 하니 子午충으로 해서 왕성한 뿌리가 날아가 버린 다. 그러니 혹 화를 용신으로 삼더라도 또 운이 불량하다. 그래서 한 번 실패하자 (불꺼진) 재처럼 사그라져 버렸고, 을해운에서는 水木 이 함께 들어오는 바람에 결국은 거렁뱅이가 되었던 것이다.

【강의】

오월의 을목이 약하지는 않은 형상이므로 식상을 용하는 것이 타 당하다고 본다. 오월에 금을 쓰는 이치는 타당하지 않기 때문에 수 용할 수 없는 것이다. 물론 식상이 없다면 그대로 금을 써야 하겠지 만 이렇게 왕성한 식상을 두고 금을 생각할 필요는 없다고 하겠다. 그런데 운이 서북으로 흘러가 버리니 무슨 일을 할 수 있겠느냐는 생각이 든다. 역시 사주의 탓이라기보다는 운의 탓이라고 해야 할까 보다. 어찌 보면 傷官無財格이라고 할 수도 있겠다. 식상은 재성을 봐야 하는데, 사주에 토가 전혀 없으니 힘을 쓸 수가 없었는지도 모 르겠다. 그래서 결실이 되지 않으니 거지가 되었던가 보다.

壬	乙	己	乙
午	亥	卯	丑

辛	壬	癸	甲	乙	丙	丁	戊
未	申	酉	戌	亥	子	丑	寅

己土之財. 通根在丑. 得祿於午. 似乎身財並旺. 不知己土之
財. 比肩奪去. 丑土之財. 卯木剋破. 午火食神. 亥水剋之. 壬水
蓋之. 無從引化. 所謂上下無情也. 初逢戊寅丁丑. 財逢生助. 遺
業頗豐. 一交丙子. 冲去午火. 一敗而盡. 乙亥運妻子俱賣. 削髮
爲僧. 又不守淸規. 凍餓而死. 合此兩造觀之. 則上下之情和與不
和. 當貴貧賤. 判若天淵. 卽於此徵驗焉.

기토지재. 통근재축. 득록어오. 사호신재병왕. 부지기토지
재. 비견탈거. 축토지재. 묘목극파. 오화식신. 해수극지. 임수
개지. 무종인화. 소위상하무정야. 초봉무인정축. 재봉생조. 유
업파풍. 일교병자. 충거오화. 일패이진. 을해운처자구매. 삭발
위승. 우불수청규. 동아이사. 합차양조관지. 즉상하지정화여불
화. 당귀빈천. 판약천연. 즉어차징험언.

➡ 기토는 재성인데 축토에 통근하고 인성인 오화를 얻어 일주와 재
성이 함께 왕한 것 같다. 그런데 己土의 재성은 비견에게 겁탈당하
고 丑土의 재성은 卯木이 깨어 버리고, 午火는 다시 亥水가 극하고
壬水도 위에서 누르고 있으니 끌어다 쓸 수도 없다는 것을 모르고
하는 말이니, 그래서 소위 위아래가 무정하다고 하는 것이다.

처음에 戊寅운과 丁丑운에서는 재성이 생조를 만나서 유산이 넉넉
했는데, 丙子운으로 바뀌면서 午火를 충거해서 일시에 완전히 망하
고 乙亥운에서 처와 자식을 모두 팔아 먹고서는 머리를 깎고 산에
들어갔는데, 절에서도 계율을 지키지 못하였고 결국 굶고 얼어서 죽
었으니 이 두 사람의 사주를 보면서 위아래가 유정하고 불화한 것으
로 인해서 부귀빈천이 천지의 차이로 판이하다는 것을 알겠으니 즉
이렇게 그 길흉이 나타나기 때문이다.

【강의】

이 사주를 꼼꼼하게 살펴보면 상당히 왕성한 구조라는 것은 쉽게 알겠는데, 여기에서 용신으로 삼아야 할 것은 봄날의 나무이므로 木火通明格으로 화를 쓰는 것은 당연하다. 그런데 그 화가 인성에게 제어를 당하고 있어서 파격이라고 해야 하겠는데, 운조차도 북서로 흐르고 있으니 능력을 발휘해 볼 수가 없는 것이다. 그야말로 사주도 깨어지고 운도 망했으니 할 것이 없는 것은 당연하다 하겠고, 결국은 흉하게 되었던 것으로 해석이 가능하겠다. 만약 이 사주에서 月干의 己土가 丁火로 바뀔 수만 있었더라도 그렇게 흉하지는 않았을 것인데 딱한 구조이다.

【滴天髓】

左右貴乎氣協.
좌 우 귀 호 기 협.

◑ 좌우가 귀함은 기운이 협력함이다.

【滴天髓徵義】

左右氣協者. 制化得宜. 左右生扶. 不雜亂者也. 如殺旺身弱.
有陽刃合之. 或印綬化之. 身旺殺弱. 有財星生之. 或官星助之.
身殺兩旺. 有食神制之. 或傷官敵之. 此爲氣協. 必身弱而殺有財
滋. 則殺爲累矣. 身旺而劫將官合. 則官已忘矣. 總之日主所喜之
神. 必要貼身透露. 喜殺而殺與財親. 忌殺而殺逢食制. 喜印而印
居官後. 忌印而印讓財先. 喜財而遇食傷. 忌財而遭比劫. 日主所
喜之神. 得閑神相助. 不爭不妒. 所忌之神. 被閑神制伏,不肆不
逞. 此謂和協. 宜細究之.

좌우기협자. 제화득의. 좌우생부. 부잡난자야. 여살왕신약.
유양인합지. 혹인수화지. 신왕살약. 유재성생지. 혹관성조지.
신살양왕. 유식신제지. 혹상관적지. 차위기협. 필신약이살유재
자. 즉살위누의. 신왕이겁장관합. 즉관이망의. 총지일주소희지
신. 필요첩신투로. 희살이살여재친. 기살이살봉식제. 희인이인
거관후. 기인이인양재선. 희재이우식상. 기재이조비겁. 일주소
희지신. 득한신상조. 불쟁불투. 소기지신. 피한신제복,불사불
령. 차위화협. 의세구지.

➔ 좌우의 기가 협력한다는 것은 극하고 화하는 것이 옳음을 얻었다는 말이며, 좌우가 서로 생해 주고 도와 주며 어지럽게 섞여 있지 않은 것을 말한다. 예를 들어, 살이 왕하고 일주는 약한데 겁재가 있어서 살과 합하거나 혹은 인수가 있어서 살을 화한다든지, 일주는 왕한데 살은 약한 상황에서 재성이 있고 또 생조를 해 준다거나 혹은 관성이 돕고 있다든지, 살과 일주가 왕한데 식상이 있어서 살을 제한다거나 혹은 상관으로 제한다든지, 이러한 구조는 기운이 협력한다고 하는 것이다.

절대적으로 신약한 상황에서 살이 있는데 재성이 살을 도와 주고 있다면 이 때는 살이 허물이 되고, 신왕한 상황에서 겁재가 관성과 합이라도 하고 있다면 이 때에는 관이 역할을 잊는 것이다. 한마디로 일주의 희용신은 반드시 일주와 붙어 있으면서 또 천간에 투출되기를 요하니 살을 기뻐할 경우에는 살이 재성과 친해야 하고, 살을 꺼릴 때에는 도리어 살은 식신의 제어를 만나야 한다. 또, 인수를 기뻐할 적에는 인수 옆에 관살이 있어야 좋고 그 관살은 일간으로부터 떨어져 있어야 한다. 또, 인성을 꺼릴 때에는 인성이 재성에게 그 앞을 양보해야 하며, 財星을 기뻐할 적에는 식상을 만나야 하고, 재성을 꺼릴 적에는 비겁을 만나야 한다. 일주가 기뻐하는 글자는 한신이 도와 주면 더욱 좋고, 싸움도 없고 질투도 없어서 꺼리는 것은 모두 한신이 제하거나 누르고 그래서 미쳐서 날뛰지 않는다면 이를 일러서 '화목하고 협력하는 것'이라고 하는 것'이다.

【 강의 】

내용 중에서 '喜財而遇食傷'은 책에는 '喜傷而遇食傷'으로 되어 있는데, '희재(喜財)'로 고치는 것이 흐름상 타당할 것으로 생각되어 수정했다. 대체적인 설명은 크게 어려운 부분이 없다고 생각되어 넘어가도 되겠다. 앞의 情和의 내용과 대동소이하다고 보겠다.

```
庚    庚    丙    壬
辰    午    午    申
甲 癸 壬 辛 庚 己 戊 丁
寅 丑 子 亥 戌 酉 申 未
```

此丙火之煞雖旺. 壬水之根亦固. 日主有比肩之助. 濕土之生. 謂身殺兩停. 用壬制殺. 此天干之協者. 而地支之協者, 辰土也. 一制一化. 可謂有情. 運至金水之鄕. 仕途顯赫. 位至封疆.

　차병화지살수왕. 임수지근역고. 일주유비견지조. 습토지생. 위신살양정. 용임제살. 차천간지협자. 이지지지협자, 진토야. 일제일화. 가위유정. 운지금수지향. 사도현혁. 위지봉강.

➨ 이 사주는 병화 관살이 왕하고 임수 역시 뿌리가 견고하다. 일주는 비겁의 도움을 받으면서 습토의 생조도 있어서 신살양정이라고 하니 살도 왕하고 일주도 왕한 형상이다. 임수를 용신으로 삼아서 병화를 제어하는데, 이것은 천간에서 협력을 하는 것이고, 지지와 협력하는 것은 진토이다. 하나는 제어하고 하나는 유통시키니 이른바 '有情'하다고 한다. 운에서 금수로 흘러갈 적에 벼슬이 크게 빛났으며 벼슬은 봉강까지 이르렀다.

【강의】

신약한 상황에서 식신제살의 형태라고 볼 수 있겠다. 그래도 크게
약하지 않은 것은 화의 세력이 만만치 않은 상황에서 木이 없었다는
것으로 이해해야 하겠다. 만약 목이 있었더라면 신약용인격이 되어
야 할 상황일 것이다. 여기에서 어려운 것은 午火의 태도인데, 표면
적으로는 화면서도 내면적으로는 己土를 포함하고 있어서 오히려
경금의 입장에서는 수를 용신으로 삼을 수 있다고 보는 것이다. 이
해가 가는 대목이다. 그러나 한편 토를 저울질해 본다면 신약용인격
으로 인성을 쓰고 식상은 약으로써 화를 제어하는 용도라고 볼 수도
있지 않을까 싶은 소견도 덧붙인다.

戊	庚	丙	壬
寅	申	午	午

甲	癸	壬	辛	庚	己	戊	丁
寅	丑	子	亥	戌	酉	申	未

此造與前合觀. 大同小異. 況乎日坐祿旺. 壬水亦緊制殺. 何彼
則名利雙收. 此則終身不發. 蓋彼則壬水逢申之生也. 制殺有權.
此則壬水坐午之絶地. 敵殺無力. 彼則時干比劫幫身. 又可生水.
此則時上梟神剋水. 而不能生食. 所謂左右不能和協者也.

차조여전합관. 대동소이. 황호일좌록왕. 임수역긴제살. 하피
즉명리쌍수. 차즉종신불발. 개피즉임수봉신지생야. 제살유권.
차즉임수좌오지절지. 적살무력. 피즉시간비겁방신. 우가생수.
차즉시상효신극수. 이불능생식. 소위좌우불능화협자야.

◆이 사주는 앞 사주와 같이 볼 때 크게 다를 바 없다. 하물며 앉은 자리에 녹왕이며 임수도 또한 바짝 붙어서 살을 제하고 있음에랴. 그럼에도 앞의 사주는 명리를 함께 얻었는데, 이 사주는 일생토록 아무것도 한 것이 없었을까. 앞의 사주는 임수가 신금의 생지를 만나서 살을 제하여 권위가 되었는데, 이 사주는 임수가 오화의 절지에 앉게 되는 바람에 살을 제어하기에 무력한 까닭이다. 또, 저 사람은 시간의 비겁이 도와 주고 있으면서 또 수를 생하기도 하는데, 이 사주는 時干에 편인이 있음으로 해서 도리어 수를 극하니 식상을 생조하기 불가능했던 것이다. 그래서 말하기를 '좌우가 화목하고 협력하기에 불가능하구나.'라고 한 것이다.

【강의】

철초 선생은 이렇게 같은 운을 타면서 살아간 사람을 비교하시는 것으로 확연하게 원국의 차이를 느껴 보시려고 많이 시도하셨다. 이 경우도 마찬가지인데, 과연 이 사주는 식신이 제살하는 형상이 되지 못하고 인성에게나 의지하게 되는 것으로 봐야 할지 모르겠다. 즉, 식상의 제어가 무력하니까 그냥 인성을 써야 하는데 유감스럽게도 인성의 의지도 마땅치 않은 것은 戊寅의 戊土와 庚辰의 辰土는 그야말로 천지 차이인 것이다. 그러자니 같은 인성을 용신으로 삼았다 하더라도 두 사주는 이미 다른 이야기가 될 정도로 판이하다고 하겠다. 만약 戊辰시에 생했다고 가정한다면 상황은 달라졌을 것이다. 그래도 원국의 화력을 화하는 힘은 없어서 역시 부족하기는 하겠다. 여하튼 기본적으로 인성과 겁재의 힘이 많은 차이가 난다는 생각을 해 보는 것이 좋겠다.

【滴天髓】

始其所始. 終其所終. 福壽富貴. 永乎無窮.
시기소시 . 종기소종 . 복수부귀 . 영호무궁 .

⊙ 시작이 될 곳에서 시작하고 끝이 날 곳에서 끝이 난다면 복과 수명과 부와 귀가 모두 영원하게 다함이 없으리라.

【滴天髓徵義】

始終之理. 要干支流通. 四柱生化不息之謂也. 必須接續連珠. 五行俱足. 卽多缺乏. 或有合化之情. 互相護衛. 純粹可觀. 所喜者逢生得地. 所忌者受剋無根. 閑神不黨忌物. 忌物合化爲功. 四柱干支一無棄物. 縱有傷梟劫刃. 亦來輔格助用. 喜用者情. 日元得氣. 未有不當貴福壽者也.

시종지리 . 요간지유통 . 사주생화부식지위야 . 필수접속연주 . 오행구족 . 즉다결핍 . 혹유합화지정 . 호상호위 . 순수가관 . 소희자봉생득지 . 소기자수극무근 . 한신부당기물 . 기물합화위공 . 사주간지일무기물 . 종유상효겁인 . 역래보격조용 . 희용자정 . 일원득기 . 미유부당귀복수자야 .

➡ 시작과 끝의 이치는 干支가 서로서로 유통되어 도와 주고 변화하는 과정이 쉬임없이 진행되는 것을 말한다. 그리고 반드시 바짝 붙어서 구슬을 꿴 것처럼 오행이 갖춰져서 연결되어야 하니, 즉 결핍

이 있다고 하더라도 혹 합화의 정이 있어서 서로 보호를 해 준다면 순수하여 볼 만할 것이다. 그러니까 반가운 것은 생을 만나거나 득지를 하고, 꺼리는 것은 극을 받거나 뿌리가 없어야 할 것이며, 한신과 결합되지도 않아야 하고 혹은 꺼리는 것이 합화해서 좋은 성분으로 바뀔 수도 있다. 그래서 사주의 干支가 하나도 버릴 것이 없는 것이니 비록 상관이나 편인이나 겁재나 양인이라고 하더라도 또한 사주의 용신을 돕게 되니 희용신이 유정하고 일주가 득기하면 부귀복수를 얻지 않을 수 없는 것이다.

【강의】

아마도 명리학의 유토피아를 설명한 것이라고 보인다. 시작할 곳에서 시작하고 끝날 곳에서 끝이 난다면 더 이상 바랄 것이 무엇이냐는 의미이다. 또한, 그렇게 흐름을 타 준다면 웬만한 결함은 그대로 보완이 될 것이니 이렇게 되는 사주라면 흔히 흉신이라고 말들하는 상관이나 편인이나 겁재나 양인이 무슨 문제가 되겠느냐는 말도 빼지 않는다. 이미 『자평진전』에서 '사흉신도 사주를 돕는다면 아무런 문제가 없다.'고 했건만 아직도 이 흉신에 대한 경계를 많은 학자들이 하고 있는 것 같다. 명리학이 발전하면서 이름에 매이지 않고 기능적인 효율을 중시하게 되는데, 아직도 이름에 얽매여 평가하는 학자가 있다는 것은 아무래도 다시 생각해 볼 일이다. 우리 벗님들은 부디 이름에 얽매이지 말 것을 당부한다. 원래 노자가 말씀하신 것도 이름에 매이지 말라는 뜻〔名可名非常名〕이었다. 현인들이 그렇게 일러 줬으면 의미 파악에 노력해야 할 것이다.

```
己    丁    甲    壬
酉    亥    辰    寅
壬 辛 庚 己 戊 丁 丙 乙
子 亥 戌 酉 申 未 午 巳
```

年干壬水爲始. 日支亥水爲終. 官生印. 印生身. 食神發用吐
秀. 財得食神之覆. 官逢財星之生. 傷官雖當令. 印綬制之有情.
年月不反背. 日時不妬忌. 始終得所. 貴至極品. 富有百萬. 子孫
繼美. 壽至八旬.

연간임수위시. 일지해수위종. 관생인. 인생신. 식신발용토
수. 재득식신지복. 관봉재성지생. 상관수당령. 인수제지유정.
연월불반배. 일시불투기. 시종득소. 귀지극품. 부유백만. 자손
계미. 수지팔순.

➜연간 壬水로 시작하여 일지 亥水에서 끝났다. 관이 인을 생하고
인은 일주를 생하며, 식신은 다시 수기를 발하니 재성이 식상의 보
호를 받는다. 관은 다시 재성의 생조를 받고 있으니 비록 상관이 당
령을 했다 하더라도 인수가 제어를 하여 유정하여 연월이 서로 등지
지 않았고 일시도 또한 질투하거나 거리낌이 없으니 始終을 얻었다
고 하겠다. 그래서 귀함이 극품에 이르렀고 재물도 수백억에 이르렀
으며 자손도 줄줄이 이어졌고 수명은 팔순을 넘었다.

등급으로 치면 그야말로 상등급이다. 이러한 사주가 책에는 있는데 현실적으로는 없는 것을 보면 참 희귀한 사주라고 할 수 있겠다. 배합으로는 가능하지만 실제로는 참 구경하기 어렵다고 해야 하겠다. 그리고 대체로 보면 흐름이 좋은 사주들은 약간 신약한 구조를 하고 있는 경우가 대부분이다. 그리고 보면 인덕이 있다고 하는 것이 이러한 의미가 아닌가 싶다.

```
乙   癸   庚   戊
卯   亥   申   戌
戊 丁 丙 乙 甲 癸 壬 辛
辰 卯 寅 丑 子 亥 戌 酉
```

此造土生金, 金生水, 水生木. 干支同流. 有相生之誼. 而無爭妒之風. 戌中財星歸庫. 官淸印正. 食神吐秀逢生. 鄕榜出身. 仕至黃堂. 一妻二妾. 子有十三. 科第連綿. 富有百萬. 壽過九旬.

차조토생금, 금생수, 수생목. 간지동류. 유상생지의. 이무쟁투지풍. 술중재성귀고. 관청인정. 식신토수봉생. 향방출신. 사지황당. 일처이첩. 자유십삼. 과제연면. 부유백만. 수과구순.

➥이 사주는 토가 금을 생하고 금은 수를 생하며 수는 목을 생하고 있으니, 천간과 지지가 같이 흘러 서로 도와 주고 있다. 싸움도 질투의 바람도 없이 술토의 재성으로 기운이 돌아가서 관도 청하고 인도

바르며 식신은 수기를 설하고 생을 만나고 있다. 향방 출신으로 벼슬이 황당(태수)에 이르렀고, 1처와 2첩을 거느리고 아들은 또 13명이나 되었으며 자식들이 모두 벼슬을 해서 끊임이 없었으며 수백억의 부자였고 수명은 구십 세를 넘겨 살았다.

【강의】

이 사주는 앞의 사주보다도 한술 더 뜬다. 이러한 사주가 있다는 것이 신기하다. 마치 블록으로 짜 맞추기를 한 것처럼 보이는 구조이다. 묘하다고 해야 하겠다.

辛	己	丙	甲
未	巳	寅	子

甲	癸	壬	辛	庚	己	戊	丁
戌	酉	申	未	午	巳	辰	卯

此造天干木生火, 火生土, 土生金. 地支水生木, 木生火, 火生土, 土生金. 且由支而生干. 從地支則以年支子水生寅木爲始. 至時干辛金爲終. 從天干亦以年支子生甲木爲始. 至時干辛金爲終. 天地同流. 正所謂始其所始. 終其所終也. 是以科甲聯登. 仕至極品. 夫婦齊眉. 子孫繁衍. 科甲不絶. 壽至九旬.

차조천간목생화, 화생토, 토생금. 지지수생목, 목생화, 화생토, 토생금. 차유지이생간. 종지지즉이년지자수생인목위시. 지시간신금위종. 종천간역이년지자생갑목위시. 지시간신금위종.

천지동류. 정소위시기소시. 종기소종야. 시이과갑연등. 사지극품. 부부제미. 자손번연. 과갑부절. 수지구순.

➜ 이 사주의 천간이 목생화, 화생토, 토생금이고, 지지에는 수생목, 목생화, 화생토, 토생금이다. 또한, 모든 간지는 지지에서 천간을 도와 주고 있는 구조이다. 지지를 따라가 보면 年支의 子水로 시작해서 水生木하고 時干의 辛金에서 기가 머무르고, 천간으로 따라가 보면 年支의 자수를 갑목의 뿌리로 시작해서 역시 시간의 신금에서 멈춘다. 그리고 천지가 함께 흐름을 타고 있으니 이것이 바로 '시작할 곳에서 시작하여 멈출 곳에서 멈추는 것'에 해당한다고 하겠다. 그래서 과거 벼슬이 계속 올라가더니 벼슬은 극품에 도달했고 부부가 서로 공경하였고, 자손이 번창했으며 벼슬이 끊임이 없었고 수명은 구십을 넘었던 것이다.

【강의】

인간의 행복이 이런 것이 아닐까 싶다. 건강하고 부부간에 행복하고 자녀가 왕성하고 재물도 넉넉해서 항상 즐겁다면 그야말로 살 만하다고 말할 수 있을 것 같다. 이런 사람은 이번 생을 누리러 온 곳으로 봐야 하겠다. 이러한 사주는 그야말로 1급의 사주이다.

낭월이 사주의 등급을 1급에서 10급까지 정해 놓고 따져 보는데, 보통 사람의 사주가 8급이나 9급인 것을 보면서 급수를 좀더 상향 조정해야 하지 않겠느냐고 학생들이 건의한 일이 있었다. 그러나 이렇듯 1급에 속하는 사주도 실제로 보지는 못했지만 분명 있는 것이 사실이기 때문에 더 이상 어떻게 해 볼 수가 없는 것이 사주의 법칙

이라고 강조하면서 이 사주를 예로 들어 보았다. 과연 보통의 인생
은 그렇게 이번 생에 도를 닦으러 온 모양이라고 생각을 하지 않을
수 없다. 깨어지고 질투하고 치우친 형상들이 그야말로 '인간의 삶
은 고해(苦海)' 라고 하신 석가모니의 말씀을 항상 생각나게 하는 구
조들이다. 그러나 혹은 이러한 사주도 있기 때문에 모두가 고해는
아닌 모양이다.

　참 그림이 좋은 사주이다. 그리고 앞의 1처 2첩을 한 사주보다도
더 아름다운 것을 보면서, 과연 첩이 있는 것은 호걸에게나 어울릴
지 몰라도 군자의 풍모는 아닐 것이라는 생각을 해 본다.

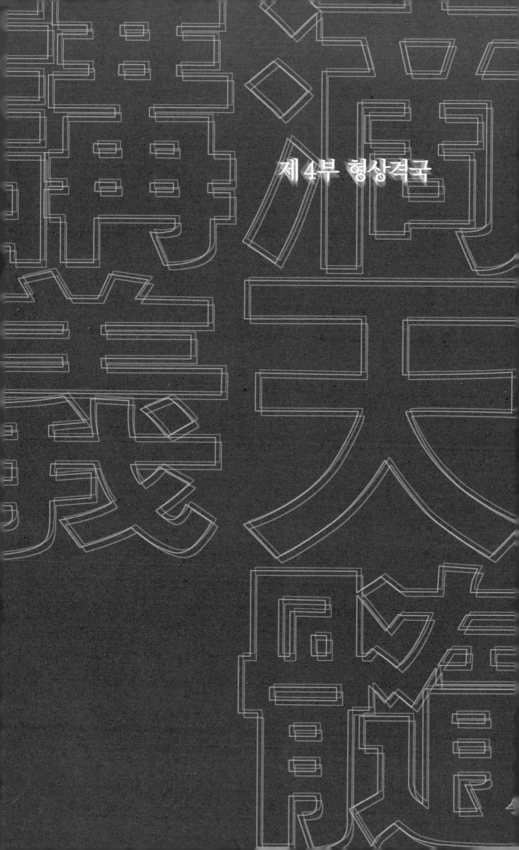

제 4부 형상격국

제1장 형상(形象)

【滴天髓】

兩氣合而成象. 象不可破也. (兩神成象又名兩氣成形).
양기합이성상. 상불가파야. (양신성상우명양기성형).

⭕ 두 기운이 하나의 형상을 이루고 있다면 손상되어서는 안 된다.

【滴天髓徵義】

兩氣雙清. 非獨木火二形也. 如土金, 金水, 水木, 木火, 火土,
各半相生五局. 及木土, 土水, 水火, 火金, 金木, 各半相敵五局.
皆是也. 相生要我生. 秀氣流行. 相剋要我剋. 日主不傷. 相生必
欲平分. 無取稍多稍寡. 相剋務須均敵. 切忌偏重偏輕. 若用金
水, 則火土不宜夾雜. 如取水木, 則火金不可交爭. 木火成象者.
最怕金水破局. 水火得濟者. 尤忌土來止水. 格旣如此. 取運亦倣
此而行. 一路澄清. 必位高而祿重. 中途混亂. 恐職奪而家傾. 故
此格最難全美. 而看法貴在精. 若生而復生. 乃是流通之妙. 倘剋

而遇化. 亦爲和合之情. 或謂理僅兩神. 似嫌狹少. 不知格分十種. 儘費推評.

양기쌍청. 비독목화이형야. 여토금, 금수, 수목, 목화, 화토, 각반상생오국. 급목토, 토수, 수화, 화금, 금목, 각반상적오국. 개시야. 상생요아생. 수기류행. 상극요아극. 일주불상. 상생필욕평분. 무취초다초과. 상극무수균적. 절기편중편경. 약용금수, 즉화토불의협잡. 여취수목, 즉화금불가교쟁. 목화성상자. 최파금수파국. 수화득제자. 우기토래지수. 격기여차. 취운역방차이행. 일로징청. 필위고이록중. 중도혼란. 공직탈이가경. 고차격최난전미. 이간법귀재정. 약생이복생. 내시유통지묘. 당극이우화. 역위화합지정. 혹위이근양신. 사험협소. 부지격분십종. 진비추평.

➡ 두 가지의 기운이 서로 맑다고 하는 것은 木火의 형상만 두고 하는 말이 아니다. 예를 들면, 土와 金이 있거나, 金과 水가 있거나, 水와 木이 있거나, 木과 火가 있거나, 火와 土가 있어서 서로 반반의 세력을 형성하고 있다면 이것은 서로 생하는 관계에 해당하는 다섯 종류라고 하겠고, 다시 木과 土로 이루어져 있거나, 土와 水로 이루어져 있거나, 水와 火로 이루어져 있거나, 火와 金으로 이루어져 있거나, 또는 金과 木으로 이루어져 있는 구조로 각기 절반의 세력을 형성하고 있다면 이것은 서로 극하는 국에 해당하는 것이다.

서로 생하는 구조로 되어 있는 경우에는 日干이 생조를 해 주는 구조가 좋다고 하는데, 그렇게 되는 이유는 빼어난 기운이 흘러가기 때문이다. 또, 상극이 되는 구조에서는 내가 극하기를 요하는 것이라야 일주가 손상을 입지 않는다. 중요한 것은 상생이 되더라도 반드시 균형이 잡혀야 한다는 것이다. 점차로 한쪽으로 기우는 형상을 하고 있다면 필요 없는 이야기일 뿐이다. 상극에서도 물론 서로 균형을 이루고 있어야 한다. 어느 한쪽으로 편중되어 버린다면 논할 필요가 없는 것이다.

만약 金水를 용하는데 火土가 와서 섞이는 것은 마땅치 않은 것이고, 水木을 취할 때에는 火金이 와서 서로 싸우는 것도 역시 불가하다. 木火로 형상이 이루어진 상태에서 가장 두려운 것은 金水가 판을 깨는 것이다. 또, 水火가 함께 형상을 이루고 있을 경우에는 土가 와서 水의 흐름을 멈추는 것이 가장 두렵다. 격이 이미 이와 같으므로 운에서 살필 때에도 또한 이에 준하면 된다. 그래서 한가지 길로 맑게 흘러간다면 반드시 지위는 높고 재물도 넉넉할 것이다. 그런데 중간 운에서 혼란해지기라도 한다면 지위를 잃거나 집안이 기울게 될 것이다. 그래서 이러한 구조는 완전히 아름답기가 참으로 어려운 것인데, 귀함을 볼 때에는 참으로 정밀하게 살펴야 할 것이다. 만약 생조하는 구조에서 다시 생을 만난다면 이것은 유통의 묘함이라고 하며 혹 극을 받을 적에 다시 화하는 구조가 있다면 또한 화합의 기쁨이 있는 것이다. 혹 말하기를 '두 가지의 성분이 모인 구조이니 협소하다.'고 한다면 열 가지의 격을 분리하는 것을 몰라서 하는 말이니 자세히 생각하기 바란다.

【 강의 】

그러니까 일주를 중심으로 절반은 비겁이고 절반은 인성이 되든지 식상이 절반을 차지한다면 이것을 일러서 상생(相生)이라고 하고, 관살이 절반이든지 혹은 재성이 절반이라면 이것은 상적(相敵)이라고 한다. 서로 대립되는 경우에는 운의 흐름에서 오랫동안 좋기는 어려운데, 운이 좋다면 좋겠지만 그렇지 않으면 흉하게 될 것이므로 잘 살펴야 한다는 정도로 이해하면 되겠다.

【徐樂吾 增註】

兩神成象格
水木相生格. 水木各占二干二支又名水木淸奇.
木火相生格. 木火各占二干二支又名木火交輝或靑赤父子.
火土相生格. 火土各占二干二支又名火土夾雜.
土金相生格. 土金各占二干二支.
金水相生格. 金水各占二干二支又名金白水淸.
木土相成格. 木土各占二干二支.
土水相成格. 土水各占二干二支又名土局潤下.
水火相成格. 水火各占二干二支又名旣濟未濟.
火金相成格. 火金各占二干二支又名火金鑄印.
金木相成格. 金木各占二干二支.
양신성상격
수목상생격. 수목각점이간이지우명수목청기.
목화상생격. 목화각점이간이지우명목화교휘혹청적부자.
화토상생격. 화토각점이간이지우명화토협잡.
토금상생격. 토금각점이간이지.
금수상생격. 금수각점이간이지우명금백수청.
목토상성격. 목토각점이간이지.
토수상성격. 토수각점이간이지우명토국윤하.

수화상성격. 수화각점이간이지우명기제미제.

화금상성격. 화금각점이간이지우명화금주인.

금목상성격. 금목각점이간이지.

→ 수목상생격은 水木이 서로 격을 이루는 것으로 수목이 각 2간과 2지를 갖고 있는 것을 말하고, 다른 이름으로는 '물과 나무가 맑고 기이하다(水木淸奇).'고도 한다.

목화상생격은 木火가 2간 2지로 있으면 되고 다른 이름으로는 '나무와 불이 서로 빛나고 있다(木火交輝)'고 하거나, '푸른 아버지와 붉은 아들(靑赤父子)'이라고도 한다.

화토상생격은 火土가 각 반반이며 다른 이름으로는 '불과 토가 복잡하게 끼여 있다(火土夾雜).'고도 한다.

토금상생격은 토금이 각각 절반을 이루고 있으면 되고, 금수상생격은 금수가 각각 반을 차지하고 있는 경우이며, 다른 이름으로는 '금은 희고 물은 맑다(金白水淸).'고도 한다.

토목상성격은 木土가 각각 반을 이루고 있으면 되고, 토수상성격은 土水가 반반인데 다른 이름으로는 '토국에 윤하가 겹쳤다(土局潤下).'라고도 한다.

수화상성격은 水火가 반반인데 다른 말로는 '기제와 미제(旣濟未濟)'라고도 한다.

화금상성격은 火金이 각각 반인데 다른 이름으로는 '불이 금을 녹여서 도장을 만든다(火金鑄印).'고도 한다.

금목상성격은 金木이 각각 반이 되면 성립된다.

【강의】

이 부분은 낙오 선생이 부연 설명한 것인데, 군살처럼 보이지만 설명을 위한 강의이므로 그대로 언급을 한다. 『적천수천미』에서는 보이지 않는 내용이다. 이상 열 가지의 경우를 설명했는데, 붙어 있는 설명을 살펴봐서는 별로 도움이 되지는 않는 내용이다. 그냥 한번 읽어 보는 것으로 충분하겠다.

```
丁  甲  丁  甲
卯  午  卯  午
乙 甲 癸 壬 辛 庚 己 戊
亥 戌 酉 申 未 午 巳 辰
```

此造木火各半. 兩氣成象. 取丁火傷官秀氣爲用. 四柱金水全無. 純粹可觀. 巳運丁火臨官. 南宮奏捷. 名高翰苑. 庚運官星混局. 降知縣. 夫南方之金. 尙有不足. 將來西方之水. 難言无咎.

차조목화각반. 양기성상. 취정화상관수기위용. 사주금수전무. 순수가관. 사운정화임관. 남궁주첩. 명고한원. 경운관성혼국. 강지현. 부남방지금. 상유부족. 장래서방지수. 난언무구.

➡️이 사주는 목화가 반반으로 이루어져 있으니 양기성상격이다. 정화 상관을 취해서 빼어난 기운을 용신으로 삼는데, 사주에 금수가 전무하니 순수하여 볼 만하다. 巳火운에서 정화가 관에 임하여 과거에 급제하고 이름이 한원에 높았으나 庚운에서는 관성이 혼잡되니

지현으로 떨어졌는데, 그래도 이 운은 남방의 금이라 오히려 극하는 힘이 부족해서 그 정도였지만 앞으로 서방에서 수까지 만난다면 그 어려움을 말로 다할 수가 없겠다.

【강의】

이러한 구조라면 오행이 갖춰진 것에 비해서 더 좋다고 할 것이 없어 보인다. 운이 바람직하지 못한 상황에서는 치우친 것이 상당히 부담이라고 봐야 하겠다. 그야말로 '굵고 짧게 사는 형상'이라고 이해하면 되겠다.

```
乙    丁    乙    丁
巳    卯    巳    卯
丁 戊 己 庚 辛 壬 癸 甲
酉 戌 亥 子 丑 寅 卯 辰
```

此亦木火各半. 兩氣成象. 非前傷官之比. 日主是火. 長於夏令. 木從火勢. 格成炎上. 更不宜見金. 寅運火逢生助. 巡撫浙江. 至辛運水年. 木火皆傷. 故不能免禍. 所謂二人同心. 可順而不可逆也.

차역목화각반. 양기성상. 비전상관지비. 일주시화. 장어하령. 목종화세. 격성염상. 갱불의견금. 인운화봉생조. 순무절강. 지신운수년. 목화개상. 고불능면화. 소위이인동심. 가순이불가역야.

➜이 사주도 역시 목화가 반반으로 이루어져 있으니 양기성상격이다. 앞의 상관의 구조에는 비할 바가 못 되는데, 이 사주는 일주가화이면서 여름에 태어났으니 목은 화의 세력을 따르는 형상이어서오히려 염상격이 되는 구조이다. 다시 금을 보는 것은 옳지 못한데인운에서 화가 생조를 만나 절강성의 순무가 되었으나 辛金운의 水年이 되자 목화가 모두 손상되었으니 화를 면하기 어려웠다. 이른바'두 사람의 마음이 같다면 그대로 따라야지 거역함은 불가하다.'고하는 경우이다.

【강의】

두 기운이 서로 생하는 형태로 될 적에는 내가 생해 주는 구조가되어야 한다는 것을 실감나게 하는 사주이다. 더구나 운이 순조롭지못해서 발전을 하지 못했던 모양이다.

戊	丙	戊	丙
戌	午	戌	午

丙	乙	甲	癸	壬	辛	庚	己
午	巳	辰	卯	寅	丑	子	亥

此火土各半. 兩氣成象. 取戊土食神秀氣爲用. 辛丑運溼土晦火. 秀氣流行. 登鄕榜. 壬運壬年. 赴會試. 死於都中. 蓋水激丙火. 則火滅也. 如兩戌換以兩辰. 不致燥烈. 雖逢水運. 亦不致大凶也.

차화토각반. 양기성상. 취무토식신수기위용. 신축운습토회
화. 수기류행. 등향방. 임운임년. 부회시. 사어도중. 개수격병
화. 즉화멸야. 여양술환이양진. 불치조열. 수봉수운. 역불치대
흉야.

➡ 이 사주는 화토가 반반으로 이루어져 있다. 무토 식신을 취해서
용신으로 삼는데 辛丑대운에서 습토가 불기운을 흡수하여 수기가
흐르게 되니 향방의 벼슬에 올랐고, 壬운의 壬년에는 회시라는 시험
에도 붙었는데, 도성에서 죽었으니 대개 水가 丙火를 친 까닭이다.
즉, 화가 꺼져 버린 것이다. 만약 두 개의 戌이 辰으로 바뀌었더라면
조열한 지경에까지는 이르지 않았을 것이고, 또 수운을 만난다고 했
더라도 이렇게 대흉으로 가지는 않았을 것을……

【강의】

이 사주는 조열함이 병이다. 화기운이 너무 강하면 제어가 어려워
서 그대로 깨어지는 수밖에 없는 모양이다. 습기가 없어 아쉽다고
해야 하겠다.

辛	戊	辛	戊
酉	戌	酉	戌

己	戊	丁	丙	乙	甲	癸	壬
巳	辰	卯	寅	丑	子	亥	戌

此土金各半. 兩氣成象. 取辛金傷官爲用. 喜其一路北方運. 秀氣流行. 少年科甲. 仕至黃堂. 交丙破辛金之用. 不祿. 凡兩氣成象者. 要日主去生. 或食或傷. 謂英華秀發. 多致富貴. 所不足者. 運破局不免於禍. 如金水水木之印綬格. 無秀可取. 故無富貴. 試之屢驗.

차토금각반. 양기성상. 취신금상관위용. 희기일로북방운. 수기류행. 소년과갑. 사지황당. 교병파신금지용. 불록. 범양기성상자. 요일주거생. 혹식혹상. 위영화수발. 다치부귀. 소부족자. 운파국부면어화. 여금수수목 지인수격. 무수가취. 고무부귀. 시지루험.

➡이 사주는 토금이 반반으로 이루어져 있다. 辛金 상관을 취해서 용신으로 삼는데, 반가운 것은 그 운이 곧장 북방으로 간다는 점이다. 수기가 흐르게 되니 소년으로 과거하고 벼슬은 황당(태수)에 이르렀는데, 丙운으로 바뀌자 신금의 용신을 깨어 녹이 떨어지게 되었다. 대저 양기성상격은 일주가 생조해 주는 것이 좋으니 식상이 되는데 빼어난 기운이 설기되어 부귀를 이루게 되거니와, 부족한 것은 운에서 그 국을 깨어 버리게 되었을 경우에는 재앙을 면하기가 어려운 것이다. 金水나 水木의 인수격은 식상이 아니라도 가능하지만 그래서인지는 몰라도 또한 부귀하는 사람도 흔치 않은데, 시험을 해 보면 자주 잘 맞더라.

【강의】

운의 기복이 심한 것은 아무래도 치우친 사주의 허물일 것이다. 그리고 丙火운이라고 하는 것을 보면 철초 선생도 자신도 모르게 대운의 상하를 나눠서 전후 반으로 대입시키고 계신다는 것을 느낄 수 있는데, 이러한 대목은 앞으로도 종종 등장한다. 그래서 생각컨대, 비록 이론적으로는 간지를 함께 봐야 한다고 설명하시지만 실제로는 나눠서 대입을 하게 되는 경우가 있음을 인정하시는 것으로 받아들여도 되겠다.

```
癸    戊    癸    戊
亥    戌    亥    戌
辛 庚 己 戊 丁 丙 乙 甲
未 午 巳 辰 卯 寅 丑 子
```

此水土各半. 兩氣成象. 喜其通根燥土. 財命有氣. 然氣勢稍寒. 所以運至丙寅. 寒土逢陽. 連登科甲. 更妙亥中甲木暗生. 仕至郡守. 宦途平坦.

차수토각반. 양기성상. 희기통근조토. 재명유기. 연기세초한. 소이운지병인. 한토봉양. 연등과갑. 갱묘해중갑목암생. 사지군수. 환도평탄.

➡이 사주는 수토가 반반으로 이루어져 있다. 반가운 것은 조토에 통근이 되어 있다는 점이다. 재성이 유기한데 다만 세력이 점차로 약해지고 있는 형상이다. 그래서 丙寅대운이 되자 차가운 흙이 양을 만나 과거에 급제하고 다시 묘하게도 亥水 속의 甲木이 암암리에 생조를 받으니 벼슬이 군수가 되었으며 벼슬길도 순탄했던 것이다.

남방운에 좋았다는 것은 신약했다는 말도 된다. 하긴 점차로 약해
지는 형상이라고 하신 말씀에서도 그러한 맛이 난다. 조후의 의미도
포함될 것이다. 무난한 설명이라고 보겠다.

```
己    癸    己    癸
未    亥    未    亥
辛 壬 癸 甲 乙 丙 丁 戊
亥 子 丑 寅 卯 辰 巳 午
```

此土水相剋. 兩氣成象. 純殺無制. 日主受傷. 初走火土之鄕.
生助七殺. 正是明月淸風誰與共. 高山流水少知音. 一交乙卯. 運
轉東方. 制殺化權. 得奇遇. 飛升縣令. 由此觀之. 生局必須食爲
美. 印局無秀氣. 不足爲佳. 財局身財均敵. 日主本氣無傷. 又要
運程安頓得好. 斯爲全美. 一遇破局. 則禍生矣.

차토수상극. 양기성상. 순살무제. 일주수상. 초주화토지향.
생조칠살. 정시명월청풍수여공. 고산류수소지음. 일교을묘. 운
전동방. 제살화권. 득기우. 비승현령. 유차관지. 생국필수식위
미. 인국무수기. 부족위가. 재국신재균적. 일주본기무상. 우요
운정안돈득호. 사위전미. 일우파국. 즉화생의.

➧이 사주는 토수의 극으로 되어 있는 양기성상격이다. 살은 순수한
데 제어하는 식상이 없으니 일간이 손상을 받는다. 초운에 火土로

가는 운에서는 칠살을 생조하게 되니 이른바,

밝은 달 아래 맑은 바람을 누구와 더불어 즐기며 높은 산의 흐르는 물 소리는 아는 사람이 적구나.

라고 해야 하겠다. 그러다가 乙卯운으로 바뀌자 살을 제하고 권세로 화해서 기이한 인연을 만나 현령으로 뛰어올랐으니 이로써 보건대 생하는 국은 반드시 식상이 아름다운 것이 틀림없고 인성의 국은 수기가 없어서 아름답기가 부족한 모양이다. 또, 재성으로 이루어지면 일주와 균형을 이루어야 하고 일주는 손상을 받지 않아야 하며 다시 운에서도 잘 흘러 주면 완전히 아름답다고 하겠다. 다만 한번 기신을 만나 국이 깨어지면 곧바로 재앙이 발생하게 되느니…….

【강의】

편중된 구조의 어쩔 수 없는 숙명이라고 해야 하겠다. 균형을 이루기가 참 어렵다는 현실을 놓고 본다면 틀림없는 이야기이다. 이렇게 양기성상격에 해당하는 자료들을 살펴보았다.

【滴天髓】

五氣聚而成形. 形不可害也.
오 기 취 이 성 형. 형 불 가 해 야.

⟶ 오행의 기운이 모두 모여 있는 사주는 그 형상이 손상되지 않아
야 한다.

【滴天髓徵義】

木之成形. 食傷洩氣, 水以生之. 官殺交加, 火以行之. 印綬重
疊, 土以培之. 財輕劫重, 金以成之. 成形於得用之地. 庶無偏枯
之病. 何患名利不遂乎. 擧木而論. 五行皆可成形. 亦倣此而推.
若四柱無成. 成之於歲運. 又無成處. 則終身碌碌. 凶多吉少. 有
志難伸矣.

목지성형. 식상설기, 수이생지. 관살교가, 화이행지. 인수중
첩, 토이배지. 재경겁중, 금이성지. 성형어득용지지. 서무편고
지병. 하환명리불수호. 거목이론. 오행개가성형. 역방차이추.
약사주무성. 성지어세운. 우무성처. 즉종신녹녹. 흉다길소. 유
지난신의.

➔ 목으로 이루어진 형상은 식상이 (일간의) 기를 흡수하면 수로써
도와 주어야 한다. 관살이 교차되어 극하고 있으면 화하는 운으로
가야 하고, 인성이 중첩되어 있을 때에는 토를 용신으로 해서 배양

해 주어야 한다. 재성이 약하고 비겁이 중하다면 금으로 이루어줘야 형상이 이루어지고, 용신이 활동할 지지를 만난다면 거의 편고한 병이 없다고 보는데, 어찌 명예나 이익이 따르지 않을까 염려하겠는가. 목의 경우를 예로 들어 논했지만 오행이 모두 이렇게 형이 이루어지는 것이므로 또한 미루어서 공부를 하면 된다. 만약 사주에서 형상이 이루어지지 않았는데, 운에서 이루어진다면 또한 성공이 가능하겠지만 이러한 곳도 없다면 일생을 별 수 없이 살아갈 것이며, 흉한 일이 많이 발생하고 좋은 일은 적으며, 뜻이 있다고 해도 펼쳐보기 어려울 것이다.

【 강의 】

내용을 보면서 一行을 독상(獨象)으로 보고 二行을 양상(兩象)으로 본다면 이제 여기에서는 五行象이라고 해야 할 모양이다. 그러니까 3개의 성분 이상이 있으면 이러한 것을 모두 뭉뚱그려서 오행의 상으로 보자는 의미로 해석해도 되겠다. 물론, 독상에 대한 이야기는 이어서 나오게 된다.

여기에 해당하는 사주들이 가장 많을 것이고, 대다수라고 해도 될 것이다. 그리고 성분들이 모여 있을 경우에는 그 형상이 해를 당하면 안 된다는 말은 결국 서로 보조를 해 주어야 한다는 의미일 것이다. 별도로 설명해야 할 내용은 없다고 봐도 되겠다. 이해가 되는 대목이다.

戊	甲	壬	壬
辰	子	子	戌

庚	己	戊	丁	丙	乙	甲	癸
申	未	午	巳	辰	卯	寅	丑

此造水勢倡狂. 獨戊土以培之. 以作砥柱之功. 不致浮泛也. 然
戊土亦有賴戌土而根固. 若有辰而無戌. 辰乃溼土. 見水則蕩. 戊
土不能植根而虛矣. 無根之土豈能止百川之源. 故此造之重者.
戌之燥土也. 但寒木向陽. 必須火以溫之. 則木方可發榮. 所以運
至南方火旺之鄕. 發財數萬. 名成異路也.

차조수세창광. 독무토이배지. 이작지주지공. 부치부범야. 연
무토역유뢰술토이근고. 약유진이무술. 진내습토. 견수즉탕. 무
토불능식근이허의. 무근지토기능지백천지원. 고차조지중자.
술지조토야. 단한목향양. 필수화이온지. 즉목방가발영. 소이운
지남방화왕지향. 발재수만. 명성이로야.

➥이 사주는 수의 세력이 미쳐 날뛰는데 홀로 천간의 무토가 목을
배양하고 있으니, 사주를 평정하는 공을 이루었다. 그래서 물에 뜨
지 않는 것이다. 그런데 무토도 또한 술토의 단단한 뿌리를 의지해
야 하는데, 만약 술토가 아니고 습토인 진토였다면 水를 보면 바로
진흙탕이 되어 버려서 무토도 능히 목의 뿌리를 배양하지 못하고 허
약해질 것이다. 뿌리가 없는 토라면 어찌 백천의 근원인 강력한 물
을 제어하겠는가. 그래서 이 사주에서 중요한 것은 술토의 조열함에
있다. 다만 겨울 나무가 양을 반기게 되니 반드시 火의 조후가 필요

하다. 그러니까 木의 운에서는 발하게 되는 것이고, 그래서 운이 남방의 火가 왕한 계절에서는 수억의 재물을 벌었고 이름도 이루었던 것이다.

【 강의 】

사주를 보면 식상이 없어서 매우 아쉬운 구조이다. 그래서 棄印就財格의 형태로 나아가고 있는 상황인데 용신인 편재도 辰土에 앉아서 무력하다고 봐야 하겠다. 그러니까 사주의 구조를 봐서는 별로 도움이 되지 않는다고 생각해야 하겠지만 다행히 운을 잘 타서 소원하는 바를 이루게 되었던 것으로 보면 되겠다. 결국, 운에 달렸다는 말을 하게 된다. 그러니까 이 사람은 행운의 사나이였던 셈이다. 만약 운이 따라 주지 않았다면 무엇을 했을까 생각해 본다. 별로 할 만한 것이 없지 않았을까…….

辛	甲	乙	戊
未	辰	卯	寅

癸	壬	辛	庚	己	戊	丁	丙
亥	戌	酉	申	未	午	巳	辰

此造支類東方. 劫刃肆逞. 一點微金. 成之不足. 故書香不繼.
初運火土. 不失生化之情. 財源通裕. 至庚申辛酉. 辛金得地而成之. 異路功名. 仕至州牧. 癸運生木洩金. 不祿.

차조지류동방. 겁인사령. 일점미금. 성지부족. 고서향불계.

초운화토. 부실생화지정. 재원통유. 지경신신유. 신금득지이성지. 이로공명. 사지주목. 계운생목설금. 불록.

➡ 이 사주는 지지가 동방으로, 비겁들이 많아 한 점의 미약한 신금으로 용신을 삼기에는 전체의 균형을 잡기가 부족하다고 하겠다. 때문에 일찍이 공부를 하지 못했는데, 초운이 火土였던 관계로 그래도 生化의 정은 잃지 않고 재의 뿌리가 되어 물질적으로는 큰 불편이 없었다. 운이 庚申 辛酉로 들어가면서 辛金이 통근을 하여 이루어지니까 색다른 방향에서 공을 이루어 벼슬이 주목에 도달하게 되었는데 대운이 癸水로 흐르니까 목을 생하고 금을 설하게 되어서 녹을 더 받지 못했던 것이다.

【강의】

목왕절에 갑목이니 매우 강한 것은 틀림이 없는데, 한 시간만 당겨 났더라면 화가 용신이 되었을 것이다. 그렇게 된다면 상관을 썼을 것인데 옛날로 봐서는 별로 좋지 않았을지도 모를 일이다. 지금 같으면 상관이 더 좋았을 것이다. 그리고 時柱가 辛丑이었다면 더욱 좋았을 것이라는 생각도 해 본다. 물론, 불가능한 일이기는 하지만 여하튼 같은 토를 깔고 있는 辛金이라도 어떤 토에 의지하느냐에 따라 그 품질이 달라진다고 보여진다. 화운에서는 고생이 많았다고 하더라도 己未대운부터는 활기를 띠게 되었을 것으로 봐도 되겠다. 壬水는 잘 넘겼는데, 계수를 못 넘긴 것은 특별히 이해가 되지 않는다. 아마도 戊土 대운이 어느 정도 토의 역할을 해 준 것으로 봐야 할지 모르겠다. 그래서 계수도 특히 나빠서라고 하기는 어렵겠고, 그것이

이 사람의 천수가 아니었을까 생각해 본다.

그리고 '서향(書香)'이라고 하는 말이 가끔 나오는데, 글의 향기라고 해석을 하고 보니 묵향 또는 먹 냄새의 의미를 표현한 것으로 생각된다. 그러니까 먹 냄새를 맡았다는 말은 공부를 많이 했다는 말이고, 서향에 나아가지 못했다고 하는 말이 나오면 공부를 못한 것으로 이해를 하면 되겠다. 가끔 나오는 말이므로 차제에 알아 두시기 바란다.

乙	甲	乙	癸
亥	戌	卯	未

丁	戊	己	庚	辛	壬	癸	甲
未	申	酉	戌	亥	子	丑	寅

此造柱中土深藏. 戌土自坐. 謂財來就我. 未嘗不美. 祇因四柱無金以成之. 五行無火以行之. 再加亥時. 癸水通根生劫. 亥卯未全. 助起劫刃猖狂. 查其歲運. 又無成地. 以致祖業消磨. 剋妻無子. 由此推之. 命之所重在運. 運其可忽乎. 諺云人有凌雲之志. 無運不能自達也.

차조주중토심장. 술토자좌. 위재래취아. 미상불미. 기인사주무금이성지. 오행무화이행지. 재가해시. 계수통근생겁. 해묘미전. 조기겁인창광. 사기세운. 우무성지. 이치조업소마. 극처무자. 유차추지. 명지소중재운. 운기가홀호. 언운인유능운지지. 무운불능자달야.

➜이 사주는 土의 성분은 지지에만 있는데, 그 戌土를 자신이 깔고 있으니, 재성이 나를 따른다고 할 정도로 좋다고 해야 하겠다. 그리고 사주에 금이 없이 이루어져 있고, 火도 부족한 상태에서 진행하게 된다. 그런데 다시 亥時에 태어났으니 癸水는 통근이 되면서 겁재를 생조하여 亥卯未가 완전하게 되었으니 겁인(劫刃)이 미쳐 날뛰는 것을 돕는다고 하겠다. 그 세운을 살펴보면 또 용신에 해당하는 운도 없으니 이로 인해서 물려받은 유산은 점차로 줄어들고 처를 극하고 자식도 없었으니, 이로 미루어서 추리하건대 운명의 중요한 것은 운에 있다고 하겠으니 어찌 운에 대해서 소홀히 하겠는가? 어느 책에 말하기를 '사람에게 구름을 능멸할 정도의 큰 뜻이 있다고 하더라도 운이 없다면 스스로 이룰 수가 없다.'고 했던 것이다.

【강의】

아마도 상관생재의 구조로 살폈던가 싶다. 그러니까 운이 북방으로 가는 바람에 뜻을 이루지 못했다고 해석되는 까닭이다. 남방의 운을 탔더라면 뜻을 이루었을 것으로 보면 되겠다. 철초 선생이 이렇게 운의 흐름에 따라 그 사람의 능력이 발휘되거나 말거나 한다고 봐서 운을 읽을 수 있는 포인트인 용신에 대해 비중을 두신 이유를 충분히 헤아릴 만하다는 생각이 든다. 만약 격국론에만 매달려 있다면 그릇이 크다고 하기는 쉬울지 모르겠지만, 언제 성공을 이룰지에 대해서는 역시 용신의 운에 의해 결정나기 때문에 자칫 하나 마나한 소리가 될 가능성이 많다고 생각해서 현실적으로 확인이 가능한 용신 방향으로 치중하신 것으로 이해해 본다.

【滴天髓】

獨象喜行化地. 而化神要昌. (獨象卽一行得氣)
독 상 희 행 화 지 . 이 화 신 요 창 . (독 상 즉 일 행 득 기)

◐ 한 가지의 형상은 화하는 운을 좋아하니 화신이 창성하기 때문
이다.

【滴天髓徵義】

一者爲獨. 權在一人. 曲直炎上之類是也. 化者, 食傷也. 局中
化神昌旺. 歲運行化神之地. 名利皆遂也. 八字五行全備. 固爲合
宜. 而獨象乘權. 亦主光亨.

일자위독. 권재일인. 곡직염상지류시야. 화자, 식상야. 국중
화신창왕. 세운행화신지지. 명리개수야. 팔자오행전비. 고위합
의. 이독상승권. 역주광형.

➡ 하나라는 것이 독이 되는데, 이로 인해 곡직이니 염상이니 하는
것이 발생하게 된다. 화한다는 것은 식상을 말하는데 사주 가운데
식상이 왕성하고 운에서 다시 그 식상을 화하는 재운이 들어온다면
이름과 이익을 모두 얻게 된다. 사주에 오행이 모두 갖춰지면 좋은
일이라고 하기는 하지만 한 가지 형상으로 세력을 잡고 있는 경우에
도 또한 그 주인공이 출세할 수 있는 것이다.

【 강의 】

일행득기격(一行得氣格)을 두고 하는 말이다. 즉 한 가지의 성분으로 구성된 사주를 두고 하는 말인데, 곡직격이나 염상격 외에도 가색격(稼穡格) 종혁격(從革格) 그리고 윤하격(潤下格)도 여기에 포함된다. 이렇게 되는 사주에서는 식상이 사주에 있기를 바란다는 설명인데 당연한 이야기이다. 비겁이 왕할 경우에는 식상으로 흐르는 것이 가장 순응하면서 빼어난 것으로 봐야 하겠기 때문이고, 다시 식상이 운으로 가면서 재성을 보면 그 기운이 결실을 이루어 부귀공명을 이룬다는 설명이다. 이치적으로 타당하다고 보겠다.

그런데 다시 생각해 보면 원국에서 이미 식상이 있다면 구태여 독상(獨象)이라고 할 필요가 없다는 점도 고려해야 하겠다. 그러니까 식상이 있으면 식신격 또는 상관격이 되는 셈인데 무엇 때문에 독상으로서 일행득기격이라고 할 필요가 있겠느냐고 생각해야 할 것이다. 그러니까 괜히 격국에 얽매여서 일행득기격이라고 하는 것보다는 식신격으로 놓고 재운을 기다리는 것이 더 좋을 것이다. 그러니까 식상도 없어야 비로소 일행득기격 또는 독상이 되는 것이라는 점도 이런 기회에 한번 생각해 봐야 하겠다. 이 항목에 등장하는 예문을 보면 충분히 이해가 될 것이다.

그리고 여기서부터는 철초 선생의 말이 아니고 서낙오 선생의 부연 설명이다. 책에는 이러한 구분이 없는데, 『적천수천미』에는 없는 내용임을 볼 때 그런 것 같고, 내용에서도 구태여 언급을 하지 않아도 되는 내용을 자상하게 설명한 것으로 봐서 그렇게 생각된다. 다만 참고를 하시면 되겠다.

【徐樂吾 增註】

甲乙日地支或局或方全. 不雜金. 爲曲直仁壽格. (寅卯辰爲方 亥卯未爲局)

丙丁日地支或方或局全. 不雜水. 爲炎上格. (巳午未爲方寅午 戌爲局)

戊己日地支辰戌丑未. 不雜木. 爲稼穡格.

庚辛日地支或方或局全. 不雜火. 爲從革格. (申酉戌爲方巳酉 丑爲局).

壬癸日地支或方或局全. 不雜土. 爲潤下格. (亥子丑爲方申子 辰爲局).

此五者皆從一方之秀氣. 不同六格之常情. 必要得時當令. 遇旺 逢生. 但體質, 過於, 自强. 須以引通爲妙. 而氣勢必有所關. 務須 審察其情. 如木局見土運. 斯雖財神資養. 先要四柱有食有傷. 庶 無分爭之慮. 見火運, 謂英華秀發. 須看原局有財無印. 方免反剋 之殃. 名利可遂. 見金運, 謂破局. 凶多吉少. 見水運, 局中無火. 謂生助强神. 亦主光亨. 故舊有從强之說. 見下從局. 再行生旺爲 佳. 若四柱先有食傷. 必主凶禍臨身. 如原局微伏破神. 須運有合 沖之妙. 若本主失時得局. 要運遇生旺之鄕. 亦主功名小就. 苟行 運偶逢剋地. 獨象立見凶災. 若局有食傷反剋之能. 方無大害. 總 之干乃領袖之神. 陽氣爲强. 陰氣爲弱. 支乃會格之物. 方力較重. 局力較輕. 獨象雖美. 只怕運途破局. 合象雖雜. 卻喜制化成功.

갑을일지지혹국혹방전. 부잡금. 위곡직인수격. (인묘진위방

해묘미위국)

병정일지지혹방혹국전. 부잡수. 위염상격. (사오미위방인오
술위국)

무기일지지진술축미. 부잡목. 위가색격.

경신일지지혹방혹국전. 부잡화. 위종혁격. (신유술위방사유
축위국)

임계일지지혹방혹국전. 부잡토. 위윤하격. (해자축위방신자
진위국)

차오자개종일방지수기. 불동정육지상정. 필요득시당령. 우왕
봉생. 단체질, 과어, 자강. 수이인통위묘. 이기세필유소관. 무수
심찰기정. 여목국견토운. 사수재신자양. 선요사주유식유상. 서
무분쟁지려. 견화운, 위영화수발. 수간원국유재무인. 방면반극
지앙. 명리가수. 견금운, 위파국. 흥다길소. 견수운, 국중무화.
위생조강신. 역주광형. 고구유종강지설. 견하종국. 재행생왕위
가. 약사주선유식상. 필주흥화임신. 여원국미복파신. 수운유합
충지묘. 약본주실시득국. 요운우생왕지향. 역주공명소취. 구행
운우봉극지. 독상입견흥재. 약국유식상반극지능. 방무대해. 총
지간내영수지신. 양기위강. 음기위약. 지내회격지물. 방력교중.
국력교경. 독상수미. 지파운도파국. 합상수잡. 각회제화성공.

➜ 甲乙일에 태어나 지지에 方이나 局이 완전하고, 금이 섞이지 않으
면 곡직인수격이라고 한다. 丙丁 일간이 지지에 方이나 局으로 되어
있고 수가 섞이지 않으면 염상격이다. 戊己 일간이 지지에 진술축미
로 되어 있고 목이 없으면 가색격이다.

庚辛 일간이 지지에 方이나 局으로 되어 있고 화가 섞이지 않으면

종혁격이다. 壬癸 일간이 지지에 方이나 局으로 되어 있고 토가 섞이지 않으면 윤하격이다.

이 다섯 가지 격은 모두 한 방향으로 나아가는 빼어난 흐름이므로 정격의 일상적인 이치와는 뜻이 다르다. 중요한 것은 반드시 월령을 장악해야 한다는 것이고, 또 왕이나 생을 만나야 한다. 다만 체질이 지나치게 강하므로 모름지기 유통을 시켜야 묘하게 된다. 그렇게 되면 기세가 유통되니 모름지기 이러한 점을 잘 살펴야 하겠다.

예를 들면 木局이라고 할 적에 운에서 土를 만나면 비록 재성의 자양이 풍부해지겠지만 보다 먼저 요구되는 것은 사주에 식상이 있어야 한다는 것이다. 그러면 분쟁의 염려가 없는데, 화운을 만나면 수기가 흘러 재능이 발휘될 것이다. 그러니까 모름지기 원국에서 재성이 있고 인성이 없다면 바야흐로 극하는 재앙을 면하게 될 것이고 뜻을 이룰 것이다. 그런데 금운을 보게 되면 목국이 깨어지니 흥은 많아도 좋을 일이 없다. 그리고 水運을 보게 된다면 사주에 화가 없을 때에는 다시 강한 일간을 생조하므로 좋다고 하겠는데, 그대로 종강격에 해당하는 구조와 같다고 하겠다. 그러니까 다시 강한 운으로 가도 무난하다고 하는 것인데 만약 사주에 이미 식상이 있다고 할 때 수운을 만나게 되면 흥하게 됨을 면할 수 없다.

그리고 원국에 파신이 숨어 있다고 한다면 운에서는 합충의 묘한 변화가 발생해서 해소해야 한다. 만약 일간이 월령을 잃은 상태에서 국을 이루고 있다면 운에서는 다시 생왕하게 해 주는 운을 만나야 하는데 그러면 다시 공을 어느 정도나마 이루게 되는 까닭이다. 행운에서 다시 극하는 金운을 만난다면 독상에서는 흥함을 그 자리에서 보게 될 것인데, 만약 사주에서 식상이 있어서 도리어 금운을 극하게 된다면 바야흐로 해로움이 없다고 판단한다. 한 마디로 말해서 천간의 글자가 점령하고 있는 영역이 양기라면 강하게 되고 음기라면 약하게 되는 점도 고려한다. 또한, 지지를 점령하고 있는 글자들에 대해서도 방이 된다면 비교적 힘이 강하고 국이 된다면 힘이 비교적 떨어진다고 본다. 독상이 비록 아름답다고는 하지만 다만 두려운 점은 운에서 금운이 들어오는 것이다. 합상은 비록 난잡하기는 하지만 도리어 제화(制化)의 공을 이루므로 기뻐하는 것이다.

【강의】

이 정도의 부연 설명이다. 특별히 탓할 부분은 없다고 하겠지만 없어도 되는 내용이라는 생각도 든다. 그냥 가볍게 한번 살펴보는 것으로 충분하겠다.

丙	甲	丁	甲
寅	辰	卯	寅

乙	甲	癸	壬	辛	庚	己	戊
亥	戌	酉	申	未	午	巳	辰

支全寅卯辰. 東方一氣. 化神者. 丙丁也. 發洩菁華. 格成曲直仁壽. 少年科甲. 早遂仕路之光. 行財地先有食傷化劫之功. 行金運又得丙丁回剋之能. 交壬破局傷秀. 降職歸田不祿.

지전인묘진. 동방일기. 화신자. 병정야. 발설청화. 격성곡직인수. 소년과갑. 조수사로지광. 행재지선유식상화겁지공. 행금운우득병정회극지능. 교임파국상수. 강직귀전불록.

→지지가 전부 인묘진 동방으로 되어 있다. 여기에서 化하는 성분은 丙丁火가 되겠는데, 빼어난 기운을 유통시키니 곡직인수격이 되었다. 어려서 과거에 합격하고 일찍이 벼슬길이 순조로웠다. 그리고 재운으로 흐르면서 사주 원국에서 식상이 겁재를 화하는 공덕이 있는 데다가 금운으로 이행하면서는 또 丙丁火가 원국에서 능히 제어하고 보호해 주며, 다시 임수 대운에는 화를 극하여 수기를 상하게 하니 직장에서 밀려나서 집으로 간 다음에 녹을 얻지 못했다.

【강의】

사주는 참 좋은데, 운이 마땅치 못해서 능력을 모두 발휘하지 못했던 모양이다. 아쉽게 되었다. 결국 능력이 중요한 것이 아니라 운이 중요하다는 이야기이다. 그리고 이 사주는 이미 독상(獨象)이 아니라 식신격이라고 해야 할 것이다. 낭월이 생각하기에는 아마도 이 항목에 어울리는 사주가 없으니까 적당히 찾아서 우겨 넣은 것으로 생각된다. 철초 선생이 그 정도의 상황을 몰라서 여기에 넣은 것은 아닐 것으로 봐서이다.

己	戊	丁	己
未	子	丑	未

己	庚	辛	壬	癸	甲	乙	丙
巳	午	未	申	酉	戌	亥	子

天干戊己逢丁. 地支重重丑未. 子丑化土斯眞. 格象已成稼穡. 所

不足者. 丑中辛金無從引出. 且局中丁火三見. 辛金暗傷. 未得生
化之妙. 所以嗣息艱難. 若天干透一庚辛. 地支藏一申酉. 必多子.

천간무기봉정. 지지중중축미. 자축화토사진. 격상이성가색. 소
부족자. 축중신금무종인출. 차국중정화삼견. 신금암상. 미득생
화지묘. 소이사식간난. 약천간투일경신. 지지장일신유. 필다자.

➡ 천간의 무기토가 정화를 만났고, 지지는 축미토가 중중하다. 또
자축이 합하여 토로 변화하는 맛도 있으니, 격은 이미 가색격으로
되었는데, 부족한 것은 丑土 속의 辛金을 꺼낼 수가 없다는 점이다.
또 국 중에 정화가 셋이나 있으니, 辛金은 암암리에 손상을 당하여
생화(生化)의 묘함을 얻지 못하였다. 그래서 자식을 얻기도 어려웠
는데, 만약 천간에 庚金이나 辛金 중 하나만 투출되어 있었거나 지
지에 申酉 중에서 하나만 있었더라도 자식이 반드시 많았을 것인데
아쉽게 되었다.

【강의】

이런 사주를 보면서 기운이 흐른다는 것은 참으로 아름다운 것임
을 절실하게 느끼게 된다. 금이 하나 있었더라면 이미 독상이 아니
었을 것이다. 식신격 또는 상관격이 되는 셈이다. 그리고 이 사주는
어찌 보면 군겁쟁재의 형태도 띠고 있다. 그리고 이미 독상이 아닌
것은 子水가 끼여 있어서이다. 이 정도라면 구태여 독상이라고 할
필요가 없다고 봐서 실은 외격의 구조는 그리 흔한 것이 아니라고
해야 하겠다.

乙	丙	甲	丙
未	戌	午	寅

壬	辛	庚	己	戊	丁	丙	乙
寅	丑	子	亥	戌	酉	申	未

支全火局. 木從火勢. 格成炎上. 惜木旺剋土. 秀氣有傷. 書香
難就. 武甲出身. 仕至副將. 行申酉運. 亦有戌未之化. 所以無咎.
亥運幸得未會寅合. 不過降職. 交庚子干無食傷. 支逢冲激. 死於
軍中.

지전화국. 목종화세. 격성염상. 석목왕극토. 수기유상. 서향
난취. 무갑출신. 사지부장. 행신유운. 역유술미지화. 소이무구.
해운행득미회인합. 불과강직. 교경자간무식상. 지봉충격. 사어
군중.

➥ 이 사주는 지지가 전부 화국인데, 목은 화의 세력을 따라서 염상
이 되었다. 아까운 것은 목이 너무 왕해서 토를 극한다는 점이다. 그
래서 식상의 기운이 상하게 된다. 그러니 공부도 하기 어려웠고, 무
과로 나갔는데 벼슬은 부장급이 되었다. 운이 申酉의 금운으로 가자
또한 戌未의 조토를 유통시켜서 허물이 없었고, 亥水 대운에서는 다
행히 未와 만나고 인과 합이 되는 바람에 직위가 약간 떨어지는 정
도였는데, 庚子 대운으로 바뀌자 천간에 식상이 없으니 지지에서 충
격을 만나면서 군중에서 죽었다.

【강의】

염상격인 것은 사실이지만 습토가 없는 것이 아쉽고 역시 미토가 있음으로써 오행에서 金水만 빠졌으니 결국 독상은 아니라고 해야 하겠다. 억지로 염상격의 구조를 찾은 것으로 봐야 하겠다. 상관격으로 보고 재운을 기다리는 것으로 해석하면 되겠는데, 너무 조열해서 편고하니까 문관은 어렵고 해서 무관으로 진행되었던 모양이다.

```
庚    庚    乙    庚
辰    戌    酉    申

癸 壬 辛 庚 己 戊 丁 丙
巳 辰 卯 寅 丑 子 亥 戌
```

天干乙庚化合. 地支申酉戌全. 格成從革. 惜無水. 肅殺之氣太銳. 不但書香不利. 而且不能善終. 行伍出身. 官至參將. 一交寅運. 陣亡. 蓋局無食傷之故耳. 又寅戌暗拱. 觸其旺神也.

천간을경화합. 지지신유술전. 격성종혁. 석무수. 숙살지기태예. 부단서향불리. 이차불능선종. 행오출신. 관지참장. 일교인운. 진망. 개국무식상지고이. 우인술암공. 촉기왕신야.

➜ 천간에는 을경이 합해서 금으로 변하고 지지는 신유술 방합으로 종혁격이다. 아깝게도 水가 없으니 강력한 살 기운을 띠고 있는 금이 너무 예리하다. 그래서 다만 공부를 못했을 뿐만 아니라 또 좋은 결말도 어렵게 되는데, 보병 출신으로 벼슬이 참장까지 이르렀으나

寅木운으로 바뀌자 군진에서 죽었다. 이것은 사주에서 식상이 없었던 까닭이다. 또, 寅戌이 합을 하니 그로 인해 사주에 왕성한 금의 성질을 건드린 탓도 있을 것이다.

【강의】

여전히 土金木이 있으니 독상이라고 하기에는 좀 서운하다. 그렇거나 말거나 식상이 없는 것은 참으로 아쉽다고 하겠다. 그렇다고 화가 뚜렷하게 나와 있는 것도 아니니 용신이 보이지 않는 사주라고 해도 되겠다. 이런 사주는 수운이나 화운이 모두 좋은 것으로 봐도 되겠다. 인목의 운이 寅戌의 작용이 있었을 것이라고는 하셨지만 아무래도 그보다는 군겁쟁재의 작용이 아닌가 싶다. 인술은 실제로 합의 작용이 없는 성분이기 때문이다. 그냥 관습적으로 그렇게 생각했다고 이해하면 되겠다.

```
壬  癸  辛  壬
子  丑  亥  子

己 戊 丁 丙 乙 甲 癸 壬
未 午 巳 辰 卯 寅 丑 子
```

地支亥子丑. 干透癸辛. 局成潤下. 喜行運不背. 書香早遂. 甲寅運秀氣流行. 登科發甲. 乙卯宦途平坦. 由縣令而遷州牧. 丙運由原局無食傷之化. 羣劫爭財. 不祿.

지지해자축. 간투계신. 국성윤하. 희행운불배. 서향조수. 갑

인운수기류행. 등과발갑. 을묘환도평탄. 유현령이천주목. 병운
유원국무식상지화. 군겁쟁재. 불록.

➡️지지는 亥子丑에다가 천간에는 임수와 신금이 있어 윤하격이 이
루어졌다. 반갑게도 운도 어기지를 않아서 일찍이 공부를 많이 했
고, 甲寅 대운에는 수기가 유행하니 수석으로 합격하고 등과했으며
乙卯대운에도 벼슬길이 평탄했다. 그래서 현령으로 시작해서 주목
으로 옮겼는데, 병화대운은 원국에서 식상의 유통이 없는 바람에 군
겁쟁재가 일어나서 죽었다.

【 강의 】

여기에서는 군겁쟁재의 탈이라고 이야기하니 정확한 설명이라고
보겠다. 원국에서 水가 木을 보지 못했던 탓도 타당하다고 본다. 그
러고 보면 일간의 기운이 너무 강한 경우에는 식상이 없는 상태에서
재운이 오면 좋을 까닭이 없다고 정리를 해도 무리가 없겠다. 다들
그렇게 깨어진 것을 보면 당연한 결과라고 하겠고, 여기에서 군겁쟁
재의 재앙을 느낄 수가 있겠다.

【滴天髓】

全象喜行財地. 而財神要旺.
전 상 희 행 재 지. 이 재 신 요 왕.

❍ 완전한 형상이라면 재운이 반가운데 재성이 왕하기를 요하게 된다.

【滴天髓徵義】

三者爲全. 日主喜神用神是也. 傷官生財. 官印相生. 財官並
見. 皆全也. 傷官生財. 日主旺相. 最宜財運. 倘四柱比劫多見.
財星被劫. 官運必佳. 傷官運更美. 須觀局中意向爲定. 日主旺.
傷官輕. 有印綬. 喜財而不喜官. 日主旺. 財神輕. 有比劫. 喜官
而不喜財. 財官並見. 日主旺相. 喜財而不喜官. 官印相生. 日主
休囚. 喜印綬而不喜比劫. 大凡論命. 不可執一. 須察全局之意
向. 日主之喜忌爲的.

삼자위전. 일주희신용신시야. 상관생재. 관인상생. 재관병
견. 개전야. 상관생재. 일주왕상. 최의재운. 당사주비겁다견.
재성피겁. 관운필가. 상관운갱미. 수관국중의향위정. 일주왕.
상관경. 유인수. 희재이불희관. 일주왕. 재신경. 유비겁. 희관
이불희재. 재관병견. 일주왕상. 희재이불희관. 관인상생. 일주
휴수. 희인수이불희비겁. 대범론명. 불가집일. 수찰전국지의
향. 일주지희기위적.

➡ 셋이 있으면 완전하게 된다고 하는데, 일주와 희신과 용신을 두고 하는 말이다. 상관생재격이거나 관인상생격이나 재관격 등이 모두 전상에 해당한다고 보면 되겠다. 상관생재를 두고 본다면 일주가 왕성할 경우에는 재성의 운이 가장 반갑다고 보면 된다. 혹시 사주에 비겁이 너무 많다면 재성이 겁재에게 피해를 당하게 되므로 관성의 운이 반드시 좋은 것이다. 그리고 상관의 운도 당연히 좋다. 모름지기 사주를 보고 그 의중에 따라서 정하면 되겠다. 일주가 왕하고 상관이 약한데 인성이 있다면 재운을 기뻐하고 관성의 운은 반기지 않는다. 또, 일주가 왕하고 재성이 약한데 비겁도 있다면 관성은 반갑지만 재성의 운은 덜 반가운 것이다. 재성과 관성이 함께 보이면서 일주도 왕하다면 재운은 반갑지만 관운은 반갑지 않다. 또 관인상생격을 이루었을 때 일주가 허약하다면 인성의 운은 반갑지만 비겁의 운은 반갑지 않은 것이다. 그래서 대체로 운명을 논함에는 한가지로 집착을 보이는 것은 불가하다. 모름지기 전체의 상황을 살펴서 일주의 희기를 적당히 살피는 것이 중요하다고 하겠다.

【강의】

여기에서는 희신을 정하는 요령에 대해 언급이 되어 있는 셈이다. 참으로 중요한 대목이라고 하겠는데, 이 대목을 보면서 희신은 무조건 정해지는 것이 아니라 용신의 상황을 봐서 결정해야 한다는 것을 헤아리게 된다. 이 대목은 중요하다고 봐서 좀더 부연 설명을 해야 하겠다. 아마도 낙오 선생이 중간중간에 부연 설명을 하신 것도 이러한 마음에서였을 것으로 생각된다. 부디 군더더기가 되지 않았으면 좋겠다는 생각으로 희신을 정하는 공식 비슷한 것을 만들어 보겠다.

희신을 찾는 요령

1) 인성이 용신일 때
① 인성이 약하면 관살이 희신이다.
② 인성이 강하면 비겁이 희신이다.
③ 재성이 많으면 비겁이 희신이다.
④ 식상이 많으면 희신은 관살이나 무력하다.
⑤ 관살이 많으면 희신은 비겁이나 무력하다.
⑥ 대체로 비겁이 희신이 된다.

2) 비겁이 용신일 때
① 관살이나 식상이 많으면 인성이 희신이다.
② 재성이 많으면 인성이 희신이니 무력하다.
③ 대체로 인성이 희신이 된다.

3) 식상이 용신일 때
① 식상이 강하면 재성이 희신이다.
② 식상이 약하면 비겁이 희신이다.
③ 인성이 용신을 극하면 재성이 희신이다.
④ 대체로 재성이 희신이 된다.

4) 재성이 용신일 때
① 재성이 약하면 식상이 희신이다.

② 재성이 왕하면 관살도 무방하다.

③ 비겁이 많으면 관살이 절대적으로 필요하다.

④ 인성이 많으면 식상이 희신이나 무력하다.

⑤ 대체로 식상이 희신이 된다.

5) 관살이 용신일 때

① 관살이 약하면 재성이 희신이다.

② 관살이 왕하면 재성이 희신이나 중요하지는 않다.

③ 식상이 극하면 인성이 희신이다.

④ 대체로 재성이 희신이 된다.

6) 한 마디로 요약한다면

① 용신이 극을 받으면 용신의 식상이 희신이고,

② 용신이 약하다면 용신의 인성이 희신이다.

③ 이와 무관한 용신의 상황이라면 희신은 의미가 없다.

이상 몇 가지로 구분을 해 봤다. 앞의 철초 선생 말에 부연 설명을 한 셈인데, 참고가 되면 좋겠다. 대체적으로는 같은 맥락을 이루는 내용이다.

甲	丁		丙		戊	
辰	卯		辰		申	
甲	癸	壬	辛	庚	己	戊	丁
子	亥	戌	酉	申	未	午	巳

丁卯日元. 生於季春. 傷官生財. 嫌其木盛土虛. 書香難就. 幸
得傷官化劫. 使丙火無爭財之意. 所以運至庚申辛酉. 承先人之
事業雖微. 而自刱之規模頗大. 財發十餘萬.

정묘일원. 생어계춘. 상관생재. 혐기목성토허. 서향난취. 행
득상관화겁. 사병화무쟁재지의. 소이운지경신신유. 승선인지
사업수미. 이자창지규모파대. 재발십여만.

❥정묘일주가 늦봄에 태어났는데, 상관이 재를 생하고 있는 형상이
다. 싫어하는 바는 사주에 목이 너무 왕성하여 토가 허약한 점인데,
공부를 하지 못했으나 다행히도 상관이 겁재를 화하는 것으로 해서
丙火로 하여금 재성을 차지하려는 마음을 없앤다. 그래서 庚申 辛酉
의 대운에서 부친의 사업이 비록 미약했지만 스스로 창업하여 규모
가 자못 컸는데, 수십억의 재물을 모았던 것이다.

【강의】

丁卯일주가 왕하다고 봐서 상관생재가 되었는데, 크게 왕하다고는
하지 않더라도 이 정도면 상관을 감당할 만하다고 하겠다. 그래서
희신으로는 재성이 되는 구조이고, 재성이 토의 보호를 받고 있으므
로 안전하다고 하겠다. 그리고 재성이 용신이라고 해도 되겠다. 재
성을 비겁들이 나눠 먹으려고 싸우는 것이 두려운 점이지만, 식상이
있으므로 염려할 바가 없다고 하겠는데, 참으로 운이 묘하게 흘러서
20년간 재운이 되니 원하는 사업을 이룩할 수 있었다고 봐도 틀림이
없겠다.

```
丁　丙　辛　己
酉　午　未　巳
癸 甲 乙 丙 丁 戊 己 庚
亥 子 丑 寅 卯 辰 巳 午
```

火長夏天. 支類南方. 旺之極矣. 火土傷官生財格. 所嫌者丁火
陽刃透干. 局中全無溼氣. 劫刃肆逞. 祖業無恒. 父母早亡. 幼遭
孤苦. 中受飢寒. 六旬之前. 運走東南木火之地. 妻財子祿. 一事
無成. 至丑運. 北方溼土. 晦火生金. 暗會金局. 從此得際遇. 立
業發財. 至七旬又買妾連生二子. 及甲子癸亥北方水地. 獲利鉅
萬. 壽至九旬. 諺云有其運必得其福. 信斯言也.

화장하천. 지류남방. 왕지극의. 화토상관생재격. 소혐자정화
양인투간. 국중전무습기. 겁인사령. 조업무항. 부모조망. 유조
고고. 중수기한. 육순지전. 운주동남목화지지. 처재자록. 일사
무성. 지축운. 북방습토. 회화생금. 암회금국. 종차득제우. 입
업발재. 지칠순우매첩연생이자. 급갑자계해북방수지. 획리거
만. 수지구순. 언운유기운필득기복. 신사언야.

➜ 불이 미월에 태어나서 지지에는 또 巳午未가 있으니 왕이 극에 달
했다. 火土로 상관생재의 구조가 되었는데, 싫은 것은 丁火의 겁재
가 천간에 투출된 점이다. 그리고 사주에 습기라고는 전혀 없으니
겁재들이 더욱 날뛰게 되어 부모의 유산을 지키지 못하고 돌아가시
자 어려서부터 고아가 되어 고통이 극심했으며, 다시 중운에서도 굶
주리고 헐벗었다. 60이 되기 전까지는 운이 東南의 木火운이니 처와

재물과 자식에서 아무것도 되는 것이 없었다.

　그러다가 丑土 대운이 되면서 북방의 습지로 이동하니 불을 흡수하고 금을 생하면서 또 금국까지 되니 이로 쫓아서 기이한 좋은 인연을 만나 일을 벌려서 돈을 벌었는데, 나이 70에는 또 첩을 사서는 연이어 아들을 둘 두었으며, 이어지는 甲子 癸亥의 북방운에서는 엄청난 돈을 벌었다. 그리고 수명은 90세를 넘겼으니 언에 말하기를 [諺云] '그 운이 있다면 반드시 그 복을 얻으리라.' 했는데, 믿을 만한 말이다.

【 강의 】

　참으로 운의 위력에 대해서 달리 할 말이 없는 사주이다. 나이 70이면 누구나 포기를 해야 할 시기라고 하는데, 이렇게 운에 따라서는 20~30년의 행복을 더 추구할 수도 있다는 것이 참 신기하기만 하다. 이러한 장면을 보면 운이 늦게 들어온다고 한탄할 것이 아니라 그 운을 어떻게 요리할 것인가를 궁리하는 것이 현명하다고 해야 할 모양이다. 사주의 용신은 금이 되는 것으로 봐야 하겠고, 희신은 토인데 너무 조열해서 희신의 역할을 못 했다고 봐야 하겠다.

【滴天髓】

形全者宜損其有餘. 形缺者宜補其不足.
형전자의손기유여. 형결자의보기부족.

⬭ 형상이 완전한 자는 그 넘치는 것을 덜어 주어야 하고, 형상에 결함이 있는 자는 그 부족한 부분을 보완해야 한다.

【滴天髓徵義】

形全宜損. 形缺宜補之說. 卽子平旺則宜洩宜傷. 衰則喜幫喜助之謂也. 命書萬卷. 不外此二句. 讀之直捷痛快. 顯然明白. 究之深奧異常. 此中作用. 實有至理. 庸俗祇知旺用洩傷. 衰用幫助而不細別. 以致吉凶顚倒. 宜忌淆亂也. 要知此四字須分用. 通變在一宜字.

宜洩, 則洩之爲妙. 宜傷, 則傷之有功. 洩者, 食傷也. 傷者, 官殺也. 均是旺也. 或洩之有害, 而傷之有利. 或洩之有利, 而傷之有害. 所以洩, 傷, 兩字. 宜分別用之也.

宜幫, 則幫之爲功. 宜助, 則助之爲佳. 幫者, 比劫也. 助者, 印綬也. 均是衰也. 或幫之則凶. 而助之者吉. 或幫之則吉. 而助之則凶. 所以幫, 助, 二字. 亦宜分別用之也.

如日主旺相. 柱中財官無氣. 洩之則官星有損. 傷則去比劫之有餘. 補官星之不足. 所謂傷之有利. 而洩之有害也.

日主旺相. 柱中財官不見. 滿局比劫. 傷之則激而有害. 不若洩

之以順其氣勢. 所謂傷之有害. 而洩之有利也.

日主衰弱. 柱中財星重疊. 印綬助之反壞. 幫者去財星之有餘. 補日主之不足. 所以幫之則吉, 而助之則凶也.

日主衰弱. 柱中官殺交加. 滿盤殺勢. 幫之恐反剋無情. 不若助之以化其強暴. 所以幫之則凶, 而助之則吉也.

此補前人所未發之言也. 至於木生寅卯辰月, 火生巳午未月, 爲形全. 亦偏論也. 如木生寅卯辰月. 干透庚辛. 支藏申酉. 莫非仍作全形而損之乎. 火生巳午未月. 干透壬癸. 支藏亥子. 莫非仍作全形而損之乎. 土生於寅卯辰月形缺. 干丙丁而支巳午. 莫非仍作缺形而補之乎. 金生於巳午未月. 干戊己而支申酉. 莫非亦作缺形而補之乎. 凡此須究其旺中變弱, 弱中變旺之理. 不可執一而論. 是以實似所當損者, 而損之反有害. 實似所當補者, 而補之反無功. 須詳察焉.

형전의손. 형결의보지설. 즉자평왕즉의설의상. 쇠즉희방회조지위야. 명서만권. 불외차이구. 독지직첩통쾌. 현연명백. 구지심오이상. 차중작용. 실유지리. 용속기지왕용설상. 쇠용방조이불세별. 이치길흉전도. 의기효란야. 요지차사자수분용. 통변재일의자.

의설, 즉설지위묘. 의상, 즉상지유공. 설자, 식상야. 상자, 관살야. 균시왕야. 혹설지유해, 이상지유리. 혹설지유리, 이상지유해. 소이설, 상, 양자. 의분별용지야.

의방, 즉방지위공. 의조, 즉조지위가. 방자, 비겁야. 조자, 인수야. 균시쇠야. 혹방지즉흉. 이조지자길. 혹방지즉길. 이조지즉흉. 소이방, 조, 이자. 역의분별용지야.

여일주왕상. 주중재관무기. 설지즉관성유손. 상즉거비겁지유여. 보관성지부족. 소위상지유리. 이설지유해야.

일주왕상. 주중재관불견. 만국비겁. 상지즉격이유해. 불약설
지이순기기세. 소위상지유해. 이설지유리야.

일주쇠약. 주중재성중첩. 인수조지반괴. 방자거재성지유여.
보일주지부족. 소이방지즉길, 이조지즉흉야.

일주쇠약. 주중관살교가. 만반살세. 방지공반극무정. 부약조
지이화기강폭. 소이방지즉흉, 이조지즉길야.

차보전인소미발지언야. 지어목생인묘진월, 화생사오미월,
위형전. 역편론야. 여목생인묘진월. 간투경신. 지장신유. 막비
잉작전형이손지호. 화생사오미월. 간투임계. 지장해자. 막비잉
작전형이손지호. 토생어인묘진월형결. 간병정이지사오. 막비
잉작결형이보지호. 금생어사오미월. 간무기이지신유. 막비역
작결형이보지호. 범차수구기왕중변약, 약중변왕지리. 불가집
일이론. 시이실사소당손자, 이손지반유해. 실사소당보자, 이보
지반무공. 수상찰언.

❯ 세력이 충분하면 마땅히 덜어 내야 하고 세력이 부족하면 마땅히
도와 주어야 한다는 것은, 즉 자평명리에서 말하는 抑扶法을 두고
하는 말이다. 그러니까 왕하면 관살이나 식상으로 설하거나 극해야
한다는 말이고, 약할 적에는 인겁으로 도와 주는 것을 좋아한다는
말이다. 명리에 관한 서적이 일만 권이라고 하더라도 이 단 두 마디
를 벗어나기는 불가능하니 이 글을 읽으면 그 자리에서 너무나 통쾌
함을 느낀다. '형전의손 형결의보(形全宜損 形缺宜補)…….' 얼마나
간단하면서도 요긴한 말인가! 이렇게 명쾌한 것이 (적천수식) 자평
명리학이라고 해도 되겠다. 그렇게 뚜렷하고 명백하다. 그 심오한

영역까지 연구해 보면 그 속에서 작용하는 이치가 실로 지극하다고
생각하게 된다.

별수 없는 역술가들은 왕하면 설상을 쓰고 약하면 방조를 쓴다고
말은 하면서도 그 용법에 대해서는 자세히 모르고 있는 경우가 많
다. 그러다 보니 길흉이 뒤바뀌게 되고 그래서 좋고 나쁜 것이 뒤범
벅이 되어 버리는 것이다. 이 네 글자의 의미를 모름지기 명확히 알
아야 하므로 다시 부연 설명을 해 보도록 하겠다.

설하는 것이 마땅하다〔宜洩〕는 말은 설하게 되는 것이 묘하다는
말이다. 그리고 극하는 것이 마땅하다〔宜傷〕는 말은 극해야 공이 된
다는 말이다. 설하는 것은 食傷을 의미하고 상하는 것은 官殺을 두
고 하는 말이다. 모두 왕할 경우에 쓰는 방법인데, 때로는 설하는 것
이 병이 되는 경우도 있는 것이고, 그런 때에는 극해야 유리한 경우
가 되는 것이다. 혹은 설하는 것이 유리하고 극하는 것은 오히려 해
가 되기도 한다. 그래서 설하고 상하는 두 글자는 잘 분별해서 사용
해야 하는 것이다.

(比劫으로) 곁들어 주어야 할 경우에는〔幫〕 그렇게 하는 것이 공이
되고, (印星으로) 생조를 해야 할 경우라면〔助〕 또한 그렇게 해야 아
름답다. 방은 비겁이고 조는 인성이다. 모두 쇠약할 경우에 해당하
는데, 혹 비겁으로 돕는 것이 흉하고 인성으로 돕는 것이 길할 경우
가 있고, 혹은 인성으로 돕는 것이 흉하고 비겁으로 돕는 것이 길할
경우도 있으니 이 '幫'과 '助'의 두 글자도 또한 잘 분별해서 써야
하는 것이다.

예를 들어 日主가 왕상하고 사주의 재관은 무력한 상황에서 (식상으로) 설하게 되면 관성은 손상을 받게 될 것인데, 이 때 (관살로) 극을 하게 되면 비겁이 많은 것도 제어하면서 관성의 부족한 것도 보조하게 되니 그래서 이런 경우에는 관살의 극이 유리하고 식상의 설은 불리하다고 하는 것이다.

일주가 왕한데 관살은 보이지 않고 비겁이 가득한 경우에는 관살로 극하게 되면 오히려 비겁이 격렬해져서 해로움이 되는데, 기세를 따라서 식상으로 설하는 것만 못하게 되니 그래서 극하는 것은 해가 되고 설하는 것이 이롭다고 하는 것이다.

일주가 쇠약한데 사주에는 재성이 가득한 상황이어서 인성으로 돕는다고 할 경우에는 인성이 무슨 힘이 있으랴. 그래서 비겁으로 도와서 재성의 넘치는 것을 제어하고 일주의 부족한 기운을 보조하게 되는 것이니 이런 경우에는 비겁으로 돕는 것이 인성으로 생하는 것보다 유리하다.

일주가 쇠약한데 사주에는 관살이 넘쳐나고 살의 세력이 가득하다면 비겁으로 돕는다 하더라도 극을 받아서 무정하게 될 것이다. 그러니까 인성으로 살의 기운을 화하여 일간을 돕는 것만 못하다고 하는 것이니 비겁으로 돕는 것보다는 인성의 도움이 길한 것이다.

이렇게 보완하는 것은 선배님들이 명확하게 하지 않은 부분을 보완하는 것이다. 그리고 목이 寅卯辰月에 생하거나 화가 巳午未月에 생하면 형상이 완전하다는 말은 또한 치우친 판단이다. 예를 들어,

목이 寅卯辰에 태어났다고 하더라도 천간에 庚辛금이 있고 지지에는 申酉금이 있다면 형상이 완전하니 극해야 한다는 말을 할 수가 있겠는가? 또 火가 巳午未의 남방 계절에 났다고 하더라도 천간에 壬癸수가 투출되고 지지에는 亥子수가 있다면 또한 형상이 완전하니까 극해야 한다고 하지 못할 것이다. 또한, 토가 寅卯辰월에 생하여 형상에 결함이 있다고 하더라도 천간에 丙丁화가 있고, 지지에 巳午화가 있다면 또한 형상이 부족하니 생조를 해 주어야 한다고 할 것인가? 또, 금이 巳午未의 남방에 태어났다고 할 경우에라도 천간에 戊己토가 있고, 지지에 申酉금이 있다면 또한 형상이 부족하니 도와야 한다고 하겠는가?

대저 연구하다 보면 왕한 가운데에서도 약한 경우가 있고, 약한 가운데서도 왕하게 변하는 경우도 있으니 한 가지 이론에 집착하는 것이 불가한데, 이렇게 실은 극설을 해야 할 것처럼 보이더라도 극을 하게 되면 도리어 해가 되는 경우도 있고, 실은 마땅히 보호해야 할 것으로 보이지만 실제로는 보호를 해 줘도 도움이 되지 못하는 경우도 많으니 모름지기 자세히 관찰하고 살펴야 한다.

【 강의 】

흔히 강호의 선배님들 중에는 상당수가 그렇게들 말씀하신다. '억부법이 전부가 아니다' 라고. 심지어는 억부를 벗어나지 않으면 햇병아리를 면하지 못한다고도 말한다. 그래서 짐짓 억부에 비중을 두고 연구하는 학인들에게 압력을 넣기도 한다. 그래서 이렇게 명확하게 지적한 내용이 없다면 자칫 흔들리기 쉬운 것이 공부하는 사람의 입장이다. 낭월에게도 억부만 갖고 공부하는 것을 보니 아직은 멀었다고 생각된다는 식으로 다들 시비를 걸었다. 그래서 과연 그런지 따져 보자고 하면 또한 달리 별 뾰족한 수도 없는 것을 발견하고는 웃어 버린다. 철초 선생이 이렇게 명확하게 설명하신 내용을 읽지 못했다면 아마도 낭월이 이만큼이나마 명리학을 정리하는 데에 또 몇 년의 시간이 흘러갔을지도 모른다. 그런데 다행히도 이렇게 정말 영양가가 넘치는 말씀을 접하게 되었기에 그래도 이 정도에서 정리를 할 수가 있었다고 생각되어서 항상 감사하는 마음을 깊이 간직하고 있는 것이다.

그리고 『적천수』도 별것 아니군!' 이라고 하는 부류를 만나면 속으로 슬며시 비웃음이 번진다. 과연 한 번이나마 정독을 해 본 뒤에 하는 말인지 의심스럽기 때문이다. 그래도 구태여 읽어 보라고 권하지는 않는다. 모두가 스스로의 인연일 뿐이라고 간단하게 생각하고 있다. 이렇게 벗님과 인연이 되어서 함께 철초 선생의 심경을 즐기고 있으니 이러면 되었지 더 바랄 것이 뭐가 있겠느냐고 생각하고 싶다.

우리는 서로 행운이라고 해야 하겠다. 또 계속해서 설명을 들어 보도록 하자.

이러한 내용은 철초 선생의 입장에서는 원문에 추가했으면 좋겠다는 기분으로 쓰신 것이 아닌가 싶은 느낌이 든다. 그만큼 자신감을 갖고서 정리한 대목인데, 구태여 부연 설명을 하지 않아도 될 만해서 군소리는 늘어놓지 않고 넘어가도록 한다.

```
甲    庚    庚    丁
申    子    戌    丑
壬 癸 甲 乙 丙 丁 戊 己
寅 卯 辰 巳 午 未 申 酉
```

秋金銳銳. 官星虛脫. 不能相制. 財星臨絕. 何暇生官. 初運土
金. 晦火生金. 刑傷破耗. 無所不見. 丁未丙午. 助起官星. 家業
鼎新. 乙巳晩景優遊. 所謂傷之有功也.

추금예예. 관성허탈. 불능상제. 재성임절. 하가생관. 초운토
금. 회화생금. 형상파모. 무소불견. 정미병오. 조기관성. 가업
정신. 을사만경우유. 소위상지유공야.

➡ 가을 금이 대단히 날카로운데, 관성은 허탈하여 제어가 불가능하
다. 재성은 또 절지에 임하고 있으니 어느 겨를에 관성을 돌볼
까……. 초운의 土金운에서는 불을 어둡게 하고 금을 생조하니 온갖
고통이 극심해서 볼 수가 없었다. 그러다가 丁未 丙午 대운에서 관
성이 서서히 힘을 받아서 다시 가업을 세우고 乙巳대운에는 늘그막
의 풍경이 아름다웠으니 이른바 '상지유공', 즉 관살로 극하는 공이
되었던 것이다.

【강의】

이 사주는 우선 금이 왕해서 年干의 정관으로 용신을 삼았다고 하
는데, 달리 보면 일지의 상관을 용신으로 삼을 수도 있지 않았겠느

냐는 생각도 해 봄직하다고 하겠다. 다만 세운의 남방에서 발했다고 한다면 더 이상 말이 필요 없어서 그대로 관성을 용신으로 삼았다고 하면 되겠지만, 경우에 따라서는 상관을 용신으로 삼을 수도 있겠으므로 한 번 넌지시 물어 보는 것도 좋겠다. 요즘 같으면 상관이 필요한 구조라고 생각되어서이다. 왜냐하면 생조를 받고 있는 상관이기에 일간의 마음이 온통 이쪽으로 향해 있을 수도 있지 않을까 싶다. 물론, 예전의 상황을 고려한다면 당연히 정관을 용신으로 삼았을 것이 틀림없다고 하겠다.

乙	庚	壬	戊
酉	申	戌	申

庚	己	戊	丁	丙	乙	甲	癸
午	巳	辰	卯	寅	丑	子	亥

乙從庚化. 官星不見. 支類西方. 又坐祿旺. 權在一人. 從其强勢. 雖有壬水. 戊土緊剋. 不能引通洩其殺氣. 初交癸亥甲子. 順其氣勢. 財喜逐心. 一交丙寅. 觸其旺神. 一敗如灰. 衣食難度. 自縊而死. 所謂洩之有益, 傷之有害也.

을종경화. 관성불견. 지류서방. 우좌녹왕. 권재일인. 종기강세. 수유임수. 무토긴극. 불능인통설기살기. 초교계해갑자. 순기기세. 재희수심. 일교병인. 촉기왕신. 일패여회. 의식난도. 자액이사. 소위설지유익, 상지유해야.

➡ 을목이 경금을 따라 화하고 지지가 서방인데 관성은 보이지 않는

다. 또, 녹왕에 앉아 있으니 금기운이 독재를 행사하는데, 그 세력이 대단히 강하니 비록 壬水가 있다고는 하지만 戊土가 극을 하고 있으니 금기운을 설하여 살기를 유통시키기에는 부족하다고 하겠다. 처음 癸亥 甲子의 운에서는 흐름에 따라서 재물이 마음을 따라 주었는데, 丙寅운으로 한번 바뀌면서 왕신을 건드렸으니 한번 깨어져서는 불 꺼진 재와 같았고 의식을 해결하기도 어려워서 목을 매고 죽었으니 이른바 '설기해서 유익한 상황에서는 극하면 해롭다.'고 하는 말이 여기에 해당하는 것이다.

【강의】

용신이 식신생재로 흘러야 하는데, 식신은 인성에게 깨어지고 재성은 겁탈을 당한 형상이어서 먹고 살기에도 곤궁했던 모양이다. 오죽하면 자신의 손으로 목을 매었겠는가를 생각해 본다. 절박하면서도 처절한 현실을 자평명리를 통해서만 파악하고 이해할 수가 있는 일이다. 그래서 사주팔자를 들여다보노라면 이해를 하지 못할 사람이 없다는 생각이 들고 그야말로 사기꾼이나 살인자라고 해도 사주를 보면 이해되는 것이 참으로 팔자는 속일 수가 없는 것인가……하는 생각이 든다.

乙	丙	辛	庚
未	辰	巳	申

己	戊	丁	丙	乙	甲	癸	壬
丑	子	亥	戌	酉	申	未	午

此造以俗論之. 丙火生於巳月, 建祿. 必要用財. 無如庚辛重疊
根深. 獨印受傷. 弱可知矣. 運至甲申乙酉. 金得地. 木無根. 破
耗異常. 丙戌丁運. 重振家聲. 此財多身弱. 所謂幇之則有功也.

　차조이속론지. 병화생어사월, 건록.필요용재. 무여경신중첩
근심. 독인수상. 약가지의. 운지갑신을유. 금득지. 목무근. 파
모이상. 병술정운. 중진가성. 차재다신약. 소위방지즉유공야.

➜이 사주를 일반적으로 말하기는 '丙火가 巳月에 비견을 만나니
반드시 재성을 용신으로 본다.'고 할 것이다. 그런데 庚辛金이 이렇
게 중첩되어서 왕성하고 홀로 인성이 손상을 받고 있는 꼴이라
니…… 인성이 얼마나 약한지 짐작이 된다. 운이 甲申 乙酉로 가면
서 금이 득지하고 목은 무근해서 고통이 극심했고, 丙戌 대운과 丁
火의 운까지는 다시 이름을 날렸는데, 이것은 재다신약에서 비겁이
도와 준 공이라고 하겠다.

【강의】

　그러니까 일반적으로 보기에는 금이 용신인 것처럼 보이지만 실제
로 금운에서 손상을 크게 입은 것을 보면 목이 용신이라고 하는 설명
이다. 그리고 실제로 丙辰일주의 특성을 봐서 신약한 형상이다. 여기
에서 속론지라고 하는 말은 일반적으로 월지의 상황에 비중을 두고
설명하는 선생들에 대해서 하는 말씀이 아닌가 싶다. 물론, 이치적으
로 타당하지 않은 주장을 할 적에 많이 활용하고 있는 스타일의 문구
이다. 그러니까 읽어 가다가 속론지(俗論之)가 나오면 당시에 세인들
이 일반적으로 하던 이야기라고 이해하면 되겠다. 이 사주의 경우에

는 재성이 많아서 신약하므로 인성은 별로 도움이 되지 못하고 실제로 도움을 주는 것은 비겁이라고 하는 것을 이해하면 되겠다.

```
壬   丙   癸   壬
辰   午   丑   子
辛 庚 己 戊 丁 丙 乙 甲
酉 申 未 午 巳 辰 卯 寅
```

滿局官殺. 日主虛弱. 雖食傷並見. 但丑辰皆溼土. 能蓄水不能止水. 初交甲寅乙卯. 化殺生身. 早遊泮水. 財業有餘. 後交丙辰. 不但不能幫身. 反受官煞回剋. 刑妻剋子. 家業耗散. 申年暗拱殺局而死. 所謂助之則吉. 幫之反害也.

만국관살. 일주허약. 수식상병견. 단축진개습토. 능축수불능지수. 초교갑인을묘. 화살생신. 조유반수. 재업유여. 후교병진. 부단불능방신. 반수관살회극. 형처극자. 가업모산. 신년암공살국이사. 소위조지즉길. 방지반해야.

➜ 천지에 관살이니 일주가 약하다. 비록 식상인 丑土와 辰土가 있지만 습토로써 물을 저장하는 성분일 뿐 멈추지는 못하는 형상이다. 초운 甲寅과 乙卯운에서 살을 화해서 일간을 생조해 주므로 일찍이 반궁에서 공부를 했는데, 재물도 많았다. 후에 丙辰운으로 바뀌면서 일간을 도와 주지 못할 뿐만 아니라 도리어 관살로부터 회극을 당하는 형상이니 처자식을 형극하고 가업이 흩어졌다. 그리고 申金에 해당하는 세운에서 신자진신의 살국이 되는 바람에 죽었으니 이른바

'인성으로 돕는 것은 길하지만 비겁으로 돕는 것은 흉하다.' 라는 말
에 해당한다고 하겠다.

【강의】

여기에서 반수(泮水)라는 말은 제후들의 자제들이 공부하는 귀족
학교라고 이해하면 되겠다. 그러니까 초운에는 잘 나가다가 후에 도
움이 되지 않아서 망하게 되었는데, 사주에서 보면 이미 관살이 많
음으로 해서 살아가기에도 부담이 되어 보인다. 인성이 없다는 것이
이렇게도 한을 남기게 되는 모양이다. 관살이 많으니 비겁은 별 도
움이 안 되는 것은 사실이다.

庚	甲	壬	壬
午	寅	寅	辰

庚	己	戊	丁	丙	乙	甲	癸
戌	酉	申	未	午	巳	辰	卯

此造俗以身强殺淺論. 取庚金爲用. 謂春木逢金. 必作棟樑之
器. 勸其讀書必發. 至三旬外, 不但讀書無成. 而且家業漸消. 屬
予推之. 觀其支坐兩寅. 乘權當令. 干透兩壬. 生助旺神. 年支之
辰土. 乃水之庫. 木之餘. 能蓄水養木. 不能生金. 一點庚金. 休
囚已極. 且午火敵之. 壬水洩之. 不惟無用. 反爲生水之病. 大凡
旺之極者. 宜洩而不宜剋. 宜順其氣勢. 弗悖其性也. 以午火爲
用. 將來運至火地. 雖不富於名. 定當富於利. 可棄名就利. 因卽

棄儒經營. 至丙午運. 剋盡庚金之病. 不滿十年. 發財十餘萬. 則庚金爲病明矣.

차조속이신강살천론. 취경금위용. 위춘목봉금. 필작동량지기. 권기독서필발. 지삼순외, 부단독서무성. 이차가업점소. 속여추지. 관기지좌양인. 승권당령. 간투양임. 생조왕신. 연지지진토. 내수지고. 목지여. 능축수양목. 불능생금. 일점경금. 휴수이극. 차오화적지. 임수설지. 부유무용. 반위생수지병. 대범왕지극자. 의설이불의극. 의순기기세. 불패기성야. 이오화위용. 장래운지화지. 수불부어명. 정당부어리. 가기명취리. 인즉기유경영. 지병오운. 극진경금지병. 불만십년. 발재십여만. 즉경금위병명의.

➜이 사주는 일반적으로 말하기를 '신강하고 관살은 약하니 경금을 취해서 용신으로 하는데, 봄의 나무가 금을 만났으니 동량지목을 얻은 것이다.'라고 할 것이다. 그리고 '책을 읽으면 반드시 출세를 한다.'고 권할 것인데 운이 세 번을 넘어가도록 책을 읽어도 되는 것이 없었고, 또 가세도 점차로 기울어지게 되었던 것이다. 그래서 내가 (철초 자신) 생각해 보니 앉은자리와 월지에 寅木이 있으니 당령을 하였고, 천간에 壬水가 투출되었으니 왕신을 생조하는 형상이다. 연지의 辰土는 다시 물의 고지이면서 木의 여기이기도 하다. 능히 물을 저장하고 목을 기르지만 금을 생하기는 불가능하다. 한점의 庚金은 이미 허약한 상황에서 다시 午火의 공격을 받고 있으며 壬水는 또 약한 금의 기운을 설하기조차 하니 용신으로 생각할 수가 없을 것이다. 그러니까 도리어 물을 생조하는 기신이 되는 셈이다.

대체로 극히 왕성한 사주에서는 설하는 것이 좋고 극하는 것은 나쁘다고 했는데, 기세에 따르는 것이 좋지 않겠느냐는 생각을 해야 그 성질에 따른다고 생각을 하게 되어 午火를 용신으로 하고 장래에 火의 운을 기다려 비록 부자가 못 된다면 이름이라도 얻을 것으로 생각되었다. 부귀나 이득을 찾는 사주는 명예를 버리고 실리를 찾게 되는 것인데 이로 인해 선비의 책을 버리고 장사의 길로 나섰다. 그리고 丙午운이 되면서 경금의 병을 날려 버리고 10년도 채 되지 않아서 재물을 10억 정도나 벌었으니 경금이 병이 되었던 것이 분명하다고 하겠다.

【강의】

역시 용신의 후보가 둘일 경우에는 월령을 잡은 글자를 용신으로 정한다고 생각하면 더욱 적중률이 좋다고 봐도 되겠다. 여기서도 봄날의 목은 金보다는 火를 더 좋아했던 것이 분명하다고 봐서 흐름이 중요한 영향을 미친다고 생각하면 되겠다. 이러한 경우는 가끔 있는데, 간단히 생각하면 봄날의 甲木이 午時에 태어나면 庚金을 버리고 午火를 취한다고 생각할 수 있겠다. 물론 신약하다면 이러한 이야기는 쓸모가 없을 것이다.

辛	癸	甲	癸
酉	亥	子	酉

丙	丁	戊	己	庚	辛	壬	癸
辰	巳	午	未	申	酉	戌	亥

此造水旺逢金. 其勢冲奔. 一點甲木枯浮. 難洩水氣. 如止其
流. 反成水患. 不若順其流爲美. 初行癸亥. 助其旺神. 蔭庇有餘.
一交壬戌. 水不通根. 逆其氣勢. 刑耗並見. 辛酉庚申. 丁財並旺.
己未戊午. 逆其性. 半生事業. 盡付東流. 刑妻剋子. 孤苦無依.
此所爲崑崙之水可順而不逆也.

차조수왕봉금. 기세충분. 일점갑목고부. 난설수기. 여지기
류. 반성수환. 부약순기류위미. 초행계해. 조기왕신. 음비유여.
일교임술. 수불통근. 역기기세. 형모병견. 신유경신. 정재병왕.
기미무오. 역기성. 반생사업. 진부동류. 형처극자. 고고무의.
차소위곤륜지수가순이불역야.

➡이 사주는 왕성한 수가 금까지 만났으니, 기세가 넘쳐서 범람하고
상관 甲木은 시들고 떠 있다. 비록 수의 기운을 설한다고는 하지만
그 흐름을 멈추기는 고사하고 도리어 물이 근심이 되니 흐름에 맡기
는 것의 아름다움만 못하겠다. 초운에 癸亥에서 왕신을 도와 주니
부모 덕이 넉넉했는데 壬戌로 바뀌면서 물이 통근을 하지 못하고
(戊土는) 기세를 거슬리게 되어 고통이 함께 나타났다. 辛酉운과 庚
申운은 다시 부모와 가세가 왕성해졌는데 己未 戊午를 보내면서 그
성품을 거역하니 반평생 쌓은 일을 동류에 모두 흘려보내고 처자를
형극하였으며 그 고통은 이루 말로 다할 수가 없을 만큼 의지할 곳
도 없었다. 그래서 '곤륜의 왕성한 물은 흐름을 거역하지 말고 그대
로 두어야 한다.'는 말이 있는 것이다.

【 강의 】

이른바 從旺格이 되어 버린다는 설명이다. 설명으로 봐서 별로 토를 달 이유가 없어 보이기는 하지만, 현재에 이러한 사주가 있다면 그냥 목을 용신으로 삼아 놓고서 화운을 기다릴 수도 있겠다는 생각도 해 봐야 하지 않을까 싶다. 특히, 사주에 금이 있으므로 목을 버리고 종왕격되었다고 생각되는데, 그래도 혹시 이런 사주를 만난다면 한번 확인을 해 보라고 당부드린다.

제2장 방국(方局)

【滴天髓】

方是方兮局是局. 方要得方莫混局.
방시방혜국시국. 방요득방막혼국.

● 방은 방이어야 하고 국은 국으로 짜여야 한다. 방으로 구조가 되었는데 다시 국이 섞이면 나쁘다.

【滴天髓徵義】

十二支寅卯辰東方. 巳午未南方. 申酉戌西方. 亥子丑北方. 此之爲方. 寅午戌火局. 申子辰水局. 亥卯未木局. 巳酉丑金局. 此之爲局. 凡三字全爲成方. 二字不取. 以力量言. 寅卯辰全. 較勝於亥卯未也. 戊日遇寅月. 見三字俱以殺論. 遇卯月見三字, 俱以官論. 己日反是. 遇辰月. 視寅卯之勢. 較量輕重, 以分官殺. 其餘倣此. 所言方局莫混之理. 亦不盡然. 如木方而見亥字. 爲生旺

之神. 見未字爲我剋之財. 又是木盤根之地. 有何不可. 卽用三合
木局. 豈有所損累耶. 至於作用. 則局之用多. 而方之用狹. 弗以
論方而別生穿鑿也.

십이지인묘진동방. 사오미남방. 신유술서방. 해자축북방. 차
지위방. 인오술화국. 신자진수국. 해묘미목국. 사유축금국. 차
지위국. 범삼자전위성방. 이자불취. 이력량언. 인묘진전. 교승
어해묘미야. 무일우인월. 견삼자구이살론. 우묘월견삼자, 구이
관론. 기일반시. 우진월. 시인묘지세. 교량경중, 이분관살. 기
여방차. 소언방국막혼지리. 역부진연. 여목방이견해자. 위생왕
지신. 견미자위아극지재. 우시목반근지지. 유하불가. 즉용삼합
목국. 기유소손누야. 지어작용. 즉국지용다. 이방지용협. 불이
론방이별생천착야.

◆ 십이지에서 寅卯辰은 東方, 巳午未는 南方, 申酉戌은 西方, 亥子
丑은 北方이라고 하니 이를 두고 方이라고 하고, 寅午戌은 火局이고
申子辰은 水局이며 亥卯未는 木局이 되고 巳酉丑은 金局이니 이것
은 局이라고 한다. 그리고 세 글자가 모두 모이면 방이나 국이라고
하고 두 글자만 있을 때는 취하지 않는다. 그리고 힘에 대해서 이야
기한다면 寅卯辰이 완전한 것이 亥卯未가 있는 것에 비해 힘이 크다
고 보면 된다.

戊土가 寅月에 생하여 (地支에 寅卯辰이) 완전하면 살이라고 논하
고 卯月에서 이와 같으면 모두 관으로 보게 된다. 또, 己土의 입장이
라면 이와 반대로 논하면 될 것이다. 그리고 辰月을 만났을 경우에
는 寅卯의 세력을 봐서 비교적 강하고 약한 것을 저울질해서 관살로
구분하면 된다. 그 나머지도 여기에 준하면 되겠다.

그리고 (원문에서 말하는) 方局이 섞이면 안 된다는 말은 또한 다 믿을 것이 못 된다. 예를 들면, 木方에서 亥水를 만난다면 목의 기운을 생조하는 성분이니 왕신을 생하게 된다. 그리고 未土를 만나면 또한 내가 극하는 재성이면서 목의 뿌리가 되는 것인데 무슨 까닭으로 불가하다고 하는지 모르겠다. 그러니까 삼합의 木局을 용신으로 한다면 어찌 허물이 되겠는가? 또, 용신이 된다고 해도 국에 용신이 많고 방에는 용신이 적으니 방을 논하면서 달리 엉뚱한 논리를 펼 필요는 없는 것이다.

【강의】

이 항목은 원문을 수정하는 내용이다. 국이나 방이나 같은 성분이라면 구태여 꺼릴 필요가 있겠느냐는 생각을 하면 충분하겠다. 그냥 가볍게 넘겨도 그만일 내용들이다.

그런데 다시 유백온 선생의 생각을 더듬어 보면 또 다른 의미가 있을 수도 있지 않을까 싶은 생각이 든다. 즉, 유백온 선생이 이러한 소식을 몰랐겠느냐고 하는 생각이 들면서 아마도 여기에서 말하는 방과 국의 의미는 木方에 金局이 섞이면 허물이 된다고 하는 의미가 아니었을까 싶은 생각이 문득 든다. 그러니까 金方에 木局이 끼여들어도 안 된다는 의미로 해석해 보는 것이다. 비록 철초 선생은 같은 방향으로 이해를 하셨는데, 혹 이러한 의미가 된다면 당연히 강한 세력에 하나의 잡티가 섞이게 되면 힘도 없으면서 허물만 만들어 낸다는 식으로 이해할 수도 있겠다. 물론 이러한 의견은 백온 선생의 주장을 그대로 수용하기 위해 달리 생각해 본 것이다. 아마도 철초 선생의 해석이 타당할 것으로 생각된다. 왜냐하면 원주에 분명히

'寅卯辰에 亥가 섞이면……' 이라는 말이 나타나 있기 때문이다.

```
己   戊   丁   甲
未   辰   卯   寅
乙 甲 癸 壬 辛 庚 己 戊
亥 戌 酉 申 未 午 巳 辰
```

此木方全. 搭一未字爲混. 然無未字. 則日主虛脫. 且天干甲木
透露. 作殺而不作官. 必要未字. 日主氣貫. 身殺兩停. 名利雙輝.
鼎甲出身. 仕至極品. 可知方混局之無害也.

차목방전. 탑일미자위혼. 연무미자. 즉일주허탈. 차천간갑목
투로. 작살이부작관. 필요미자. 일주기관. 신살양정. 명리쌍휘.
정갑출신. 사지극품. 가지방혼국지무해야.

➡ 이 사주는 木方이 갖춰져 있는데, 未土가 끼여 있다. 그런데 이 글
자가 없으면 곧 日主는 허탈했을 것이다. 또, 천간의 갑목이 투출되
어 있는 상황이므로 살로 보겠고, 관으로 보지는 않는다. 그래서 未
土가 반드시 필요한데 일주의 기운이 유통되어 좋다고 하겠다. 일주
와 살이 서로 균형을 이루고 있으니 명리를 함께 얻을 것이다. 정갑
이라는 벼슬로 출발해서 벼슬이 극품에 도달했는데 그렇다면 方이
局과 섞이는 것은 아무런 허물이 없다는 것을 알겠다.

【강의】

이 내용으로 봐서는 방국이 혼합되어 있는 것이 오히려 나을 수도 있다는 설명을 하고 있는 것이, 자못 말도 안 되는 말은 하지 말라는 억양으로 느껴진다. 물론 동감이다. 방국에 대한 이러한 유백온 선생의 집착은 이해가 잘 되지 않는다. 그렇게 중요한 내용이 아닌 것으로 보이는데, 많은 지면을 할애해서 설명하고 있는 것을 보면 나름대로 의미가 있을 것 같기도 한데 의중을 잘 모르겠다.

丁	乙	庚	丙
亥	卯	寅	辰

戊	丁	丙	乙	甲	癸	壬	辛
戌	酉	申	未	午	巳	辰	卯

支類東方. 火明木秀. 最喜丙火緊剋庚金之濁. 然初春木嫩, 必得亥時生助. 爲人文采風流. 學問淵深. 癸巳運水生木. 火得祿. 采芹攀桂. 甲運南宮報捷. 名高翰苑. 午運拱寅. 採棟樑於鄧林. 是睢哲匠. 搜琳琅於瑤圃. 爰藉宗工. 至丙申. 火無根. 金得地. 破東方秀氣. 犯事落職. 若無亥水化之. 豈能免大凶.

지류동방. 화명목수. 최희병화긴극경금지탁. 연초춘목눈, 필득해시생조. 위인문채풍류. 학문연심. 계사운수생목. 화득록. 채근반계. 갑운남궁보첩. 명고한원. 오운공인. 채동량어등림. 시휴철장. 수림랑어요포. 원자종공. 지병신. 화무근. 금득지. 파동방수기. 범사락직. 약무해수화지. 기능면대흉.

➡️지지가 동방인데 火는 밝고 木은 빼어나다. 가장 기쁜 것은 병화가 경금에 바짝 붙어서 탁함을 제거하는 것인데, 다만 초봄의 어린 나무이니 반드시 亥時의 도움을 받아야 생하게 된다. 이 사람은 글이 뛰어나고 풍류도 알았으며 학문도 깊은 연못과 같았다. 癸巳운에서 水生木하여 火가 녹을 얻었으니 과거에 급제하고 甲木대운에서 다시 남궁에 첩지를 알렸으니 지위가 향상되었고, 이름이 한원에 높았다. 午火대운에서는 寅木과 합이 되면서 등림의 숲에서 동량의 재목이 되어 솜씨 좋은 목수를 만났으며 임랑의 옥돌밭에서 뛰어난 조각가를 만난 셈이다. 그리고 丙申대운에서 불이 뿌리가 없고 금은 득지를 하니 동방의 빼어난 기운이 깨어진다. 그래서 일을 범하고 지위에서 떨어졌는데, 만약 亥水의 化가 없었다면 어찌 능히 큰 흉함을 면했으랴!

【강의】

비록 인묘진에서 亥水가 끼여들었지만 지지의 금운이 왔을 때 만약 해수가 없었더라면 큰일날 뻔했다고 본다면 방국이 혼잡되는 것은 꺼릴 것이 없다는 이유를 알 만하겠다. 앞의 사주도 이와 마찬가지로 이해하면 충분하겠다.

【滴天髓】

> 局混方兮有純疵. 行運喜南還喜北.
> 국 혼 방 혜 유 순 자. 행 운 희 남 환 희 북.

❍ 국이 방과 섞여도 허물이 되는데 운에서는 남쪽이 반갑기도 하고 북쪽이 오히려 좋기도 하다.

【滴天髓徵義】

地支有三位相合成局者. 皆取生旺墓一氣始終也.(見上) 柱中遇三支合勢. 吉凶之力較大. 亦有取二支者. 然以旺支爲主. 或亥卯, 或卯未, 皆可取. 亥未次之. 凡會忌冲. 如亥卯未木局. 雜一酉丑字於其中. 而又與所冲之神緊貼. 是爲破局. 雖冲字雜於其中, 而不緊貼. 或冲字處於其外而緊貼. 則會局與損局兼論. 其二支會局者. 以相貼爲妙. 逢冲卽破. 他字間之. 亦遙隔無力. 須天干領出可用. 至於局混方有純疵之說. 與方要得方莫混局相似. 究其理亦無所害. 見寅字是謂同氣. 見辰字是謂餘氣. 又是東方溼土. 能生助木神. 又何損累耶. 行運南北之分. 須看局中意向爲是. 如木局, 日主是甲乙. 四柱純木. 不雜別字. 運行南方. 謂秀氣流行. 則純. 運行北方. 謂之生助强神. 無疵. 或干支有火吐秀. 運行南方. 名利裕如. 運行北方. 凶災立見. 木論如此. 餘可類推.
　지지유삼위상합성국자. 개취생왕묘일기시종야.(견상) 주중우삼지합세. 길흉지력교대. 역유취이지자. 연이왕지위주. 혹해

묘, 혹묘미, 개가취. 해미차지. 범회기충. 여해묘미목국. 잡일
유축자어기중. 이우여소충지신긴첩. 시위파국. 수충자잡어기
중, 이부긴첩. 혹충자처어기외이긴첩. 즉회국여손국겸론. 기
이지회국자. 이상첩위묘. 봉충즉파. 타자간지. 역요격무력. 수
천간영출가용. 지어국혼방유순자지설. 여방요득방막혼국상사.
구기리역무소해. 견인자시위동기. 견진자시위여기. 우시동방
습토. 능생조목신. 우하손누야. 행운남북지분. 수간국중의향위
시. 여목국, 일주시갑을. 사주순목. 부잡별자. 운행남방. 위수
기류행. 즉순. 운행북방. 위지생조강신. 무자. 혹간지유화토수.
운행남방. 명리유여. 운행북방. 흥재입견. 목론여차. 여가류추.

➡️ 지지에 삼위가 있어 서로 합하면 국이 되는데 모두 생왕묘의 구색
을 갖춰서 하나의 기가 시작과 끝이 있다. (위를 참고) 주중에서 세 개
의 지지가 서로 합세하면 길흉의 힘이 비교적 강하게 나타나는데, 또
한 두 개의 지지를 취하기도 하지만 그러나 중요한 것은 왕지(子午卯
酉)를 위주로 하게 되니 혹 亥卯거나 卯未의 형태가 되는 것이다. 다
만 亥未의 경우에는 떨어지는데, 대저 충은 꺼린다고 알고 있지만 亥
卯未의 木局이 되어 있는 상황에서 酉金이나 丑土가 그 사이에 섞여
있거나 또 왕지를 바짝 붙어서 충하거나 하면 국이 깨어지게 된다.
  비록 충하는 글자가 그 중간에 섞여 있다고 하더라도 왕지와 바짝
붙어 있지 않다면 합이 된 것으로도 보고 또 손상되었다고 겸해서
보면 된다. 그 두 개의 지지가 모여서 서로 붙어 있으면 묘한데, 충
을 만나면 깨어지는 것이다. 물론, 그 사이에 다른 글자가 끼여 있다
면 또한 멀리 떨어지게 되어서 합은 무력하다. 모름지기 천간에 나
와야 쓸 수 있는 것이다.

그리고 국과 방이 서로 섞여 있음으로 해서 허물이 된다는 말은 방은 방으로 존재해야 한다는 말이고 국과 섞이면 안 된다는 말과 같은데, 연구해 보면 그 이치는 별로 해로울 것이 없다는 것을 알게 된다. 그러니까 寅木이 (亥卯未와 같이) 있다면 같은 동기가 되고, 辰土를 만나면 또한 여기가 되는 셈이며, 동방의 습토에 해당하기도 하니, 능히 목의 기운을 도울 것인데 어째서 허물이 되겠느냐는 말이다. 그리고 행운에서의 남북으로 나누는 것은 모름지기 사주의 구조를 봐서 결정해야 옳다고 하겠다.

　가령 목국에서 일주가 甲乙일 경우에 사주에서는 전부 목이고 다른 글자가 섞여 있지 않다면 운은 남방으로 가면 기운이 빼어나게 되니 순수한 흐름이고, 운이 북방으로 간다면 왕신을 생조하는 구조이니 허물이 없다고 할 것이다. 혹 간지에 이미 火가 있다면 남방운에서는 명리가 넉넉하겠지만, 북방운으로 간다면 그 흉함을 그 자리에서 보게 될 것이니 목을 이와 같이 설명하듯 다른 일간도 미루어서 짐작하시면 되겠다.

【강의】

　방국에 대해서 상당히 상세하게 설명을 하셔서 낭월은 드릴 말씀이 없으니 이쯤에서 생략을 해도 되겠다.

癸	乙	乙	甲
未	卯	亥	寅

癸	壬	辛	庚	己	戊	丁	丙
未	午	巳	辰	卯	寅	丑	子

此木局全. 混一寅字. 然四柱無金. 其勢從強. 深得一方秀氣.
少年科第. 惟庚辰辛巳運. 雖有癸水之化. 仍不免刑喪起倒. 仕路
蹭蹬. 至六旬外. 運走壬午癸未. 有縣令而遷司馬. 履黃堂而升觀
察. 直如揚帆大海. 誰能禦之. 由此觀之. 從強之木局. 東南北皆
利. 惟忌西方金運剋破耳.

차목국전. 혼일인자. 연사주무금. 기세종강. 심득일방수기.
소년과제. 유경진신사운. 수유계수지화. 잉불면형상기도. 사로
층등. 지육순외. 운주임오계미. 유현령이천사마. 이황당이승관
찰. 직여양범대해. 수능어지. 유차관지. 종강지목국. 동남북개
리. 유기서방금운극파이.

➼ 이 사주는 목국이 완전한 상태에서 寅木이 섞여 있다. 그리고 사
주에 금이 전혀 없는데, 그 세력을 보면 종강격의 형태라고 하겠다.
이미 한 방향의 빼어난 기운이 강하니 소년으로 과거에 급제하였으
며 다만 庚辰 辛巳의 운이 있었는데 계수가 유통을 시켜 주었음에도
불구하고 오히려 고통을 받고 벼슬길도 순탄하지 못했는데, 대운이
60년을 넘어서 운이 壬午 癸未로 흘러가자 현령으로 시작해서 사마
벼슬로 옮겼다. 그리고 이어서 황당을 거쳐서 관찰사까지 도달했다.
곧바로 큰 돛을 달고 대해로 나아간 셈이니 누가 능히 이를 막으랴.

이로 미루어 보건대 종강의 목국이 되었다면 동남북의 운이 모두 좋다고 하겠고, 오로지 서방의 금운이 불리한 것은 목국을 극파하기 때문이다.

【 강의 】

이미 해월의 종강격이라고 한다면 더 이상 말이 필요 없다고 하겠는데, 실은 未土 속에 들어 있는 丁火를 용신으로 보아야 하지 않을까 하는 생각이다. 아마도 늦게 발달한 것도 어쩌면 이렇게 용신이 時支에 암장되어 있는 까닭이었다고 해도 말이 되겠는데, 목이 용신이었다고 한다면, 의문이 남는 것은 초중의 운에서 寅卯의 목운이 있었는데, 전혀 힘을 받지 못한 이유가 명확하지 않기 때문이다. 그래서 낭월의 생각으로는 시지의 미토 속에 있는 정화를 용신으로 하고 희신은 토로 정하는 것이 좋겠다는 생각을 해 본다. 그리고 추가로 드리고 싶은 말씀은 '여하튼 용신은 원국에서 찾도록 해 보자.'는 것이다. 더구나 그렇게 해서 말이 된다면 꺼릴 이유는 전혀 없는 것이다. 철초 선생이 슬그머니(!) 넘어간 부분도 보이기만 하면 뒤져봐야 하겠다.

丁	乙	丁	甲
亥	未	卯	寅

乙	甲	癸	壬	辛	庚	己	戊
亥	戌	酉	申	未	午	巳	辰

此亦木局全. 混一寅字. 取丁火傷官秀氣. 非前造從强論也. 至
巳運. 丁火臨官. 登科發甲. 庚午辛未. 南方金敗之地. 不傷體用.
仕途平坦. 壬申木火皆傷. 破局. 死於軍中. 前則從强. 南北皆利.
此則木火西北有害. 由此兩造觀之. 局混方之無礙也.

차역목국전. 혼일인자. 취정화상관수기. 비전조종강론야. 지
사운. 정화임관. 등과발갑. 경오신미. 남방금패지지. 불상체용.
사도평탄. 임신목화개상. 파국. 사어군중. 전즉종강. 남북개리.
차즉목화서북유해. 유차양조관지. 국혼방지무애야.

➥이 사주도 또한 목국이 완전하고 寅子가 섞여 있는 구조이다. 정
화의 수기를 용신으로 삼으니 앞의 사주처럼 종강격으로 논하지 않
는다. 巳火 대운이 되자 정화가 관으로 임해서 급제하여 벼슬을 시
작했는데, 庚午와 辛未의 운은 (地支가) 남방이어서 금이 죽는 곳이
니 일간과 용신이 손상을 받지 않아 벼슬길이 평탄했다. 壬申대운에
는 목화가 모두 손상되어 파국으로 나타났는데, 이로 인해 군중에서
전사했다. 앞의 사주는 종강이므로 남북의 운이 모두 길했다고 한다
면 이 사주는 木火로 되어 있는 사주이다 보니 西北의 金水운은 해
로움이 되는 것이다. 이로써 두 사주를 보건대 국과 방의 혼잡은 아
무런 거리낌이 없는 것이 분명하다.

【강의】

설명에는 별 문제가 없지만 앞의 사주는 수운을 봐도 원국에 식상
이 투출되지 않아 별 문제가 없었을 뿐이라고 한다면 구태여 종강격
이어서 그렇다고 할 필요는 없다고 보겠다. 그러니까 중요한 것은

사주에서 어떤 구조로 되어 있느냐에 의해서 인성의 운이 무난하기도 하고, 또 불리하기도 하다는 것으로 생각하면 되겠다. 그리고 앞의 사주에서도 그냥 壬申 癸酉의 대운이 왔더라면 이 사람보다는 덜했겠지만 역시 부담이 되기는 마찬가지였을 것이라고 생각해 본다.

【滴天髓】

若然方局一齊來. 須是干頭無反覆.
약연방국일제래. 수시간두무반복.

◯ 만약 방과 국이 함께 온다면, 모름지기 천간에서 반복됨이 없어
야 한다.

【滴天髓徵義】

方局齊來者. 承上文方混局, 局混方, 之謂也. 如寅卯辰兼亥
未. 亥卯未兼寅辰. 巳午未兼寅戌. 寅午戌兼巳未. 申酉戌兼巳
丑. 巳酉丑兼申戌. 亥子丑兼申辰. 申子辰兼丑亥, 之類是也. 干
頭無反覆者. 方局齊來. 其氣旺盛. 要天干順其氣勢爲妙. 若日主
是木. 地支寅卯辰, 而再見亥未. 或地支亥卯未, 而再逢寅辰. 旺
之極矣. 非金所能剋也. 須要天干有火. 洩其菁英. 不見金水. 則
干頭無反覆. 然後行土運. 乃爲全順得序而不悖矣. 如天干無火
而有水. 謂之從强. 行水運, 順其旺神, 最美. 行金運, 金生水, 水
仍生木, 逢凶有解. 苟有火而見水. 或無火而見金. 此謂干頭反
覆. 如得運程安頓. 遇土則可止其逆水. 遇火則可去其微金. 亦不
失爲吉耳. 如日干是土. 別干得火. 相生之誼. 亦不反覆. 見金以
寡敵衆. 見水生助强神. 則反覆矣. 所以制之以威. 不若化之以
德. 則其流行全順矣. 餘倣此.

방국제래자. 승상문방혼국, 국혼방, 지위야. 여인묘진겸해

미. 해묘미겸인진. 사오미겸인술. 인오술겸사미. 신유술겸사
축. 사유축겸신술. 해자축겸신진. 신자진겸축해, 지류시야. 간
두무반복자. 방국제래. 기기왕성. 천간순기기세위묘. 약일주시
목. 지지인묘진, 이재견해미. 혹지지해묘미, 이재봉인진. 왕지
극의. 비금소능극야. 수요천간유화. 설기청영. 불견금수. 즉간
두무반복. 연후행토운. 내위전순득서이불패의. 여천간무화이
유수. 위지종강. 행수운, 순기왕신, 최미. 행금운, 금생수, 수
잉생목, 봉흉유해. 구유화이견수. 혹무화이견금. 차위간두반
복. 여득운정안돈. 우토즉가지기역수. 우화즉가거기미금. 역부
실위길이. 여일간시토. 별간득화. 상생지의. 역부반복. 견금이
과적중. 견수생조강신. 즉반복의. 소이제지이위. 불약화지이
덕. 즉기류행전순의. 여방차.

➜ 方局이 함께 온다는 것은 앞의 글에서 말하는 방국 혼잡의 말에서
이어지는 말이다. 예를 들면,

寅卯辰에 亥未가 함께 있는 경우이거나,
亥卯未에 寅辰이 함께 있는 경우이며.

巳午未에 寅戌이 함께 있는 경우이거나,
寅午戌에 巳未가 함께 있는 경우이며.

申酉戌에 巳丑이 함께 있는 경우이거나,
巳酉丑에 申戌이 함께 있는 경우이며.

亥子丑에 申辰이 함께 있는 경우이거나,
申子辰에 亥丑이 함께 있는 경우이다.

'간두에 반복이 없어야 한다.' 는 말은 방과 국이 함께 왔을 경우 그 기세가 극히 왕성하게 되는데, 이 때에는 천간에서 그 기세에 따라 주어야 묘함이 되는 것이다. 만약 日干이 목일 경우에 지지에는 다시 寅卯辰이 있고 겸해서 亥未까지 있는 경우이거나, 또는 지지에 亥卯未가 있는 상태에서 다시 寅辰이 축되어 있는 경우인데 극히 왕한 상태가 되니, 이런 경우가 되면 금으로써는 극을 할 수 없는 것이다.

이런 경우에는 모름지기 천간에는 丙丁화가 있어서 목의 왕성한 기운을 설해 주어야 아름답고, 金水의 성분은 보이지 않아야 하는데, 그렇게 되면 간두(干頭)에 반복이 없는 경우라고 하겠다. 그 다음에 다시 운에서 토운을 만난다면 완전하게 순탄한 흐름이 되어서 어그러짐이 없다고 하는 것이다.

가령 천간에 火가 없고 水가 있는 경우라고 한다면 이 때에는 종강이 되는 상황이어서 수운으로 갈 적에는 강한 목의 기운을 따르는 셈이어서 가장 아름다운데 금운으로 가더라도 金生水의 이치가 발생하므로 수는 다시 목을 생해서 흉을 만났지만 해소된다고 하는 것이다. 다만 원국에 화가 있는 상황에서 수운을 만나게 되거나, 혹은 화가 없는 상황에서 금을 보거나 하면 이것이 바로 간두반복(干頭反復)이라고 하는 것이다.

그래도 운에서 안정이 된다면 문제는 없는데, 토를 만나 거역하는 물을 제어한다든지, 또 화를 만나 미약한 금을 제거한다면 상생의 의미가 발생하게 되니 또한 반복이 아니라고 하겠으므로 다시 길한 상황을 잃지 않았다고 해석하게 된다.

또, 일간이 土일 경우 달리 천간에 火가 있다면 상생의 의미가 되므로 또한 반복이 아닌데 금을 본다면 무력한 금이 될 것이고, 수를 보면 다시 왕한 목을 생조하게 되니 또한 반복이 되는 것이다. 어거지로 제어를 하는 것은 덕으로 化하는 것만 못하게 되니 흐름으로 따르는 것이 좋은 것이다. 나머지도 이렇게 판단하면 되겠다.

【강의】

여하튼 뜻은 이해가 되는데, 요약을 하면, 반복이라고 하는 어려운 말을 사용했을 뿐 실제로 의미하는 바는 '木이 극히 왕하므로 극하는 金이 천간에 없어야 하겠다.' 는 것이 요지가 되겠다. 또, 목이 화를 봤을 경우에는 다시 천간에서 水가 없어야 하겠다는 정도로 이해하면 충분하리라고 본다. 그리고 끝 부분에서 일간이 토일 경우에 대한 설명도 있는데, 원리는 모두 같은 것으로 이해하면 되겠다.

癸	乙	丁	甲
未	亥	卯	寅

乙	甲	癸	壬	辛	庚	己	戊
亥	戌	酉	申	未	午	巳	辰

此方局齊來. 月干丁火獨透. 發洩菁英. 何其妙也. 惜乎時干癸水透露. 通根亥支. 緊傷丁火秀氣. 謂干頭反覆. 所以一衿尙不能博. 貧乏無子. 設使癸水換一火土. 名利皆遂矣.

차방국제래. 월간정화독투. 발설청영. 하기묘야. 석호시간계

수투로. 통근해지. 긴상정화수기. 위간두반복. 소이일금상불능
박. 빈핍무자. 설사계수환일화토. 명리개수의.

➡️이 사주는 방국이 함께 왔다. 월간의 정화가 홀로 투출되어 빼어
난 기운을 설하니 어찌 묘하지 않은가. 아까운 것은 계수까지 투출
된 것인데 亥水에 통근까지 되어서 丁火를 바짝 붙어서 극하니 이른
바 간두반복이 된 셈이다. 그래서 작은 벼슬은 했지만 넓히지를 못
했고, 자식도 없었으며 가난했다. 가령, 계수를 하나의 火土로 바꿀
수만 있었다면 명예와 이로움이 따르게 되었을 것을……

乙	甲	甲	丁
亥	寅	辰	卯

丙	丁	戊	己	庚	辛	壬	癸
申	酉	戌	亥	子	丑	寅	卯

此亦方局齊來. 干頭無水. 丁火秀氣流行. 行運不甚反悖. 中鄕
榜. 仕至州牧. 子多財旺. 賦性仁慈. 品行端方. 壽越八旬. 夫婦
齊眉. 所謂木主仁. 仁者壽. 格名曲直仁壽者. 信斯言也. 由此觀
之. 干頭反覆與全順得序者. 判若天淵也.

차역방국제래. 간두무수. 정화수기류행. 행운불심반패. 중향
방. 사지주목. 자다재왕. 부성인자. 품행단방. 수월팔순. 부부
제미. 소위목주인. 인자수. 격명곡직인수자. 신사언야. 유차관
지. 간두반복여전순득서자. 판약천연야.

➡️이 사주 역시 방과 국이 함께 왔다. 천간에 수가 없고 정화의 빼어난 기운이 유통되어 흐른다. 그리고 운에서도 크게 어그러짐이 없어서 향방에 합격하고 벼슬은 주목까지 도달하고 자식도 많았으며 재물도 넉넉했다. 품성은 인자했으며 행동은 절도가 있었고 수명은 팔순을 넘기고 부부가 함께 오래도록 살았으니 이른바 '木은 仁을 주관하고 인은 다시 수명도 늘린다.'는 말은 곡직인수격에 있어서는 믿을 만한 말이다. 이로 보건대 천간의 반복과 순수한 흐름을 얻은 자는 천지의 큰 차이가 있는 것이다.

【강의】

여전히 방국의 혼합이 무슨 장애가 되겠느냐는 설명을 강도 높게 외치는 목소리가 귀에 쟁쟁하다.

【滴天髓】

> 成方干透一元神. 生地庫地皆非福.
> 성 방 간 투 일 원 신. 생 지 고 지 개 비 복.

❥ 方이 되고 원신이 투출하면, 생지든 고지든 다 복이 되지 않는다.

【滴天髓徵義】

成方干透元神者. 日主卽方之氣也. 如木方, 日主是木. 火方,
日主是火. 卽爲元神透出也. 生地庫地非福者. 身旺不宜再助也.
然亦要看其氣勢. 不可一例而論. 成方透元神. 旺可知矣. 固不宜
再行生地庫地以幇方也. 倘年月時干, 不雜財官. 又有劫印. 謂之
從强. 則生地庫地, 亦能發福. 如逢純一火運. 眞謂秀氣流行. 名
利皆遂. 如年月時干, 財官無氣. 再行生地庫地之運. 不但不能發
福. 而且刑耗多端. 此屢試屢驗. 故誌之.

성방간투원신자. 일주즉방지기야. 여목방, 일주시목. 화방,
일주시화. 즉위원신투출야. 생지고지비복자. 신왕불의재조야.
연역요간기기세. 불가일예이론. 성방투원신. 왕가지의. 고불의
재행생지고지이방방야. 당년월시간, 부잡재관. 우유겁인. 위지
종강. 즉생지고지, 역능발복. 여봉순일화운. 진위수기류행. 명
리개수. 여년월시간, 재관무기. 재행생지고지지운. 부단불능발
복. 이차형모다단. 차루시루험. 고지지.

➡方을 이루고 다시 천간에 원신이 있다는 것은 日主가 方과 같은 오행이라는 이야기이다. 예를 들면, 목의 방[寅卯辰]에 日干이 甲乙 木이거나 화방[巳午未]에 일간은 丙丁火이거나 하다는 이야기이다. 이렇게 되면 원신이 투출되었다고 한다.

생지와 고지가 다 복이 되지 않는다는 말은 신왕한 사주의 경우에 는 다시 도와 주는 것이 불가하다는 의미이다. 그러나 또한 중요한 것은 기세를 보고서 잘 살펴봐야 하는 것이지 한 가지 이론으로만 고집할 일은 아니다.

方이 이루어지고 다시 원신이 나왔다면 이미 왕하다는 것은 충분 히 알고도 남겠는데, 구태여 다시 生支(亥水)나 庫支(未土)가 들어 와서 도와 줄 필요가 없다는 말이다. 혹시 년월시의 干에 재관이 섞 이지 않고 또 겁재나 인성이 있다면 종강격으로 분류해야 할 것이 고, 이때에는 또한 생지나 고지도 나쁠 이유가 없다고 하겠는데, 이 와 같은 상황에서는 운은 한가지로 화운만 만나야 참으로 수기가 유 행한다고 하겠는데, 이렇게 되면 명리가 저절로 따른다고 하겠다. 또 년월시의 干에 재관이 있으면서 기운도 없는 상황이라고 한다면 다시 생지나 고지의 운을 간다면 발복이 불가능할 뿐만 아니라, 또 온갖 고통을 겪게 될 것이니 이것은 자주 시험을 해 보면 잘 맞더라. 그래서 여기에 적어 둔다.

【강의】

늘 임상을 하면서 확인을 하고 그러면서 기록을 고쳐 가는 모습이 떠오른다. 생지고지가 복이 못 된다는 말에 대해서도 한 가지는 타 당하지만 또 한 가지는 부당하므로 이렇게 언급하는 것으로 이해하

면 되겠다. 그리고 자주 시험을 하면서 확인하는 것도 학자로서의
자세가 너무 확고하다는 생각이 든다.

```
丁　甲　甲　戊
卯　辰　寅　寅
壬 辛 庚 己 戊 丁 丙 乙
戌 酉 申 未 午 巳 辰 卯
```

此成方干透元神. 不雜金水. 時干丁火吐秀. 純粹可觀. 初中行
運火土鄉. 中鄉榜. 出宰名區. 惜木多火熾. 丁火不足以洩之. 所
以運至庚申. 不能免禍. 此造如時逢丙寅. 必中甲榜. 仕路顯赫.
庚申運丙火足以敵之. 亦不致大凶也.

　차성방간투원신. 부잡금수. 시간정화토수. 순수가관. 초중행
운화토향. 중향방. 출재명구. 석목다화치. 정화부족이설지. 소
이운지경신. 불능면화. 차조여시봉병인. 필중갑방. 사로현혁.
경신운병화족이적지. 역불치대흉야.

▶이 사주도 方이 이루어진 상태에서 천간에는 다시 원신이 있고 금
수가 섞이지 않았는데, 시간의 정화는 수기를 설하니 순수함을 가히
볼 만하다고 하겠다. 처음에 운이 火土로 흐를 적에 향방에 붙어서
벼슬길이 시작되었는데 아깝게도 목이 너무 많아 불이 치열해지는
셈이라 정화의 설이 부족하다고 하겠다. 그러다가 운이 庚申으로 흐
르자 화를 면하기가 불가능했으니 이 사주에서 만약 시주에서 丙寅
을 만났더라면 반드시 장원 급제를 하여 벼슬길이 크게 빛났을 것이

다. 庚申운에서 丙火가 족히 극을 했을 것이므로 또한 크게 흥하지
는 않았을 것이라는 생각이다.

【강의】

丙火가 있었더라면 庚金의 불운에서도 넘어갔을 것이라는 말은 별
문제가 없다고 하겠는데, 여기에서 주목을 해야 할 부분은 '木多火
熾'이다. 글자로만 봐서는 목이 많으면 불이 치열해진다는 말로서
아무런 문제가 없다. 木生火의 이치가 그대로 대입되고 있기 때문이
다. 그런데 문제는, 이로 인해서 정화가 목을 설하여 불을 만들지 못
한다고 하는 점이다. 과연 이러한 의미를 어떻게 생각해야 하겠느냐
는 점에 대해 언급을 드려 보자고 하는 말씀이다.

원래의 글에는 문제가 없는데 해석에 문제가 있어서, 불길이 치열
해지는데 정화가 약해진다는 말이 발생한 것으로 봐야 하겠기 때문
이다. 그렇다면 어떻게 해야 할까? 물론 볼 것도 없이 '목이 많으니
불이 치열하므로 정화는 활활 불타 오른다.'고 이해해야 할 것이다.
이렇게 한다면 이치적으로 아무런 문제가 없다. 이 말에는 '금다계
탁(金多癸濁)'이라는 말도 포함된다. 계수는 너무 허약해서 庚辛금
이 있어도 약하다고 하는 말로 해석하기 때문에 문제가 크다고 보는
것이다. 즉 '金多水濁'의 의미는 계수가 약하다는 것이 아니라 오히
려 격랑을 이룬다고 해석해야 이치에 부합된다고 할 수 있겠다. 음
간이라서 생조를 올바르게 수행하지 못한다는 말은 음을 너무 과소
평가하는 시절에서나 먹히던 이야기라고 해야 할 것이다. 적어도 낭
월은 이러한 식의 편견을 그대로 수용할 수 없다는 생각을 하고 있
다. 이치적으로 부합이 되지 않기 때문이다. 음양동생동사라는 말을

하면서 이렇듯 관습이라고는 해도 목다화치의 설명을 넣는 것은 순간적인 실수라고 할 수 있을지 몰라도 그냥 넘길 수는 없다는 점을 챙겨 주시기 바란다.

丙	甲	丙	癸
寅	辰	辰	卯

戊	己	庚	辛	壬	癸	甲	乙
申	酉	戌	亥	子	丑	寅	卯

此造財旺提綱. 丙食生助. 當以財星爲用. 丙火爲喜. 癸水爲忌. 身旺用財. 遺業十餘萬. 中年交水運. 一敗如灰. 至辛亥運. 火絶木生. 水臨旺地. 凍餓而死. 以此觀之. 不論成方成局. 必先察財官之勢. 若財旺提綱. 則以財爲用. 或官得財助. 則以官爲用. 如財不通月支. 官無旺財相生. 必須棄其寡而從其衆也. 餘皆倣此.

차조재왕제강. 병식생조. 당이재성위용. 병화위희. 계수위기. 신왕용재. 유업십여만. 중년교수운. 일패여회. 지신해운. 화절목생. 수임왕지. 동아이사. 이차관지. 불론성방성국. 필선찰재관지세. 약재왕제강. 즉이재위용. 혹관득재조. 즉이관위용. 여재불통월지. 관무왕재상생. 필수기기과이종기중야. 여개방차.

➜ 이 사주는 재성이 강하고 월지에 있는데 또한 병화 식신까지 도와주고 있으니 재성을 용신으로 삼고 병화는 희신이 된다. 그러면 癸

水는 기신이 되는데, 신왕하니 재성을 용하여, 부모의 유업이 수십억이 되었는데, 중년에 수운을 만나면서 한 번 망해서 불꺼진 재처럼 되었고, 신해운이 되자 불은 끊기고 목이 생조를 받게 되고, 물이 왕지에 임하여 굶주리다가 얼어 죽었다.

이로 보건대 方이 되었거나 국이 된 것을 논할 필요가 없이 반드시 먼저 재관의 세력을 살피고, 또 재성이 월령에 버티고 있다면 재성을 용신으로 하고 혹 관이 재의 도움을 얻는다면 또 관으로 용신을 삼는다. 그리고 재가 월지에 통근하지 못했다면 관은 왕재의 도움을 받지 못할 셈이니 반드시 약한 관살을 포기하고 많은 세력을 따라야 할 것이니 나머지도 이에 준하면 되겠다.

【강의】

사주에 화가 있으면 운에서 금수의 운은 꺼린다는 증거로써 대입된 사주이다.

물론 틀림없는 이야기라고 하겠다. 언제나 안목을 고정시키지 말고 활간(活看)을 통해서 상황에 따라 해석하는 유연함이 필요한 부분이라고 생각이 된다. 그리고 이것이 또한 자평명리학의 묘미가 아닐까 싶은 것이 낭월의 생각이다.

【滴天髓】

成局干透一官星. 左邊右邊空碌碌.
성국간투일관성. 좌변우변공녹녹.

◐ 국을 이룬 상태에서 관성하나 투출되면 좌우가 모두 공허할 뿐
이다.

【滴天髓徵義】

如地支會木局. 日主元神透出. 別干見辛之官, 庚之殺. 虛脫無
氣. 卽餘干有土. 土亦休囚. 難以生金. 須地支有一申酉丑字爲
美. 若無申酉丑. 反加之寅辰字. 則木勢愈盛. 金勢愈衰矣. 故碌
碌終身. 名利無成也. 若得歲運去其官星. 亦可發達. 必要柱中先
見食傷. 然後歲運去淨官殺之根. 名利遂矣. 木局如此. 餘局倣此
論之可也.

여지지회목국. 일주원신투출. 별간견신지관, 경지살. 허탈무
기. 즉여간유토. 토역휴수. 난이생금. 수지지유일신유축자위
미. 약무신유축. 반가지인진자. 즉목세유성. 금세유쇠의. 고녹
녹종신. 명리무성야. 약득세운거기관성. 역가발달. 필요주중선
견식상. 연후세운거정관살지근. 명리수의. 목국여차. 여국방차
론지가야.

➜ 가령 지지가 木局인데 일주 원신이 천간에 있고, 다른 천간에 辛

金의 관성이 있거나 庚金의 살이 있다면 허탈하고 기운이 없는 상태이니, 나머지 지지에서 다시 목국을 이룬다면 금을 생조하기도 불가능할 것이다. 이 때는 모름지기 지지에 申金이나 酉金 또는 丑土가 있으면 아름답다고 하겠는데, 만약 이러한 글자가 없고 도리어 寅辰의 글자만 추가되어 있다면 목의 세력은 더욱 왕성하게 되고 금의 세력은 더욱 허약해질 뿐이니, 그로 인해서 일생 별볼일이 없다는 이야기이다.

그러니 이름을 얻고 재물을 누리는 것은 모두 꿈일 뿐이다. 만약 운에서 관성을 제거시켜 버리기라도 한다면 또한 발달이 가능한데, 물론 반드시 원국에는 식상이 먼저 있어야 한다. 그런 다음에 운에서 관살의 탁함을 제거시켜 버린다면 명리가 따르게 되는 것이다. 목국을 이처럼 이해한다면 나머지 구조들도 같은 논리로 대입하면 될 일이다.

【강의】

그나저나 方局에 대해서 이야기가 너무 길어서 지루하다. 한 마디로 하면 될 법도 한데, 아마도 이렇게 설명을 해야 할 당시의 상황이 있지 않았을까 싶기는 하지만, 그래도 다소 길게 늘어져 있는 내용이 지루함을 준다.

```
丁   乙   辛   辛
亥   未   卯   未
癸 甲 乙 丙 丁 戊 己 庚
未 申 酉 戌 亥 子 丑 寅
```

乙木歸垣. 亥卯未全. 木勢旺盛. 金氣虛脫. 最喜時透丁火制殺
爲用. 故初運土金之鄕. 奔馳未遇. 至丁亥運. 生木制殺. 軍前効
力. 得縣佐. 丙戌運中. 幫丁剋辛. 升縣令. 此所謂强衆敵寡, 勢在
去其寡. 非殺旺宜制而推也. 至酉運殺逢祿旺. 冲破木局. 不祿.

을목귀원. 해묘미전. 목세왕성. 금기허탈. 최희시투정화제살
위용. 고초운토금지향. 분치미우. 지정해운. 생목제살. 군전효
력. 득현좌. 병술운중. 방정극신. 승현령. 차소위강중적과, 세재
거기과. 비살왕의제이추야. 지유운살봉녹왕. 충파목국. 불록.

➡乙木이 월지의 생조를 받으면서 지지에 亥卯未가 갖춰졌다. 그래
서 목의 세력이 극히 왕성하니 상대적으로 금기는 약하게 된다. 가장
기쁜 것은 時干에 丁火가 투출되어서 살을 제어하는 용신이 되었다
는 점이다. 그래서 초운에 운이 土金으로 가면서 사방으로 뛰어 봤지
만 인연을 만나지 못하다가, 丁亥운이 되어서 목을 생하고 살을 제하
여 군에 들어가 공을 세워서 현좌를 얻은 후 다시 丙戌대운에서도 정
화는 도움을 얻고 辛金을 극하는 바람에 현령으로 승진했다. 이는 이
른바 비견겁이 왕성하고〔强衆〕관살은 허약하니〔敵寡〕세력은 적은
것을 제거하는 것에 있다는 말이 해당하는 것이므로 살이 왕해서 제
하는 것이 마땅하다고 추리하면 안 된다. 酉金운에서 살이 녹왕을 만

나 강해지니 목국을 깨어 버리게 되어서 녹을 받지 못했다.

【강의】

이 사주는 용신의 후보가 둘 있으므로 관살을 쓸 것인가 아니면 식상을 쓸 것인가로 이론이 분분했던 모양이다. 그래서 식신을 쓰기는 하지만, 용신의 방향은 관살을 제어하기 위해서가 아니고 관살은 무시한다는 것으로 이해하라는 부연 설명을 하는 셈이다. 그냥 식신을 용신으로 삼은 것으로 이해하도록 하자.

戊	乙	辛	辛
寅	未	卯	未

癸	甲	乙	丙	丁	戊	己	庚
未	申	酉	戌	亥	子	丑	寅

此乙木歸垣. 雖無全會. 然寅時比亥之力量勝數倍矣. 以大象觀之. 局中三土兩金. 似乎財生煞旺. 不知卯旺提綱. 支中皆木之根旺. 非金之生地也. 初運土金之鄕. 采芹食廩. 家業豐裕. 一交丁亥. 制煞會局. 刑妻剋子. 破耗異常. 犯事革名. 憂鬱而死.

차을목귀원. 수무전회. 연인시비해지력량승수배의. 이대상관지. 국중삼토양금. 사호재생살왕. 부지묘왕제강. 지중개목지근왕. 비금지생지야. 초운토금지향. 채근식름. 가업풍유. 일교정해. 제살회국. 형처극자. 파모이상. 범사혁명. 우울이사.

➜ 이 사주는 乙木이 월령을 잡고 비록 완전한 국이 되지는 못했지만 그래도 寅時에 겁재가 있고, 다시 寅木은 亥水에 비해서 힘으로 본다면 오히려 강하다고 하겠는데, 대체로 봐서 국 중에는 토가 셋이고 금이 둘 있으므로 재가 왕하여 살을 생하는 것으로 봐야 한다고 할지도 모르겠다. 그러나 묘목이 월령을 잡고 있는 상태임을 모르는 것이니 지지에 이미 목의 뿌리가 왕하면서 가득하니 (未土도) 금의 생지는 아닌 것이다. 그래서 초운에 土金의 운에서는 먹고 살 만할 정도로 가업이 넉넉했는데, 한번 丁亥 대운으로 바뀌자 살을 제하고 木局까지 되어서 처자의 변고가 있었고 고통이 괴이했는데, 결국 일을 범하고 이름도 바꿔야 했다. 그러다가는 결국 우울증으로 고통을 받다가 죽었다.

【강의】

이 경우에는 식상이 없으므로 월간의 편관을 용신으로 삼았던 모양이다. 그러다 보니 토금의 운에서는 잘 지냈는데, 화수의 운은 견디지 못했던 모양이다. 이미 용신의 방향이 결정나 버렸으므로 운에서는 용신의 의향에 따라서 들어와야 하는데, 그렇지 못해서 망하게 되었던 모양이다. 그리고 여기에서 한 가지 생각을 해 볼 점은 어려서 잘 나가던 사람은 세상에서 적응하는 힘이 약하다는 점이다. 그래서 오히려 초년의 고생은 돈주고 사서 시키라는 말도 있기는 하겠지만 이 사주의 주인공도 실은 어려서의 운이 불량했더라면 그런 대로 후에 적응했을지도 모르겠다는 생각이 문득 든다. 그나저나 용신이 묘목에 앉아 있는 辛金이어서는 매우 불리하다고 해야 하겠다.

```
癸  乙  己  庚
未  亥  卯  寅
丁 丙 乙 甲 癸 壬 辛 庚
亥 戌 酉 申 未 午 巳 辰
```

此造正合本文成局干透官星. 左右皆空. 四柱一無情致. 用財
則財會劫局. 用官則官臨絶地. 用神無所着落. 爲人少恒一之志.
多遷變之心. 以致家業破耗. 讀書學醫. 一無成就. 而且財散人
離. 削髮爲僧.

　차조정합본문성국간투관성. 좌우개공. 사주일무정치. 용재
즉재회겁국. 용관즉관임절지. 용신무소착낙. 위인소항일지지.
다천변지심. 이치가업파모. 독서학의. 일무성취. 이차재산인
리. 삭발위승.

➜이 사주야말로 본문의 내용인 국이 이루어진 상태에서 관성 하나
가 투출된 경우에는 좌우에 모두 헛일뿐이라고 하는 말에 부합된다
고 하겠는데, 사주에 맘에 드는 구석이라고는 하나도 없다고 하겠
다. 재성을 용신으로 하려니 겁재의 국을 이루고 있는 것이 부담스
럽고, 관성을 용하려니 다시 관성은 절지에 임하고 있어서 또한 부
담이다. 그러니 어느 글자를 용신으로 삼아야 할지 도무지 감을 잡
을 수 없는 형상인 셈이다. 사람됨을 보면 무엇이거나 꾸준하게 하
는 것이 하나도 없고 수시로 마음이 변덕을 부렸다. 그러다가는 가
세가 기울고 시들어 갔는데, 책을 읽어 의술을 조금 배웠으나 하나
도 결실을 맺지 못했으며, 돈이 모두 흩어지고 사람이 떠나간 다음

에는 머리를 깎고 중이 되었다.

【강의】

　세상에서 할 짓 못할 짓 다 해서 자신의 재산을 다 말아먹고 중이 되었다는 글을 보면서 씁쓰레한 기분이 든다. 엄청난 재산들을 모두 남에게 아무런 조건도 없이 나눠 주고 자신은 혈혈단신으로 입산 수도했다고 하는 말이 있으면 좋으련만 하나도 그러한 경우가 없으니 철초 선생의 생각에 중이 어떻게 보일 것인지 미루어 짐작이 된다고 하겠다. 나중에 불전에 시주하는 것에 대해서도 언급이 있기는 하지만 모두 세상에서 살아갈 방법을 찾지 못한 사람들이 입산한 경우만 나오고 심지어는 처를 팔아 먹고 입산한 사람까지 있다고 한다면 철초 선생의 생각도 무리는 아니라고 판단된다. 여하튼 이해가 된다.

　그나저나 이렇게 해서 方局이 섞여도 아무런 상관이 없다고 하는 긴 이야기는 끝을 맺는다. 이제 지루한 내용은 거의 없다고 봐도 좋을 것이다.『적천수』를 보다가 슬럼프에 빠질 가능성이 있는 부분이 있다고 한다면 아마도 이 부근일 것으로 여겨진다. 그렇게 지루한 대목이기 때문이다. 그리고 두 번 세 번 거듭해서 보다가 이 부분에 오면 대충 넘어가도 된다고 하는 것을 알게 될 것이다. 그만큼 우려먹을 내용이 부족하다고 하겠다. 아마도 벗님의 경우에도 이 부근에 대해서는 그냥 한번 읽어 보는 것으로 충분하다고 생각하실 것이다. 이제 상당히 비중 있는 대목인 八格에 대한 내용을 살펴보도록 하자.

제3장 팔격(八格)[1]

【滴天髓】

財官印綬分偏正. 兼論食傷八格定.
재 관 인 수 분 편 정 . 겸 론 식 상 팔 격 정 .

● 재성과 관성과 인수는 정편으로 나누고
겸해서 식상을 논함으로써 팔격이 정해진다.

【滴天髓徵義】

八格者. 命中之正理也. 先看月令所得何支. 次看天干透出何神.
更究司令以定眞假. 然後取用以分淸濁. 此實依經順理. 若月逢祿
刃. 無格可取. 須審日主之喜忌. 另尋別支透出天干者. 借以爲用.
然格局有正有變. 正者必兼五行之常理也. 變者必從五行之氣勢也.

---

1) 팔격(八格)이란 '정관(正官), 편관(偏官), 정재(正財), 편재(偏財), 정인(正印), 편인
(偏印), 식신(食神), 상관(傷官)' 을 이르는 말이다.

팔격자. 명중지정리야. 선간월령소득하지. 차간천간투출하신. 경구사령이정진가. 연후취용이분청탁. 차실의경순리. 약월봉록인. 무격가취. 수심일주지희기. 령심별지투출천간자. 차이위용. 연격국유정유변. 정자필겸오행지상리야. 변자필종오행지기세야.

➜ 팔격은 명리 이론 중 가장 올바른 이론이다. 먼저 월령을 보고 어느 지지를 얻었는가를 본 다음 천간에 어떤 글자가 투출되었는가를 살펴보고 다시 월령에 어떤 글자가 사령되었는지를 연구해서 격의 진가를 정하게 되는 것이다. 그리고 나서 용신의 청탁도 살펴보게 되는데, 이것이 바로 진실로 거쳐야 하는 올바른 이치의 수순이다. 만약 월지에 비견이나 겁재(祿刃)가 있는 경우에는 격이 없다고 보아 취할 글자가 없으니 모름지기 일주의 희기를 살펴 다른 간지에서 천간에 투출된 글자를 용신으로 빌려 쓰게 되는 것이다. 그러나 격국에는 정격이 있고 변격이 있으니, 정격은 반드시 오행의 일반적인 이치를 따르고, 변격은 반드시 오행의 기세를 따르게 되는 것이다. 이것이 바르게 되면 반드시 오행의 일반적인 이치를 따르게 되는 것이고 변화를 추구하는 경우에는 반드시 오행의 기세를 따르게 되는 것이다.

【 강의 】

말도 많고 탈도 많은 격국에 대한 언급이다. 『적천수징의』에서 철초 선생이 생각하는 격국론은 이 정도가 전부인 셈이다. 그래서 어떻게 관찰하고 있는지에 대해 생각해 보면 되겠는데, 찬찬히 살펴보도록 하고, 낭월이 격국론에 대해 별로 비중을 둘 필요가 없다고 하는 점도 이렇게 이 부분에서 힘을 얻은 것을 바탕으로 하여 드리는 말씀이었다는 것을 느끼기에 충분할 것이다.

【滴天髓徵義】

正格.
官印. 財官. 煞印. 財煞. 食神制煞. 食神生財. 傷官佩印. 傷官生財.
정격.
관인. 재관. 살인. 재살. 식신제살. 식신생재. 상관패인. 상관생재.

【徐樂吾 補註】

按孤官不貴. 必取財印以爲輔. 孤財不富. 必用官印以爲佐. 故
有逢官看印. 以財爲引. 及逢財看傷食等說. 印綬食傷皆然. 卽使
用神專一. 亦必須運行輔佐之地. 方得生氣流動也.
　안고관불귀. 필취재인이위보. 고재불부. 필용관인이위좌. 고
유봉관간인. 이재위인. 급봉재간상식등설. 인수식상개연. 즉사
용신전일. 역필수운행보좌지지. 방득생기류동야.

➡ 정격에는,
　관인상생격(官印相生格),
　재관격(財官格),
　살인상생격(煞人相生格),
　재자약살격(財滋弱煞格),
　식신제살격(食神制煞格),
　식신생재격(食神生財格),

상관패인격(傷官佩印格),

상관생재격(傷官生財格)

등이 있다.

→ 외로운 관은 귀할 수가 없으니 반드시 재와 인성을 취해서 보좌로 삼고, 외로운 재는 부자가 되기 어려우니 반드시 관인을 보좌로 삼는다. 그래서 관을 만나면 인성을 보고 재성으로써 인도하게 된다. 그리고 재를 만나면 식상을 봐야 한다는 등의 이야기는 인수와 식상이 모두 마찬가지이다. 즉, 용신이 집중되면 또한 반드시 보좌의 운으로 행하게 되어 바야흐로 생기를 얻고 흘러서 움직이게 되는 것이다.

【 滴天髓徵義 】

變格.

從財. 從官殺. 從食傷 卽從兒格. 從旺. (詳下從格)從强. 從氣. 從勢. 一行得氣 卽曲直, 潤下, 炎上, 從革, 稼穡, 五格.

兩氣成形 卽兩神成象相生相成十格.

其餘外格多端. 不從五行正理. 盡屬謬談. 至於蘭台妙選所定一切寄格異局, 納音諸法. 尤屬不經. 不待辨而知其謬也. 更有吉凶神煞. 往往全無應驗. 千金賦云. 吉凶神煞之多端. 何如生剋制化之一理. 一言以蔽之矣.

변격.

종재. 종관살. 종식상 즉종아격. 종왕. (상하종격)종강. 종기. 종세. 일행득기 즉곡직, 윤하, 염상, 종혁, 가색, 오격.

양기성형 즉양신성상상생상성십격.

기여외격다단. 부종오행정리. 진속류담. 지어란태묘선소정 일절기격이국, 납음제법. 우속불경. 불대변이지기류야. 갱유길흉신살. 왕왕전무응험. 천금부운. 길흉신살지다단. 하여생극제화지일리. 일언이폐지의.

➡ 변격에는,
종재격(從財格),
종살격(從殺格),
혹은 종관격(從官格),
종식상격(즉 從兒格), (아래 종격 참고)
종왕격(從旺格),
종강격(從强格),
종기격(從氣格),
종세격(從勢格),
일행득기격(一行得氣格) 즉 종왕격(從旺格),
양기성상격(兩氣成象格)
등이 있다.

그 나머지의 외격이 대단히 많은데 오행의 바른 이치에 부합되지 않으니 모두 잘못된 이야기가 된다. 내지는 『난태묘선』이라는 책에 정한 바의 일체의 모든 기이한 격국과 납음으로 이루어진 방법들은 더욱더 무시해야 하겠다. 그러니까 이러한 것을 가려서 판단할 필요도 없이 그대로 잘못된 줄 알면 될 일이다. 다시 길흉의 신살이 있는데 살펴봐도 전혀 맞지 않는다. 또한, 『천금부』에 말하듯 길흉 신살의 다양한 종류들이 어찌 생극제화의 한 가지 이치와 부합이 되겠는가! 그러니까 한 마디로 폐지하라는 것이다.

【강의】

설명을 보니 과연 철초 선생의 격에 대한 생각이 어디에 머물러 있는지 짐작할 수가 있겠다. 그리고 이미 이러한 의미의 내용은 통신 송의 설명 부근에서도 그대로 드러나 있다고 하겠다. 그리고 여기에서 기다렸다는 듯이 마구 쏟아내는 이야기들은 결국 격국에 대해서는 특별히 고려해야 할 필요가 없다는 언급으로 이해해야 하겠다.

신살격이라고 하는 말은 무슨 의미인지 모르겠으나 아마도 신살의 이름을 빌려서 등장한 격국도 있었던 모양이다. 언뜻 생각나는 것으로는 괴강격(괴강살에서 연유), 공귀격(천을귀인이 끼여 있다는 격) 등이 이에 해당하는 것이 아닐까 짐작된다. 그리고 여러 가지의 신살들에 대해 일일이 언급하지 않았지만 실제로 해석을 기다릴 필요도 없다고 딱 잘라 매듭을 지어 버린다고 봐야 하겠다. 그러니까 이 정도에서 기본적인 원리에 입각한 몇 가지의 내용에 대해서만 생각하라는 의미로 판단된다.

『난태묘선』이나 『천금부』의 내용에서도 이 부근에 대한 오류를 충분히 거론한 모양인데, 당시의 명리학자들이 그대로 응용하고 있는 것을 개탄하는 마음도 엿보인다. 21세기를 맞이한 이 시점에도 이러한 부류의 격국론을 그대로 답습하는 학자의 무리가 적지 않음을 보면서 역시 낭월도 개탄할 수밖에 없다.

『징의』에서는 보이지 않는데 『천미』에는 일부 첨가되어 있는 내용이 보인다. 그리고 아래의 낙오 선생이 언급한 내용을 보아 나중에

『적천수천미』의 출판본과 비교해 보면서 이 부근에 대한 이야기가 일부 유실된 것으로 보고 아마도 스스로 비슷한 내용을 추가하신 것이 아닌가 싶은 생각이 든다.

그래서 『천미』에 들어 있는 내용을 여기에서 언급하고 넘어가도록 하겠다.

【 滴天髓闡微 】

……一言以蔽之矣(같은 내용이어서 앞은 생략함), 卽如壬辰
日爲壬騎龍背, 壬寅日爲壬騎虎背, 何不再取壬午壬申壬戌壬
子爲騎馬猴犬鼠之背乎. 又如六辛日逢子時, 爲六陰朝陽, 夫五陰
皆陰, 何獨辛金可朝陽, 餘干不可朝陽乎. 且子爲體陽用陰, 子中
癸水, 六陰之至, 何謂陽也. 又如六乙逢子時, 爲鼠貴格, 夫鼠者,
耗也. 何以爲貴, 且十干之貴, 時支皆有之者, 豈餘干不可取貴
乎. 不待辨而知其謬也. 其餘謬格甚多, 支離無當, 學者宜細詳正
理五行之格, 弗以謬書爲惑也.

……일언이폐지의, 즉여임진

일위임기용배, 임인일위임기호배, 하부재취임오임신임술임
자위기마후견서지배호. 우여육신일봉자시, 위육음조양, 부오음
개음, 하독신금가조양, 여간불가조양호. 차자위체양용음, 자중
계수, 육음지지, 하위양야. 우여육을봉자시, 위서귀격, 부서자,
모야. 하이위귀, 차십간지귀, 시지개유지자, 기여간불가취귀
호. 부대변이지기류야. 기여류격심다, 지리무당, 학자의세상정
리오행지격, 불이류서위혹야.

→ ······ 한 마디로 폐지해야 할 것이다(여기부터 추가되는 내용임). 즉, 壬辰일주를 임기용배, 즉 임수가 용의 등을 타고 있는 격이라고 하고, 壬寅일주는 임기호배, 즉 임수가 호랑이 등에 타고 있는 격이라고 하는데, (그렇다면) 어째서 壬午일주에게는 임기마배격이라고 하지 않고, 壬申일주에게는 임기후배격이라고 하지 않았으며, 壬戌일주에게는 또 임기견배격이라고 하지 않으며, 壬子일주를 일러서 임기서배격이라고 하지 않는 이유가 또 무엇이냐?

또 예를 들면, 辛金일주가 子時에 태어나면 일러서 육음조양격이라고 하는데, 어째서 辛金에게만 조양이 가능하고 그 나머지 乙木이나 丁火, 또는 己土, 癸水에게는 조양이 불가능한 이유는 무엇이냐? 또, 子水는 체가 양이고 용이 음이며, 지장간에는 癸水로 되어 있는데, 과연 육음 중에서도 가장 지극한 음임에도 불구하고 어째서 양이라고 하느냔 말이다.

또, 乙木이 子時에 태어나면 이를 일러서 서귀격이라고 하는데, 대저 서라고 하는 것은 쥐를 말하고 쥐는 소모성이다. 그런데 무슨 이유로 귀하다고 하느냔 말이다. 또, 十干의 귀함이 時支에 다 있는 것이라면 어째서 나머지 干은 귀함을 취할 수가 없다는 말인가? 옳고 그름을 가릴 필요도 없이 그대로 잘못된 것임을 알겠다. 그 나머지 잘못된 격도 무수히 많은데, 지지를 떠나 합당함이 없으니 학자는 마땅히 올바른 오행의 격을 연구할 것이고 잘못된 책의 내용으로 인해서 현혹되지 말아야 하겠다.

【강의】

음……. 뭔가 생각을 하게 하는 내용이다. 이렇게 조목조목 구분하여 따지는 것을 보면 과연 철초 선생다운 주장이라고 생각된다. 그리고 내용은 이치에 합당해서 전혀 트집 잡을 곳이 없다고 해야 하겠다. 이렇게 합리적인 주장만 하는 것으로써 학자의 자존심을 살려야 하겠다. 그리고 서귀격(鼠貴格)이라고 하는 말을 생각해 보면 쥐가 귀해야 할 이유는 전혀 없는데, 묘하게도 당사주(唐四柱)에 나오는 내용 중에서 子에 대한 의미를 보면 자천귀(子天貴)라고 하는 말이 있음을 본다. 과연 이것과는 어떤 연관이 있을까? 생각해 보면 뭔가 연결 고리가 있을 것이라고 생각된다. 그리고 실제로 연결 고리가 있었다고 한다면 격국의 명칭 중에는 이렇게 당사주에서 묻어 들어온 것도 있다는 것인데, 그야말로 한숨이 저절로 나올 지경이라고 하겠다.

그리고 이러한 내용이 『징의』에는 등장하지 않았지만 실은 없다고 해도 내용에 큰 문제는 없다. 다만 좀더 명확하게 따져 보고 싶은 철초 선생의 마음이 잊혀질까 싶은 생각도 들지만, 이렇게 삽입을 시킴으로써 벗님은 참고하실 수가 있겠다.

【徐樂吾 補註】

按影響遙繫. 名爲外格. 實非格也. 不過干支生成特異之點. 爲天地靈秀所鍾而已. 如天干一氣, 地支連茹, 等是. 夫格局者. 五氣聚而成形. 自成一種形象. 生剋制化. 各有一定法則. 而雜格則不然. 書云大凡貴命. 合二三格局. 取之左右逢源. 不可以格多爲

雜云云. 若成形象. 豈能兼取二三.自相矛盾. 又古歌云. 諸般貴
氣雖合格. 六格大綱難去得. 更看向背運進行. 不可一途而取則.
足見雖合貴氣. 仍須依照才官印食取用. 然則所謂貴氣者. 豈能
依以爲據. 名之爲格. 不免淆亂眼目. 但吉者助吉. 凶者解凶. 亦
非盡無可取. 而夾拱沖會. 尤能增無形之助力. 茲特集合稍有依
據者. 名之曰雜格一覽. 附於卷末. 以供參考. 至於特爲一名人之
造而錫以佳名. 如諸書所列者. 不勝其搜集. 一槪從略.

　안영향요계. 명위외격. 실비격야. 불과간지생성특이지점. 위
천지영수소종이이. 여천간일기, 지지연여, 등시. 부격국자. 오
기취이성형. 자성일종형상. 생극제화. 각유일정법즉. 이잡격즉
불연. 서운대범귀명. 합이삼격국. 취지좌우봉원. 불가이격다위
잡운운. 약성형상. 기능겸취이삼.자상모순. 우고가운. 제반귀
기수합격. 육격대강난거득. 갱간향배운진행. 불가일도이취즉.
족견수합귀기. 잉수의조재관인식취용. 연즉소위귀기자. 기능
의이위거. 명지위격. 불면효란안목. 단길자조길. 흉자해흉. 역
비진무가취. 이협공충회. 우능증무형지조력. 자특집합초유의
거자. 명지왈잡격일람. 부어권말. 이공참고. 지어특위일명인지
조이석이가명. 여제서소열자. 부승기수집. 일개종략.

→ 영향요계의 격국들을 살펴보면 외격에 속하는 이름들이다. 그러
나 실제로는 격이라고 할 수 없는 갖가지 특이한 점을 빌려서 붙여진
것에 불과하다. 간지의 배합에는 온갖 종류의 특이한 점이 있으니 예
를 든다면 '천간일기' 라거나 '지지연여' 등이 그것이다. 대저 격국이
라고 하는 것은 다섯 가지의 기운이 모여서 형상을 이룬 것인데, 생
극제화에는 각기 일정한 법칙이 있으나 잡격은 그렇지 않다.

서에 말하기를, 대저 귀한 팔자는 두서너 개의 격국에 부합되고 좌우에서 그 근원을 찾을 수 있다고 하니 격이 많아서 잡격이라고 하는 말은 불가하다는 등등의 이야기도 보인다. 만약 형상이 이뤄진다면 어찌 능히 2~3개의 격을 취하랴! 스스로 모순이 되는 셈이다. 또, 옛 노래에 이르기를 '모든 귀한 기운이 비록 격으로 합당하다고 하더라도 六格의 대강으로써는 다 얻기 어렵네. 다시 운의 진행이 등지지 않아야 하니 한 운으로만 취하기는 불가하다네.'

비록 귀한 기운에 족히 합당함을 보더라도 오히려 재관인식에 의지해서 용신을 취해야 한다는데, 소위 귀기(貴氣)라고 하는 것에 능히 의지하여 증거를 댈 것인가. 이름은 귀격이지만 눈앞을 어지럽히는 것을 면하지 못할 것이다. 다만 길한 것은 길을 도와 주고 흉한 것은 흉을 해소하더라도 다 사용할 수가 없는데, 협공이나 충과 회합은 더욱 무형의 힘을 도와 주고 있는 셈이기도 하여, 이에 특별히 합당한 근거를 붙여 보아 참고를 삼도록 했으니 이름이 '잡격일람' 이다. 책의 끝에 붙여 둘 테니까 참고해서 보기 바란다. 나아가서 특별히 한 사람에게 부여한 하나의 아름다운 이름도 모든 책에 나열했지만 그러한 것을 다 모은다는 것은 불가능하다. 그래서 이렇게 요약한다.

【 강의 】

말을 이어 보기가 극히 어렵다. 같은 한자인데도 쓰는 사람에 따라서 이렇게 난해한 모양이다. 칭찬을 하는 말인지 부정을 하는 말인지도 명확하지 않다. 가장 확실한 것은 '잡격일람' 이라고 하는 도표를 책 뒤에 붙여 둘 테니까 참고하라는 이야기인데 벗님은 절대로 이 일람표를 찾으려고 하지 말라는 말씀을 드린다. 이 책(『적천수징의』)에는 그러한 일람표가 없기 때문이다. 아마도 편집하는 과정에서 출판사의 누군가가 삭제한 모양이다. 그리고 기본적으로『적천수』의 원리에 어긋나니까 붙여 둘 필요가 없었던 것인지도 모르겠는데, 낙오 선생의 말은 없는 것이 오히려 더 좋을 것으로 생각이 된다. 그냥 참고만 하시는 것이 좋겠다. 그리고 본문의 내용 중에서 '更看向背運進行'은 '更看向背運辰行'으로 되어 있는데 辰이 잘못 들어가 있는 것이어서 바로잡음을 밝힌다.

癸	乙	癸	庚
未	未	未	辰

辛	庚	己	戊	丁	丙	乙	甲
卯	寅	丑	子	亥	戌	酉	申

此造支中三未通根. 尙有餘氣. 干透兩癸. 正三伏生寒. 貼身生扶. 亦通根身庫. 官星獨發而淸. 癸水潤土養金. 生化不悖. 財旺生官. 中和純粹. 科甲出身. 仕至藩臬. 官境安和.

차조지중삼미통근. 상유여기. 간투양계. 정삼복생한. 첩신생부. 역통근신고. 관성독발이청. 계수윤토양금. 생화불쾌. 재왕생관. 중화순수. 과갑출신. 사지심얼. 관경안화.

➡️이 사주는 지지에 있는 세 개의 미토에 뿌리를 내려 오히려 여기가 있는데, 천간에 투출한 두 개의 癸水는 바로 삼복더위에 한기를 생하는 성분으로서 日干에 바짝 붙어 생부를 해 주면서 또한 신고인

辰土에 통근을 하였으며 관성이 홀로 투출되어서 청하다. 계수는 토를 적셔 주고 금을 길러 주어서 생화하는 기운이 어그러지지 않았는데 재가 왕하여 관을 생하니 순수하여 중화를 이뤘다. 과거 출신으로 벼슬이 번얼에 이르렀으며, 벼슬길이 편안했다.

【강의】

사주의 구조는 인성이 용신이고 희신은 庚金이 될 모양이다. 그리고 월지는 偏財格이다. 여하튼 이리저리 따져 봐도 신약에 관인상생격으로 보는 것이 가장 명확하겠다. 물론 이렇게 보는 것은 용신격의 원리라고 하면 될 것이고, 기존 격국과는 아무런 상관이 없다고하는 점도 차제에 참고 삼아 알아 두면 되겠다.

丙	丁	壬	己
午	未	申	丑

甲	乙	丙	丁	戊	己	庚	辛
子	丑	寅	卯	辰	巳	午	未

此造以大勢觀之. 官星淸於彼. 何彼則富貴. 此則困窮. 不知此造無印. 壬水緊剋. 午未雖是餘氣祿旺. 丑中蓄水, 暗傷午未之火. 壬水逢生, 又傷丙火. 更嫌己土一透. 不能制水. 反能晦火. 兼之中運逢土. 又洩火氣. 謂剋洩交加. 因之功名未遂. 耗散資財. 尙不免刑妻剋子. 細究皆己丑兩字之患. 幸格局順正. 氣象不偏. 將來運至木火之地. 雖然屈抑於前. 終必奮亨於後.

차조이대세관지. 관성청어피. 하피즉부귀. 차즉곤궁. 부지차
조무인. 임수긴극. 오미수시여기록왕. 축중축수, 암상오미지
화. 임수봉생, 우상병화. 갱혐기토일투. 불능제수. 반능회화.
겸지중운봉토. 우설화기. 위극설교가. 인지공명미수. 모산자
재. 상불면형처극자. 세구개기축양자지환. 행격국순정. 기상불
편. 장래운지목화지지. 수연굴억어전. 종필분형어후.

➡이 사주의 대세를 보면 관성이 앞 사주보다 맑다. 그런데 앞 사주
는 부귀를 했는데, 이 사주는 곤궁했단 말인가. 이 사주는 인성이 없
는 상태에서 임수에게 극을 받고 있으며, 오미는 비록 여기로서 녹
왕이라고는 하지만 축토 속에 있는 저장된 물에 오미의 불이 손상되
었고, 생을 만난 임수가 또 丙火를 상하게 하는 상황에서 다시 己土
가 투출된 것이 밉다. 그러면서 물을 제하기도 불가능하므로 도리어
불만 어둡게 하는데, 겸해서 중간의 운에서 土를 만나 다시 火를 설
하게 되니 이른바 극설이 교차되는 것이어서 공명도 되지 않았고 재
물만 자꾸 소모되었다. 그리고 도리어 형처극자도 면하지 못했으니
자세히 연구해 보면 모두 己丑의 두 글자가 우환이다. 다행히도 격
국이 순수하고 바르고 기상이 치우치지는 않았으니 장래에 운이 木
火로 흘러가면 비록 앞에서는 눌려서 지냈지만 마침내는 분발해서
행복한 말년을 맞이할 것이다.

【강의】

설명 중에서 은연중에 격국론을 무시하는 듯한 느낌이 드는 것은
축토에게 午未火가 극을 받고 있다는 황당한 말을 눈썹도 까딱하지

않고 늠름하게 하시는 것으로 봐서이다. 여하튼 격국론으로 보아서는 앞의 사주보다 이 사주가 더 청하지만 실제로 살아가는 것은 결국 사주의 구조에 있는 것이 아니라 운의 성패에 달렸다고 하는 말씀을 하고 싶으셨을 것이다. 그리고 이렇게 자신의 주장으로 가깝게 이끌고 가는 것은 어쩌면 학자의 당연한 아전인수일 것이라고 봐야 하겠다. 그리고 이 정도야 애교로 보아 드릴 수가 있지 않겠느냐고 슬며시 주장해 본다. 그리고 억지성 발언을 하는 곳도 간간이 보이지만 이해할 수가 있다.

辛	丙	乙	癸
卯	午	卯	未

丁	戊	己	庚	辛	壬	癸	甲
未	申	酉	戌	亥	子	丑	寅

此官淸印正格, 喜其卯未拱木. 純粹之象. 故爲人品格超羣. 才華卓越. 文望若高山北斗. 品行似良玉精金. 惜印星太重. 官星洩氣. 神有餘而精不足, 以致功名蹭蹬. 縱有凌雲之志. 難逐靑錢之選. 還喜格正局淸. 財星逢合. 雖然大才小用. 究竟名利兩全. 仕路淸高. 施淸芟之雅化. 振棫樸之人才也.

차관청인정격, 희기묘미공목. 순수지상. 고위인품격초군. 재화탁월. 문망약고산북두. 품행사량옥정금. 석인성태중. 관성설기. 신유여이정부족, 이치공명층등. 종유능운지지. 난수청전지선. 환희격정국청. 재성봉합. 수연대재소용. 구경명리양전. 사로청고. 시청아지아화. 진역박지인재야.

➡️이 사주는 관성과 인성이 맑아 격이 바른데, 반가운 것은 卯未의 합으로 목이 되어 있는 것이다. 순수한 형상이므로 사람의 품격이 보통 사람을 뛰어넘었고, 재능도 탁월했으며, 글의 문장력은 고산의 북두칠성처럼 빛났고, 품행은 마치 정교하게 다듬은 옥과 같아서 티가 없었다. 다만 아까운 것은 인성이 너무 많아서 관성의 기운이 설기되는 것이다. 신은 유여한데 정이 부족한 형상이라 이 때문에 벼슬길에서 미끄러졌다. 비록 구름을 능멸할 위대한 뜻이 있다고 해도 국가에 선발되지 못하였으니 도리어 격이 바르고 국이 청한 것이 기쁠 뿐이다. 재성이 합이 되어서 비록 큰 재목을 작게 쓴 꼴이 되기는 했지만 마침내는 명리를 모두 얻었고 벼슬길도 청고해서 많은 사람들에게 교화의 덕을 베풀었고, 주변에 큰 이름을 떨치게 되었던 것이다.

【강의】

끝 부분에서는 다소 의역을 했다. 글만 가지고 풀어서는 맛이 덜할 듯 싶어서이다. 그래도 본래의 뜻에서 별로 벗어나지 않았을 것이다. 그나저나 용신은 時干의 辛金이 되는 구조이고 희신은 습토가 되어야 할 것으로 보겠다. 수운에서는 별로 빛을 내지 못하다가 나중에 토금운을 달리면서 자신의 몫을 찾게 되었던 것으로 해석하면 무난하겠다. 비록 격이 청하다고는 해도 역시 운이 도와 줘야 그 능력을 발휘하게 된다는 의미가 아닐까 싶다.

壬	癸	丙	辛
戌	卯	申	卯

戊	己	庚	辛	壬	癸	甲	乙
子	丑	寅	卯	辰	巳	午	未

此印綬格. 以申金爲用. 以丙火爲病. 以壬水爲藥. 中和純粹.
秋水通源. 運至癸巳. 金水逢生得助. 科甲聯登. 壬辰藥病相濟.
由部屬出爲郡守. 至辛卯庚寅. 蓋頭逢金. 寅卯之木. 不能生火壞
印. 所以名利兩全也.

차인수격. 이신금위용. 이병화위병. 이임수위약. 중화순수.
추수통원. 운지계사. 금수봉생득조. 과갑연등. 임진약병상제.
유부속출위군수. 지신묘경인. 개두봉금. 인묘지목. 불능생화괴
인. 소이명리양전야.

❧이 사주는 인수격에 월령의 申金을 용신으로 하게 되는데, 丙火는
병이 되었다. 그러면 다시 壬水는 약이 되는 것이니 중화가 되어 순
수하다고 하겠다. 가을의 물이 원류에 통해 있기 때문이다. 운이 癸
巳로 흐르면서 金水가 생조를 얻게 되자 벼슬길이 계속 상승하여 壬
辰대운을 만나자 다시 병에 약을 만난 셈이라 부속으로 출발해서 군
수까지 되었다. 그리고 辛卯와 庚寅을 지나면서 金이 개두되어 있으
므로 寅卯의 목은 불을 생하고 인성인 금을 깨기 불가능하니 그래서
명리를 모두 얻은 것이다.

【강의】

이 사주의 경우에는 격국론에도 부합되고 용신론에도 부합되는 구조이다. 그러니까 둘러치나 메어치나 같은 결론이 난다는 이야기인데, 그래서 별 문제가 없다고 하겠다. 그러면 여기에 등장한 이유는 무엇일까 하는 의문이 든다면 일단 다음 사주를 보시라고 권하면서 빙그레~.

甲	癸	丙	辛
寅	卯	申	卯

戊	己	庚	辛	壬	癸	甲	乙
子	丑	寅	卯	辰	巳	午	未

此亦以申金爲用. 以丙火爲病. 與前造只換一寅字. 不但有病無藥. 而且生助病神. 彼則靑錢萬選. 名利兩全. 此則機杼空抛. 守株待冤. 更嫌寅申逢冲. 卯木助之. 印綬反傷. 木旺金缺. 且月建乃六親之位. 未免分荊破斧. 資財耗散. 惟壬運幇身去病. 財源稍裕. 辛卯, 庚寅. 東方無根之金. 未能進取. 家業不過小康. 然格正局眞. 印星秉令. 所以襟懷曠達, 八斗才誇. 爭似元龍意氣. 五花筆吐. 渾如司馬文章. 獨嫌月透秋陽. 難免珠沉滄海. 順受其正. 莫非命也.

차역이신금위용. 이병화위병. 여전조지환일인자. 부단유병무약. 이차생조병신. 피즉청전만선. 명리양전. 차즉기저공포. 수주대토. 갱혐인신봉충. 묘목조지. 인수반상. 목왕금결. 차월건내육친지위. 미면분형파부. 자재모산. 유임운방신거병. 재원

초유. 신묘, 경인. 동방무근지금. 미능진취. 가업불과소강. 연격정국진. 인성병령. 소이금회광달, 팔두재과. 쟁사원룡의기. 오화필토. 혼여사마문장. 독혐월투추양. 난면주침창해. 순수기정. 막비명야.

➨이 사주 또한 (앞 사주와 같이) 申金을 용신으로 하는데 丙火가 병이다. 앞 사주와 더불어 다만 時柱가 바뀌었는데, 병이 있고 약이 없을 뿐만 아니라 병신을 생조해 주는 역할도 인목이 하고 있다. 앞 사람은 벼슬길에 선발되어 명리를 모두 얻었건만, 이 사람은 허공에 베틀의 북을 던지고 나무를 보면서 토끼가 지나가기만을 기다리면서 세월을 보냈다. 다시 寅申충이 된 것이 싫은데 卯木이 또 寅木을 도와 주니 인수가 도리어 상하니 목왕금결이기 때문이다. 또, 月柱는 육친의 자리가 되는데, 고통을 면할 수가 없었으며 가업이 쇠약해서 겨우 연명이나 할 정도였다. 오직 壬운에는 일간을 돕고 병을 나았고 재물이 조금 여유로워졌는데 辛卯, 庚寅의 운은 동방의 뿌리 없는 금이라 발전이 없었고, 가업도 겨우 안정되었을 뿐이다. 그러나 격은 바르고 국이 진실하여 인성이 당령을 하니, 그래서 가슴 속에는 천하를 다스릴 큰 뜻을 품었고, 여덟 말의 재능은 원룡과 의기를 다툴 만했다. 다섯 꽃이 붓끝으로 토해져 나오니 사마천의 문장과 겨룰 만했으나 다만 싫은 것은 월간의 가을 태양이 투출된 것이다. 그러니 밝은 구슬이 창해에 빠짐을 면하기 어려웠는데, 그 바름을 따르기는 했어도 명이라 아니할 수 없다.

由此數造觀之. 格局不可執一論也. 不拘財官印綬等格. 與日主無二. 旺則宜抑. 衰則宜扶. 印旺洩官, 宜財星. 印衰逢財宜比

劫. 此不易之法也.

　유차수조관지. 격국불가집일론야. 불구재관인수등격. 여일
주무이. 왕즉의억. 쇠즉의부. 인왕설관, 의재성. 인쇠봉재의비
겁. 차불역지법야.

➜이상 몇 사주를 보건대, 격국에는 집착할 필요가 없다는 말이 되
겠다. 재관이니 인수격 등의 이름에 얽매일 필요도 없겠다. 일주와
더불어 둘이 아니라는 점을 생각하여 왕하면 눌러 주고 쇠하면 도와
주면 되는 일이다. 인수가 왕하면 관이 설기되니 재성이 있어야 마
땅하고 인수가 쇠약한 상태에서 재성을 만났다면 또 비겁이 옳은 것
이니, 이것이야말로 바뀌지 않는 올바른 법인 것이다.

【강의】

　아마도 격국의 이름이 실제로 운명을 해석하는 과정에서는 아무런
필요가 없다고 생각하신 것으로 보인다. 그래서 있는 그대로의 실제
상황에 따라 해석하면 그만이지 별도로 격국의 이름에 의해서 좋으
니 나쁘니 하지 말라는 말씀으로 이해하면 되겠다.

【徐樂吾 補註】

看命捷訣

用之官星不可傷. 不用官星儘可傷.
用之財星不可劫. 不用財星儘可劫.

用之印綬不可壞. 不用印綬儘可壞.

用之食神不可奪. 不用食神儘可奪.

用之七殺不可制. 制殺太過反爲凶.

身殺兩停宜制殺. 殺重身輕宜化殺.

身强殺淺宜生殺. 陽刃重重喜食傷.

若逢官殺亦生殃. 財多身弱宜劫刃.

劫重財輕喜食神. 官旺身衰宜印地.

官衰印旺利財鄕. 莫道梟神無用處.

殺多食重最爲良. 勿謂陽刃是凶物.

財多黨殺亦爲貞. 此是子平眞要訣.

後之學者細推尋.

　看名衰旺强弱之理最難. 旺者, 日干生當令之時. 又見比劫印
綬, 謂之旺. 若只當令, 無劫印生扶. 仍作衰論. 强者, 日干當令.
四柱皆劫印, 謂之强. 弱者, 日干逢休囚. 柱中無劫印, 謂之弱.
四柱有劫印, 謂之衰. 日干雖不當令. 而四柱劫印重. 亦作旺論.
必須審察的確. 旺者宜剋. 强者宜洩. 衰者宜扶. 弱者宜抑. 此不
易之法也.

→ 사주 보는 핵심 비결

　관성이 용신일 때는 손상되면 안 되지만,
　용신 삼지 않을 적엔 완전히 극해야 한다.
　재성이 용신이면 겁재는 불가하고,
　용신이 아니라면 겁재가 극해야 한다.

인수가 용신이면 깨져서는 안 되는데,
용신이 아니라면 깨져도 상관없다.
식신을 용할 적엔 겁탈하면 안 되지만,
용신 삼지 않을 적엔 빼앗겨도 상관없다.
칠살이 용신이면 제하면 큰일이니,
지나치게 극 받으면 도리어 흉해진다.
살과 신이 균형을 이루고 있을 때는
살을 제하는 것이 오히려 길하고,
살이 왕하고 일주가 약할 적에는
인성으로 化하는 것이 그 중 아름답다.
신강하고 살이 도리어 약하다면
마땅히 재성으로 살을 생해 주어야 할 일이다.
양인이 중중하면 식상이 반갑고
그 가운에 관살이 보인다면 재앙이 발생한다.
재다신약의 사주라면 비겁이 으뜸의 보약이나,
비겁이 중하고 재성이 약하다면 식신이 가장 좋다.
관성은 왕하고 일주는 쇠약하면 인성이 가장 좋고,
관이 쇠하고 인이 왕하다면 재의 운이 대길하다.
편인(梟神)을 쓸 곳 없다고 말하지 말라.
살이 많고 식상도 많으면 가장 좋은 양약이다.
양인을 흉물이라고 말하지 말라.
재가 많아 살과 뭉치면 가장 정조를 잘 지키는 협력자다.
이것이 바로 자평의 참된 이치이니
후세의 학자는 깊고 세밀하게 연구하라.

팔자를 볼 때 가장 어려운 부분이 강약과 쇠왕의 이치이다. 旺은 일주가 당령을 하고 또 비겁과 인수가 많은 것을 말하는데, 만약 당령만 하고 비겁이나 인성의 도움이 없다면 오히려 쇠하다고 말하게 된다. 强은 일주가 당령을 했으면서 사주에 겁재와 인성이 많음을 이르는 말이다.

弱은 일간이 휴수의 월지[食財官月]에 속하고 주중에는 다시 인겁의 도움이 없을 경우에 해당하는 말이다. 사주에 인겁이 있을 경우에는 쇠하다고 하기도 한다. 일간이 비록 당령은 하지 못했더라도 사주에 인겁이 겹겹이 있다면 또한 왕으로 말하게 되는 것이니, 반드시 이러한 상황을 정확하게 살펴야 한다.

왕한 사주는 극하는 것이 좋고,
강한 사주는 설하는 것이 좋으며
쇠한 사주는 비겁으로 돕는 것이 좋고,
약한 사주는 극하는 것이 좋다고 하겠는데
이것이 바로 바뀌지 않는 이치라고 한다.
(체용쇠왕에 대한 항목을 참고하기 바람)

【 강의 】

길게 설명을 드렸는데 요약이 잘 되어서 참고가 되시리라고 본다. 자꾸 보다 보면 군소리처럼 들리겠지만, 처음에 보시는 경우는 크게 도움이 되실 것이다. 낭월도 오히려 정리가 된 느낌이 들었던 생각이 난다. 모처럼 낙오 선생께 고맙다는 말씀을 드려야 할 정도로 부연 설명 중 가장 도움이 되는 대목이다.

【滴天髓】

影響遙繫既爲虛. 雜氣財官不可拘.
영 향 요 계 기 위 허. 잡 기 재 관 불 가 구.

⟹ 그림자와 메아리를 쳐다봄과 얽힘은 모두 헛된 것이고, 잡기재관
에도 구애받지 않는다.

【滴天髓徵義】

影響遙繫. 卽暗冲暗合等格. 夫冲者散也. 合者化也. 何能爲我
所用乎. 至於雜氣財官. 亦是畵蛇添足. 夫戊之在辰戌. 己之在丑
未. 乃本氣用事. 非墓也. 乙辛之在辰戌. 癸丁之在丑未. 乃本方
餘氣. 亦非墓也. 特辰中之癸. 戌中之丁. 丑中之辛. 未中之乙.
乃誠墓耳. 故生於四季. 如用辰戌之戊. 丑未之己. 猶如用餘八支
之本氣. 如用辰戌中之乙辛. 丑未中之癸丁. 猶之用餘八支之所
藏. 皆不待刑冲而得力也. 惟用辰戌中之癸丁. 丑未中之辛乙. 慮
其閉藏, 當求其透出. 天干苟得透出. 亦不待刑冲而後得力也. 不
能透出. 乃講刑冲. 然墓神强旺. 遇刑則動. 遇冲則發. 是爲開庫.
墓神衰弱. 遇刑則敗. 遇冲則拔. 是爲剋倒. 若土則本無刑冲. 更
不待言矣. 命者, 五行之理也. 格者, 五行之正也. 論命取格. 須
究五行正理. 澈底根源. 則窮通壽夭, 自不爽矣. 大凡格局眞實而
純粹者. 百無一二. 破壞而雜亂者. 十有八九. 無格可取, 無用可

尋者甚多. 格正用眞. 行運不悖. 名利自如. 格破用損. 謂之有病. 憂多樂少. 倘行運得所. 去其破損之物. 扶其喜用之神. 譬如人染沈疴. 得良劑以生也. 不貴亦富. 無格可用者. 尋其用神. 若用神有力. 行運安頓. 亦可以刱業興家. 無格可取. 無用可尋. 只可看其大勢. 與日主之所向. 運途能補其所喜. 去其所忌. 雖碌碌營生. 可免飢寒之患. 若行運又無可取. 則不貧亦賤. 若格正用眞. 行運五行反悖. 一生有志難伸.

영향요계. 즉암충암합등격. 부충자산야. 합자화야. 하능위아소용호. 지어잡기재관. 역시화사첨족. 부무지재진술. 기지재축미. 내본기용사. 비묘야. 을신지재진술. 계정지재축미. 내본방여기. 역비묘야. 특진중지계. 술중지정. 축중지신. 미중지을. 내성묘이. 고생어사계. 여용진술지무. 축미지기. 유여용여팔지지본기. 여용진술중지을신. 축미중지계정. 유지용여팔지지소장. 개부대형충이득력야. 유용진술중지계정. 축미중지신을. 여기폐장, 당구기투출. 천간구득투출. 역부대형충이후득력야. 불능투출. 내강형충. 연묘신강왕. 우형즉동. 우충즉발. 시위개고. 묘신쇠약. 우형즉패. 우충즉발. 시위극도. 약토즉본무형충. 갱부대언의. 명자, 오행지리야. 격자, 오행지정야. 논명취격. 수구오행정리. 철저근원. 즉궁통수요, 자불상의. 대범격국진실이순수자. 백무일이. 파괴이잡란자. 십유팔구. 무격가취, 무용가심자심다.격정용진. 행운불패. 명리자여. 격파용손. 위지유병. 우다락소. 당행운득소. 거기파손지물. 부기희용지신. 비여인염심아. 득량제이생야. 부귀역부. 무격가용자. 심기용신. 약용신유력. 행운안돈. 역가이창업홍가. 무격가취. 무용가심. 지가간기대세. 여일주지소향. 운도능보기소희. 거기소기. 수녹녹영생.

가면기한지환. 약행운우무가취. 즉부빈역천. 약격정용진.
행운오행반패. 일생유지난신.

➡️ 영향요계라는 말은, 즉 암충이나 암합 등의 격을 말한다. 대저 충
이라고 하는 것은 흩어지는 것이다. 합은 변화하는 것이다. 그렇다
면 어떻게 내가 쓸 수가 있겠느냐는 말이다. 내지는 잡기로 되어 있
는 재관이라는 말도 또한 뱀 그림에 발을 그려 넣는 것과 다름이 없
으니 대저 戊土가 辰戌에 있고, 己土가 丑未에 있으면 이것은 本氣
에 해당하므로 그대로 용신으로 사용할 수 있는 것이니, 이것은 묘
라고 해서는 안 되는 것이다.

乙木이 辰에 있거나 辛金이 戌에 있을 경우나 癸水가 丑에 있는 경
우, 그리고 丁火가 未에 있는 경우에는 각자 자신의 餘氣에 해당하
는 것이니 또한 묘가 아닌 것은 당연하다.

특별히 辰土 속의 癸水와 戌土 속의 丁火, 丑土 속의 辛金, 그리고
未土 속의 乙木에 대해서만 진실로 묘라고 할 뿐이다.

그러므로 사계절에 태어난 경우, 예를 들면 辰戌 속의 戊土를 용
신으로 삼거나 丑未 속의 己土를 용신으로 삼을 경우에는 마치 다른
8개의 지지에서 본기를 용신으로 삼은 것과 완전히 같은 것이다.
(가령, 申金의 庚金, 亥水의 壬水, 寅木의 갑목, 卯木의 乙木 등등)

또 예를 들면, 辰土의 乙木이나 戌土의 辛金, 丑土의 癸水나 未土
의 丁火를 용신으로 삼았다면 이것은 마치 다른 8개의 지지에서 餘

氣를 용신으로 삼은 것과 다름없으니 형충을 기다려 힘을 얻을 필요가 없는 것이다.

　오로지 辰土 속의 癸水나 戌土 속의 丁火, 丑土 속의 辛金, 丁火 속의 乙木을 용신으로 했을 경우에만 갇혀 있는 것으로 간주해서 마땅히 투출이 된 다음에 사용한다고 할 것이다. 천간에 이미 투출이 되었다면 또한 형충을 기다린 다음 발한다고 할 것이 없다. 그리고 투출이 불가능하다면 이것은 형충을 꾀하게 될 것이나, 묘신이 강왕하다면 형하면 동하고 충하면 발한다고 할 것이니, 이는 창고가 열렸다고 해도 될 것이다.

　그런데 묘신이 쇠약하다면 다시 형충을 만나게 되면 그대로 형하면 깨어질 것이고, 충하면 뽑혀 버릴 것인데, 이것이 바로 극으로 거꾸러진 경우이다. 토는 본기이니 서로 형충할 필요가 없는 일이고, 다시 기다리고 말고 할 필요가 없는 것이다.

　팔자라는 것은 오행의 이치가 되고 격은 오행의 바름이 되는데, 명을 논하고 격을 취함에는 반드시 오행의 바른 이치를 연구해서 철저하게 근원을 규명한즉 궁리하면 길흉이 그대로 통할 것이다.

　대저 격국이 진실하고 순수한 자는 백에 하나둘 있을까 말까 하고, 깨어지고 혼란스러운 자는 열이면 8, 9명은 될 것이고, 또 격도 취할 수 없고, 용신도 찾기 어려운 사주가 억수로 많으니, 격이 바르고 용신이 진실하고 운에서도 어그러지지 않는다면 부귀공명은 자연히 마음대로 될 것이다.

　격이 깨어지고 용신이 손상되었다면 병이 들었다고 말하거니와 근심은 많고 즐거움은 적을 것이다. 혹시 행운에서 도와 준다면 깨어지고 손상된 부분을 제거해서 희용신을 도와 줄 것이니, 비유한다면 사람이 나쁜 병에 걸렸다가 좋은 약을 얻어 살아나는 것과 같다고 할 것인데 그래서 귀하지 못하면 또한 부자라도 될 것이다. 격은 없어도 용신을 취한 자는 만약 용신이 힘이 있고 운에서 안정된다면 또한 가히 창업하여 가문을 일으켜 세울 것이다.

격이 없어도 취할 수가 있고, 용신이 없어도 찾을 수가 있으니 다만 대세를 잘 봐서 일주의 의향과 더불어 운로에서 그 결함을 보조해 주고 그 거리끼는 것을 제거해 준다면 비록 인생을 살아가는 것이 만만치는 않다고 하겠으나 굶주리는 근심은 면할 것이다. 만약 행운에서도 취할 방법이 없다고 한다면 가난하지 않으면 천할 것이다. 만약 격이 바르고 용이 진실하지만, 행운에서 오히려 어그러짐이 발생하면 일생 뜻이 있더라도 펴 보기가 불가능할 것이다.

【강의】

이미 「통신송」에서 언급한 부분이기도 하지만, 영향요계의 모든 허상들에 대해서는 전혀 고려할 필요가 없다는 말을 이미 유백온 선생께서도 하고 있었다는 점이 놀랍다. 어쩌면 이미 600여 년 전에 이러한 허상들에 대한 평가가 모두 내려졌고, 그에 대한 검증은 지금 해 봐도 틀림이 없는 것으로 봐서 끝났다고 해도 되겠는데, 참으로 오랜 시간을 이렇게도 끈질기게 유지하고 있는 이 영향요계는 그야말로 무슨 영향으로 그런 것인지 모를 일이라는 생각이 절로 든다. 이미 설명에서 충분한 내용이 되는 것으로 봐서 길게 부연하지는 않아도 되겠다.

그리고 앞에 언급한 몇몇 격에 기준을 두고 볼 때, 격도 바르고 용신도 진실하고 운도 좋다면 더 말해서 뭘 하겠냐마는 실은 무수히 많은 사주는 그렇지 못하더라는 말씀을 보면서 당시의 상황이나 지금의 상황이나 달라진 것이 아무것도 없다는 생각을 해 본다. 그리고 용신이 참되다(用眞)는 말은 월령에 당령을 한 경우의 글자를 용신으로 삼을 수가 있는 경우에 해당하는 말이다. 그래서 월령을 얻지 못하면 가용신이라는 말도 있는데, 이렇게 구분하는 것은 과연 월령과 해당하는 글자와의 관계가 어떻게 되느냐는 것을 구분하는 것이라고 이해를 하시면 되겠다.

여기에서 격이라고 하는 것은 여타의 다른 격까지 확대해서 언급하는 것이 아니라는 점을 다시 명심하고 살펴 주시기 바란다. 용어는 같더라도 의미는 다르다는 것이 참으로 공부하는 학자의 입장에서는 혼란의 시작이 될 수 있기 때문이다. 여기에서 말하는 격은 앞의 정격 열 개와 변격 9개에 국한해서 대입하는 것이라는 점을 강조하는 것이다. 혼란은 사소한 것에서부터 일어날 수 있기 때문이다.

그리고 용신의 상황에 따라서 운이 왔을 때 발하는 복의 차이가 있을 것이라고 한다면 이 월령에 의지하고 있는 상황이 어떤가에 따라 구분이 되는 것으로 이해해도 되겠다. 물론, 참고 사항이기는 하지만 이렇게 이해해도 큰 문제는 없으리라고 본다. 그리고 실은 모든 글자를 월령에 대입해서 평가하는 것이 자연스럽게 되면 비로소 고수의 대열에 들어서는 것이라고 생각한다.

또, 월령 즉 격국과 용신의 관계를 구태여 따질 필요가 없이 그대로 하나의 틀로 자연스럽게 수용되며, 완전히 하나가 되어서 구분이 없는 상태, 그래서 격국인지 용신인지 미처 느낄 사이도 없이 그대로 자연스럽게 답이 보이는 상황이 된다면 얼마나 좋겠는가 생각을 해 보게 된다. 욕심일까?

```
甲　丙　庚　己
午　午　午　巳
壬　癸　甲　乙　丙　丁　戊　己
戌　亥　子　丑　寅　卯　辰　巳
```

此造俗論, 丙午日支全三午. 四柱滴水全無. 中年又無水運. 必作飛天祿馬. 名利雙輝. 不知此造午中己土. 巳中庚金. 元神透出. 年月兩干. 眞火土傷官生財格也. 初交己巳, 戊辰, 洩火生金. 遺業頗豐. 丁卯, 丙寅. 土金喜用皆傷. 連遭回祿. 又剋兩妻四子. 家業破盡. 至乙丑運. 北方濕土晦火生金. 又合化有情. 經營獲利. 娶妻生子. 重振家聲. 甲子, 癸亥, 水地. 潤土養金. 發財數萬. 若以飛天祿馬論. 大忌水運矣.

차조속론, 병오일지전삼오. 사주적수전무. 중년우무수운. 필작비천녹마. 명리쌍휘. 부지차조오중기토. 사중경금. 원신투출. 연월양간. 진화토상관생재격야. 초교기사, 무진, 설화생금. 유업파풍. 정묘, 병인. 토금희용개상. 연조회록. 우극양처사자. 가업파진. 지을축운. 북방습토회화생금. 우합화유정. 경영획리. 취처생자. 중진가성. 갑자, 계해, 수지. 윤토양금. 발재수만. 약이비천녹마론. 대기수운의.

➷이 사주를 일반적으로 말할 때 병오 일주가 지지에 午火가 셋이 있고 물이 전혀 없는데 중년운까지 수운을 만나지 못했으니 비천녹마격이라고 해서 이름과 재산이 풍성하다고 이르지는 않지만, 이 사주는 午火 속의 己土와 巳火 속의 庚金의 원신이 연월의 천간에 투

출되었으니 참으로 火土의 상관생재격이다. 처음에 己巳, 戊辰의 운에서 화를 설하고 금을 생하니 부모 유산이 풍성했는데, 丁卯 丙寅 운을 지나면서 토금의 희용신이 모두 상하여 연이서 화재를 만났고, 또 두 처와 네 아들을 극했고, 가업은 완전히 깨어졌다. 을축운이 되어서 북방의 습지로 가자 습토가 불을 어둡게 하고 금을 생조하고 다시 또 합화로 청하게 되어서 경영하여 큰 이익을 얻었고 장가를 들어 아들도 얻었으며 다시 집안의 명성을 드날렸는데, 甲子 癸亥는 水運이라 토를 적셔 주고 금을 길러 주니 재물이 수억이나 쌓였는데, 만약 이 사주를 비천녹마격이라고 한다면 수운은 엄청나게 불리할 것이다.

【 강의 】

비천녹마격으로 논하는 것은 아마도 종왕격의 일종이 아닌가 싶기는 한데, 별로 관심은 없다. 이러한 격에 대해서 공부한다고 시간을 보내는 벗님들이 상당히 많은데, 모두 부질없는 시간 낭비일 뿐이라고 생각하고 있는 낭월이니 구태여 이 부분에 대해서 공부를 하시라고 할 턱이 없다. 그냥 책에 나왔으니까 그런가 보다 하고 생각할 뿐이다. 여하튼 말이 되지 않는 이야기는 빨리 접을수록 벗님의 명리 공부에 걸리는 시간이 단축될 것이라는 말씀만 다시 드리며 넘어가기로 한다.

己	乙	癸	丁
卯	卯	卯	丑

乙	丙	丁	戊	己	庚	辛	壬
未	申	酉	戌	亥	子	丑	寅

乙卯日生於卯月. 卯時. 旺之極矣. 最喜丁火獨發. 洩其精英. 惜癸水剋丁. 仍傷秀氣. 時干己土臨絶. 不能去其癸水. 因之書香 不繼. 初中運逢水木之地. 刑喪破耗. 家業漸消. 戊戌丁運. 大遂 經營之願. 發財巨萬. 若以飛天祿馬論之. 則戊戌運當大破矣.

을묘일생어묘월, 묘시. 왕지극의. 최희정화독발. 설기정영. 석계수극정. 잉상수기. 시간기토임절. 불능거기계수. 인지서향 불계. 초중운봉수목지지. 형상파모. 가업점소. 무술정운. 대수 경영지원. 발재거만. 약이비천록마논지. 즉무술운당대파의.

❿乙卯일주가 卯月, 卯時에 태어나서 굉장히 강하다. 가장 반가운 것은 정화가 홀로 투출된 것이다. 그 빼어난 기운을 설기하는 것이 좋은데, 아깝게도 癸水가 정화를 극하고 있으니 수기가 손상되는 것 이 아쉽다. 時干의 己土는 이미 무력하니 癸水를 제거하기에는 불가 능한 형상이다. 이로 인해서 공부를 하지 못했고, 초운이나 중운에 서 수목의 지지로 가니 애로가 극심했으며 가업도 점차로 소모되었 는데 戊戌과 丁의 운에서는 경영을 해서 크게 원하는 바를 얻었으니 수억의 재물을 벌었다. 만약 이 사주를 비천녹마격으로 논한다면 즉 戊戌대운에는 당연히 크게 깨어져야 할 것이다.

【 강의 】

앞의 이야기와 같은 의미로 비천녹마격의 부당함을 강조하고 있는 대목이다.

```
甲  甲  癸  丁
戌  辰  丑  未
乙 丙 丁 戊 己 庚 辛 壬
巳 午 未 申 酉 戌 亥 子
```

此造支全四庫逢冲. 俗作雜氣財官也. 不知丑未逢冲. 不特官星受傷. 而且冲去庫根. 辰爲甲木餘氣. 亦是日主盤根之地. 更嫌戌冲. 微根受傷. 財多身弱. 且旺土愈冲愈旺. 則癸水必傷. 初運壬子辛亥水旺之地. 蔭庇有餘. 一交庚戌, 財殺並旺. 椿萱幷逝. 刑妻剋子. 己酉戊申. 土蓋天干. 使金不能生水. 家業破盡. 無子而亡.

차조지전사고봉충. 속작잡기재관야. 부지축미봉충. 부특관성수상. 이차충거고근. 진위갑목여기. 역시일주반근지지. 갱혐술충. 미근수상. 재다신약. 차왕토유충유왕. 즉계수필상. 초운임자신해수왕지지. 음비유여. 일교경술, 재살병왕. 춘훤병서. 형처극자. 기유무신. 토개천간. 사금불능생수. 가업파진. 무자이망.

➠ 이 사주는 지지에 사고인 진술축미가 있고 충까지 있으니 일반적

으로 잡기재관격이라고 할 것이다. 그런데 축미가 충을 만나므로 (축토 속의 辛金) 관성이 손상을 받을 뿐만 아니라, 또 충해서 고의 뿌리까지 제거하게 되는 꼴이니. 辰土는 갑목의 여기에 해당하는데, 또한 뿌리가 충분하련만 술토와 충이 됨으로써 미약한 뿌리가 뽑힌 셈이니 재다신약이 되어 버린 상황이다. 그리고 왕한 土는 충으로 인해 더욱 왕해지니, 즉 계수는 반드시 손상을 받게 되어 있다. 초운에서 壬子, 辛亥의 水가 왕한 지지에서는 부모의 보호가 두터웠는데, 한번 庚戌운으로 바뀌자 재살이 함께 날뛰니 부모가 함께 돌아가시고 처자도 극하고 己酉와 戊申에서는 토가 천간에 덮여 있으니 금으로 하여금 수를 생하지 못하게 해서 자식도 없이 죽고 말았다.

【강의】

이번에는 잡기재관격이 표적이다. 물론 충해서 관성이 튀어 나왔으니 발하게 되리라고 했겠지만 말도 되지 않는 말이라는 의미일 것이다. 설명으로 보아 축월 갑목이 신약용인격이었던 모양이다. 수운에 편안했다는 것은 그렇게밖에 볼 수 없는 구조라고 이해하면 될 것이다.

辛	甲	癸	丁
未	子	丑	亥

乙	丙	丁	戊	己	庚	辛	壬
巳	午	未	申	酉	戌	亥	子

甲子日元. 生於丑月. 支類北方. 天干辛癸. 官印元神發露. 剋
去丁火. 丑未遙剋. 又水勢乘權. 不能冲丑. 正得中和之象. 所以
土金水運. 皆得生化之情. 早遊泮水. 戰勝秋闈. 祗因格局清寒.
仕路未能顯達. 芹泮日長鳴孔鐸. 杏檀春暖奏秦絃. 可知墓庫逢冲
而發者謬也.

갑자일원. 생어축월. 지류북방. 천간신계. 관인원신발로. 극
거정화. 축미요극. 우수세승권. 불능충축. 정득중화지상. 소이
토금수운. 개득생화지정. 조유반수. 전승추위. 기인격국청한.
사로미능현달. 근반일장명공탁. 행단춘난진현. 가지묘고봉충
이발자류야.

➥ 甲子일주가 丑月에 태어나고 지지는 北方으로 모여 있다. 천간의
辛金과 癸水는 관인으로서 원신이 투출된 상황이라 丁火를 극하게
된다. 또, 축미가 바라보고 있으며, 수의 세력도 상당하니 축을 충하
기에는 불가능하다. 바로 중화의 형상이라고 하겠는데, 그래서 土金
水의 운에서는 생화의 정이 있어서 일찍이 일류 학당에서 공부를 했
고 가을의 무과에서도 승리를 했다. 다만 사주가 너무 차가운 것으
로 인해 벼슬길이 크게 발전하지는 못했는데, 나물 캐는 것으로 날
을 보내고 허구한날 넋두리만 했으며 살구나무 단에서 따스한 봄날
을 비파나 켜면서 세월을 보냈으니 과연 묘고는 충을 만나야 열린다
는 말은 잘못되었다는 것을 알겠다.

【강의】

재관이 투출되면 무슨 소용이 있느냐는 의미인가 보다. 실제로 도

움이 되지 않으면 아무런 쓸모가 없는 것이라고 이해하면 되겠다. 사주의 구조로 봐서는 한목향양격으로 丁火가 용신인 모양이지만, 계수에게 깨어져서 무력한데 그 뿌리는 다시 未土에 있으니 도움이 되지도 못한다. 그리고 축미충이라고 하는 것은 다소 억지가 느껴진다고 해야 하겠다. 중간에 자수가 있으니 충돌의 힘이 약하다고 봐야 하겠는데, 충으로 열리지 않았느냐고 하는 자료로는 다소 부족해 보인다.

제4장 관살(官殺)

【滴天髓】

> 官煞相混宜細論. 煞有可混不可混.
>
> 관 살 상 혼 의 세 론. 살 유 가 혼 불 가 혼.

◐ 관살이 서로 섞여 있다면 자세히 논해야 하니 살이 있어서 가능할 경우도 있고 불가능한 경우도 있다.

【滴天髓徵義】

煞, 卽官也. 身旺者, 以煞爲官. 官, 卽煞也. 身弱者以官爲煞. 日主甚强. 雖無制不爲煞困. 正官相雜. 但無根亦隨煞行. 去官不過兩端. 用食用傷皆可. 合煞總爲美事. 合來合去宜淸. 獨煞乘權. 無制伏. 職居淸要. 衆煞有制. 主通根. 身掌權衡. 殺生印而印生身. 龍墀高步. 身任財而財滋煞. 雁塔題名. 若煞重而身輕. 非貧卽夭. 苟殺微而制過. 雖學無成. 在四柱總宜降伏. 休云年逢勿制.

以一位取權貴. 何必時上尊稱. 制煞爲吉. 全憑調劑之功. 借殺爲權. 妙有中和之理. 但見殺臨衰主. 究竟必傾家. 勿謂局得吉神. 遂許顯達. 書云格格推詳. 以殺爲重. 是以究之宜切. 用之宜精. 殺有可混不可混之理. 如天干甲, 丙, 戊, 庚, 壬, 爲殺. 地支卯, 午, 丑, 未, 酉, 子, 乃殺之旺地. 非混也. 天干乙, 丁, 己, 辛, 癸, 爲官. 地支寅, 巳, 辰, 戌, 申, 亥, 乃官之旺地. 非混也.

如干甲乙, 支寅. 干丙丁, 支巳. 干戊己, 支辰戌. 干庚辛, 支申. 干壬癸, 支亥. 以官混殺. 宜乎去官. 如干甲乙, 支卯. 干丙丁, 支午. 干戊己, 支丑未. 干庚辛, 支酉. 干壬癸, 支子. 以煞混官. 宜乎去煞. 年月兩干透一殺. 年月支中有財. 時遇官星無根. 此官從煞勢. 非混也. 年月陽干透一官. 年月支中有財. 時遇煞星無根. 此煞從官勢. 非混也. 勢在於官. 官得祿. 依官之煞. 年干助煞. 爲混也. 勢在於煞. 煞得祿. 依煞之官. 年干助官. 爲混也. 劫財合煞. 比肩敵煞. 官可混也. 比肩合官. 劫財攩官. 煞可混也. 一官而印綬重逢. 官星洩氣. 煞助之. 非混也. 一煞而食傷並見. 制煞太過. 官助之. 非混也. 若官煞並透無根. 四柱劫印重逢. 不但喜混. 尚宜財星助官煞也. 總之日主旺相. 可混也. 日主休囚. 不可混也. 今將煞分六等. 詳列於後.

살, 즉관야. 신왕자, 이살위관. 관, 즉살야. 신약자이관위살. 일주심강. 수무제불위살곤. 정관상잡. 단무근역수살행. 거관불과양단. 용식용상개가. 합살총위미사. 합래합거의청. 독살승권. 무제복. 직거청요. 중살유제. 주통근. 신장권형. 살생인이인생신. 용지고보. 신임재이재자살. 안탑제명. 약살중이신경. 비빈즉요. 구살미이제과. 수학무성. 재사주총의강복. 휴운년봉물제. 이일위취권귀. 하필시상존칭. 제살위길. 전빙조제지공. 차살위권. 묘유중화지리. 단견살임쇠주. 구경필경가. 물위국득길신. 수허현달. 서운격격추상. 이살위중. 시이구지의절. 용지의정. 살유가혼불가혼지리. 여천간갑, 병, 무, 경, 임, 위살. 지지묘, 오, 축, 미, 유, 자, 내살지왕지. 비혼야. 천간을, 정, 기, 신, 계, 위관. 지지인, 사, 진, 술, 신, 해, 내관지왕지. 비혼야.

여간갑을, 지인. 간병정, 지사. 간무기, 지진술. 간경신, 지신. 간임계, 지해. 이관혼살. 의호거관. 여간갑을, 지묘. 간병정, 지오. 간무기, 지축미. 간경신, 지유. 간임계, 지자. 이살혼관. 의호거살. 연월양간투일살. 연월지중유재. 시우관성무근. 차관종살세. 비혼야. 연월양간투일관. 연월지중유재. 시우살성무근. 차살종관세. 비혼야. 세재어관. 관득록. 의관지살. 연간조살. 위혼야. 세재어살. 살득록. 의살지관. 연간조관. 위혼야. 겁재합살. 비견적살. 관가혼야. 비견합관. 겁재당관. 살가혼야. 일관이인수중봉. 관성설기. 살조지. 비혼야. 일살이식상병견. 제살태과. 관조지. 비혼야. 약관살병투무근. 사주겁인중봉. 부단희혼. 상의재성조관살야. 총지일주왕상. 가혼야. 일주휴수. 불가혼야. 금장살분육등. 상열어후.

➜ 殺도 관이 될 수 있는 것이니 신왕한 경우에는 살로써 관을 삼을 수 있기 때문이다. 또, 관이 살로 되기도 하는 것이니 신약한 경우에는 즉 관도 살이 되는 것이다. 일주가 심히 강하고 (살이 식상의) 제함을 받지 않는다면 살이 곤하지는 않겠지만 정관이 섞여 있다 하더라도 뿌리가 없다면 다시 살의 운으로 가야 한다. 관을 보낸다는 말은 두 가지의 극단적인 이야기인데 식상을 용했을 경우에는 다 무방한 말이라고 하겠다. 살을 합한다는 말은 한 마디로 아름다운 일인

데, 합해서 오거나 가게 되면 맑아지는 것이 마땅하다. 살이 하나가 있으면서 권세를 잡고 있고, 또 (식상으로) 제어하지도 않는다면 맑고 중요한 자리에 임하게 되고 많은 살이 제하게 되고 일간도 통근이 되어 있다면 병권을 장악하게 된다.

살이 인을 생하고 인이 신을 생하면 대궐 뜨락을 거닐 것이고, 일주가 재성을 감당하고, 또 재성이 살을 생조하고 있다면 안탑에 이름을 올릴 것이다. 만약 살이 중한데 일주가 약하다면 가난하지 않으면 요절할 것이며, 살이 미약하고 또 제어함이 과하다면 비록 공부를 해도 이룰 수가 없다. 한 마디로 사주에 (관살이 있을 경우에) 있어서는 (살에게) 항복하는 것이 마땅하지만, 살이 약하다고 본다면〔休云〕연주에 있는 살은 제어를 하지 말아야 하고, 時干에 하나가 있으면 권력의 귀함을 취한다고 하니, 어째서 하필이면 時上에 있는 경우에만 존칭을 하는가. 그럴 필요가 없는 것이다.

살을 제함이 길하게 되는 경우라면 완전히 조제의 공을 의지하는 것으로 보면 되겠고, 살을 빌려 권세가 되는 것은 중화의 이치가 묘하다고 본다. 다만 살을 보고 일주가 쇠약하다면 마침내는 가세가 기울게 될 것이니 국에서 길신을 얻었다고 좋아하지 마라. 비록 현달은 허락한다 하더라도 서에 말하는 '격과 격마다 상세하게 추론하라. 살이 중요하게 되는 것이다.' 라고 했으니 이 말은 살에 대해서는 마땅히 상세하게 연구하고 용신으로 할 때에는 정밀하게 대입해야 할 것이다.

살이 혼잡되어 가능한 것이 있고 불가능한 경우가 있는데, 가령 천간에 甲이 있고 지지에 卯가 있거나, 천간에 丙이 있고 지지에 午가 있거나, 천간에 戊가 있고 지지에 丑未가 있거나, 천간에 庚이 있고 지지에 酉가 있거나, 천간에 壬이 있고 지지에 子가 있다면, 이것은 살의 旺支라고 해야 할 것이니 관살혼잡이 되지 않는 것이다.

천간에 乙이 있고 지지에 寅이 있거나, 천간에 丁이 있고 지지에 巳가 있거나, 천간에 己가 있고 지지에 辰戌이 있거나, 천간에 辛이 있고 지지에 申이 있거나, 천간에 癸가 있고 지지에 亥가 있으면 이것은 관의 왕지가 되니 또한 혼잡이라고 하지 않는다.

예를 들면, 甲乙이 있으면서 寅이 있거나 丙丁이 있으면서 巳가 있거나, 戊己가 있으면서 辰戌이 있거나 庚辛이 있으면서 申이 있거나, 壬癸가 있으면서 亥가 있다면 이것은 관이 살과 섞인 것이니 관에 해당하는 乙丁己辛癸를 제거해야 마땅하다고 하겠다.

예를 들면, 甲乙에 卯가 있거나, 丙丁에 午가 있거나, 戊己에 丑未가 있거나, 庚辛에 酉가 있거나, 壬癸에 子가 있으면 이 경우에는 살이 관에 섞인 것이니 살을 제거하는 것이 마땅한 것이다.

年月의 양 천간에 살이 하나 투출되고 年月의 지지에는 재성이 있고 또 시에서 다시 관성을 만났는데, 그 관성은 뿌리가 없다면 이 관성은 살의 세력을 따르는 것이니 혼잡이라고 하지 않는다.

年月의 양간에 관성이 하나 투출되어 있고, 또 연월의 지지에는 재성이 있고, 다시 時에 살이 투출되었으면서 뿌리가 없는 경우에는 살이 관을 따르게 되는 셈이니 또한 혼잡이라고 하지 않는다.

세력이 관에 있으면서 관이 비견을 본 경우에 관을 의지하는 살이 年干에서 살을 돕고 있다면 혼잡이 되고, 세력이 살에 있는데 살이 비견을 얻고 살을 의지하는 관이 연간에서 관을 돕고 있으면 혼잡이 되는 것이다.

겁재가 살과 합하거나 비견이 살과 대적하거나 하면 관의 혼잡도 허락하게 되고, 비견이 관과 합하거나 겁재가 관과 한 덩어리가 된다면 살이 있어도 상관 없다고 본다.

관이 하나 있으면서 인성이 과다해서 관성의 기운을 설하게 되는 경우라면 살이 도와 줘야 하므로 혼잡이 아니고, 살이 하나 있으면서 식상의 제어를 받아서 무력하게 될 지경이라면 관이 도와 줘야 하므로 역시 혼잡이 아니다. 만약 관살이 함께 투출되었으면서 뿌리가 약하고, 사주에 인겁이 중중하다면 단지 혼잡을 기뻐할 뿐만 아니라 오히려 재성이 관살을 생조해 주어야 하니, 한 마디로 日主가 旺相하면 혼잡도 좋고 일주가 休囚되면 혼잡이 불가한 것이니 이제 살을 여섯으로 나누어 상세하게 설명을 하도록 하겠다.

【 강의 】

본문 중에서 '劫財合煞'은 책에는 '敗財合殺'로 되어 있는데, 겁재를 패재라고도 하므로 별 문제는 없다고 하겠으나 명칭에서 혹 혼란이 있을 수도 있다고 생각되어 겁재로 고친다. 그리고 또 '在四柱總宜降伏. 休云年逢勿制.'의 의미는 명확하게 떠오르지 않는다. 대충 얼버무리기는 했지만 눈 밝은 분의 명확한 설명을 얻고 싶은 부분이다. '사주에 관살이 있으면 복종을 하는 것이 옳은데, 휴에 속하는 약한 관살이 연에 있다면 제어하지 말라.'는 식으로 해석하려니까 뜻이 명확하지 않아서 아리송하다는 말씀도 참고해 주시기 바란다.

역시 살에 대해서는 다루기가 만만치 않았던가 보다. 이렇게 상세하게 설명을 해야 하는 것을 보면 말이다. 결론은 매우 간단하다. 일주가 왕하면 혼잡이 좋고, 일주가 약하면 혼잡은 불가하다는 그 한 마디로 요약할 수가 있었음에도 불구하고 한자에 약한 한국의 명리학자들이 공부를 하려면 한참 고생을 해야 한다고 보면 쓸데없는 이야기로 혼란스럽게 했다는 지탄(?)을 받아도 되겠다. 물론, 본래의 뜻은 그만큼 사람들이 살에 대해서 이론이 분분하다 보니 상세하게 설명하시는 것이라고 봐서 당시로는 필수적인 내용이었으리라 짐작된다.

다만 낭월의 경우에는 사주에 관살이 함께 있으면 어느 글자가 뿌리를 얻었는가를 따지고 무력한 글자가 뭐냐를 따지지도 않는다. 그냥 묶어서 혼잡이라고 해 놓고 넘어가도 아무런 상관이 없다고 보고 있다. 단지 일간의 왕쇠강약을 저울질하는 것이 중요할 뿐이기 때문이다. 즉, 살도 하나의 극하는 성분일 뿐, 특별 대우를 해 줘야 할 필요를 느끼지 못하기 때문이다. 그래도 별로 문제가 발생한다고는 생각되지 않으므로 너무 세세하게 구분하려고 고생하시지 말라는 말씀을 드린다.

아마도 사주에 편관이 있으신 벗님이라면 이러한 앞의 설명들을 일일이 외워서 대입하려고 노력할 것으로 생각이 된다. 그러나 그 본래의 뜻만 파악한다면 구체적으로는 대입하지 않아도 상관이 없을 것이라는 설명을 드린다. 식신의 성분을 갖고 있는 벗님이라면 대충 살펴보고 어떻게 대입하면 될 것인지 판단하셨을 것이다. 여하튼 공부하면서도 항상 자신의 타고난 심성대로 이해를 해 가는 것인데, 이러한 차이를 고려하지 않은 현 교육부의 제도는 문제가 적지 않다는 생각을 잠시 해 보면서, 문득 타고르의 다음 말이 떠오른다.

교육은 주입식이 되어서는 아무런 도움이 되지 않는다. 기본적인 것만 알고 있다면 말이다. 그 이후에는 오랜 세월 동안, 물론 전생부터 입력이 되어 있는 데이터를 이끌어 내어 주는 역할을 하는 교육이어야 할 것이다.

그렇게 되는 교육이 없어서 안타깝다. 이제라도 나에게 그러한 기회가 주어진다면 전원 이러한 학교를 만들어 보는 것이 소원이다.

이런 글을 그의 어록에서 읽으면서 과연 탁월한 안목이라고 생각했었다. 그리고 그러한 교육법을 지도하는 과정에서 어떻게 끌어 내 줄 것인가를 생각하니 과연 이 자평명리를 갖고 그 사람의 적성을 파악하는 것이 무엇보다도 효과적이라는 생각이 든다. 혹, 타고르가 이 자평명리를 보았다면 어떤 평가를 하였을지 자못 궁금하다. 그 사람의 경지라면 선입견을 버리고, 있는 그대로의 상황을 살펴봤을 것이라는 생각이 들어 아마도 상당히 비중 있는 평가를 하지 않았을까 싶다. 물론, 논리적으로 다듬어진 자평명리학을 두고 하는 말이다. 온갖 신살과 격국이 난무하는 그런 내용은 거들떠보지도 않을 성싶다. 철초 선생이 이해를 돕기 위해서 마련해 주신 29개의 사주를 살펴보도록 하자. 이해에 많은 참고가 되리라고 본다.

(一) 財滋弱殺格

庚	庚	丙	己
辰	申	寅	酉

戊	己	庚	辛	壬	癸	甲	乙
午	未	申	酉	戌	亥	子	丑

此造以俗論之. 春金失令. 旺財生煞. 煞坐長生. 必要扶身抑煞. 不知春金雖不當令. 地支兩逢祿旺. 又得辰時. 印比幫身. 弱

中變旺. 所謂木嫩金堅. 若無丙火. 則寅木難存. 若無寅木. 則丙火無根. 必要用財滋煞. 木火兩字. 缺一不可也. 甲運, 入泮. 子運, 會水生木. 補廩. 癸運, 有己土當頭. 无咎. 亥運, 合寅. 丙火絶處逢生. 棘闈奏捷. 壬戌支類西方. 木火並傷. 一阻雲程. 刑耗並見. 辛酉劫刃肆逞. 不祿. 此造惜運走西北, 金水. 若行東南木火. 自然科甲聯登. 仕路顯赫矣.

차조이속론지. 춘금실령. 왕재생살. 살좌장생. 필요부신억살. 부지춘금수부당령. 지지양봉록왕. 우득진시. 인비방신. 약중변왕. 소위목눈금견. 약무병화. 즉인목난존. 약무인목. 즉병화무근. 필요용재자살. 목화양자. 결일불가야. 갑운, 입반. 자운, 회수생목. 보름. 계운, 유기토당두. 기구. 해운, 합인. 병화절처봉생. 극위주첩. 임술지류서방. 목화병상. 일조운정. 형모병견. 신유겁인사령. 불록. 차조석운주서북, 금수. 약행동남목화. 자연과갑연등. 사로현혁의.

➡ 이 사주를 일반적으로 말하기는 '봄의 금이 월을 잃었고 왕한 재성이 살을 도와 주고 살 또한 인성 위에 있으니 반드시 일간을 도와 주고 살을 눌러야 한다.' 고 말한다. 그러나 춘금이 비록 당령은 못했지만 지지에 두 개의 녹왕을 만났고, 또 辰時까지 얻어서 인성과 비겁이 일간을 돕고 있는 상황이니 약한 가운데에 강해진 셈이다. 이른바 나무는 어리고 금은 견고하니 만약 丙火가 없다면 인목은 존재하기 어려울 것이고, 만약 인목이 없었다면 또한 병화도 뿌리가 없으니 반드시 재자약살로써 필요하게 되는 것이니 木火의 두 글자는 하나라도 빠져서는 곤란한 것이다.

甲木대운에 반수에 들고 子水대운에서 수국이 되면서 목을 생조하니 창고를 넓혔고, 癸水대운에는 기토가 위에 있었기 때문에 별로 허물이 없었다. 亥水대운에는 寅木과 합을 하면서 丙火도 절처봉생이 되니 무과에 합격하고 壬戌 대운에는 지지에 서방이 되어 木火가 모두 손상을 받는다. 그래서 벼슬길에 한번 막히게 되었고, 애로가 많았다. 辛酉는 겁재가 미쳐서 날뛰는 꼴이라 (재성이 부서져서) 녹을 받지 못했으니, 이 사주는 아깝게도 운이 서북의 金水로 달렸는데 만약 동남의 木火운으로 갔다면 자연히 과갑이 연이어 오르고 벼슬길이 크게 빛났을 것이다.

【강의】

이 사주는 금이 상당히 강한데 약화위강으로 약이 변해서 강이 되었다는 말은 월지를 얻고 못 얻고에 따라서 강약이 정해지는 까닭에 이렇게 설명하는 것이다. 월령을 얻으면 강이고 못 얻으면 약이라고 단정해 버리고 여기에 따라서 용신을 정하려는 상황이 아직도 있는 것을 보면 당시에도 당연했을 것으로 짐작된다. 그래서 그냥 강하다고 하면 될 것도 이렇게 부연 설명이 붙어야 하는 것이다. 그런 줄 알고 이해하시면 되겠다. 사주의 희용신이 올바르게 잡혀 있으니 참 좋은 구조라고 하겠다. 운만 도와 준다면 더 부러울 것이 없는데, 중년 이후의 운이 역행을 하는 바람에 아쉽게 된 모양이다. 그러니까 辛金운은 병화 용신이 묶이고 酉金대운에는 재성이 손상을 받아 결국 고통이 많은 운이라고 하게 되는데, 亥水 대운에서 합이 되어 좋다고 하는 것은 그냥 인목이 생조를 받은 것으로 이해해도 아무런 문제가 없겠다.

```
辛　庚　庚　丙
巳　申　寅　申
戊 丁 丙 乙 甲 癸 壬 辛
戌 酉 申 未 午 巳 辰 卯
```

此造天干三透庚辛. 地支兩坐祿旺. 丙火雖掛角得祿. 無如庚辛元神透露. 非火之祿支. 是金之長生. 用財滋煞明矣. 辰運, 木之餘氣. 芹香早採. 巳運, 火之祿旺. 科甲聯登. 甲午, 乙未, 木火並旺. 仕至藩臬. 若以八字觀之. 此造不及前造. 只因前造運行西北. 此造運走東南. 富貴雖定於格局. 窮通全在於運限. 所以命好不如運好. 信然也.

차조천간삼투경신. 지지양좌녹왕. 병화수괘각득록. 무여경신원신투로. 비화지녹지. 시금지장생. 용재자살명의. 진운, 목지여기. 근향조채. 사운, 화지녹왕. 과갑연등. 갑오, 을미, 목화병왕. 사지번얼. 약이팔자관지. 차조불급전조. 지인전조운행서북. 차조운주동남. 부귀수정어격국. 궁통전재어운한. 소이명호불여운호. 신연야.

➜이 사주는 천간에 庚辛금이 셋이나 투출하고 지지에는 두 개의 비견이 있다. 丙火는 비록 양끝에 걸려서 녹에 뿌리를 두고 있지만 경신금이 투출된 마당에는 이미 巳火는 병화의 뿌리가 아니라 금의 장생일 뿐이다. 재자약살로 용신을 삼는 것이 분명하다. 辰土대운에서 목의 여기가 되어 잘 먹고 살았고, 巳火대운에서는 火의 녹왕이 되니 과거에서 수석으로 급제하고 甲午운과 乙未운은 모두 木火가 함

께 왕성하여 벼슬은 번얼에 올랐는데, 만약 팔자로 본다면 이 사주는 앞의 사주보다 못하다고 해야 하겠는데, 다만 앞 사주는 운이 西北으로 갔고, 이 사주는 동남으로 가게 되니 부귀는 비록 사주의 격국에서 정해진다고 하지만, 되고 말고〔窮通〕는 완전히 운의 흐름에 달렸으니 이른바 '명이 좋은 것이 운 좋은 것만 못하다.' 는 말은 정말로 믿을 만한 것이다.

【강의】

그래서 늘 운이 중요하다고 하는 모양이다. 실제로 사주가 떨어지거나 말거나 운이 좋으면 자신이 하고자 하는 것을 이루게 되므로 달리 더 바랄 것이 없다는 것이다. 가령, 두 개의 사주가 있어서 하나는 대통령을 할 사주이고 또 하나는 군수를 할 사주인데, 대통령을 할 사주에서 운이 약해서 낙방의 쓴맛을 보고 있는 경우라고 전제한다면, 운이 좋은 군수의 사주는 스스로 군수에 당선이 되어서 그 기쁨이 얼마나 좋겠느냐는 생각을 해 보자는 것이다. 물론, 혹자는 그래도 군수가 대통령 후보만 하겠느냐고 할지도 모르지만, 이미 그 군수는 대통령이 될 생각도 하지 않고 있기 때문에 전혀 켱기지 않는다는 것이다. 그래서 사주의 규모에 대해서는 별로 비중을 두지 않아도 될 것이라고 생각하고 있는 낭월이다. 흔히들 격국을 중히 알아야 사주의 규모를 판단한다고 하는데, 개인적인 길흉화복을 보는 것에는 참고가 될지 몰라도 절대적인 비중을 차지하는 것은 아닌 바에야 덜 중요한 것에 매달려서 더 중요한 것을 소홀히 하지 않아야겠다는 생각을 하게 된다.

(二) 煞重用印格

甲	戊	甲	戊
寅	午	寅	子

壬	辛	庚	己	戊	丁	丙	乙
戌	酉	申	未	午	巳	辰	卯

戊土生於寅月寅時. 土衰木盛. 最喜坐下午火. 生拱有情. 正謂
衆煞猖狂. 一仁可化. 子水之財生寅木. 不冲午火. 其情協. 其關
通. 尤羨運走南方火土. 所以早登黃甲. 出仕馳名.

무토생어인월인시. 토쇠목성. 최희좌하오화. 생공유정. 정위
중살창광. 일인가화. 자수지재생인목. 부충오화. 기정협. 기관
통. 우선운주남방화토. 소이조등황갑. 출사치명.

➡ 무토가 寅月 寅時에 태어나서 토는 약하고 목은 강하다. 가장 기
쁜 것은 일지에 오화가 있는 것인데 인오의 합으로 도와 주고 있는
것이 더욱 유정하다. 이를 일러서 하는 말이 바로 '수두룩한 살들이
미쳐 날뛰지만 어진 성인[仁]이 교화를 시키네.'에 해당하는 말이
다. 子水의 재성이 인목을 생하고 오화는 충하지 않으니 그 정이 협
력하는 것이고, 막힌 곳을 뚫어 준다고 하는 것이다. 더욱 부러운 것
은 운이 동남의 火土로 간다는 것인데 그래서 일찍이 황갑에 올라
벼슬길을 탄탄하게 했던 것이다.

【 강의 】

설명이 간단해서 좋다. 번역은 간단할수록 좋기 때문이다. 그리고 길게 설명하지 않아도 충분히 이해가 될 것이다. 이렇게 묘한 사주의 배합은 아마도 벗님도 앞으로 가끔 인용하는 사주가 될 것이다. 즉, 위치가 얼마나 중요한가를 판단하게 되는 것이다. 月支가 중요한 것도 사실이지만 그보다 내가 이용할 수가 있느냐는 것이 더욱 중요할 것이다. 이렇게 배합되어 있는 것은 살인상생격이 되지만 위치가 달라지면 또 그 차이는 뚜렷하게 나타나는 것이다. 과연 글자의 수로만 통변을 하는 경우와는 차원이 다르다는 것을 생각하지 않을 수 없다. 글자 수로만 본다면 다음에 나오는 사주와 비교해서 완전히 똑같다고 해야 할 것이다. 그럼에도 불구하고 용신의 단결력을 생각한다면 그 차이는 참으로 뚜렷하여 비교가 되지 않는다는 점을 생각하면 이렇게 오묘한 간지의 배합은 오행의 글자 수나 숫자로 해석해서 될 일이 아니라는 생각이 든다. 그러니까 오행의 균형을 이해하고자 할 때 글자의 수를 세는 것이 중요한 것만은 아니라는 말씀을 드려 본다.

甲	戊	丙	己
寅	子	寅	亥

戊	己	庚	辛	壬	癸	甲	乙
午	未	申	酉	戌	亥	子	丑

此造觀格局. 似勝前造. 此則印坐長生. 前則印逢財沖. 不知前

則坐下印綬. 兩寅七煞皆來生拱. 日主穩固. 此則財坐日下. 反去
生煞. 助紂爲虐. 兼之運走西北. 戊午年中鄉榜. 己未中進士. 此
兩年比劫幫身. 冲去財星之妙也. 壬運剋丙, 壞印. 丁外艱. 遭回
祿. 戌運拱印. 雖稍有生色. 亦是春月秋花. 將來辛酉運中. 木多
金缺. 洩土生水. 合去丙火. 災禍豈能免耶.

차조관격국. 사승전조. 차즉인좌장생. 전즉인봉재충. 부지전
즉좌하인수. 양인칠살개래생공. 일주온고. 차즉재좌일하. 반거
생살. 조주위허. 겸지운주서북. 무오년중향방. 기미중진사. 차
양년비겁방신. 충거재성지묘야. 임운극병, 괴인. 정외간. 조회
록. 술운공인. 수초유생색. 역시춘월추화. 장래신유운중. 목다
금결. 설토생수. 합거병화. 재화기능면야.

➡이 사주의 격국을 보니 앞의 사주보다 뛰어난 것 같다. 앞 사주는
인성이 재성의 충을 만나고 이 사주는 인성이 뿌리를 얻었기 때문이
다. 그런데 모르겠는가? 앞의 사주는 앉은자리에 인수가 있고 좌우
에서 칠살이 모두 와서 생조를 해 주고 있으니 일주가 매우 단단하
고 안정되어 있는 것을 말이다. 반면에 이 사주는 앉은자리는 재성
이니 도리어 살을 생조하고 있어 살이 더욱 난폭하다고 하겠다. 마
치 주왕의 잔학함을 돕고 있는 것과 같다. 겸해서 운도 서북으로 가
니 戊午년 세운에 향방에 붙었고, 己未年에 진사가 되었는데, 이 두
해의 상황은 비겁이 일간을 도와서인데, 재성의 작용을 제거한 묘함
이 있어서이다.

壬운에는 丙火를 극하고 인성이 깨어지자 집안에 애로가 많았고,
화재를 만났으며 戌운에는 다시 인성과 합이 되어 비록 약간의 생색
이 나는 듯했으나 또한 봄의 달이요 가을꽃이니 장래의 辛酉운 중에

서는 목이 많아 금이 이지러질 상황이다. 그리고 土를 설하고 水를
생하기조차 하며 丙火는 합거가 되어 버리니 그 재앙을 어찌 면할
수 있으랴!

【강의】

두 사주를 비교하는 자료이다. 다만 아쉬운 점은 서로 운이 상반되
었다는 점이다. 운이 함께 흘러가 주었더라면 더욱 이해하기 좋았을
것인데 약간 아쉽다. 왜냐하면 아무리 사주에서는 비교가 된다고 해
도 같은 운을 봐야 구체적으로 확인이 되기 때문이다. 그래도 이 정
도의 구조로 위치에 따른 차이점을 이해하기에는 충분하다고 보겠
다. 과연 이렇게 유사한 자료를 얻기도 어려울 텐데 잘 찾아 냈다고
봐야 하겠다. 앞으로 이 두 사주는 메모를 해 두었다가 필요한 상황
에서 활용하면 좋을 것이다.

여기에서는 확인되지 않았지만, 설령 같은 운이라고 하더라도 원
국의 배합 과정에 따라 진행되는 경우도 있고, 또 그렇지 못한 경우
도 있다는 것은 세밀하게 살피지 않으면 확인하기 어려운 것이다.
그러니까 철초 선생도 항상 잘 살피라는 말을 하신 것으로 보인다.
대충 목화가 용신이면 목화운에 발한다는 정도의 말로써는 일반적
인 대입은 될지 모르지만 실제로 그 사람 본인의 입장에서는 허술하
고 불안하기 짝이 없는 대입이다. 항상 간지를 각기 대입시켜서 어
떤 변화가 발생할지를 확인하지 않으면 자칫 믿을 수 없다는 말을
듣게 될지도 모르겠다.
심지어는 용신이 용신의 운을 만나도 올바르게 발복을 하지 못하

는 경우도 있고, 또 희신의 운에서 용신의 운보다 더 발하게 되는 것
도 있으니 이러한 변화를 읽지 못하고 명리학을 탓하거나 다른 방
법, 예를 들면 신살 등을 찾으러 가는 것은 스스로 게으르기 때문이
거나 아니면 생각이 짧아서라고 해야 하겠다. 가령 군겁쟁재의 경우
라면 재성이 용신이 될 모양이다. 희신은 식상이 될 것이다. 그런데
운에서 재성이 온다고 생각해 보자. 과연 그 비겁들이 그냥 둘 것이
냐는 것을 생각하지 않을 수 없고, 그래서 결론을 내릴 적에 도움이
되기는 고사하고 오히려 재앙을 받게 될지도 모른다는 주의를 줘야
할 상황이 발생할 가능성이 더 많다고 해야 할 것이다.

아울러 희신에 해당하는 식상의 운이지만 실은 이 운에서야 비로
소 재물이 안정을 취하고 모여들 것으로 봐야 하므로 이름에 얽매이
게 되면 결국은 스스로 헛소리를 하게 된다는 것이다. 이러한 것을
명확하게 살피지 못하고 스스로 명리학이 허망한 것이라고 단정해
버린다면 결국은 자신이 자신의 안목에 갇혀 버리게 될 것이다.

甲	甲	庚	戊
子	子	申	辰
戊 丁 丙 乙 甲 癸 壬 辛
辰 卯 寅 丑 子 亥 戌 酉

此造木凋金銳. 厚土生金. 原可畏也. 然喜支全水局. 化其肅殺
之氣. 生化有情. 至癸亥運. 科甲聯登. 早邃仕路之光. 丙寅丁卯.
制化皆宜. 仕至封疆. 官途平坦. 生平履險如夷.

차조목조금예. 후토생금. 원가외야. 연희지전수국. 화기숙살

지기. 생화유정. 지계해운. 과갑연등. 조수사로지광. 병인정묘.
제화개의. 사지봉강. 관도평탄. 생평리험여이.

➡ 이 사주는 목이 시들고 금은 날카로운데 두터운 토가 다시 금을
도와 주니 원래는 두렵다. 그러나 반가운 것은 지지에 水局이 되는
바람에 숙살의 금기운이 화하는 성분이 되는 것이다. 생하고 화하
여 유정하게 되니 癸亥운에서 과거에 급제하고 벼슬이 계속 상승되
었으며, 일찍이 벼슬의 길이 순탄했는데, 丙寅 丁卯의 운을 보내면
서도 제하고 화하는 것이 또한 올바르다 보니 벼슬이 봉강에까지
이르렀고, 이 후의 벼슬운도 평탄했으며, 일생 동안 험난한 굴곡이
없었다.

【강의】

이 사주는 엄밀히 말하면 살중용인격에는 해당하지 않는 것으로
봐야 하겠다. 그냥 신약용인격으로 보면 되지 않을까 싶다. 왜냐하면
살이 별로 왕한 구조는 아니기 때문이다. 여하튼 인성의 운에서 발한
것을 보면 용신은 인성에 있는 것으로 봐서 아무런 문제가 없겠는데,
억수로 운이 좋았다고 해야 하겠다. 행운의 사나이라고 하자.

丙	庚	丙	戊
戌	寅	辰	午

甲	癸	壬	辛	庚	己	戊	丁
子	亥	戌	酉	申	未	午	巳

此造干透兩煞. 支全殺局. 所喜戊土元神透出. 足以化煞. 寅木
本要破印. 尤喜會火. 反培土之根源. 巧借裁培. 至己未運中. 科
甲連登. 庚申辛酉. 幫身有情. 馳名宦海. 裕後光前也.

차조간투양살. 지전살국. 소희무토원신투출. 족이화살. 인목
본요파인. 우희회화. 반배토지근원. 교차재배. 지기미운중. 과
갑연등. 경신신유. 방신유정. 치명환해. 유후광전야.

➜이 사주는 천간에 두 개의 편관이 있고 지지가 살국으로 되어 있
다. 반가운 것은 戊土 원신이 천간에 나와 있는 것인데, 족히 살을 화
할 수 있다고 하겠다. 寅木은 본래 인성을 깨는 성분이지만 또 반갑
게도 火局이 되어 있다. 그러니 도리어 토를 배양하는 뿌리가 되는
셈이다. 서로 교차하여 재배하게 되는데, 己未운에서 벼슬이 상승하
고 庚申 辛酉운에서 일간을 도우니 유정했다. 그래서 벼슬을 하며 동
서남북으로 다녔고, 후에는 앞에서보다 더욱 여유롭게 살았다.

【강의】

인성이 멀리 있어서 유감스러운 구조이다. 그야말로 운이 돕지 않
았다면 별볼일 없는 사주였을 것이라는 생각을 하게 된다. 40년의 호
운을 탄다면 성공하지 못할 사람이 없을 것이라는 생각을 하기에 충
분한 운이다.

```
癸  丁  癸  癸
卯  卯  亥  亥
乙  丙  丁  戊  己  庚  辛  壬
卯  辰  巳  午  未  申  酉  戌
```

此造干透三癸. 支逢兩亥. 乘權秉令. 喜其無金. 兩印拱局. 生化不悖. 清而純粹. 庚申辛酉運中. 蹭蹬功名. 刑耗並見. 交己未運. 干制殺. 支會印, 功名層疊而上. 接行戊午丁巳丙運. 士至觀察. 名利雙輝

차조간투삼계. 지봉양해. 승권병령. 희기무금. 양인공국. 생화불패. 청이순수. 경신신유운중. 층등공명. 형모병견. 교기미운. 간제살. 지회인, 공명층첩이상. 접행무오정사병운. 사지관찰. 명리쌍휘

➡이 사주는 천간에 관살이 셋이나 투출되고, 지지에는 두 개의 亥水를 만나고 월까지 얻으니 (관살의 세력이) 굉장히 강하다. 반가운 것은 金이 없다는 것이고 두 개의 인성이 서로 합을 하고 있다는 것이다. 생하고 화하는 것이 일그러지지 않았으니 청하고도 순수하다. 庚申과 辛酉운에서는 벼슬길에 미끄러졌고, 애로가 많았으나 己未운으로 바뀌면서 천간의 살을 제어하고 지지로 인성의 국이 되면서 (하는 것마다 뜻대로 되어서) 공명이 첩첩이 쌓였는데, 戊午와 丁巳의 운이 연결되면서 벼슬은 관찰사에 이르고 명리를 이루게 되었다.

【강의】

이 사주도 앞의 戊午일주와 유사한 구조라고 하겠다. 인성이 일지에 있으면서 일간을 보호한다는 측면에서 그렇다. 또한, 운이 바라는 대로 흘러가 주는 바람에 뜻을 이루었다고 해야 하겠다.

(三) 食神制殺格

甲	壬	戊	戊
辰	辰	午	辰

丙	乙	甲	癸	壬	辛	庚	己
寅	丑	子	亥	戌	酉	申	未

此造四柱皆煞. 喜支坐三辰. 通根身庫. 妙在無金. 時透食神制煞. 辰乃木之餘氣. 正謂一將當關. 羣凶自伏. 至癸亥運. 食神逢生. 日主得祿. 科甲聯登. 甲運, 仕縣令. 子運, 衰神冲旺. 不祿.

차조사주개살. 희지좌삼진. 통근신고. 묘재무금. 시투식신제살. 진내목지여기. 정위일장당관. 군흉자복. 지계해운. 식신봉생. 일주득록. 과갑연등. 갑운, 사현령. 자운, 쇠신충왕. 불록.

➡️이 명식은 사주가 모두 관살로 되어 있는데 지지에 세 개의 진토에 일주가 통근하고 있는 것이 반갑다. 자신의 고에 통근을 했고, 묘한 것은 사주에 금이 없는 것이다. 時干에 투출한 식신으로 살을 제하는데, 辰土는 목의 여기가 되니 바로 '장수 하나가 관문을 지키니

흉악한 무리들이 스스로 무릎을 꿇더라.'는 말과 같다고 하겠다. 癸亥운에서는 식신이 생조를 만나고 日主도 비견을 얻어서 과거가 연이어 상승하고 갑운에는 벼슬이 현령으로 갔으며, 子운에서는 쇠약한 자가 왕성한 자를 충한 셈이 되어서 녹을 받지 못했다.

【 강의 】

子水의 운에 죽었다고 하는 것은 좀 받아들이기 어려운 대목이다. 자수는 겁재가 되면서 오화를 제어하게 되는데, 쇠약한 자수가 왕성한 오화를 극해서 그렇게 되었다고 한 것은 철초 선생답지 않은 '어물쩍 작전'이다. 여기에서는 아마도 자수에게 진토가 합이 되었다기보다는 그대로 토극수의 원리가 적용된 것이 아닌가 싶기도 하다. 원국의 상황으로 보면 수국이 될 분위기가 아니기 때문이다. 그래서 결국은 극을 받은 정도가 심해졌다고 해석해 보자.

신약한 식신제살격의 고민

항상 어려운 것 중의 하나가 이 '신약한 식신제살격'이다. 신왕하면 그래도 이해가 되는데, 신약한 상황에서 식신을 써서 살을 제어한다는 것이 어디까지 이해해야 할 것인가에 대해서 어려움이 느껴진다. 특히 더 어려운 것은 그렇게 해서 식신을 용신으로 했다고 할 경우이다. 그러니까 운에서 그렇게 기다리던 인성의 운이 오게 되면 과연 용신으로 잡아 놓은 식상은 어떻게 되느냐는 것이다. 그리고 이러한 것을 모두 고려해서 해석하기에는 아무래도 만만치 않다는 생각이 드는데 현재까지의 임상으로 봐서는 '신약한 식신제살격'의 경우에도 인성의 운을 꺼리지는 않는 것으로 보인다.

그러니까 용신이 깨어진다는 것은 부담이 되지만 다시 대타로 인성이 준비되어 있으므로 크게 두려워할 정도는 아닌 것으로 해석하면 되지 않을까 싶다. 다만 용신으로 정한 식신이 인성에게 바로 극을 당하는 것은 피해야 하겠다. 그리고 이러한 구조의 사주가 흔치 않다 보니까 임상을 하기도 어렵다. 이런 경우에도 아주 미약하더라도 인성이 있다면 그대로 신약용인격 또는 살중용인격으로 보는 것이 가장 편안할 것이라고 결론을 내리고 있다. 벗님도 이러한 사주가 보이면 바짝 긴장을 하고 살펴보시기 바란다. 원래가 그렇게 긴장이 되어 있는 사주이기도 하다. 우연치고는 묘하다고 해야 할까 보다.

丙	甲	庚	庚
寅	戌	辰	申

戊	丁	丙	乙	甲	癸	壬	辛
子	亥	戌	酉	申	未	午	巳

此造甲木坐辰. 雖有餘氣. 但庚金並透. 通根斫伐. 最喜寅時祿旺. 更妙丙火獨透. 制煞扶身. 午運暗會火局. 中鄕榜. 甲申乙酉. 煞逢祿旺. 刑耗多端. 直至丙戌運. 選知縣.

차조갑목좌진. 수유여기. 단경금병투. 통근작벌. 최희인시록왕. 갱묘병화독투. 제살부신. 오운암회화국. 중향방. 갑신을유. 살봉록왕. 형모다단. 직지병술운. 선지현.

➡이 사주는 갑목이 진월에 태어나서 비록 여기는 있지만, 경금도 함께 투출되었으니 진토와 申金에 통근을 하여 목을 찍어 버린다. 가장 반가운 것은 寅時에 녹왕을 얻은 것인데 다시 묘하게도 丙火가 투출되어서 살을 제하고 일간을 돕는 것이다. 오화 운에서는 화국이 되어서 향방에 합격하고 甲申과 乙酉운에서는 살이 녹왕을 만나는 바람에 다시 애로가 많았으나 바로 丙戌 대운으로 이어지는 관계로 해서 지현으로 선발되었다.

【강의】

丙戌대운이 아니었더라면 어떻게 되었을까 하는 생각이 든다. 그리고 이 경우에는 그래도 다행히 좋은 역할을 해서 기사회생이 되었지만 실제로 좋은 운을 타다가 병술운을 만나면 그대로 거꾸러진다는 것을 생각하면 매우 신중하게 살펴봐야 할 운에 속한다고 하겠다. 그리고 유사한 것으로는 壬辰대운도 있다. 이 경우에도 잘 흘러가다가 중간에서 함정이 될 가능성이 있기 때문에 역시 주의가 필요한 운이라고 하겠다.

戊	丙	壬	壬
戌	戌	子	子

庚	己	戊	丁	丙	乙	甲	癸
申	未	午	巳	辰	卯	寅	丑

此造年月兩逢壬子. 煞勢猖狂. 幸而日時坐戌. 通根身庫. 更妙

戊土透出. 足以砥定汪洋. 尤羨運走東南. 扶身抑煞. 至乙卯運中. 水臨絶. 火逢生. 鹿鳴宴罷瓊林宴. 桂花香過杏花香. 仕至郡守.

차조년월양봉임자. 살세창광. 행이일시좌술. 통근신고. 갱묘무토투출. 족이지정왕양. 우선운주동남. 부신억살. 지을묘운중. 수임절. 화봉생. 녹명연파경림연. 계화향과행화향. 사지군수.

➡️이 사주는 연월에 壬子를 만나 강력한 살의 세력이 발광을 하는데, 다행히도 앉은자리에 술토가 있어서 신고에 통근을 한 점이다. 다시 묘한 것은 戊土가 투출되어서 넘치는 물을 제어하기에 족하다고 하겠다. 더욱 부러운 것은 운이 東南의 木火로 달리고 있으니 일간을 돕고 살을 제어해서 乙卯운 중에서 수는 절지에 임하고 화는 생조를 만나는 바람에 사슴이 우는 동산에서 잔치를 끝낸 다음에는 다시 옥의 숲 속에서 잔치를 하였으며 계수나무 꽃의 향기가 지나가니까 다시 살구나무 향이 풍기더라는 말을 할 지경이다. 벼슬은 군수에 이르렀다.

【강의】

한참 잘 나가는 사람을 두고 하는 시구인 모양이다. 누가 어느 책에서 읊은 시라고 하는 정도까지 확인을 해 드려야 올바른 번역이 되겠지만 낭월의 무지함을 탓해 주시기 바란다. 그리고 그러한 것은 명리학과는 무관하기 때문에 이렇게 설명을 드린다고 해서 큰 결함이 되리라고는 생각되지 않아서 그냥 넘어가기로 한다. 다만 중요한 것은 이 사주의 경우에는 식신제살격이라고 해야 하겠지만 인성의 운도 매우 좋았다는 것을 확인할 수 있는 좋은 자료라고 하는 점이다. 이러한 것을 집어 내야 공부하시는 벗님들께 뭔가 참고가 될 것이라고 생각하기 때문이다. 앞에서 말씀드리기를 신약한 식신제살격에서의 인성운이 어떻게 될지 항상 궁금하다고 했는데, 여기에 그 해답이 있다는 것이 참 다행이라고 봐야 하겠다. 물론, 한 가지 자료를 가지고 만법에 대응시키는 것이 부담이 되기는 하겠지만 여하튼 이 사람처럼 최소한 乙卯운에서 발복이 시작되었다는 것은 인성의 운이 해롭지 않다는 것을 충분히 증명하는 것이라고 생각할 만하다. 참고가 되었으면 좋겠다.

丙	庚	丙	壬
戌	午	午	申

甲	癸	壬	辛	庚	己	戊	丁
寅	丑	子	亥	戌	酉	申	未

此造兩煞黨權臨旺. 原可畏也. 幸賴年干壬水臨申. 足以制煞. 更妙無木. 則水不洩. 火無助. 申運, 金水得地. 發軔宮牆. 酉運, 支類西方. 早充觀國之光. 高預南宮之選. 後運金水, 體用皆宜. 由署郎出爲郡守.

차조양살당권임왕. 원가외야. 행뢰년간임수임신. 족이제살. 갱묘무목. 즉수불설. 화무조. 신운, 금수득지. 발인궁장. 유운, 지류서방. 조충관국지광. 고예남궁지선. 후운금수, 체용개의. 유서랑출위군수.

➡이 사주는 관살이 월령을 얻어 강하니 원래는 두려운 존재인데,

다행히 壬水가 申金 위에 있으니 살을 제하기에 족하다고 하는 점이다. 다시 묘한 것은 목이 없어 임수의 힘을 설기하지 않고, 불도 도와 주지 않는 것인데, 申운에서 金水가 득지를 하니 처음으로 궁장 벼슬을 하다가 酉운에는 地支에 서방의 금운을 이루니 일찍이 나라의 영광을 보는 큰 줄기를 마련했고 남궁의 선발에서 당선이 되었으며 후의 운이 金水로 가니 체용이 모두 올바르게 되어 서랑 출신으로 군수가 되었던 것이다.

【강의】

서랑이라는 것은 아마도 순경과 유사한 것으로 궁장이라는 벼슬과 연결시켜 보면 궁궐 수비대에 선발되었던 것으로 생각된다. 그렇게 시작을 했지만 군수까지 올라간 것은 역시 운의 도움이 컸다고 해야 하겠다. 그리고 식신제살도 제살이지만 인성의 힘도 무시하지 못할 정도로 힘이 있다고 봐야 하겠고, 특히 식신제살의 경우에는 비겁의 운이 가장 길하다고 보면 되겠다. 서방의 금운에서 발한 것을 보면 역시 식신이 힘을 받는 것도 받는 것이지만 사주의 균형을 생각하더라도 바람직하다고 하겠다.

(四) 合官留煞格(合煞有官附)

壬	丙	戊	癸
辰	午	午	丑

庚	辛	壬	癸	甲	乙	丙	丁
戌	亥	子	丑	寅	卯	辰	巳

此造火長夏天. 旺之極矣. 戊癸合而化火爲忌. 還喜壬水通根身庫. 更妙年支坐丑. 足以晦火養金而蓄水. 則癸水仍得通根. 雖合而不化也. 不化反喜其合. 則不抗乎壬水矣. 是以乙卯, 甲寅運. 剋土衛水. 雲程直上. 至癸丑運. 由琴堂而還州牧. 壬子運, 由治中而履黃堂. 名利裕如也.

차조화장하천. 왕지극의. 무계합이화화위기. 환희임수통근신고. 갱묘년지좌축. 족이회화양금이축수. 즉계수잉득통근. 수합이불화야. 부화반희기합. 즉부항호임수의. 시이을묘, 갑인운. 극토위수. 운정직상. 지계축운. 유금당이환주목. 임자운, 유치중이이황당. 명리유여야.

➥이 사주는 오월의 丙火가 너무나 강하다. 戊癸합으로 불이 되니 또한 꺼린다. 도리어 기쁜 것은 임수가 身庫인 辰土에 통근한 것이며 다시 묘한 것은 年支에 丑土가 있다는 것이다. 그래서 족히 불을 어둡게 하고 금을 기르며 물을 저장하는 것이니 즉, 계수는 오히려 통근을 얻었으니 비록 합은 되더라도 화하지는 않는다. 화하지 않으면 도리어 그 합을 기뻐하게 되니 즉 임수와 겨룰 필요가 없기 때문이다. 이로써 乙卯운과 甲寅운에서 토를 극하고 수를 보호하여 벼슬길이 수직으로 상승했고, 癸丑운이 되자 금당으로 말미암아 주목이 되었으며, 壬子운에서는 치중으로 말미암아 황당을 밟았고, 명리가 넉넉했다.

【강의】

비록 사주에서 용신은 약하지만 年支에서 축토가 원조하는 것을 반갑게 여긴다. 물론 관살이 힘이 있기를 바라는 마음이기 때문에 이 정도라고 한다면 축토이든 진토이든 가릴 것이 아니라고 해야 할 모양이다. 그러니까 癸丑의 힘은 큰 도움이 되었던 것이다. 이해가 되는 대목이다.

壬	丙	戊	癸
辰	午	午	巳
庚 辛 壬 癸	甲 乙 丙 丁
戌 亥 子 丑	寅 卯 辰 巳

此亦火長夏天. 與前造只換一丑字. 天淵之隔矣. 丑乃北方溼土. 能晦丙火之烈. 收午火之焰. 又能蓄水藏金. 巳乃南方旺火. 癸臨絕地. 杯水輿薪. 喜其混不喜其淸. 彼則戊癸合而不化. 此則合而必化. 不但不能助煞. 抑且化火爲劫. 反助陽刃猖狂. 巳中庚金. 無從引助. 壬水雖通根身庫. 總之無金滋助. 淸枯之象. 並之運走四十載木火. 生助劫刃. 所以骨肉花餠. 事業浮雲. 至卯運, 壬水絕地. 陽刃逢生. 傾家蕩產. 莫非命也. 順受其正運爾.

역차화장하천. 여전조지환일축자. 천연지격의. 축내북방습토. 능회병화지열. 수오화지염. 우능축수장금. 사내남방왕화. 계임절지. 배수여신. 희기혼부희기청. 피즉무계합이불화. 차즉합이필화. 부단불능조살. 억차화화위겁. 반조양인창광. 사중경금. 무종인조. 임수수통근신고. 총지무금자조. 청고지상. 병지운주사십재목화. 생조겁인. 소이골육화병. 사업부운. 지묘운, 임수절지. 양인봉생. 경가탕산. 막비명야. 순수기정운이.

➡이 사주 역시 午月 丙火이고 앞 사주와 丑자만 바뀌었는데 크게 차이가 난다. 丑土는 북방의 습토이니 능히 병화의 불을 흡수하고

오화의 불꽃도 거두어들이면서 또 물을 저장하고 금도 보관하는 것이다. 그런데 巳火는 남방의 왕성한 火이니 癸水는 절지에 임한 꼴이다. 한 잔의 물로 짚을 실은 수레의 불을 끄려는 것과 같은 것이다. 반가운 것은 관살이 혼잡된 것이고, 반갑지 않은 것은 단독으로 청한 것이다. 저 사주는 戊癸가 합이 되었어도 화는 하지 않았지만, 이 사주는 합이 되면서 또 化까지 되어 버렸으니 살을 돕기기 불가능할 뿐만 아니라, 또 불로 화해서 비겁을 돕는 꼴이다. 도리어 양인의 미치고 발광하는 것을 돕게 되는 꼴이니 巳中의 庚金은 어떻게 끌어내어 사용할 방법이 없다. 壬水는 비록 신고에 통근을 했다고는 하지만 한 마디로 금의 도움이 없는 상황이니 청고(淸枯)한 형상이라고 하겠다. 아울러 운이 40년간 木火이니 겁재를 생조하게 되어 골육이 모두 그림의 떡이었고 하는 일은 뜬구름이 된 것이다. 나아가 卯운이 되자 壬水는 절지에 임하고 양인이 생조를 만나니 가세가 기울어서 재산이 탕진되었으니 그 명이 아니라고 할 수 있겠는가 말이다. 그냥 받아들이는 수밖에……

【 강의 】

왠지 비참한 기분이 들지 않는가? 그런 기분이 든다. 설명을 보면서 어쩔 수가 없다는 느낌이 드는데, 실로 이 사주가 바로 임철초 선생의 명식인 것이다. 그래서 자신의 사주를 풀이한 모습이 당당하여 낭월도 그 영향을 받아서 졸저 『왕초보 사주학』「연구편」에서 볼품없는 사주를 공개했지만, 참으로 멋진 사나이라는 생각이 든다. 그러나 설명을 보면 그렇게 즐거운 기분만은 아닌 것을 느낄 수 있다. 『적천수천미』에서는 약간 다른 설명이 되어 있어 어느 것이 원본인지는 모르겠으나 『천미』가 약간 더 자세하므로 참고하도록 하자. 워낙 중요한 인물이어서 다른 설명이 있더라도 모두 뒤져 봐야 할 것으로 생각된다. 다음은 『천미』에서 이 사주를 해석한 글이다.

『적천수천미』의 임철초 사주 해석

此任鐵樵自造. 亦長夏天, 與前造只換一丑字, 天淵之隔矣. 夫丑乃北方濕土, 能晦丙火之烈, 能收午火之焰, 又能蓄水藏金. 巳乃南方之旺火, 癸壬絶地, 杯水輿薪 喜其混也, 不喜其清也. 彼卽戊癸合而不化, 此卽戊癸合而必化, 不但不能助殺, 抑且化火爲劫, 反助陽刃猖狂, 巳中庚金, 無從引助, 壬水雖通根身庫, 總之無金滋助, 清枯之象, 兼之 運走四十載木火, 生助劫印之地. 所以土不能繼父志以成名, 下不能守田園而創業, 骨肉六親直同畫餠, 半生事業, 亦似浮運, 至卯運, 壬水絶地, 陽刃逢生, 遭骨肉之變, 以致傾家蕩産. 猶憶未學命時, 請人推算, 一味虛褒, 以爲名利自如, 後竟一毫不驗, 豈不痛哉. 且予賦性偏拙, 喜誠實不喜虛浮, 無諂態, 多傲慢 交遊往來, 每落落難合, 所凜凜者, 吾祖若父, 忠厚之訓, 不敢失墜耳. 先嚴逝後, 家業凋零, 潛心學命, 爲糊口之計. 夫六尺之軀, 非無遠圖之志, 徒以末技見哂, 自思命運不齊, 無益于事, 所以涸轍之鮒, 僅邀升斗之水, 限于地, 困于時, 嗟乎, 莫非命也. 順受其正云爾.

차임철초자조. 역장하천, 여전조지환일축자, 천연지격의. 부축내북방습토, 능회병화지열, 능수오화지염, 우능축수장금. 사내남방지왕화, 계임절지, 배수여신 희기혼야, 불희기청야. 피즉무계합이불화, 차즉무계합이필화, 부단불능조살, 억차화화위겁, 반조양인창광, 사중경금, 무종인조, 임수수통근신고, 총지무금자조, 청고지상, 겸지 운주사십재목화, 생조겹인지지. 소이토불능계부지이성명, 하불능수전원이창업, 골육육친직동화병, 반생사업, 역사부운, 지묘운, 임수절지, 양인봉생, 조골육지변, 이치경가탕산. 유억미학명시, 청인추산, 일미허포, 이위명리자여, 후경일호불험, 기불통재. 차여부성편졸, 희성실불희허부, 무첨태, 다오만 교유왕래, 매낙락난합, 소늠름자, 오조약부, 충후지훈, 불감실추이. 선엄서후, 가업조령, 잠심학명, 위호구지계. 부육척지구, 비무원도지지, 도이말기견신, 자사명운부제, 무익우사, 소이학철지부, 근요승두지수, 한우지, 곤우시, 차호, 막비명야. 순수기정운이.

➡️이 사주는 임철초 자신의 사주이다. 또한, 한여름에 나서 앞 사주와 더불어 다만 丑의 한 글자만 바뀌었으나 천지의 차이가 있으니, 대저 丑은 北方의 습토여서 능히 丙火의 열기를 흡수하고 午火의 불꽃도 거둬들이며 또한 물을 저장하고 금도 저장하는데, 巳火는 이와 달라서 남방의 왕성한 불이니 계수가 절지에 임하여 한 잔의 물로 짚 수레에 불을 끄는 셈이니 오히려 혼잡된 것이 좋다고 해야 할 모양이고, 청한 것은 반가워하지 않는 형상이다.

저 사람은 戊癸가 합이 되어도 化하지 않으나 이 사주는 무계합이 化火가 되는 형상이니 다만 살을 돕기가 불가능할 뿐만 아니라, 또한 불로 화해서 양인을 도와 도리어 공격을 하고 있는 꼴이다.

巳火 속의 庚金은 이끌어 낼 방법이 없고, 壬水는 비록 身庫에 통근을 했으나 한 마디로 金의 도움이 없는 꼴이니 청고(淸枯)한 형상이다. 겸해서 운이 40여 년을 木火로 흐르는데 비겁들을 생조하는 운

이니 그래서 위로는 부친의 뜻을 이어서 이름을 이루지도 못했고, 아래로는 전답을 지켜서 창업을 하기도 불가능했다. 부모형제는 바로 그림의 떡과 같았고 반평생 한 일은 또한 뜬구름이 되었다. 卯운에는 壬水가 절지에 임하고 양인은 생조를 받으니 골육에 변고가 있었으며 그로 인해서 가세가 기울고 재산은 탕진되었는데, 가만히 생각해 보면 예전에 명리학을 배우기 전에 어떤 사람에게 감정을 부탁했는데, 모두 좋다고 하면서 명예와 재물이 마음대로 될 것이라고 했는데, 후에 살아 보니 끝까지 하나도 맞은 것이 없었으니 어찌 통탄하지 않을 수 있겠는가.

또, 내 성질이 치우치게 졸렬하여 진실한 것은 좋아하고 허망한 것은 싫어하는 성격이며 아첨하는 짓도 하지 못하고 오만함이 많고 사람과 사교적인 면도 많다고 했는데, 매양 용납이 되지 않았다(落落-맞지 않았다는 의미인 듯). 그래도 꿋꿋하게 버틴 것은 내 할아버지와 부친의 충효에 대한 가르침으로 인해서였는데, 감히 실추시킬 수 없었던 것이다. 먼저 부친께서 돌아가시고 난 후 가세가 갑자기 기울게 되자 마음을 몰두해서 명리학을 배우게 되었고, 그래서 호구지책으로 삼을 계획을 했는데, 대저 여섯 자의 몸으로 원대한 뜻이 없었던 것은 아니었지만 마침내 이렇게 잔재주가 우습게 되었으니 스스로 생각해 보면 명리학이 맞지 않는다면 무슨 일에 도움이 될까 싶다. 수레바퀴 자국에 있는 붕어가 우선 당장 먹을 한 되의 물이 필요한 것처럼, 땅을 한탄하고 시절이 마음대로 되지 않는 것을 한탄하지만, 참 기가 막힌 일이 아닌가. 팔자의 탓이 아니라고 못하겠으니 순순히 그것을 그대로 받는 것이 아니겠느냔 말이다.

【강의】

전반적으로『적천수징의』에 있는 의미와 크게 다르지는 않지만 구체적으로 잘 설명되어 있어서 격국론에 대한 철초 선생의 반발 심리가 여기서부터 발생했다는 것을 알 수가 있다. 낭월이 생각하기에는 그 명을 예상했다는 사람은 아마도 거관유살격으로 대귀의 팔자라고 했던 모양이다. 즉, 운의 상황을 고려하지 않은 상태에서 바람만 잔뜩 집어 넣은 꼴이니, 그로 인해 헛물을 들이키다 명리학에 대해 거부감을 갖게 되었을 것으로 짐작되고, 그러다 보니 다른 사람도 자신과 같은 전철을 밟게 될 것이라고 생각한다면 목소리를 높여서 외칠 만도 하지 않겠느냐는 생각이 든다.

원문은 싣지 않아도 되겠다고 생각을 했는데, 내용을 살피다 보니 뜻이 다소 모호하게 느껴지는 부분이 있어서 혹 실수를 할 수도 있겠기에 한번 적어 보았다. 그리고 내용 중에서 '限于地, 困于時'의 뜻은 해석은 했으나 정확한지 모르겠다. 일반적으로 천미의 자구가 다소 복잡하다고 생각이 되기도 한다. 그리고 한자의 경우도 기본 한자에는 등장하지 않는 글자도 몇 자 끼여 있는 것은 고사에서 인용되어서 그런 것으로 생각이 된다. 참고되실 것으로 보아서 적어 보았다.

壬	丙	癸	戊				
辰	午	亥	申				
辛	庚	己	戊	丁	丙	乙	甲
未	午	巳	辰	卯	寅	丑	子

此造日主雖坐旺刃. 生於亥月. 究竟休囚. 五行無木. 壬癸並
透. 支逢生旺. 各立門戶. 喜其合去癸水. 不致混也. 更妙運走東
南木火. 鄕榜出身. 寵錫傳來紫闥. 承宣協佐黃堂.

차조일주수좌왕인. 생어해월. 구경휴수. 오행무목. 임계병
투. 지봉생왕. 각입문호. 희기합거계수. 불치혼야. 갱묘운주동
남목화. 향방출신. 총석전래자달. 승선협좌황당.

➡이 사주의 일주가 비록 일지에 겁재가 있어 왕하지만, 해월에 태
어나서 연구해 보면 결국은 약하다고 해야 하겠다. 오행에 木이 없
는 상태에서 다시 壬癸水가 투출되고 지지에는 다시 생왕을 만난 상
황이고 각기 문호를 얻었는데, 반가운 것은 癸水가 합거되어 있는
것이다. 그래서 혼잡이라고까지는 하지 않는다. 다시 묘하게 운이
동남의 木火로 달리니 향방 출신으로 황실 전래의 보물을 관리하는
황당의 보좌 역할을 했다.

【강의】

이 사주는 身弱用印格으로 보면 되겠다. 인성이 필요한 것으로 봐
야 하겠는데, 참 묘하게도 운이 너무 좋아 뜻한 바를 이루게 되었다
고 하겠다.

壬	丙	癸	戊
辰	戌	亥	午

辛	庚	己	戊	丁	丙	乙	甲
未	午	巳	辰	卯	寅	丑	子

丙戌日元. 生於辰時. 冲去庫根. 壬癸並透. 喜其戊合. 去官留
煞. 更喜年逢刃助. 火虛有焰. 更妙無金. 稍勝前造. 科甲出身.
宿映台垣. 重藉句宣之職. 猷分禹甸. 特隆鎖鑰之權.

병술일원. 생어진시. 충거고근. 임계병투. 희기무합. 거관유
살. 갱희년봉인조. 화허유염. 갱묘무금. 초승전조. 과갑출신.
숙영태원. 중자순선지직. 유분우전. 특융쇄약지권.

➥병술일주가 진시에 태어났는데 고근이 충으로 제거되고, 壬癸가
또 투출되었는데, 무계합으로 해서 관은 제거되고 살은 머물러 있는
구조이다. 다시 반가운 것은 연지의 午火 겁재가 도와 주고 있는 것
이니, 불이 허한데 불꽃을 얻게 되었다. 다시 묘하게도 사주에 금이
없으니 앞의 사주보다 다소 좋다고 하겠다. 과갑 출신으로 영대원에
머물면서 중요한 문서를 정리하는 직위에 있으며 당시의 중국 토지
분할의 요직도 겸했다. 특히 건륭 황제〔隆〕 당시에 국가의 문을 여닫
는 (외무부?) 중책을 맡았던 것이다.

【강의】

설명으로 보아서는 국가의 요직을 맡았던 것으로 보이는데 구체적
으로 무엇을 의미하는지는 잘 모르겠다. 다만 뜻은 크게 벗어나지
않은 것으로 보아도 무방하리라고 생각된다.

此造日月皆丁未. 時煞無根. 喜其壬水官星助煞. 不宜合也. 幸
而壬水坐申. 合而不化. 申金爲用. 更妙運走西北金水. 助起官
煞. 鄕榜出身. 仕版連登. 由縣令而遷司馬. 位儕黃堂.

차조일월개정미. 시살무근. 희기임수관성조살. 불의합야. 행
이임수좌신. 합이불화. 신금위용. 갱묘운주서북금수. 조기관
살. 향방출신. 사판연등. 유현령이천사마. 위제황당.

➜이 사주는 日月이 모두 丁未이고 時干의 편관은 뿌리가 없는데,
반갑게도 임수가 살을 돕고 있는 것이다. 그래서 합이 된 것이 못마
땅하다. 다행히도 임수는 申金에 앉아 있어서 합은 되어도 화하지는
않으니 申金을 용신으로 삼는다. 다시 묘한 것은 운이 西北의 金水
로 흐르니 관살을 도와 일으켜서 향방 출신으로 벼슬이 연달아 상승
해서 현령으로 말미암아 사마로 옮겼으며 벼슬이 황당과 맞먹었던
것이다.

【강의】

비록 申金이 용신이라고는 하지만 그래도 역시 수에 용신이 있는
것으로 보아야 하겠다. 희신으로써 신금이 그만큼 중요하다는 정도

로 이해하면 충분하리라고 본다.

合煞留官附

乙	戊	己	甲
卯	辰	巳	辰

丁	丙	乙	甲	癸	壬	辛	庚
丑	子	亥	戌	酉	申	未	午

戊土生於巳月. 日主未嘗不旺. 然地支兩辰. 木之餘氣亦足. 喜其合煞留官. 官星坐祿. 更妙運途生化不悖. 所以早登雲路. 掌典籍而知制誥. 陪侍從以應傳宣也.

무토생어사월. 일주미상불왕. 연지지양진. 목지여기역족. 희기합살유관. 관성좌록. 갱묘운도생화불패. 소이조등운로. 장전적이지제고. 배시종이응전선야.

➡️ 무토가 4월에 태어나서 일주는 여하튼 강하다. 그리고 지지에는 辰土가 둘 있으니 목의 여기도 또한 족한데 반갑게도 살과 합이 되고 관이 머물러 있다. 관성은 녹에 앉아 있는데, 다시 묘한 것은 운이 생하고 화해서 어그러짐이 없다는 것이다. 그래서 일찍이 벼슬길에 올라 국가의 중요 문서(典籍)를 손아귀에 넣고 주물렀고, 제호를 알았으며 시종을 모시면서 전선에 응했던 것이다.

【강의】

명확한 뜻은 모르겠으나 역시 중요한 문서를 다루는 일을 맡았던 것이다. 관살이 등장하면서 주로 중요한 국가의 직책을 수행한 것으로 나타나는 것도 우연이 아니라고 생각된다. 관살은 그렇게 희생하고 봉사하는 성분이라고 하는 것과 무관하지 않다는 생각을 해 본다.

```
丁   庚   辛   丙
丑   申   卯   辰
己 戊 丁 丙 乙 甲 癸 壬
亥 戌 酉 申 未 午 巳 辰
```

此造春金雖不當令. 喜其坐祿逢印. 弱中變旺. 丙辛一合. 丁火獨淸. 不但去煞. 而且去劫. 財無劫奪. 官有生扶. 尤妙運走東南木火. 所以早遂靑錢之選. 兆人鏡之芙蓉. 作春官之桃李也.

차조춘금수부당령. 희기좌록봉인. 약중변왕. 병신일합. 정화독청. 부단거살. 이차거겁. 재무겁탈. 관유생부. 우묘운주동남목화. 소이조수청전지선. 조인경지부용. 작춘관지도이야.

➡이 사주는 묘월 경금이 비록 월령을 잃었지만, 녹지에 앉아서 다시 인성을 만난 것이 반갑다. 그래서 약이 변해서 강이 되었는데, 丙辛의 합으로 정화만 홀로 청한데, 다만 살을 제거했을 뿐만 아니라 다시 겁재까지도 제거한 셈이니 재성을 겁탈하지 않고 관성은 생부

를 얻는다. 더욱 묘한 것은 운이 동남의 木火로 달리는 것이니 그래서 일찍이 벼슬에 뽑혔고 부용과 같이 귀하게 될 조짐이 나타났고, 봄날 관아의 복숭아꽃과 같더라.

【강의】

칭찬인지 욕인지 약간 아리송하기는 하지만 역시 운이 좋다고 하는 것으로 봐서 좋았다고 이해하면 되겠다. 부용이니 도리니 하는 말은 익숙하지가 않아서 느낌이 잘 오지는 않지만 그래도 좋은 것으로 귀하게 되었다는 정도로 이해하면 충분하리라 생각된다.

庚	乙	辛	丙
辰	亥	卯	辰

己	戊	丁	丙	乙	甲	癸	壬
亥	戌	酉	申	未	午	巳	辰

乙亥日元. 坐下逢生. 又月令建祿歸垣. 足以用財. 喜丙辛金弱而去. 乙庚木旺不從. 鄕榜出身. 至丙申, 丁酉. 火蓋天干. 未能顯秩. 究竟西方金地. 亦足以琴堂解慍. 花院徵歌也.

을해일원. 좌하봉생. 우월령건록귀원. 족이용재. 희병신금약이거. 을경목왕부종. 향방출신. 지병신, 정유. 화개천간. 미능현질. 구경서방금지. 역족이금당해온. 화원징가야.

➡ 乙亥일주가 일지에 인성을 만나고 또 월지에 비견을 얻으니 재성

으로 용신을 삼기에 충분하다. 반가운 것은 병신합으로 약한 금을 제거하고 을경합은 목이 왕해서 종하지 않으니, 향방으로 시작해서 丙申운과 丁酉운에는 火가 개두되어 크게 발달을 하지 못했지만 마침내 서방의 금운으로 가게 되어 또한 족히 금당에서 쌓인 한을 풀고[解慍] 화원에서 노래를 부르게 되었다.

【강의】

역시 이 부근에 와서는 다소 난해한 문구들이 등장한다. 아마도 자신의 사주를 풀이하면서 뭔가 가슴 속이 뭉클해서 그 여파로 약간 흥분된 마음으로 설명을 쓰고 있는 것인지도 모르겠다는 생각이 든다. 의미는 전달되지만 차분하게 읽는 사람의 입장을 배려하다가는 자신의 사주를 풀이하면서부터 상당히 어려운 글귀가 튀어나오는 것 같다. 물론 이해를 해야 할 것이다. 얼마나 하고 싶었던 이야기였겠느냐는 생각이 들어서 말이다.

```
己   壬   戊   癸
酉   午   午   亥
庚 辛 壬 癸 甲 乙 丙 丁
戌 亥 子 丑 寅 卯 辰 巳
```

此造旺煞逢財. 喜其合也. 妙在癸水臨旺. 合而不化. 則有戊土. 不抗壬水也. 合而化. 則無情化火. 仍生土也. 由此以推. 運走東方木地. 早遂靑雲之志. 運走北方水地. 去財護印. 翔步天

衢. 置身日舍也.

차조왕살봉재. 희기합야. 묘재계수임왕. 합이불화. 즉유무토. 불항임수야. 합이화. 즉무정화화. 잉생토야. 유차이추. 운주동방목지. 조수청운지지. 운주북방수지. 거재호인. 상보천구. 치신일사야.

➜이 사주는 왕한 관살이 그 합을 반기는데, 묘하게도 癸水가 왕에 임해서 합을 해도 化하지는 않는다. 즉, 戊土가 있어도 임수를 부담스럽게 하지 않는다는 이야기이다. 합해서 화한다면 무정한 合化가 될 것이니 오히려 토를 생조할 가능성으로 나타나기 때문이다. 이로 인해서 추리해 보건대 운이 東方의 목지로 갈 때 일찍이 청운의 뜻을 세웠는데, 운이 北方의 수운으로 가면서 재성을 제거하고 인성을 보호하여 높은 자리에 날아올랐고, 그 몸을 태양의 집에 두게 되었던 것이다.

【강의】

여전히 뭔가 어려운 이야기가 섞여 있기는 하지만 뜻은 알 만하다. 운을 잘 탔다는 말이 명확하기 때문이다. 용신은 인성에 있고, 희신은 수에 있는데, 운에서 용신의 운으로 흐르게 되어 마음대로 발복을 했던 모양이다.

(五) 官煞混雜格

```
癸   丙   壬   壬
巳   寅   子   辰
庚 己 戊 丁 丙 乙 甲 癸
申 未 午 巳 辰 卯 寅 丑
```

此造壬水當權. 煞官重疊. 最喜日坐長生. 寅能納水. 化煞生身.
時歸祿旺. 足以敵官. 更妙無金. 印星得用. 煞勢雖強. 不足畏也.
至丙辰幫身. 又逢己巳流年. 去官之混. 捷報南宮. 出宰名區.

차조임수당권. 살관중첩. 최희일좌장생. 인능납수. 화살생신.
시귀록왕. 족이적관. 갱묘무금. 인성득용. 살세수강. 부족외야.
지병진방신. 우봉기사류년. 거관지혼. 첩보남궁. 출재명구.

➠이 사주는 임수가 월령을 잡고, 관살이 첩첩한데, 가장 반가운 것
은 일간이 장생에 앉아 있는 것이다. 寅木은 또 능히 물을 흡수하니
살을 화해서 일간을 생한다. 時支에는 巳火가 있어 녹왕이 되니 족
히 관성과 대항할 만하다고 하겠는데, 다시 묘하게도 金이 없기 때
문에 인성을 용신으로 쓰게 된다. 비록 살이 강하기는 하지만 두려
워하기에는 다소 부족하다. 丙辰운에서 일간을 도왔고, 또 己巳의
세운에서는 관성의 혼잡을 제거해서 남궁에 붙음을 알렸으며 벼슬
길에 나아가게 되었던 것이다.

신약한 사주에서 관살이 혼잡되었다는 것은 부담이 크다고 하겠다. 과연 살중용인격의 구조로서 적절하게 어울린다고 하겠는데, 운이 동남으로 흘러서 마음먹은 대로 진행되었다고 하겠다.

```
丁    己    乙    甲
卯    巳    亥    子

癸 壬 辛 庚 己 戊 丁 丙
未 午 巳 辰 卯 寅 丑 子
```

此造官遇長生. 煞逢祿旺. 巳亥雖冲破印. 喜卯木仍能生火. 寅運, 合亥. 化木生印. 連登甲榜. 庚辰辛巳. 制官化煞. 朱旛皁蓋. 出守大邦. 名利兩優.

차조관우장생. 살봉록왕. 사해수충파인. 희묘목잉능생화. 인운, 합해. 화목생인. 연등갑방. 경진신사. 제관화살. 주번조개. 출수대방. 명리양우.

➤ 이 사주는 정관이 장생을 만나고 살은 녹왕을 만났는데, 巳亥충이 되어서 비록 인성이 깨어지기는 했지만 卯木이 오히려 火를 생하게 되는데, 寅木의 운에서 해수와 합을 하는 바람에 木을 化해서 인성을 생조하니 연이어서 장원 급제를 하고 庚辰대운과 辛巳대운에서 관을 제하고 살을 화하니 붉은 깃발을 휘날리고 대방에 수비하러 나가 이름과 재물을 넉넉하게 얻었다.

【강의】

사해충이 맘에 걸리기는 한데, 그래도 시간의 丁火는 묘목을 생조해서 유통시켜 주고 있으니 다행이라고 하겠다. 실제로 사화는 무력하여 시간의 정화가 더 중요하다고 하겠다. 이렇게 해서 살중용인격의 구조가 충분하다고 하겠다. 운이 또한 도움이 되었는데, 특히 庚辰 辛巳의 운에서는 금이 부담된다고도 하겠지만 천간에 정화가 있기 때문에 무사히 넘어갈 수가 있다고 보겠다.

戊	庚	丁	丙			
寅	午	酉	辰			
乙	甲	癸	壬	辛	庚	己	戊
巳	辰	卯	寅	丑	子	亥	戌

此造煞逢生. 官得祿. 喜其秋金秉令. 更妙辰土洩火生金. 不失中和之象. 尤喜運走北方水地. 庚子運冲去官根. 鹿鳴方燕歡. 雁塔又題名. 辛丑壬寅運. 橫琴而歌解慍. 遊刃而賦烹鮮.

차조살봉생. 관득록. 희기추금병령. 갱묘진토설화생금. 부실중화지상. 우희운주북방수지. 경자운충거관근. 녹명방연음. 안탑우제명. 신축임인운. 횡금이가해온. 유인이부팽선.

➡ 이 사주는 편관이 인성을 얻고 정관은 비견을 얻었다. 반가운 것은 가을의 금이 당령되었다는 것인데, 다시 묘한 것은 辰土가 화를 설하고 금을 생한다는 것이니 중화의 형상을 잃지 않음이다. 더욱

반가운 것은 운이 북방의 수운으로 가는 것인데 庚子운에서 관성의 뿌리를 충으로 제거하여 사슴 우는 동산에서 잔치를 하게 되었고, 안탑에는 또 이름을 올렸다. 辛丑과 壬寅운에서는 비파를 타면서 속상한 마음을 풀었고, 칼을 들고 돌아다니며 생선을 잡아서 삶아 먹었던 것이다.

【강의】

앞의 설명은 충분히 이해가 되는데, 뒷부분에서 해온(解慍)이라든지 유인(游刃) 등의 의미가 명확하게 이해되지 않아 해석이 좀 어정쩡하게 되어 죄송하다. 억지로 생각해 보면 관살이 용신인 모양인데, 수운[食傷]에서 반갑다고 하는 것은 또 무슨 말인지 모를 일이다. 아마도 관살이 너무 왕해서 인성이 필요하다는 의미로 보고, 신축운에는 잘 넘어갔는데, 임인운에서 따분하게 되었다는 정도로 이해해 볼 수도 있겠지만, 해온의 의미는 성낼 온자인 것으로 봐서 성질을 풀었다고 해석이 가능하겠는데, 그렇다면 잘못되었다는 말로 해야 하겠고, 역시 미루어 짐작한다면 마음대로 되지 않은 것으로 봐서 화를 용신으로 하고 신축이 부담으로 남았다고 해석해야 할 모양이다. 게다가 다시 경자대운의 말을 어떻게 연결시켜야 할지도 고민이다. 그래서 앞의 설명에 비중을 두고 보면 경자대운에는 관의 뿌리를 제거시켜 기쁘다고 하는 말은 명확하므로 관살이 용신이 아니라고 하는 것으로 해석해야 하겠다. 그런데 또 신축대운에서의 설명은 좋은 것으로 봐야 하겠는데, 해온의 의미가 좀 부담스럽다. 이점을 참고하고 넘어가야 하겠다.

```
辛  壬  己  戊
亥  申  未  午
丁 丙 乙 甲 癸 壬 辛 庚
卯 寅 丑 子 亥 戌 酉 申
```

此造官煞並旺當令. 辛日坐長生. 時逢祿旺. 足以敵官攬煞. 坐
下印綬. 引通財煞之氣. 運走西北金水之鄉. 所以少年科甲. 裕經
綸於管庫. 人推黻黼之功. 秉撫宇於催科. 世讓文章之煥.

차조관살병왕당령. 행일좌장생. 시봉록왕. 족이적관당살. 좌
하인수. 인통재살지기. 운주서북금수지향. 소이소년과갑. 유경
륜어관고. 인추불보지공. 병무우어최과. 세양문장지환.

➥ 이 사주는 관살이 모두 月支를 얻어서 강하다. 다행히도 日干은
生地에 앉았고, 時支에는 녹왕이 있으니 족히 관성과 대적하고 살과
겨룰 만하겠고, 앉은자리의 인수는 재살의 기운을 유통시키게 된다.
운이 西北의 金水로 흐르면서 소년으로 벼슬을 해서 경륜이 창고를
관리할 정도로 넉넉했는데, 사람들이 관리(黻黼 : 관복에 수를 놓는
것을 말하는데, 己를 마주해서 곤색으로 수를 놓았음)로 추천을 하고,
문서를 손에 쥐고 조세의 상납을 독촉하기도 하며(催科 : 조세의 상
납을 독촉함, 세무공무원을 말함), 문장을 잘하기는 환(문장으로 뛰어
난 사람인 듯)이 자리를 양보할 지경이었다.

【 강의 】

아마도 칭찬인 듯싶은데 참 어려운 말도 골라서 썼다. 아마도 이러한 글을 적을 당시에는 누구든지 이 용어의 의미를 일상적으로 알 수 있었기 때문에 사용했겠지만 이렇게 세월이 흐른 다음에 보려니까 여간 고역이 아니다. 여하튼 잘 나간 것으로 이해하고 부족한 부분은 양해를 바란다.

官殺混雜者. 富貴甚多. 總之煞官當令者. 必要坐下印綬. 則其煞官之氣流通. 生化有情. 或氣貫生時. 亦足以扶身敵煞. 若不氣貫生時. 又不坐下印綬. 不貧亦賤. 如煞官不當令者. 不作此論也.
　관살혼잡자. 부귀심다. 총지살관당령자. 필요좌하인수. 즉기살관지기유통. 생화유정. 혹기관생시. 역족이부신적살. 약불기관생시. 우불좌하인수. 불빈역천. 여살관부당령자. 부작차론야.

➔ 관살이 혼잡된 것은 부귀하는 자가 심히 많으니 한 마디로 관살이 당령을 한 자는 반드시 앉은자리에 인성이 있을 것을 요한다. 즉, 그 관살의 기운이 흘러서 생하고 화하여 유정하게 되기 때문이다. 혹 기세가 時에까지도 통해 있다면 또한 일간을 도와 살과 대항할 만하다고 하겠는데, 만약 기운이 시에 통해 있지 않고, 또 앉은자리에도 인성이 없다면 가난하지 않으면 천할 것이며, 또 관살이 당령을 하지 않은 경우에는 이런 방법으로 대입하지 않음도 알아 두기 바란다.

【강의】

아무래도 당시의 시대적인 상황으로 보아 일리가 있는 내용이라고 하겠다. 다만 지금의 관점으로는 구태여 그럴 필요가 없지 않을까 싶은 생각이 든다. 여하튼 일리가 있는 내용이고, 월지에 관살이 없는 경우에는 이렇게 논하지 않는다는 말은 월지가 관살일 경우에만 관살격으로 보는 때문일 것이다. 그러나 앞에서 예로 든 사주의 경우, 구태여 월지에 있지 않은데도 언급된 것을 보면 말씀은 그렇게 해도 월지에 관살이 있거나 말거나 관살이 보이면 언급을 하신 것으로 봐야 하겠고, 이렇게 유연한 생각으로 사주를 살펴보는 것이 자연에 가까울 것이라고 하는 생각이 든다.

(六) 制煞太過格

```
己   丙   戊   辛
亥   辰   戌   卯
庚 辛 壬 癸 甲 乙 丙 丁
寅 卯 辰 巳 午 未 申 酉
```

時逢獨煞. 四食相制. 年支卯木. 被辛金蓋頭. 況秋木本不足以疏土. 所賴亥中甲木衛煞. 至乙未運. 暗會木局. 捷報南宮. 名高翰苑. 甲午運, 木死於午. 合己化土. 丁外艱. 己巳年, 又冲去亥水. 不祿.

시봉독살. 사식상제. 연지묘목. 피신금개두. 황추목본부족이

소토. 소뢰해중갑목위살. 지을미운. 암회목국. 첩보남궁. 명고한원. 갑오운, 목사어오. 합기화토. 정외간. 기사년, 우충거해수. 불록.

➡時支에 亥水 편관이 있는데 네 개의 식상의 극을 받고 있다. 年支에 卯木은 辛金이 덮여 있고 또 하물며 가을의 나무이니 토를 극하기가 불가능하다. 그래서 亥水 속의 甲木으로 살을 보호하는 것이 좋겠는데, 乙未운이 되자 운에서 木局을 형성하여 남궁에 합격장이 붙었고, 이름은 한원에 높았는데, 甲午운은 목이 오에서 죽으니 己土와 합하여 부모에 고통이 있었고, 己巳년은 또 亥水를 충거하니 녹을 받지 못했다.

【강의】

신약용인격에 인성이 용신인데, 금을 봐서 버렸다고 하겠으나 을미운에서는 목이 도와서 다행이었고, 갑오운에서는 목이 죽어서 합화가 되어 버리는 바람에 어려움을 겪었다고 하는데 갑기합으로 인해서 인성이 토로 화했다고 해석하신 것으로 보겠다. 물론, 갑기합이 되어서 일리가 있다고 하겠는데, 그래도 午火가 들어와서 화를 도우므로 크게 나쁘다고는 하기 어렵겠고, 己巳년에서 다시 토가 들어오고 사화가 수를 충해서 죽었다고 해석해야 하겠는데, 약간 석연치 않은 점은 있다. 즉, 해수가 충을 받아도 실제로 병화에게는 부담이 된다고 보기 어려운 복잡한 내용이 있어서이다. 사화가 들어와서 해수를 눌러 줘도 목은 그대로 도움을 줄 것으로 봐야 하지 않겠느냐는 의문이 들어서이다.

壬　丙　戊　辛
辰　辰　戌　卯
庚　辛　壬　癸　甲　乙　丙　丁
寅　卯　辰　巳　午　未　申　酉

此亦一煞逢四制. 所不及前造者. 無亥卯之會也. 雖早採芹香.
秋闈蹭蹬. 納捐部屬. 仕路亦不能通達. 喜時煞透露. 行甲午運.
無化土之患. 然猶刑耗多端. 而己身無咎.

차역일살봉사제. 소불급전조자. 무해묘지회야. 수조채근향.
추위층등. 납연부속. 사로역불능통달. 희시살투로. 행갑오운.
무화토지환. 연유형모다단. 이기신무구.

➡ 이 또한 편관이 네 식신에게 극을 받고 있다. 앞의 사주보다도 더
떨어지는데 亥卯의 합이 없어서이다. 비록 어려서는 잘 지냈지만 무
과에 낙방하고 돈을 내고 부속으로 들어갔는데 벼슬이 또한 통달하
지 못했다. 반가운 것은 時에 살이 투출된 것인데 운에서 甲午운에
火土로 화할 염려는 없지만, 그로 인해서 고통이 많기는 했을 것으로
보는데, 그래도 자기 몸에는 큰 화가 미치지 않았던 것이다.

【강의】

살을 너무 과도하게 극제해서 문제가 발생했다고 하는 의미가 아
닌가 싶다. 그러나 살펴보면 임수가 다소 약해서 금이 필요한데 금
이 없어서 유감이다. 실제로는 금이 용신이 되어야 하겠고 현실적으

로는 비겁을 의지하는 것으로 봐야 하겠는데, 갑오운은 기신이므로 좋을 일이 없다고 보면 되겠다. 그 후의 상황이 설명되지 않았는데, 운을 보면 발하게 되었을 것으로 생각된다.

壬	丙	丙	壬
辰	午	午	辰

甲	癸	壬	辛	庚	己	戊	丁
寅	丑	子	亥	戌	酉	申	未

兩煞逢四制. 印雖不見. 喜其煞透食藏. 通根身庫. 總之夏火當權. 水無金滋. 至酉運, 合去辰土. 財星滋煞. 發甲, 點中書. 庚運, 仕版連登. 入參軍機. 戌運, 燥土冲動壬水之根. 又逢戊辰年. 戊土透出. 緊制壬水. 不祿.

양살봉사제. 인수불견. 희기살투식장. 통근신고. 총지하화당권. 수무금자. 지유운, 합거진토. 재성자살. 발갑, 점중서. 경운, 사판연등. 입참군기. 술운, 조토충동임수지근. 우봉무진년. 무토투출. 긴제임수. 불록.

➜ 두 개의 관살이 네 개의 식신에게 극을 받고 있다. 인수는 비록 보이지 않지만 반갑게도 그 살이 투출되고 식상은 암장되었다. 또한, 신고에 통근까지 했는데, 한 마디로 여름의 불이 월령을 잡으니 酉金운에서 辰土를 합거하여 재성이 살을 돕게 되니 수석으로 합격하고, 중서에 뽑혔으며 庚金대운에는 벼슬이 계속 올라가서 참군에 들어갔다. 戌土대운에서 조열한 토가 충을 만나 壬水의 뿌리가 동하

고, 또 戊辰년을 만나게 되자 무토가 투출되어 바짝 붙어 임수를 제어하니 녹을 받지 못했다.

【강의】

네 개의 제어를 받는다는 것은 오화 속의 己土까지 포함시킨 것으로 봐야 하겠는데, 금운이 좋았다는 것으로 봐서 時干의 편관을 용신으로 삼아 충분하리라고 보겠다. 그리고 이 사주의 경우에는 제살태과라는 말이 다소 억지성 발언이라고 해야 할 모양이다. 辰土는 이미 壬水의 뿌리가 되는데, 무슨 극을 하겠느냐는 생각이 들고, 또 午火 속의 己土가 제한다고 하는 것도 같은데, 역시 설명을 위한 말씀일 뿐이지 실제로 오화가 진토에게 설기되면서 다시 임수에게 대항한다고는 설명을 하지 않는 것이 오히려 좋다고 하겠다. 그냥 편관격에 재성이 희신이라고 하는 것으로도 충분하지 않은가 싶다. 재살태과의 항목으로는 어울리지 않는 사주라고 하는 점을 참고하기 바란다.

壬	壬	戊	甲
寅	辰	辰	寅

丙	乙	甲	癸	壬	辛	庚	己
子	亥	戌	酉	申	未	午	巳

此造五煞逢五制. 土雖當權. 木亦雄壯. 幸日主兩坐辰庫. 又得比肩康扶. 至壬申運, 日主逢生. 沖去寅木. 名登桂藉. 雁塔高標.

接運癸酉二十年. 由縣令履黃堂. 名利裕如.

차조오살봉오제. 토수당권. 목역웅장. 행일주양좌진고. 우득
비견강부. 지임신운, 일주봉생. 충거인목. 명등계자. 안탑고표.
접운계유이십년. 유현령이황당. 명리유여.

➜ 이 사주는 다섯 개의 살이 다시 다섯 개의 식상을 만났으니 목도
이미 웅장하다고 하겠다. 다행인 것은 일주가 두 곳에 辰土를 두고
있는 것이고, 또 比肩의 도움을 얻고 있는 것이다. 壬申운이 되면서
일주는 생조를 만나고 申金은 寅木을 충하게 되어 이름이 벼슬아치
의 족보에 올랐고, 안탑에 이름이 높이 표시되었으며 이어지는 癸酉
의 20년 동안 현령으로 말미암아 황당을 밟았으며 명리가 넉넉했다.

【 강의 】

역시 앞 사주와 마찬가지로 지장간까지 모두 뒤져 보신 모양이다.
그러나 신약용비격으로 봐야 할 구조라고 해야 하겠다. 극설이 교차
되기 때문이다. 金水운에서 발했다는 것으로 봐서 관살이 하나의 방
향은 될지 몰라도 시기를 보는 것으로는 별 도움이 되지 않는 것으
로 이해를 해야 하겠다.

庚	戊	戊	庚
申	寅	寅	申

丙	乙	甲	癸	壬	辛	庚	己
戌	酉	申	未	午	巳	辰	卯

此兩煞逢四制. 幸春木得時秉令. 剋不盡絶. 至午運, 補土之不足. 去金之有餘. 登科, 擢縣令. 至甲申運. 又逢食制. 死於軍中.

차양살봉사제. 행춘목득시병령. 극부진절. 지오운, 보토지부족. 거금지유여. 등과, 탁현령. 지갑신운. 우봉식제. 사어군중.

➡ 이 사주는 두 개의 살이 네 개의 제함을 만났는데, 다행히도 봄의 나무가 월령을 잡았으니 극을 받아도 완전히 끊기는 것은 아니다. 午火운이 되어서 土의 부족함을 보충하고 金의 넉넉함을 제거하여 등과한 다음에 현령으로 발탁되었으나, 甲申운에서는 또 식신의 제함을 만나서 군중에서 죽었다.

【강의】

午火운에서 약간 발한 것을 보면 寅中의 午火를 그냥 용신으로 삼은 모양이다. 운이 길게 이어지지 못한 것을 아쉬워해야 하겠는데, 인신충을 만나면서 사주의 구조가 일그러진 것으로 봐야 하겠다.

按與其制殺太過. 不若官殺混雜之美也. 何也. 蓋制煞太過. 煞既傷殘. 再行制煞之運. 剋洩交加. 九死一生. 官煞混雜. 只要日主坐旺. 印綬不傷. 運程安頓. 未有不富貴者也. 如日主休囚. 財星壞印. 卽使獨煞純淸. 一官不混. 往往憂多樂少. 志屈難伸. 學者宜審焉.

안여기제살태과. 불약관살혼잡지미야. 하야. 개제살태과. 살기상잔. 재행제살지운. 극설교가. 구사일생. 관살혼잡. 지요일주좌왕. 인수불상. 운정안돈. 미유불부귀자야. 여일주휴수. 재

성괴인. 즉사독살순청. 일관불혼. 왕왕우다락소. 지굴난신. 학
자의심언.

◆ 제살태과격을 살펴보니 관살혼잡의 아름다움에 비할 바가 되지
못한다. 왜냐하면 대개 살을 너무 제어하게 되면 살이 이미 손상을
받아서 다 부서진 상태이니 다시 살을 제하는 운을 만나게 되면 극
설이 교차되어서 열에 아홉은 죽게 되는 까닭이다. 관살이 혼잡된
경우에는 다만 일주가 왕지에 앉아 있고 인수가 손상을 받지 않고
운에서 도와 주기만 한다면 부귀하지 않는 자가 없는 것을 보기 때
문이다. 만약 일주가 허약하고 재성이 인성을 깨고 있으면, 즉 살이
하나가 있으면 순수하고 청하다고 하겠지만 관성이 혼잡되지 않더
라도 흔히들 근심이 많고 즐거움이 적으며 뜻이 있어도 펴 보기가
어려우니 공부하는 사람은 마땅히 잘 살펴야 하겠다.

【강의】

이렇게 해서 관살의 상황을 정리하게 된다. 그리고 살펴보면 관살
의 구조가 되어 있는 사주의 경우에는 일단 봉사심과 희생심이 강해
서 자신의 능력을 다수의 사람들에게 베풀어 주는 방향으로 삶의 설
계를 하게 되고, 그래서 생각을 한 끝에 법조계라거나 군인이라거나
하는 부분에 관심을 갖게 된다고 하는 것을 생각해 볼 만하겠다. 그
러니까 식상의 자기 능력을 표현하는 것에 몰두하고 있는 점과는 다
소 차이가 있을 것이고, 그래서 관살을 그릇이 크다고 말한다면 일리
가 있다고 하겠다. 흔히 그릇이 크다는 말은 살신성인의 희생 봉사
정신이 많은 사람을 두고 하는 말이기 때문이다.

제5장　상관(傷官)

> 傷官見官最難辨. 官有可見不可見.
> 상 관 견 관 최 난 변. 관 유 가 견 불 가 견.

◐ 상관이 관을 보면 가리기가 가장 어렵고, 관을 보았더라도 무난한
경우와 불가한 경우가 있다.

【滴天髓徵義】

　傷官者. 竊命主之元神. 旣非良善. 傷日干之貴氣. 更肆縱橫.
然善惡無常. 但須駕馭而英華發越. 多主聰明. 若見官之可否. 須
就原局以權衡. 其間作用. 種種不同. 不可執一而論也. 有傷官用
印, 傷官用財, 傷官用劫, 傷官用傷, 傷官用官, 之不同. 若傷官
用財, 日主旺. 傷官亦旺. 宜用財. 有比劫, 則可見官. 無比劫, 有
印綬, 不可見官.

日主弱. 傷官旺. 宜用印. 可見官. 不可見財. 日主弱. 傷官旺. 無印綬. 宜用比劫. 喜見劫印. 忌見財官. 日主旺. 無財官. 宜用傷官. 喜見財傷. 忌見官印. 日主旺. 比劫多. 財星衰. 傷官輕. 宜用官. 喜見財官. 忌見傷印.

所謂傷官見官, 爲禍百端者. 皆日主衰弱. 用比劫幫身. 見官則此劫受剋. 所以有禍. 若局中有印. 見官不但無禍. 而且有福也. 傷官用印. 局內無財. 運行印旺身旺之鄉. 未有不顯貴者也. 運行財旺傷旺之鄉. 未有不貧賤者也. 傷官用財. 財星得氣. 運逢財旺傷旺之鄉. 未有不富厚者也. 運行印旺劫旺之地. 未有不貧乏者也. 傷官用劫. 運逢印旺. 必貴. 傷官用官. 運行財旺. 必富. 傷官用傷. 運遇財傷. 富而且貴. 不過官有高卑. 財分厚薄耳. 宜細推之.

상관자. 절명주지원신. 기비양선. 상일간지귀기. 갱사종횡. 연선악무상. 단수가어이영화발월. 다주총명. 약견관지가부. 수취원국이권형. 기간작용. 종종불동. 불가집일이론야. 유상관용인, 상관용재, 상관용겁, 상관용상, 상관용관, 지부동. 약상관용재, 일주왕. 상관역왕. 의용재. 유비겁, 즉가견관. 무비겁, 유인수, 불가견관.

일주약. 상관왕. 의용인. 가견관. 불가견재. 일주약. 상관왕. 무인수. 의용비겁. 희견겁인. 기견재관. 일주왕. 무재관. 의용상관. 희견재상. 기견관인. 일주왕. 비겁다. 재성쇠. 상관경. 의용관. 희견재관. 기견상인.

소위상관견관, 위화백단자. 개일주쇠약. 용비겁방신. 견관즉차겁수극. 소이유화. 약국중유인. 견관부단무화. 이차유복야. 상관용인. 국내무재. 운행인왕신왕지향. 미유부현귀자야. 운행재왕상왕지향. 미유부빈천자야. 상관용재. 재성득기. 운봉재왕상왕지향. 미유불부후자야. 운행인왕겁왕지지. 미유불빈핍자야.
상관용겁. 운봉인왕. 필귀. 상관용관. 운행재왕. 필부. 상관용상.
운우재상. 부이차귀. 불과관유고비. 재분후박이. 의세추지.

➜ 상관이라는 것은 일주의 원신을 훔쳐 가는 성분이다. 이미 좋은 성
분은 아닌데 일주의 귀한 기운을 손상시키고 다시 동서로 난폭하기
까지 하기 때문이다. 그러나 좋고 나쁘다는 것이 영원한 것은 없는
것이니 다만 모름지기 잘 다스리기만 하면 오히려 재능을 발휘하기
도 해서 그 사람은 총명하다. 만약 관을 봤을 경우에 옳고 그름은 모
름지기 원국의 균형을 봐야 하고, 그 사이에서 작용하는 것은 아주
다양해서 같지 않으므로 한 가지 이론에 집착하는 것은 불가하다.

상관이 있는데 인성을 용신으로 하거나, 상관에 재성을 용신으로
쓰거나, 상관에 겁재를 용신으로 하거나, 상관을 그대로 쓰거나, 상
관에 관성을 용신으로 하는 경우 등의 같지 않음이 있는 것이다.

만약 상관이 있고 재성을 용신으로 삼을 경우에는 일주가 왕하고
상관도 또한 왕할 경우에 재성을 용신으로 쓰는 것이 마땅한데 비겁
이 있다면 이 때에는 관성이 있어도 좋다. 비겁이 없고 인성이 있는
경우에는 관성이 있으면 불가하다.

일주가 약하고 상관은 왕하면 인성이 용신인데, 이 때에는 관성은
반갑지만 재성은 절대로 보면 안 된다.

일주가 약하고 상관은 왕한데 인수가 없다면 마땅히 비겁이 용신

인데, 겁재와 인성은 반갑지만 재관은 모두 꺼린다.

일주가 왕하고 재관도 없을 경우에는 그대로 상관을 용신으로 쓰는 것이 마땅하다. 운에서는 재성과 식상을 보는 것이 반갑고, 관성이나 인성은 보지 않아야 한다.

일주가 왕하고 비겁도 많고 재성이 쇠약하고 상관도 약하다면 마땅히 관성을 용신으로 삼아야 하겠고, 재성이나 관성은 반가운데 상관이나 인성은 대단히 꺼린다.

이른바 '상관이 관을 보면 재앙이 백 가지로 발생한다.' 는 말은 모두 일주가 쇠약한 상황에서 비겁으로 용신을 삼아 돕고 있는 경우에 관성을 보게 되면 비겁이 손상을 받게 되어 재앙이 발생하게 되는 것을 말하는데, 만약 사주에 인성이 있다면 관을 봐도 재앙이 발생하지 않을 뿐만 아니라 또한 복이 되기까지 하는 것이다.

상관에 인성이 용신이 되었을 경우에 국에 재성이 없고 운에서 인성의 운이나 비겁의 운으로 가서 왕하게 된다면 귀함이 나타나지 않는 자가 없으나, 재성의 운이나 상관의 운으로 가게 되면 빈천하지 않는 자가 없다.

상관에 재성을 용한 경우 재성이 기를 얻었고 또 운에서 재성이나 상관이 왕해지는 운을 만난다면 재물이 넉넉하지 않은 자가 없지만, 인성이나 비겁의 운으로 간다면 찢어지게 가난해서 고통받지 않는 자가 없다.

상관에 겁재를 용신으로 삼은 경우에는 인성의 운으로 가면 반드시 귀하게 될 것이다. (그러나 관살의 운이나 재성의 운으로 간다면 반드시 고통을 받게 될 것이다.)

상관에 상관을 용신으로 삼은 경우에는 재성이나 상관의 운을 만나면 부자도 되면서 귀하게 될 것이지만, (인성의 운을 만난다면) 또한 가난하고 천한 삶이 될 것이다.
(이와 같이 구분을 해 보는 것은) 관의 높고 낮음을 구분하고 재물의 많고 적음을 구분하는 것에 불과할 뿐이니 마땅히 잘 추리하고 연구할 일이다.

【 강의 】

책에서도 문단을 나누어 설명을 해서 줄을 바꾸어 봤다. 이해에 도움이 될 것이다. 그리고 관이든 상관이든 이름에 얽매이지 말고 상황에 따라서 대입하라는 말씀은 여전히 유효하다고 보면 되겠다. 추가 설명은 필요 없을 것으로 보고 사주를 보도록 한다. 앞의 관살과 마찬가지로 항목별로 다시 사주를 찾아 대입을 시켰는데, 총 28개의 사주인 것으로 봐서 관살의 29개와 서로 비중을 같이한다고 생각하면 되겠는데, 유독 관살과 식상을 별도로 다룬 것에 대해서는 말미에 언급하도록 하겠다.

(一) 傷官用印格

```
己    丙    辛    己
丑    寅    未    丑
癸 甲 乙 丙 丁 戊 己 庚
亥 子 丑 寅 卯 辰 巳 午
```

火土傷官重疊. 幸在季夏. 火氣有餘. 又日坐長生. 寅中甲木爲
用. 至丁卯運. 剋去辛金. 破其丑土. 所謂有病得藥. 騰身而登月
殿. 慶集瓊林. 接連丙寅. 體用皆宜. 仕至黃堂.

화토상관중첩. 행재계하. 화기유여. 우일좌장생. 인중갑목위
용. 지정묘운. 극거신금. 파기축토. 소위유병득약. 등신이등월
전. 경집경림. 접연병인. 체용개의. 사지황당.

➡병화일간에 土의 상관이 중복되어 있는데, 다행인 것은 화기도 넉
넉하고 또 일간은 生地에 앉아 있으니 寅木 중의 甲木을 용신으로
삼는다. 丁卯운에서 辛金을 극해 버리고 그 丑土를 깨어 버리니 이
른바 '병이 있어 약을 얻은 것' 이니 몸을 날려서 월전에 올랐고 경사
스러운 일로 경림에 모였으니, 丙寅운을 살펴본다면 체용에 모두 옳
게 작용되니 벼슬이 황당에 도달하게 되는 것이다.

【강의】

상관용인격으로 보면 되겠는데, 달리 보면 탐재괴인격의 구조도

약간 보인다. 다만 탐재괴인까지 가지 않는 것은 재성이 인성을 극하지 않고 있기 때문이다. 인겁의 운에서 발하게 된 것은 충분히 이해된다.

```
辛   戊   丁   辛
酉   午   酉   酉

己 庚 辛 壬 癸 甲 乙 丙
丑 寅 卯 辰 巳 午 未 申
```

此土金傷官重疊. 喜其四柱無財. 氣象純淸. 初運木火. 體用皆宜. 所以壯歲首登龍虎榜. 少年身到鳳凰池. 癸巳, 壬辰. 生金剋火. 所以生平志節從何訴. 半世勤勞祇自憐.

차토금상관중첩. 희기사주무재. 기상순청. 초운목화. 체용개의. 소이장세수등용호방. 소년신도봉황지. 계사, 임진. 생금극화. 소이생평지절종하소. 반세근노지자련.

➡또한 戊土일간에 金상관이 중복되어 있는데, 반가운 것은 사주에 재성이 없다는 것이다. 기상이 깨끗하고 맑은데 초운의 木火에서는 일간이나 용신이 모두 좋아서 용호방에 수석으로 합격했고, 소년으로서 봉황의 못에 도달했다. 癸巳와 壬辰은 금을 생하고 화를 극하니 평생 절개와 뜻을 누구와 이야기하겠으며 반세기 동안 곤곤하게 살아온 자신을 가련하게 여길 뿐이었다.

【 강의 】

초운에 발하고 중운에 꺾이는 것은 차마 보기 힘든 고통이다. 차라리 아무것에도 인정받지 않았다면 모르고 넘어갔겠는데, 이렇게 잘 나가다가 잘리면 재생하기가 매우 불가능하다고 하는 생각을 하면서 이러한 상황은 마치 도자기를 굽다가 중간에 불이 꺼지는 것과 같다고 할 수 있겠다는 생각이 든다. 그러니까 다시 원점으로 돌아가서 재반죽을 할 수가 없는 것은 이미 열을 받아서 구워지고 있었기 때문이다. 그리고 그릇으로 존재할 수도 없으니 그러기에는 덜 단단해졌기 때문이다. 그래서 역시 초운에 고생을 하고 중후반에서 발하는 것이 가장 좋은 것으로 봐야 하겠다. 아마도 초운의 고생은 돈 주고 사서라도 해야 할 모양이다. 이렇게 자신의 신세 한탄을 하고 있어야 하는 사람이었다고 하니까 문득 그러한 생각이 든다.

己	庚	壬	壬
卯	辰	子	戌

庚	己	戊	丁	丙	乙	甲	癸
申	未	午	巳	辰	卯	寅	丑

此金水傷官當令. 喜年支戌暖土. 足以砥定中流. 時上卯木, 財破印爲病. 兼之初運水木. 以致書香不繼. 至三旬外. 運逢火土. 異路出身. 仕至州牧. 午運衰神冲旺. 臺省幾時無謫宦. 郊亭今日倍離愁.

차금수상관당령. 희년지술난토. 족이지정중류. 시상묘목, 재파인위병. 겸지초운수목. 이치서향불계. 지삼순외. 운봉화토.

이로출신. 사지주목. 오운쇠신충왕. 대성기시무적환. 교정금일
배리수.

➜이 사주는 庚金일간에 水상관의 月支인데 年支에 戌土의 온기가
있는 것이 반갑다. 이 글자가 사주의 물 세력을 거두기에 충분하다
고 하겠다. 時支의 卯木의 재는 인성을 깨고 있는 병이다. 겸해서 초
운이 水木이라 공부를 계속할 수가 없었는데, 30년이 넘어서 운이 火
土로 가면서 옆길로 벼슬길에 들어서는 주목까지 이르렀는데, 午火
대운에서 쇠약한 火가 왕한 글자를 충하게 되었다. 한 성에서 몇 번
인가의 벼슬 기회가 있었지만 이제 변두리의 정자에서 옛 생각으로
부터 벗어나려고만 생각하고 있다.

【강의】

신약용인격에 午火대운이 자오충으로 도움이 되지 못했던 모양이
다. 실제로 인성이 필요하지만, 겁재도 희신이라고 하겠는데, 극설
이 교차되면서 별로 도움이 되지 않았던 모양이다. 마지막 구절이
좀 어색하지만 분위기로 봐서 짐작이 된다고 하겠다. 다만 그 후의
운에서 토금이 들어오기는 하는데 역시 한 번 기회를 잃어서인지 뒷
이야기가 없으니 알 수 없다.

丙	乙	癸	丙
子	丑	巳	辰

辛	庚	己	戊	丁	丙	乙	甲
丑	子	亥	戌	酉	申	未	午

此木火傷官. 印綬通根祿支. 格局未嘗不美. 雖嫌財星壞印. 而
丑辰皆濕土. 能蓄水晦火. 惜乎運途無水. 以致一介寒儒. 至申
運. 火絶水生. 命列泮宮. 後九赴秋闈不捷.

차목화상관. 인수통근록지. 격국미상불미. 수혐재성괴인. 이
축진개습토. 능축수회화. 석호운도무수. 이치일개한유. 지신
운. 화절수생. 명렬반궁. 후구부추위불첩.

➙이 사주는 乙木일간이 月支의 巳火상관이다. 격국은 여하튼 아름
답게 되어 있는데, 비록 재성이 인성을 깨는 것이 싫지만, 丑辰은 다
濕土이니 능히 물을 저장하고 불을 어둡게 한다. 그런데 아깝게도
운에서 물이 없으니 한낱 추운 선비에 불과했는데, 申金의 운이 되
자 화가 끊기고 水가 생을 받아 이름이 반궁에 등장했고 후에는 아홉
번이나 무과에 응시했으나 낙방하고 말았다.

【강의】

역시 상관용인격이다. 다만 인성이 너무 무력하니 용신무력이다.
운에서 도와 준다고 해도 천간에서의 물은 좋겠지만 인연이 없고 지
지의 물은 들어와도 화토가 많으니 큰 기대를 하기는 어렵겠다. 그
래도 申金대운은 수국을 만들면서 도움이 되었던 모양이지만 그 후
의 운이 이어지지 못했으니 따분하게 되었다.

(二) 傷官用財格

```
乙   丁   戊   丙
巳   卯   戌   申
丙 乙 甲 癸 壬 辛 庚 己
午 巳 辰 卯 寅 丑 子 亥
```

火土傷官. 劫印重疊. 旺可知矣. 以申金財星爲用. 遺業本豐.
辛丑, 壬寅. 經營獲利. 發財十餘萬. 至寅運. 金臨絶地. 劫遇長
生. 又寅申冲破. 所謂旺者冲衰衰者拔. 不祿宜矣.

화토상관. 겁인중첩. 왕가지의. 이신금재성위용. 유업본풍.
신축, 임인. 경영획리. 발재십여만. 지인운. 금임절지. 겁우장
생. 우인신충파. 소위왕자충쇠쇠자발. 불록의의.

◆丁火일간에 戌月의 土상관인데 겁인이 겹쳐 있으니 왕성함을 알
게 된다. 申金은 재성으로서 용신이 되는데, 부모 유산이 풍성하였
으며, 辛丑대운과 壬寅대운에 사업을 경영해서 이익을 많이 거두었
는데 수십억을 벌었다. 寅木운에서는 금이 절지에 임하니 겁재는 다
시 생을 얻는다. 또 寅申의 충도 만나니 이른바 '왕한 자가 쇠한 자
를 충하게 되니 쇠한 자는 뽑혀 버린다.'는 말과 같이 녹을 받지 못
할 수밖에 없다.

【 강의 】

사주에서도 용신인 재성이 무력하다고 하겠는데, 운에서 토금의 작용이 있어서 돈을 상당히 벌었다고 해야 하겠다. 다만 재성이 용신이라고는 해도 너무 멀어서 무력한 구조이고 또 병화를 만나서 도움이 별로 되지 못한 것이 아닌가 싶다. 그래도 운이 금토로 갈 적에는 상당히 재미를 봤다는 이야기인데, 이내 목운에서 깨어진 모양이다. 그 후로의 운도 희망이 없는 상황이다.

乙	壬	乙	癸
巳	申	卯	亥

丁	戊	己	庚	辛	壬	癸	甲
未	申	酉	戌	亥	子	丑	寅

水土傷官. 日坐長生. 年支祿旺. 日主不弱. 足以用巳火之財.
嫌其中運金水. 半生碌碌風霜. 起倒萬狀. 至戌運緊制亥水之劫.
合起卯木化財. 驟然發財數萬. 至酉冲破傷官. 生助劫印. 不祿.
　수토상관. 일좌장생. 연지록왕. 일주불약. 족이용사화지재.
혐기중운금수. 반생녹녹풍상. 기도만상. 지술운긴제해수지겁.
합기묘목화재. 취연발재수만. 지유충파상관. 생조겁인. 불록.

➜ 壬水일간에 木상관인데 日主의 地支에 인성이 있고 年支에도 비겁이 있어 약하지 않으니 巳火의 재성을 용신으로 삼기에 충분하다고 하겠다. 싫은 것은 중간의 운이 金水이니 반평생을 별볼일 없이

고생스럽게 보냈다. 戊土의 대운이 되면서 亥水의 겁재를 극하고 卯木의 재성을 일으켜 세워서 갑자기 수억을 벌었는데, 酉金운에서 상관을 충파하고 겁재와 인성을 생조하니 그만 녹이 끊겼다.

【강의】

상황으로 봐서는 다소 약한 구조라고 봐야 하지 않을까 싶다. 그렇게 되면 금이 용신이 되는 상황이다. 다만 초운 수금에서 고생을 했다고 하니 달리 할 말이 없는데, 혹 경술대운의 경금이 들어오면서 상반기에서 금이 용신이라고 치고 그 힘을 받아서 발하게 된 것인지도 모른다는 생각을 해 본다. 그리고 후로 이어지는 금의 운도 기대를 해 볼 만하기 때문에 혹 인성을 용신으로 봐야 할지도 모른다는 점을 고려하고 넘어가도록 한다.

丁	戊	辛	戊
巳	午	酉	子

己	戊	丁	丙	乙	甲	癸	壬
巳	辰	卯	寅	丑	子	亥	戌

土金傷官. 日主祿旺. 劫印重逢. 一點財星. 秋水通源. 子賴酉生. 酉仗子護. 遺業小康. 甲子乙丑二十年. 制化皆宜. 自刱數萬. 至丙寅運生助火土. 尅洩金水. 不祿.

토금상관. 일주록왕. 겁인중봉. 일점재성. 추수통원. 자뢰유생. 유장자호. 유업소강. 갑자을축이십년. 제화개의. 자창수만.

지병인운생조화토. 극설금수. 불록.

➡️ 戊土일간에 酉金상관이지만, 인성과 겁재가 많아 강하다. 일점의
재성은 가을의 물로서 근원에 통근되었고 다시 酉金의 생조를 의지
하니 유금이 자수를 보호하게 된다. 부모의 유산은 약간 있었지만
甲子대운과 乙丑대운의 20년간을 제하고 화합이 적절하여 스스로
창업을 해서 수억을 벌었다. 丙寅운에서는 화토를 생해 줘서 金水가
극을 받으니 녹이 끊겼다.

【 강의 】

신왕한 사주에서 상관이 인성의 극을 받고 있어서 따분하다고 하
겠는데, 다행히 운에서 북방이 되어 발했던 모양이나 후에 동방으로
바뀌면서 흉하게 되었던 모양이다. 역시 상관을 쓴 상태에서 인성이
힘을 받으니까 부담이 된다고 봐야 하겠다.

庚	辛	辛	壬
寅	酉	亥	申

己	戊	丁	丙	乙	甲	癸	壬
未	午	巳	辰	卯	寅	丑	子

金水傷官. 四柱比劫. 雖用寅木之財. 却喜亥水洩金生木. 使比
劫無爭奪之風. 又得亥解申冲. 若無亥水. 一生起倒無寧. 終成畵
餠. 亥水者, 生財之福神也. 交甲寅乙卯. 自手成家致富. 後行火

運. 戰剋不靜. 財星洩氣. 無甚生色. 至巳運四沖. 劫又逢生. 不祿.

　금수상관. 사주비겁. 수용인목지재. 각희해수설금생목. 사비
겁무쟁탈지풍. 우득해해신충. 약무해수. 일생기도무녕. 종성화
병. 해수자, 생재지복신야. 교갑인을묘. 자수성가치부. 후행화
운. 전극부정. 재성설기. 무심생색. 지사운사충. 겁우봉생. 불록.

➥ 金水상관에 사주에 비겁이 많아 비록 재성인 寅木을 용신으로 하
지만 도리어 해수가 금을 설하고 목을 생하는 것을 기뻐하고, 다시
비겁으로 하여금 쟁탈의 바람이 불지 않도록 하며, 또 亥水는 申金이
寅木을 충하는 것에 대해서 충을 해소하게 되는데, 만약 해수가 없었
다면 일생에 굴곡이 심해서 편안할 때가 없을 것이고, 끝까지 이루어
지는 것이 없었을 것이다. 亥水는 재성을 생조하는 복덩어리인 것이
다. 甲寅 乙卯대운으로 바뀌면서 스스로 빈주먹을 쥐고 일어나 부자
가 되었으며, 후에 火운을 만나 싸움이 벌어져 조용하지 못했다. 재
성을 설기하고 생색도 나지 않았는데, 巳火대운이 되면서 寅申巳亥
의 충이 일어나면서 겁재가 또 생조를 받아 녹을 받지 못했다.

【강의】

　상관이 재를 봤으니 좋다고 하겠지만 실은 재성이 고립되어 있어
서 유감이라고 해야 하겠다. 그래도 상관이 있어서 용신이 되어 준
것이 고맙고, 또한 사주에 土가 보이지 않아서 청한 사주라고 하겠는
데, 운이 불리했던 것이 유감이라고 해야 하겠다.

(三) 傷官用劫格

```
己    戊    辛    癸
未    申    酉    亥
癸 甲 乙 丙 丁 戊 己 庚
丑 寅 卯 辰 巳 午 未 申
```

土金傷官. 財星太重. 以致拂意芸牕. 幸喜未時劫財通根爲用.
更妙運途火土. 捐縣佐出仕. 至丁巳, 丙辰運. 旺印用事. 仕至州
牧. 宦資豐厚. 乙卯沖剋不靜. 罷職歸田.

토금상관. 재성태중. 이치불의운창. 행희미시겁재통근위용.
갱묘운도화토. 연현좌출사. 지정사, 병진운. 왕인용사. 사지주
목. 환자풍후. 을묘충극부정. 파직귀전.

➡ 土金상관에 재성이 너무 많으니 공부에 뜻이 없어 서재에 먼지만
쌓였다. 다행히도 未時에 태어나서 겁재가 통근하여 용신으로 삼는
데, 다시 묘하게도 운이 火土로 흘러가서 돈을 내고 현좌가 되었다
가 丁巳운과 丙辰운이 되어서 왕성한 인성이 일을 꾸미니 벼슬이 주
목으로 올랐고, 관직도 넉넉했는데, 乙卯운에는 충극으로 인해서 조
용하지 못했으니 파직되어 전원으로 돌아갔다.

【강의】

그래도 병진운까지 쓰였으면 좋다고 해야 할 상황이다. 목운에서
는 용신이 손상을 받으니 그래도 전원으로 돌아간 것이 다행이라고

해야 하겠다. 용신이 이렇게 무력한데도 운이 따라 주어 마음대로 발전했다고 하는 것을 보면 역시 운의 도움이라고 하겠다.

<table>
<tr><td>庚</td><td>戊</td><td>癸</td><td>己</td></tr>
<tr><td>申</td><td>戌</td><td>酉</td><td>未</td></tr>
<tr><td colspan="4">乙 丙 丁 戊 己 庚 辛 壬</td></tr>
<tr><td colspan="4">丑 寅 卯 辰 巳 午 未 申</td></tr>
</table>

土金傷官. 支類西方. 金氣太重. 以劫爲用. 喜其當頭剋癸. 故書香繼志. 更妙運走南方, 火地. 拔貢出身. 由縣令而遷州牧. *游泮黄堂. 一生逢凶化吉. 宦海無波也.*

토금상관. 지류서방. 금기태중. 이겁위용. 희기당두극계. 고서향계지. 갱묘운주남방, 화지. 발공출신. 유현령이천주목. 천리황당. 일생봉흉화길. 환해무파야.

➜ 土金상관에 지지의 흐름이 서방이라 금기가 지나치게 왕하다. 겁재로써 용신을 삼고 반가운 것은 계수를 바짝 붙어서 극하는 것이다. 그래서 공부에 뜻을 두고 있었는데, 다시 묘하게도 운이 남방으로 흐르니 화의 땅이다. 그래서 발공의 출신으로서 현령을 거치고 주목으로 이동을 하고, 다시 황당에 다다랐다. 일생 흉을 만나도 길로 변화했으니 벼슬의 바다에 파도가 없었던 것이다.

【강의】

이 사주는 이름은 상관용겁격이라고 하겠지만 구조를 보면 그런

대로 균형을 이루고 있어서 크게 기울지 않고 있는 것이 좋아 보인
다. 더구나 운까지 무난하여 발복이 컸다고 하겠다.

```
甲   癸   甲   癸
寅   亥   寅   亥
丙 丁 戊 己 庚 辛 壬 癸
午 未 申 酉 戌 亥 子 丑
```

水木傷官. 喜其無財. 故繼志書香. 嫌其地支寅亥化木. 傷官太
重. 難遂青雲. 辛運入泮. 亥運補廩. 庚戌加捐出仕. 己酉, 戊申,
二十年. 土金生化不悖. 仕至別駕. 宦資豐厚.

수목상관. 희기무재. 고계지서향. 혐기지지인해화목. 상관태
중. 난수청운. 신운입반. 해운보름. 경술가연출사. 기유, 무신,
이십년. 토금생화불패. 사지별가. 환자풍후.

➥水木상관인데 재성이 없어 기쁘다. 그래서 공부를 계속했는데, 싫
은 것은 지지에 인해의 化木이 있는 것이다. 상관이 너무 강하니 청
운의 뜻을 이루기 어려웠고, 辛金운에 반수에 들어가고 해운에서 창
고를 더 넓혔고, 庚戌에서는 돈을 내고 벼슬에 나아간 다음 己酉 戊
申 20년간 土金이 生化하여 어그러지지 않았으니 벼슬이 별가에까
지 도달하고 풍성하였다.

별가는 임금의 호위병 정도 되지 않을까 싶은데, 경호원이라면 예나 지금이나 대우가 있지 않겠느냐고 생각해 본다. 이 사주는 양기성상격으로 봐도 되겠는데, 내가 생하는 것으로 배합이 되어 있다. 일종의 종아로도 보이는데, 그래도 금운에서 발했던 것을 보면 그대로 겁재가 용신이 되었던 모양이다. 웬만하면 정격으로 봐야 한다는 것에도 부합이 되니 문제가 없다고 보겠다. 다만 인해합에 대해서는 별로 고려를 하지 않아야 하겠다. 만약에 목으로 화했다고 한다면 실제로 종아의 상황을 고려해야 할 것이 아닌가 싶은 염려도 된다. 그래서 다시 육합에 대해서는 고려하지 않아도 되겠다는 생각을 한다.

己	丙	己	戊
丑	戌	未	申

丁	丙	乙	甲	癸	壬	辛	庚
卯	寅	丑	子	亥	戌	酉	申

四柱傷官. 若生丑戌月. 爲從兒格. 名利皆遂. 生於未月. 火有餘氣. 必以未中丁火爲用. 惜運走西北, 金水之地. 以致破敗祖業. 至癸亥運. 貧乏無聊. 削髮爲僧.

사주상관. 약생축술월. 위종아격. 명리개수. 생어미월. 화유여기. 필이미중정화위용. 석운주서북, 금수지지. 이치파패조업. 지계해운. 빈핍무료. 삭발위승.

➜사주가 상관인데, 만약 축술월에 태어났다면 종아격이 되어 명리가 모두 따라 주었을 것이라고 본다. 未月에 태어나 화의 여기가 있으니 반드시 未土 속의 丁火를 용신으로 삼아야 하는 구조이다. 아깝게도 운이 西北으로 달리게 되어 金水의 지지가 되니 이로 인해서 조상의 일을 이어서 하지 못하고 癸亥운에서는 너무나 가난해서 기댈 곳이 없자 머리를 깎고 중이 되었다.

【강의】

未月도 미월이지만 실은 戌土가 더 문제이다. 그래서 의지처가 되어서 종아를 하지 못한 것으로 봐야 할 것이다. 운이 마땅치 않을 때 갈 곳이 있다는 것은 참으로 다행스러운 일이라고 해야 하겠다. 그리고 절집은 영원히 존재할 것이라는 생각도 함께 할 수가 있겠다. 만약에 절도 없었다면 이 사람은 어디로 갔겠느냐는 생각을 하면서 쓴쓰레한 웃음을 짓는다.

癸	己	庚	戊
酉	酉	申	辰

戊	丁	丙	乙	甲	癸	壬	辛
辰	卯	寅	丑	子	亥	戌	酉

此亦傷官用劫. 嫌其辰爲濕土. 生金拱水. 未足幫身. 更嫌運走西北金水之地. 以致一敗如灰. 不成家室.

차역상관용겁. 혐기진위습토. 생금공수. 미족방신. 갱혐운주서북금수지지. 이치일패여회. 불성가실.

➡이 역시 상관용겁인데 辰土가 습토인 것이 싫다. 금을 생하고 수와 합하기 때문이다. 그러니 일간을 돕기가 부족한 셈인데 다시 싫은 것은 운이 西北의 金水로 흐른다는 것이고, 이로 인해서 한번 망해 버리자 (불꺼진) 재처럼 재생이 불가능했으니 가세를 이룰 수가 없었다.

【 강의 】

이제 길게 설명할 필요도 없다는 듯이 간단하게 언급을 하고 마쳐 버린다. 하긴 사주가 너무 많아서 길게 쓰기도 귀찮았을지도 모르겠다. 하긴…… 일생 뭔가 한 것이 없으니 적어 봐야 별 수가 없겠지만, 그래도 다른 곳에서는 고산유수지소음이라고 시구라도 적을 법도 한데 간단하게 해석하는 입장에서는 고마운 일이라고 해야 하겠다.

以上五造. 皆是用劫. 何前三造名利兩全. 此兩造一事無成. 因運無幫助之故耳. 由此推之. 非人之無能. 實運使然. 富貴貧賤在命. 窮通在運. 無可勉强也.

이상오조. 개시용겁. 하전삼조명리양전. 차량조일사무성. 인운무방조지고이. 유차추지. 비인지무능. 실운사연. 부귀빈천재명. 궁통재운. 무가면강야.

➡이상 다섯 개의 사주는 모두 겁재를 용신으로 삼았는데, 어째서 앞의 세 사주는 명리가 모두 따랐으며, 이 두 사주는 하나도 되는 것이 없었을까? 이것은 운에서 도와 주지 았았음으로 인해서일 뿐이

다. 그러니까 이로 미루어 본다면 사람이 무능해서가 아니라 운에 달렸음이니 부귀빈천이 사주에 있다고는 하지만 되고 말고는 모두 운에 있으니 가히 강제로 끌어다 붙일 수가 없는 것이다.

【강의】

이렇게 말미에 붙어 있는 말을 음미해 보면 그 속에는 뭔가 속고갱이(뼈대)가 들어 있는 것이 가끔 보인다. 여기에서 생각나는 것은 상관용겁격으로 무슨 일을 하겠느냐는 격국론의 관점은 실로 아무런 쓸모가 없다는 것을 보여 주는 자료라고 하는 말씀을 추가하고 싶으셨을 것이라는 분위기가 느껴진다. 실로 사주에서 부귀가 정해진다고 한들 운에서 와 주지 않으면 아무런 소용이 없다고 하는 말을 해야 속이 시원하신 모양이다. 물론, 용신과 운의 흐름에 비중을 두어야 한다는 것을 강조하시는 것에 대해서 충분히 이해된다.

그러니까 상관용인격은 그런 대로 폼이 나는데 상관용겁격은 이에 비해 많이 떨어진다는 이야기가 된다고 전제한다면 이 글의 의미가 명확해진다고 하겠다. 그래서 사주의 상황에 너무 집착하지 말라는 부분에 힘을 넣으시는 것으로 이해가 된다.

(四) 傷官用傷官格

庚	壬	己	庚
子	辰	卯	辰

丁	丙	乙	甲	癸	壬	辛	庚
亥	戌	酉	申	未	午	巳	辰

壬水生於卯月. 正水木傷官格. 天干己土臨絶. 地支兩辰. 乃木
之餘氣. 一生金. 一拱水. 又透兩庚. 不但辰土不能制水. 反生金
助水. 必以卯木爲用. 一神得用. 此象匪輕. 初運, 庚辰, 辛巳. 金
之旺地. 功名不遂. 至壬午運. 生才制金. 名題雁塔. 癸未生拱木
神. 甲申支全水局. 木逢生助. 仕版連登. 由令尹而升司馬. 洊至
黄堂. 擢觀察而履藩臬. 八座封疆. 一交酉, 冲破卯木. 詿誤落職.
所謂用神不可損傷. 信斯言也.

임수생어묘월. 정수목상관격. 천간기토임절. 지지양진. 내목
지여기. 일생금. 일공수. 우투양경. 부단진토불능제수. 반생금
조수. 필이묘목위용. 일신득용. 차상비경. 초운, 경진, 신사. 금
지왕지. 공명불수. 지임오운. 생재제금. 명제안탑. 계미생공목
신. 갑신지전수국. 목봉생조. 사판연등. 유령윤이승사마. 천지
황당. 탁관찰이이번얼. 팔좌봉강. 일교유, 충파묘목. 괘오락직.
소위용신불가손상. 신사언야.

➥ 임수가 묘월에 생하여 바로 水木상관격이다. 천간에 己土는 절지
에 임하고 지지의 양 辰土는 목의 여기에 해당하니 하나는 금을 생
하고 하나는 물을 끼고 있는데다가 또 庚金은 둘이나 투출되어 있으
니, 다만 辰土가 물을 제어할 수가 없을 뿐만 아니라 도리어 금을 생
하고 물을 돕는 것이다. 반드시 卯木으로써 용신을 삼아야 하겠는
데, 한 글자가 용신을 얻었으니 이 모양은 가볍지 않다고 하겠다. 초
운인 庚辰과 辛巳운에서 금의 旺地가 되니 공명이 마음대로 되지 않
았는데, 壬午운에서 재를 생하고 금을 제어해서 비로소 진사에 급제
를 하고 癸未에서는 목을 생하고 합하며, 甲申에는 지지에 수국이
되어 목이 생조를 받았으니 벼슬이 계속 올라가서 영윤으로 말미암

아 사마로 올랐으며, 다시 황당으로 이동했다가 관찰사로 뽑혀서 번얼을 거쳤으며, 여덟 자리의 봉강을 얻었다. 그러다가 酉金운이 한번 바뀌면서 卯木을 깨어 버리니 일을 그르쳐 직위에서 떨어졌으니, 이른바 '용신은 손상이 되면 불가하다.' 는 말은 믿을 만한 것이다.

```
癸   癸   戊   乙
丑   酉   寅   酉

庚 辛 壬 癸 甲 乙 丙 丁
午 未 申 酉 戌 亥 子 丑
```

癸水生於寅月. 正水木傷官. 地支印星並旺. 酉丑拱金. 必以寅木爲用. 才能有餘. 乙亥運, 木逢生旺. 中鄕榜. 甲戌癸運, 出仕縣令. 酉運. 支逢三酉. 木嫩金多. 詿誤落職. 前造與此造. 皆由少火, 有病無藥之故. 若有火雖行金地. 亦無大患也.

계수생어인월. 정수목상관. 지지인성병왕. 유축공금. 필이인목위용. 재능유여. 을해운, 목봉생왕. 중향방. 갑술계운, 출사현령. 유운. 지봉삼유. 목눈금다. 괘오낙직. 전조여차조. 개유소화, 유병무약지고. 약유화수행금지. 역무대환야.

➡️ 癸水가 寅月에 생하니 바로 水木상관격이다. 지지에는 인성이 함께 왕하고 酉丑은 또 금으로 합하니 반드시 寅木으로 용신을 삼게된다. 재능이 넘쳤고 乙亥운에서는 목이 생왕을 만나니 향방에 합격하고 甲戌癸의 운에서는 현령으로 벼슬에 나아갔으며 酉金운에서는지지에서 酉金을 셋이나 만나는 바람에 어린 나무에 금이 너무 많아

일을 그르쳐서 지위를 빼앗겼으니 앞의 사주와 이 사주는 모두 火가 너무 적은 것으로 인해 병이 있는데 약을 얻지 못한 셈이다. 만약 화가 있었더라면 비록 金운으로 갔더라도 또한 큰 근심이 되지는 않았을 것이다.

【강의】

중요한 것은 운이라고 하는 것을 다시 강조하는 것이다. 잘 나가다가 상관이 깨지니까 더 할 일이 없어졌으니 역시 일을 하고 말고는 능력이 아니라 운이라고 해야 하겠다.

丁	甲	庚	己
卯	寅	午	卯

壬	癸	甲	乙	丙	丁	戊	己
戌	亥	子	丑	寅	卯	辰	巳

甲木生於午月. 木火傷官. 年月兩干土金無根. 置之不用. 地支兩卯一寅. 日元强旺. 必以丁火爲用. 故人權謀異衆. 丁卯運, 入泮登科. 出仕縣令. 丙寅運, 剋盡庚金. 宦資大豐. 乙丑合庚, 晦火生金. 落職.

갑목생어오월. 목화상관. 연월양간토금무근. 치지불용. 지지양묘일인. 일원강왕. 필이정화위용. 고인권모이중. 정묘운, 입반등과. 출사현령. 병인운, 극진경금. 환자대풍. 을축합경, 회화생금. 낙직.

➜甲木이 午月에 생하여 木火상관이다. 오월에 천간에는 토금이 있으나 뿌리가 없으니 버려 두고 쓰지 않는다. 지지에는 두 卯木과 한 寅木이 일간을 더욱 강하게 하는데, 반드시 丁火를 용신으로 삼아야 할 구조이다. 그래서 이 사람의 꾀는 일반 사람보다 대단히 뛰어났는데, 丁卯운에서 공부하여 벼슬길에 올랐고, 현령으로 출사했으며, 丙寅운에서는 庚金을 완전히 극해서 벼슬이 대단히 화려했는데, 乙丑대운에는 庚金과 합을 하면서 불을 어둡게 하고 다시 금을 생조하니 벼슬이 잘렸다.

【강의】

대단한 상관이다. 오월에 상관이면서 물이 한 방울도 없는데 그대로 화를 쓰는 것을 보면 여하튼 목도 왕하면 여름이라도 화를 쓸 수 있다고 해야 하겠고, 물이 없더라도 별로 문제가 될 것이 없지 않은가 싶기도 하다. 그러나 다시 보면 역시 물이 없다는 것은 너무 조열하다는 것을 면하기 어렵고, 그래서 품질에서는 다소 떨어진다고 하겠다.

乙	丙	乙	丙
未	辰	未	子
癸 壬	辛 庚	己 戊	丁 丙
卯 寅	丑 子	亥 戌	酉 申

丙日未月. 火土傷官. 四柱無金. 子水熇乾. 未土爲用. 第嫌乙木 透根深. 功名難遂. 初運丙申, 丁酉. 制化乙木. 財喜稱心.

戊戌十年. 熙熙攘攘. 日熾日昌. 己運, 土無根. 木回剋. 刑耗並見. 一交亥運. 木得生. 火逢刼. 得惡病而亡.

병일미월. 화토상관. 사주무금. 자수픽건. 미토위용. 제험을 목병투근심. 공명난수. 초운병신, 정유. 제화을목. 재희칭심. 무술십년. 희희양양. 일치일창. 기운, 토무근. 목회극. 형모병견. 일교해운. 목득생. 화봉겁. 득악병이망.

➡ 丙火가 未月에 생하여 火土상관이다. 사주에 금이 없으니 子水는 이미 마른 물이라 未土를 용신으로 삼는다. 다음으로 싫은 것은 乙木과 함께 투출되면서 뿌리도 깊으니 공명이 따르기 어려웠다. 초운에서 丙申, 丁酉에는 목을 제하고 화해서 재물이 마음대로 따르게 되었다. 戊戌대운의 십년은 의기가 양양했으며 나날이 번창했다. 己土대운에는 토가 무근하고 목이 다시 극을 하여 고통이 많았는데, 한번 亥水대운으로 바뀌자 목은 생조를 얻고 화가 겁탈을 당하니 못된 병을 얻어서 죽었다.

【 강의 】

운이 너무 일찍 들어와서 그만 아쉽게 되었다. 상관이 용신이라고 하지만 실은 일지의 식신이 더 유력하다고 하겠는데, 수운에 깨지게 된 것은 언뜻 납득이 되지 않는다. 토가 그 정도는 막아 줄 수가 있을 것으로 보여서이다. 아마도 세운에서 卯木 등이 들어오지 않았을까 싶은 생각을 해 본다.

(五) 傷官用官格

```
乙   戊   己   壬
卯   戌   酉   戌
丁 丙 乙 甲 癸 壬 辛 庚
巳 辰 卯 寅 丑 子 亥 戌
```

戊日酉月. 土金傷官. 地支兩戌. 燥而且厚. 妙在年干壬水. 潤
土洩金而生木. 足以用官. 亥運, 財官皆得生扶. 功名順遂. 壬子,
早遂仕路之光. 癸丑, 支拱金局. 服制重重. 甲寅, 乙卯, 二十年.
仕至侍郞.

무일유월. 토금상관. 지지양술. 조이차후. 묘재년간임수. 윤
토설금이생목. 족이용관. 해운, 재관개득생부. 공명순수. 임자,
조수사로지광. 계축, 지공금국. 복제중중. 갑인, 을묘, 이십년.
사지시랑.

➜戊土가 酉月에 생하여 土金상관이다. 지지에는 두 戊土가 있으니
건조하면서도 또 두텁다. 묘하게도 年干에 壬水가 있어서 토를 적셔
주고 금을 설하며 다시 목을 생하기도 하니까 족히 관성을 용신으로
삼는다. 亥운에서 재관이 모두 생부를 얻어서 공명이 잘 따랐는데,
壬子대운에는 일찍이 벼슬길이 빛났고, 癸丑대운에는 지지에 금국
이 되면서 답답한 일이 많았지만, 甲寅과 乙卯의 20년에는 벼슬이 시
랑에 이르렀다.

【 강의 】

기본적으로는 월령을 잡고 있는 유금이 용신으로 채용되는 것이 보통이겠는데, 설명으로 보아 역시 관성이 용신인 것으로 봐야 하겠다. 다만 이러한 사주의 경우에는 본인에게 직접 상황을 물어 보는 것이 좋지 않을까 싶다. 아무래도 마음대로 결정을 내리기는 어려울 것인데, 기본적인 원리로 봐서는 월지의 金인 상관이 용신으로 쓰여야 한다고 본다.

```
己   壬   己   庚
酉   申   卯   午
丁 丙 乙 甲 癸 壬 辛 庚
亥 戌 酉 申 未 午 巳 辰
```

壬水生於卯月. 水木傷官. 喜其官印通根. 年支逢財. 傷官有制有化. 日元生旺. 足以用官. 巳運, 官星臨旺. 采泮水之芹. 折蟾宮之桂. 壬午, 癸未, 南方火地. 兩宰名區. 鶯遷州牧. 甲申, 乙酉, 金得地. 木臨絶. 雖退隱而安亨琴書. 其樂自如也.

임수생어묘월. 수목상관. 희기관인통근. 연지봉재. 상관유제유화. 일원생왕. 족이용관. 사운, 관성임왕. 채반수지근. 절섬궁지계. 임오, 계미, 남방화지. 양재명구. 앵천주목. 갑신, 을유, 금득지. 목임절. 수퇴은이안형금서. 기락자여야.

➜ 壬水가 卯月에 생하여 水木상관이다. 반가운 것은 관인이 모두 통

근을 하고 있는 것인데 年支는 재를 만났고 상관도 있어서 제하고 화하게 되니 족히 관성을 용하게 된다. 巳火운에서는 관성이 왕에 임하고 반수에서 미나리를 캤고, 섬궁에서 월계수를 꺾었다. 壬午와 癸未는 남방의 火이니 두 곳에서 벼슬을 하고 주목으로 옮겼으며, 甲申과 乙酉에는 금이 득지를 하고 목은 절지에 임하여 비록 벼슬길에서는 물러났으나 편안하게 거문고와 책을 즐겼으니 그 즐거움이 마음과 같았다.

【강의】

반수에서 미나리를 캤다는 말은 공부가 잘 되었다는 뜻일 것이고 섬궁은 달을 말하니까 월계수를 꺾었다는 말은 벼슬이 잘 되었다는 뜻이리라. 목임절에서 絶은 책에는 强으로 되어 있는데 말이 어색해서 絶로 바꿨음도 참고하시기 바란다. 그런데 과연 토가 용신이 되겠느냐는 것도 문제이다. 월령의 목을 두고 이렇게 무력한 토를 용신으로 했다는 것은 아무래도 설득력이 약해 보인다. 오히려 목을 용하고 화를 희신으로 하는 것이 더 자연스럽지 않느냐는 의문을 제기해 본다.

己	壬	辛	辛
酉	辰	卯	未

癸	甲	乙	丙	丁	戊	己	庚
未	申	酉	戌	亥	子	丑	寅

壬水生於卯月. 水木傷官. 天干兩辛. 支逢辰酉. 益水之源. 官之根固. 傷之蔭洩. 必以己土官星爲用. 己丑運, 采芹食廩. 戊子雖然蹭蹬秋闈. 而家業日增. 丁運, 亦無大患. 至亥運, 全會木局. 傷官肆逞. 刑耗並見而亡.

임수생어묘월. 수목상관. 천간양신. 지봉진유. 익수지원. 관지근고. 상지음설. 필이기토관성위용. 기축운, 채근식름. 무자수연층등추위. 이가업일증. 정운, 역무내환. 지해운, 전회목국. 상관사령. 형모병견이망.

➤ 壬水가 卯月에 생하여 水木상관이다. 天干에는 두 辛金이 지지에 辰土와 酉金을 만나서 물의 근원을 보태니 관의 뿌리가 견고하여 상관의 무성함을 설한다. 그래서 반드시 己土관성을 용신으로 삼는데, 己丑대운에서 공부도 하고 창고도 넓혔고 戊子대운에는 비록 그렇게 과거에는 낙방을 했지만 가세는 나날이 늘어났다. 丁火대운에는 또한 큰 근심이 없었고 亥水운에서는 木局이 되는 바람에 상관이 날뛰어 버리니 고통이 많이 보이면서 죽었다.

【강의】

앞의 사주와 거의 유사하다고 하겠는데, 역시 인성이 많은 상황에서 관성을 용신으로 한다는 것은 의문이 아닐 수 없다. 오히려 재성이 용신이 되어야 할 것이 아닌가 싶은 생각이 든다. 다만 사주에서 재성이 없으니까 관성으로 용신을 삼은 모양인데 역시 인성이 많은 상황에서 관성이 어떻게 움직여야 할지에 대해서는 의문이다. 오히려 상관을 용신으로 삼고 화운에서 발했다고 하고 싶기는 한데, 설명을 보면 수운에서 목국이 되면서 죽었다고 하는 것으로 봐서 뭐라고 할 말이 없다. 그냥 조그만 의견으로만 생각해야 하겠다.

```
癸   丙   己   癸
巳   午   未   酉
辛 壬 癸 甲 乙 丙 丁 戊
亥 子 丑 寅 卯 辰 巳 午
```

丙午日元. 支類南方. 未土秉令. 己土透出. 火土傷官. 藏財受劫. 無官則財無存. 無財則官亦無根. 況火炎土燥. 官星並透. 以官爲用. 運至火土. 破耗刑喪. 乙卯, 甲寅運. 雖能生火. 究竟制傷衛官. 大獲財利. 納粟出仕. 癸丑, 壬子運. 由佐貳而升縣令. 名利兩全.

병오일원. 지류남방. 미토병령. 기토투출. 화토상관. 장재수겁. 무관즉재무존. 무재즉관역무근. 황화염토조. 관성병투. 이관위용. 운지화토. 파모형상. 을묘, 갑인운. 수능생화. 구경제상위관. 대획재리. 납속출사. 계축, 임자운. 유좌이이승현령. 명리양전.

➡ 丙午일원인데 지지가 南方이고 未土가 월지에 있으면서 己土도 투출을 했으니 火土상관이다. 재성은 지지에 있으면서 겁재의 극을 받고 있으며 관성이 없으면 재도 존재할 수가 없는 상황이다. 그리고 재성이 없으면 관성도 또한 뿌리가 없겠는데, 하물며 불길이 이글거리고 토도 조열한데 관성이 둘이나 투출되어 있으니 관성으로

써 용신을 삼는다. 운이 火土에 도달하여 고통이 극심했고, 乙卯와 甲寅운에는 비록 화를 생조하기는 하지만 연구를 해 보면 결국 상관을 제하고 관성을 보호하는 작용을 한다. 그래서 큰 재물을 얻고 좁쌀을 내고 벼슬에 나아갔으며, 癸丑대운과 壬子대운에서는 좌이로 말미암아 현령이 되었으며 명리(名利)가 모두 완전했다.

【강의】

이 경우에는 달리 토를 달지 않아도 되겠다. 워낙 未土가 조열하므로 己土보다는 水金으로 방향을 잡는 것이 타당해 보이기 때문이다.

(六) 假傷官格

乙	丁	戊	戊
巳	巳	午	申

丙 乙 甲 癸 壬 辛 庚 己
寅 丑 子 亥 戌 酉 申 未

火土傷官. 日主旺極. 喜其傷官發洩菁華. 更妙財星得用. 庚申, 辛酉運. 少年剙業. 發財十餘萬. 壬戌, 幸而水不通根. 雖有刑耗而無大患. 至癸亥運. 激火之烈. 洩財之氣. 不祿.

화토상관. 일주왕극. 희기상관발설청화. 갱묘재성득용. 경신, 신유운. 소년창업. 발재십여만. 임술, 행이수불통근. 수유형모이무대환. 지계해운. 격화지열. 설재지기. 불록.

→ 火土상관인데 일주가 극히 왕하니 상관으로 재능을 발휘하는 것이 기쁘다. 다시 묘하게도 재성을 얻어 쓰니 庚申과 辛酉대운에서 소년으로 창업을 해서 수십억을 벌었다. 壬戌에는 다행히도 水가 통근을 하지 않아서 비록 고통은 있었어도 큰 근심은 아니었는데, 癸亥운이 되자 火의 열기를 격하게 하여 재의 기운을 설하니 녹을 받지 못했다.

【강의】

흐름을 가만히 타는 것은 좋았지만 자극을 주는 것은 달구어진 솥에 물을 부은 셈이라고 해야 하겠다. 너무 어려서 운이 왔다가 후에 연결이 잘 되지 않는 것은 어쩔 수가 없는 자연의 법칙인지도 모르겠다.

癸	壬	辛	壬
卯	子	亥	子

己	戊	丁	丙	乙	甲	癸	壬
未	午	巳	辰	卯	寅	丑	子

六水乘權. 其勢泛濫. 全賴卯木洩其精英. 初交水運. 仍得生助木神. 平寧無咎. 甲寅, 乙卯, 正得用神之宜. 采芹食廪. 丁財並益. 一交丙辰. 羣比爭財. 三子剋二. 夫婦皆亡.

육수승권. 기세범람. 전뢰묘목설기정영. 초교수운. 잉득생조목신. 평녕무구. 갑인, 을묘, 정득용신지의. 채근식름. 정재병익. 일교병진. 군비쟁재. 삼자극이. 부부개망.

➡여섯 개의 水가 월령을 잡고 강력하니 그 세력이 범람한다. 모든 것을 卯木의 빼어난 기운을 설하는 것에 의지하는데, 처음에 水運에서는 오히려 木이 생조를 얻어서 편안하고 허물이 없었는데, 甲寅과 乙卯의 운에는 바로 용신이 힘을 얻어서 공부도 하고 창고도 넓혔으며 가솔들도 모두 힘을 얻었다. 그러다가 한번 丙辰으로 바뀌면서 군비쟁재가 일어나니 세 아들 중에서 둘을 극하고 부부가 모두 죽었다.

【강의】

군겁쟁재는 무서운 작용이다. 실제로 卯木의 입장에서는 火가 희신임에 틀림이 없는데, 실상 희신이 들어와서 결국 주인이 망하게 되니 이런 희신도 있는 것이다. 그래서 원국에서의 희용신은 원국에서의 희용신이고 운에서 들어올 때는 다시 재확인해야 한다는 것을 잊으면 안되겠다. 원국에서 구신이라도 운에서 오면 오히려 도움이 되는 수도 있고, 또 원국에서는 용신이라고 해도 운에서 오면 도움이 되지 않을 경우도 있는 것이 가끔 나타나기 때문에, 원국의 희용기구한을 너무 맹신하다가는 자칫 오류를 범할 수 있다는 점도 이 정도의 실력이라면 충분히 판단할 수가 있어야 하겠다.

癸	壬	壬	壬
卯	子	子	辰

庚	己	戊	丁	丙	乙	甲	癸
申	未	午	巳	辰	卯	寅	丑

此天干皆水. 支逢旺刃. 喜其支全卯辰. 精英吐秀. 所以書香早
遂. 但木之元神不透. 未免蹭蹬秋闈. 更嫌運逢火地. 尤恐壽元不
永. 交丙運, 庚午年. 水火交戰. 而亡.

차천간개수. 지봉왕인. 희기지전묘진. 정영토수. 소이서향조
수. 단목지원신불투. 미면층등추위. 갱혐운봉화지. 우공수원불
영. 교병운, 경오년. 수화교전. 이망.

➡이 사주는 천간이 모두 水이고 지지에 강한 비겁을 만났다. 그리
고 다시 卯辰이 있는 것이 반가운데 빼어난 기운을 설하게 된다. 그
래서 일찍부터 공부를 잘했는데 다만 목의 원신이 투출되지 않아서
인지 과거에서는 자꾸 낙방을 했다. 다시 싫은 것은 운에서 火를 만
나는 것이니 수명이 길지 못할 것이 더욱 두렵다. 丙운으로 바뀌어
庚午년에 水火가 서로 싸우니 죽었다.

【강의】

앞 사주와 비슷하다고 하겠는데, 여전히 화가 들어와서 쟁재 현상
이 생긴 것으로 이해하면 되겠다.

辛	戊	丙	戊
酉	辰	辰	午

甲	癸	壬	辛	庚	己	戊	丁
子	亥	戌	酉	申	未	午	巳

火土重重. 喜酉時傷官透露. 洩其菁華. 三旬之前. 運逢火土. 蹭蹬芸牕. 一交庚申. 雲程直上. 及辛酉, 壬戌, 癸亥, 四十載. 體用合宜. 由署郞出爲多使. 從藩臬而轉封彊. 宦海無波.

화토중중. 희유시상관투로. 설기청화. 삼순지전. 운봉화토. 층등운창. 일교경신. 운정직상. 급신유, 임술, 계해, 사십재. 체용합의. 유서랑출위치사. 종번얼이전봉강. 환해무파.

➡️ 火土가 많은데 酉時에 상관이 있고 천간에 투출되어 기쁜 것은 빼어난 기운을 설하기 때문이다. 30년 이전에는 운에서 火土를 만나니 공부가 되지 않았는데 한번 庚申으로 바뀌면서 벼슬길이 바로 뛰어올라 辛酉와 壬戌 癸亥대운까지 40년간 일주와 용신의 뜻에 부합이 되어 서랑으로 시작해서 치사까지 도달하더니 번얼로 해서 봉강으로 옮겼으며 벼슬길에 파도가 없었다.

【강의】

무관으로 나간 모양인데, 순경에서 치사라는 것은 감찰관 방면이 아닌가 싶다. 운이 잘 따라주어 더 할말이 없었던 모양이다. 그러고 보면 가상관이라고 하는 것은 신왕한 사주에서 상관만 있고 재성이 없는 경우를 두고 하는 말이 되는 모양이다. 그러니까 재성의 운이 왔을 적에 쟁재만 일어나지 않는다면 멋지게 한번 해볼 만하다는 생각을 하겠는데, 일간이 너무 왕할 경우에는 쟁재가 일어날까 두려운 것으로 보아야 하겠다.

丙	戊	辛	乙
辰	午	巳	酉

癸	甲	乙	丙	丁	戊	己	庚
酉	戌	亥	子	丑	寅	卯	辰

火土當權. 乙木無根. 以辛金爲用. 辛丑年入泮. 後因雲程不合. 屢困秋闈. 至丑運. 暗拱金局. 科甲連登. 丙子, 乙亥. 地支之水. 本可去火. 天干木火不合. 所以仕途蹭蹬. 未能顯秩耳.

화토당권. 을목무근. 이신금위용. 신축년입반. 후인운정불합. 누곤추위. 지축운. 암공금국. 과갑연등. 병자, 을해. 지지지수. 본가거화. 천간목화불합. 소이사도충등. 미능현질이.

➜火土가 월령을 잡고 乙木은 뿌리도 없으니 辛金으로 용신을 삼는다. 辛丑년에 반수에 들어가서 공부하고 후에는 벼슬길이 맘대로 되지 않아서 자주 과거에 낙방했다. 축운이 되자 운에서 金局이 되면서 과거에 연달아 합격하고 丙子 乙亥의 운에서는 지지의 水가 본래는 불을 제거하지만 천간의 木火가 방해를 하니 그래서 벼슬길에서 미끄러지고 크게 발전하지 못했다.

【강의】

金局이라도 천간에서 丙丁화가 방해를 하는 운이라면 별로 기대하기 어렵다. 즉, 운은 5년씩 나눠서 대입을 시키는데, 이렇게 위아래로 도막이 지는 운에서는 실제로 큰 힘을 받기가 어려운 것이다.

겨우 탄력을 받는가 싶으면 또 시동이 꺼져 버리는 것과 같다고 해야 할 모양이다. 운이 불리했다.

丙	戊	乙	丁
辰	午	巳	酉

丁	戊	己	庚	辛	壬	癸	甲
酉	戌	亥	子	丑	寅	卯	辰

此與前造只換一辛字. 據八字不及前造. 而運途卻勝於前. 亦以辛金爲用. 非官印論也. 辛丑運丁丑年. 溼土生金晦火. 又全會金局. 發甲, 入詞林. 蓋歲運皆宜也.

차여전조지환일신자. 거팔자불급전조. 이운도각승어전. 역이신금위용. 비관인론야. 신축운정축년. 습토생금회화. 우전회금국. 발갑, 입사림. 개세운개의야.

➡️이 사주는 앞 사주와 같은데 辛金 한 자만 바뀌었다. 팔자를 놓고 봐서는 앞 사주에 미치지 못하지만, 운은 도리어 앞 사람보다 뛰어나니, 또한 용신은 辛金인데 관인을 쓰는 것은 아니다. 辛丑대운 丁丑년에 습토가 금을 생하고 화를 어둡게 하며, 또 지지에 금국이 되어 사림에 들어가서 학자가 되었으니 모두 운의 흐름이 옳았기 때문이다.

【강의】

그러니까 대운의 천간에 火가 오지 않고 水가 왔다는 것을 강조하시는 것으로 보인다. 흔히 운은 지지가 중요하다고 하는 말을 하는데, 이런 사주에 대해서는 그렇게 말할 수가 없다는 것이다. 그러니까 천간과 지지를 모두 살펴봐야 한다는 것으로 대운의 의미를 두어야 옳을 것이다.

辛	己	丙	丁
未	酉	午	丑

戊	己	庚	辛	壬	癸	甲	乙
戌	亥	子	丑	寅	卯	辰	巳

此造土榮夏令. 金絕火生. 四柱水木全無. 最喜金透通根. 惜乎運走東方. 生火剋金. 不但功名蹭蹬. 而且財源鮮聚. 交辛丑運. 年逢戊辰. 晦火生金. 食神喜劫地. 秋闈得意. 名利裕如.

차조토영하령. 금절화생. 사주수목전무. 최희금투통근. 석호운주동방. 생화극금. 부단공명층등. 이차재원선취. 교신축운. 연봉무진. 회화생금. 식신희겁지. 추위득의. 명리유여.

➠이 사주는 토가 여름에 태어나 강하고 금은 절지에 해당하고 화의 생조를 받고 있는데, 사주에서는 水木이 전혀 없으니 가장 기쁜 것은 금이 투출되고 통근한 것이다. 아깝게도 운이 東方으로 달리니 불을 생하고 금을 극하게 된다. 다만 벼슬길이 막힐 뿐만 아니라 재물도 맑았으나, 辛丑운이 되면서 戊辰년에 불을 어둡게 하고 금을 생하는 바람에 식신이 겁재를 만나 기뻐하여 무과에 급제를 했으며 명리가 넉넉했다.

【강의】

상황으로 보아 늦게 발복을 한 구조라고 하겠다. 그래도 이 정도의 운이라면 나쁘다고 하지 못할 상황이다. 어려서 일찍 운이 들어왔다가는 채 펴 보기도 전에 그냥 떠나가는 것에 비하면 행복한 사람이다. 역시 운이 말해 주는 것이다.

이렇게 해서 관살과 상관의 세분화된 설명을 봤는데, 다소 지루한 감도 없지는 않다. 그래도 인내심이 필요한 것은, 철초 선생은 이러한 것을 전해 주기 위해서 몸소 먹을 갈고 종이를 잘랐을 텐데 읽기만 하면서 짜증을 낸다면 고인이 얼마나 서운해하시겠느냐는 생각이 들어서이다. 그리고 그보다도 자신의 공부를 함에 있어서 때로는 시간이 아까울 수도 있겠지만 그래도 보다 깊이 음미하다 보면 그 가운데에서 뭔가 힌트를 얻을 수도 있기 때문에 노력하는 데까지는 해야 하겠다.

官殺과 食傷의 비중에 대해서

이렇게 해서 官殺에 대한 활용과 傷官에 대한 설명을 살펴봤는데, 상관과 관살에 대해서 별도의 장을 두어 설명하신 것을 보면『命理大鑑』에서 종진첨 선생이 한 말을 떠올리게 된다. 그 책에 '인간의 삶을 영위하는 성분은 官殺과 食傷이다.' 라는 말이 있기 때문이다. 그러니까 '生生之道'의 성분으로서 식상과 관살을 대입했는데, 이 항목이 비록 상관에 대한 항목이지만 식신도 같이 있는 것으로 이해해도 아무런 문제가 없을 것이다.

그렇다면 이렇게 별도로 설명하게 된 것이 단지 당시의 관성에 대한 비중과 상관에 대한 경계심 때문만은 아닐 것이다. 그러니까 결국 인간의 삶에서 비중이 있는 성분이므로 다시 생각하고 그 사용 방법과 성분에 대해서 다시 연구를 해 보아야 한다는 생각으로 철초 선생이 관심을 갖게 된 것으로 이해된다. 원문의 흐름을 본다면 유백온 선생도 역시 이 부분에 비중을 두어 참고하고 있다는 생각이 든다. 그래서 전반적으로 식상과 관살이 있어야 그 사주의 머리를 둘 곳을 찾았다고 하게 되고, 이러한 성분이 없으면 사주의 방향이 보이지 않는다는 말을 할 수가 있겠는데, 차제에 이러한 의미를 충분히 이해해 두시면 좋겠다.

1권을 마치며

이제 이쯤에서 첫번째 『적천수강의』를 마무리지어야 하겠다. 『적천수징의』에 대한 내용을 나눠 보니까 대략 세 부분, 즉 3권 정도로 나눠야 하겠고, 그래서 어디에서 첫권을 끝내야 하겠느냐를 고민하다 보니, 여기까지 오게 되었다. 분량이 적지는 않지만, 남은 분량을 감안해 볼 때 이 정도라면 적절하다고 하겠다. 이제 또 부지런히 다음 제2권을 준비하기 위해 이만 총총 매듭을 짓는다.

여기까지 작업을 하는 데 협조를 해 주신 벗님들에 대해서 고마움을 전하고 싶다. 우선 중국의 장춘에서 기공을 공부하면서 틈틈이 한자를 입력한 파일을 기꺼이 제공해 줘서 낭월이 시간을 벌도록 해 준 慧雲 이재형 선생에게 고마움을 전하고, 또 감로사에서 공부를 하는 회원들에게 교정을 부탁해서 초교를 열심히 봐 준 명리학도들에게도 고마움을 전해야 하겠다. 그리고 최종 교정에서 밤잠을 설치며 수고를 하신 桃花 선생께도 깊은 감사를 드린다.

모두 좋은 인연이다. 앞으로 계속 『적천수강의』가 순탄하게 진행될 수 있기를 바라는 마음으로……

그래도 어딘가 잘못된 곳이 있다면 제2판에서 바로잡을 것을 약속드리면서 벗님의 명리학 공부에 약간의 도움이 되었기를 바라는 마음 간절하다.

계룡산 甘露寺에서

朗月 두손 모음

강해·낭월 박주현

스님이자 명리 연구가이다.
지은 책으로는 명리학 총론이라고 할 수 있는
『왕초보 사주학』(입문·연구·심리편)과
각론인 『알기 쉬운 음양오행』 『천간지지』 『합충변화』
『용신분석』, 명리학 최고의 경전인 『적천수』를 정리한
『적천수 강의』(❶❷❸), 사이버공간에서 명리애호가들과
주고받은 문답을 엮은 『사주문답』(❶❷❸), 사주용어를
체계적으로 해설한 『낭월 사주용어사전』 등이 있다.
현재 충남 논산 감로사 주지스님이다.
http://www.nangwol.com

적천수 강의 1

글쓴이 | 박주현
펴낸이 | 유재영
펴낸곳 | 동학사

1판 1쇄 | 2000년 3월 15일
1판 9쇄 | 2020년 2월 28일
출판등록 | 1987년 11월 27일 제10-149

주소 | 04083 서울 마포구 합정동 359-19
전화 | 324-6130, 324-6131 · 팩스 | 324-6135
E-메일 | dhsbook@hanmail.net
홈페이지 | www.donghaksa.co.kr
www.green-home.co.kr

ISBN 89-7190-064-4 03150
ISBN 89-7190-063-6 (세트)
* 저자와의 협의에 의해 인지를 생략합니다.
* 이 책은 실로 꿰맨 사철제본으로 튼튼합니다.
* 파본 등의 이유로 반송이 필요할 경우에는 구매처에서 교환하시고, 출판사 교환이 필요할 경우에는
위의 주소로 반송 사유를 적어 도서와 함께 보내주세요.